Filantropos da Nação

GISELE SANGLARD | LUIZ OTAVIO FERREIRA | MARIA MARTHA DE LUNA FREIRE
MARIA RENILDA NERY BARRETO | TANIA SALGADO PIMENTA

Filantropos da Nação

sociedade, saúde e assistência no Brasil e em Portugal

Copyright © 2015 Gisele Sanglard, Luiz Otávio Ferreira, Maria Martha de Luna Freire, Maria Renilda Nery Barreto, Tânia Salgado Pimenta

Direitos desta edição reservados à

EDITORA FGV
Rua Jornalista Orlando Dantas, 37
22231-010 — Rio de Janeiro, RJ — Brasil
Tels.: 0800-021-7777 — (21) 3799-4427
Fax: (21) 3799-4430
e-mail: editora@fgv.br — pedidoseditora@fgv.br
web site: www.fgv.br/editora

Impresso no Brasil / *Printed in Brazil*

Todos os direitos reservados. A reprodução não autorizada desta publicação, no todo ou em parte, constitui violação do copyright (Lei nº 9.610/98).

Os conceitos emitidos neste livro são de inteira responsabilidade dos autores.

1ª edição, 2015.

Revisão de originais: Diogo Henriques

Editoração eletrônica: FA Editoração

Revisão: Fernanda Villa Nova de Mello e Cecília Moreira

Capa: Ilustrarte Design e Produção Editorial

Imagem da capa: Visita de d. Darcy Vargas ao pai. Foto Augusto Malta, 1931. Coleção Augusto Malta. Acervo Museu da Imagem e do Som-RJ

FICHA CATALOGRÁFICA ELABORADA PELA
BIBLIOTECA MARIO HENRIQUE SIMONSEN/FGV

Filantropos da nação : sociedade, saúde e assistência no Brasil e em Portugal / Gisele Sanglard...[et al.]. – Rio de Janeiro : Editora FGV, 2015.
312 p.

Inclui bibliografia.
ISBN: 978-85-225-1551-6

1. Assistência social. 2. Assistência a menores. 3. Crianças – Assistência em instituições. 4. Casas de misericórdia. I. Sanglard, Gisele. II. Fundação Getulio Vargas.

CDD – 361.75

Sumário

Prefácio   7
Laurinda Abreu

Apresentação   13

ELITES E CARIDADE

Capítulo 1   O privilégio da caridade: comerciantes na Santa Casa de Misericórdia do Rio de Janeiro (1750-1822)   23
Renato Franco

Capítulo 2   O estado da Misericórdia: assistência à saúde no Rio de Janeiro, século XIX   39
Tânia Salgado Pimenta e Elizabete Vianna Delamarque

Capítulo 3   Composição social dos irmãos e dirigentes da Santa Casa de Misericórdia de Pelotas, Rio Grande do Sul, Brasil (1847-1922)   55
Cláudia Tomaschewski

MÉDICOS E FILANTROPOS

Capítulo 4   Entre mundos: Thomaz de Mello Breyner e a clínica de sífilis do Desterro, Lisboa   77
Cristiana Bastos

Capítulo 5   Crescêncio Antunes da Silveira: um médico filantropo baiano   95
Cleide de Lima Chaves

Capítulo 6   Quando a caridade encontra a ciência: um olhar sobre a trajetória do dr. Arthur Moncorvo Filho   113
Maria Martha de Luna Freire

Capítulo 7   Filantropia e política pública: Fernandes Figueira e a assistência à infância no Rio de Janeiro na Primeira República   133
Gisele Sanglard

Capítulo 8 Coração e ciência: Vitor Ferreira do Amaral e a prática
da medicina e da assistência à maternidade e à infância
na Curitiba do início do século XX   149
Ana Paula Vosne Martins e Michele Tupich Barbosa

Capítulo 9 Mens sana in corpore sano: a religião da higiene
e da profilaxia em Fernando Bissaya Barreto   165
Sandra Xavier

Filantropia em ação: ligas, asilos e maternidades

Capítulo 10 Dar à luz no Rio de Janeiro da belle époque:
o nascimento das maternidades (1870-1920)   185
Maria Renilda Nery Barreto

Capítulo 11 Fernandes Figueira: ciência e assistência médico-psiquiátrica
para a infância no início do século XX   203
Renata Prudencio da Silva e Ana Teresa A. Venancio

Capítulo 12 A filantropia "paulista" que ficou "paulistana":
a Liga Paulista contra a Tuberculose, 1904-1920   225
André Mota

Capítulo 13 Medicina e filantropia contra o abandono institucionalizado:
transformações da assistência à infância na Bahia
(1923-1935)   245
Lidiane Monteiro Ribeiro e Luiz Otávio Ferreira

Capítulo 14 Médicos e mulheres em ação: o controle do câncer
na Bahia (primeira metade do século XX)   259
Christiane Maria Cruz de Souza

Filantropia na literatura feminina

Capítulo 15 Da caridade à assistência: a proteção à criança e à mulher
nas páginas e ações de Júlia Lopes de Almeida   279
Ana Maria Bandeira de Mello Magaldi

Capítulo 16 Reinações filantrópicas no diário de Alice Dayrell
Caldeira Brandt   297
Suely Gomes Costa

Sobre os autores   311

Prefácio

Laurinda Abreu

Virtude social por excelência, que se confundia com humanidade, cidadania e patriotismo, a filantropia era igualmente, para os homens do Setecentos, um programa de ação que via no fazer bem ao outro um princípio ético, de utilidade social. A filantropia tinha como primado a procura de eficácia na intervenção, que se queria transformadora. Afastava-se da caridade, não tanto pelas profundas motivações religiosas que caracterizavam as práticas assistenciais tradicionais, mas por seu caráter meramente paliativo. Na França revolucionária, a filantropia tornou-se sujeito de um discurso moral e social estruturado sobre os valores da razão e da justiça, que se fez acompanhar de um manual de instruções a ser usado pelo "homem de Estado filantrópico".

Num cenário de grande porosidade intelectual, a Europa setecentista convergia na identificação dos problemas sociais e aproximava-se nas soluções apontadas para resolvê-los. A partir do início do século seguinte, reforçava-se o investimento do Estado na melhoria da situação das populações, procurando cumprir agendas específicas direcionadas para o desenvolvimento dos respectivos países. Mais ou menos repressivas, conforme os espaços em análise e a ideologia dominante, quase todas defendiam o trabalho, quer como forma de assistência, quer como contrapartida ao auxílio prestado. Em Portugal, Diogo Inácio de Pina Manique, intendente-geral da polícia entre 1780-1805, foi o arauto dessas ideias, na sua vertente predominantemente germânica e francesa, e não menos paternalista.

Independentemente da geografia ou da confissão religiosa, os pobres e a pobreza eram colocados no centro das reflexões dos políticos e dos observadores sociais, atraindo novos atores e contributos, num tempo de grande efervescência ideológica. As elites continuavam a dominar, mostrando-se influenciadas pelas preocupações governamentais com as causas estruturais da pobreza. Regra geral, o labor dos filantropos transportava uma forte componente política.

O Brasil terá sido feito de muitos filantropos, de proveniências sociais e profissionais bastante diversificadas. Terão sido, como em outros espaços, professores, financeiros e aristocratas liberais, entre eles alguns pertencentes à maçonaria, conhecida pelo encorajamento à ação política e social. Todavia, o livro que agora se publica dá uma ênfase maior aos médicos e ao seu campo preferencial de atuação: o da saúde pública. Mas não exclusivamente. Na galeria dos *Filantropos da nação* figuram igualmente provedores das Misericórdias.

Apesar de a atividade desses filantropos frequentemente assumir um cunho individualizado, ela seguia e obedecia a desígnios nacionais. O desejo de contribuir para o crescimento da nação, na linha do pensamento e dos pressupostos populacionistas, é transversal a todos eles. Partilhavam igualmente a consciência, herdada dos iluministas, de que os principais problemas de saúde advinham da precariedade, quando não mesmo da miséria da maioria da população. A eles se deve a transformação das questões de saúde em questões sociopolíticas e a proposta da criação de estruturas que sustentassem a melhoria das condições de vida. Valores como a defesa do interesse público e a necessidade de tornar a medicina preventiva afirmam-se nesse contexto e redirecionam o debate político e social. Nesse domínio não é tanto a originalidade do pensamento e da ação dos *Filantropos da nação* que está em causa, mas o pioneirismo das intervenções relatadas neste livro.

Característica dominante da filantropia oitocentista brasileira e portuguesa foi o fato de não se limitar a um investimento exclusivamente financeiro mas, sobretudo, de colocar as competências profissionais a serviço dos mais frágeis. Uns teorizavam e, em simultâneo, implementavam suas ideias; outros ficaram-se pela prática informada, uma filantropia continuada e militante, como é designada por uma das autoras desta obra.

Os itinerários profissionais dos *Filantropos da nação*, sobretudo dos que fizeram carreira na saúde pública, são outras tantas histórias de projetos reformistas. Um número considerável desses protagonistas talhou as suas vidas para servirem de exemplo, subordinadas a um propósito também comum, que era o de estimularem comportamentos miméticos. Apesar de a reflexão teórica desses atores não estar em estudo, sabe-se que construíram um novo espaço político, que usaram para entretecer redes de influência facilitadoras da mudança da sociedade em que se inseriam. Partilhando experiências ou competindo entre si pelo protagonismo político e social, como terá sido o caso de Crescêncio Antunes da Silveira e Luiz Régis Pacheco Pereira, o livro dá a conhecer gerações de filantropos que se inventaram para ultrapassar a inércia das instituições e dos que as governavam. A título privado ou coletivamente, procuraram mudar o mundo que os rodeava, alguns deles conseguindo, inclusive, que experiências individuais se tornassem políticas públicas. A multiplicidade de projetos sociais referenciados ao longo deste livro, temporalmente concentrados, permite concluir que se tratou de um verdadeiro movimento, desenvolvido num período particularmente dinâmico. Um movimento que contou com a adesão de alguns dos seus contemporâneos mais notáveis, que usaram a imprensa periódica, veículo por excelência de formação de opinião, para publicamente expressarem seu apoio.

Os textos apresentados convergem em vários pontos e não apenas nas proposições sociais dos filantropos retratados e de seus seguidores. Os casos descritos permitem compor um quadro de uma enorme riqueza, que discorre sobre homens e mulheres envolvidos na vida associativa, estrategicamente posicionados junto do poder político, que, em algumas situações, os estimulava a agir, abrindo caminho ao apoio estatal — e este se tornava imprescindível para dar outra dimensão a atos que, isolados, não teriam tido o impacto que alcançaram. Tratam também das novas elites que se abeiravam das Misericórdias para nelas exercerem o amor ao próximo e, não raras vezes, engrandecerem pergaminhos recém-adquiridos. Em alguns dos mencionados "itinerários filantrópicos" subentendem-se processos de mobilidade social ascendente escorados na prática da assistência.

Os usos sociais da assistência, mesmo atendendo exclusivamente aos administradores do "sistema", não aos seus utentes, atravessam todos os tempos e geografias, e o Brasil não foi exceção. Numa contabilidade imaginária entre o investimento e o lucro, tomado este último como possibilidade de aceder aos recursos das instituições assistenciais para outros fins que não os previstos e como acumulação de capital social granjeado no exercício de funções dirigentes, os novos grupos que vão chegando às Misericórdias e a outros organismos de assistência e saúde raramente saíram perdedores. Quase sempre vinculados ao poder local, como ocorreu na Misericórdia de Pelotas, cujos mesários circularam entre a Câmara e a confraria, encontram-se a reproduzir comportamentos amplamente documentados para Portugal, pelo menos desde os finais do século XVI, muitas vezes nas franjas do que seria eticamente aceitável para quem se afirmava socialmente comprometido.

Do lado do poder político, houve também uma rápida percepção das vantagens decorrentes desses relacionamentos, sobretudo em contextos epidêmicos, como a febre amarela (1849-1850) e a cólera (1855-1856), e mais ainda quando os interlocutores eram médicos. A organização da assistência institucional aos doentes cancerosos, na década de 1920, na Bahia, estruturada num contexto de progressiva centralização dos serviços de saúde sob a tutela do governo federal, ou também, pela mesma altura, o estabelecimento do Dispensário de S. Paulo e da Liga Paulista contra a Tuberculose, por Clemente Ferreira, ilustram sobre esse aspecto. Tratava-se, com efeito, de uma relação de benefícios mútuos, como Turgot o havia experienciado muitos anos antes, que, por um lado, fortalecia o poder do Estado, legitimado pelo discurso científico, e, por outro, reforçava a autoridade profissional dos médicos e da medicina, os primeiros cada vez mais presentes, esta última com um crescente poder disciplinador.

Em Portugal atrasou-se a associação dos médicos ao Estado, o que terá tido implicações na forma como os filantropos atuaram ao longo do século XIX, um assunto praticamente desconhecido da historiografia nacional. Entre os estudados está Thomaz de Mello Breyner, que aqui se vê pondo as suas relações privilegiadas a serviço da institucionalização da assistência aos sifilíticos. E também, já do século seguinte, Fernando Bissaya-Barreto, porventura o caso paradigmático da eficácia das ligações pessoais e políticas capitalizadas a favor do bem comum: foi todo um programa de medicina social, de pendor pedagógico, que desenvolveu a partir de Coimbra e que foi muito além da região centro do país. Deste lado Atlântico, contemporâneo de Thomaz de Mello Breyner, o médico Crescêncio Antunes da Silveira exercitava no Hospital da Misericórdia de Vitória da Conquista princípios de filantropia cristã, tendo a seu lado a Igreja Católica.

Militância política participativa foi também a de Arthur Moncorvo Filho, assim como a de Antonio Fernandes Figueira, fundadores, o primeiro, do Instituto de Proteção e Assistência à Infância, matriz de tantos outros estabelecimentos idênticos que se lhe seguiram, e, o segundo, da Policlínica das Crianças. Fernandes Figueira ainda se ocupou com as crianças situadas nas margens do mundo dito "normal", para quem criou o Hospício Nacional de Alienados e o Pavilhão-Escola Bourneville. Todos eles homens da transição do século XIX para o XX, que no Rio de Janeiro viveram um momento particularmente dinâmico no que concerne ao socorro das crianças, em geral, e dos filhos das classes desfavorecidas, em particular. Disso mesmo é exemplo o Instituto de Proteção e Assistência à Infância, pensado por Carlos Arthur Moncorvo de Figueiredo Filho, e, já na Bahia, a institucionalização da assistência materno-infantil, pela mão de pediatras e puericultores, como Joaquim Martagão Gesteira, que chamaram a si a tarefa de substituir as políticas privadas, de base caritativa, pelas políticas públicas.

Um aspecto geralmente menos estudado, e neste livro algumas vezes abordado, é o papel das mulheres nesses processos. O realce vai aqui para o apoio que oferecem aos médicos na luta contra o câncer, mas também enaltecendo os filantropos, dando-lhes visibilidade, como o fez a feminista Mariana Coelho em relação ao médico Vitor Ferreira do Amaral, fundador da Maternidade do Paraná. Está-se, naturalmente, em presença de um universo muito restrito, de mulheres que, por alguma circunstância social ou profissional, conseguem derrubar barreiras e assumir maior protagonismo no espaço público, de domínio tradicional dos homens, levando consigo os filantropos que admiram. Nessa mesma corrente defensora da ciência e da ação política a serviço da sociedade, sobretudo dos seus membros mais desafortunados, esteve Júlia Lopes de Almeida (1862-1934): através da sua escrita e vivência associativa, procurou construir opinião e formatar comportamentos, tentando cooptar a sociedade e os poderes políticos para a proteção materno-infantil. Relatos como os de Alice Brandt (1893-1995) ajudam a melhor perceber a importância e a abrangência dessas ações filantrópicas.

De tudo isso, e de muito mais, falam os autores deste livro. No seu conjunto contam sobre um sistema organizado segundo a relação entre os interesses nacionais, os propósitos dos filantropos e a realidade da população pobre. Na comparação entre as decisões dos administradores das Misericórdias dos finais do século XVIII e as dos filantropos dos séculos seguintes, capta-se a mudança na forma de perceber as práticas assistenciais, traduzida na lenta passagem de um sistema ainda de base tradicional para outro, em que a ajuda ao próximo era entendida como obrigação humanitária que devia corrigir, entre outras, as desigualdades sociais decorrentes do nascimento, da incapacidade para o trabalho, da doença ou das mudanças socioeconômicas. Em confronto estavam dois modos diferentes de organização social e de resolução do fenômeno da pobreza. As intervenções narradas neste livro, em sua maioria, são já pró-ativas, focadas em novas políticas sociais, suportadas no conhecimento científico (médico, epidemiológico e estatístico), que pretenderam dotar os receptores de competências de autossuficiência. Transportavam um discurso social, simultaneamente moral e patriótico, construído a partir de valores como a razão, a justiça e os direitos humanos. Não são completamente circunstanciais a emergência e a mobilização desses filantropos como atores políticos.

Os exemplos aqui referidos fazem supor a existência de acesos debates sociais sobre as questões humanitárias que convocaram os médicos e que a legislação social por certo terá acompanhado e refletido, nomeadamente em termos de regulação sanitária, que com certeza terá justificado uma nova perspectiva de abordagem à questão da pobreza. A criação de infraestruturas médicas e sanitárias compreende-se nesse movimento, a um tempo higienista e filantrópico, que discutia publicamente os resultados dos inquéritos e das estatísticas, legitimando cientificamente uma intervenção tendente a moralizar a pobreza. Nesse enquadramento, que foi também de nova conceitualização do conteúdo a atribuir à pobreza, assistiu-se à emergência dos "empresários da moral", na formulação de H. Becker, indivíduos que, a título individual ou em associação, caminharam no sentido da afirmação da secularização da assistência, contribuindo para a construção de uma nova moral, assente em imperativos patrióticos e numa sociedade mais participativa, uma sociedade que fosse capaz de assegurar a manutenção da ordem social e o desenvolvimento da economia.

Os princípios da redistribuição da riqueza e do financiamento coletivo dos mecanismos de assistência aos pobres, que sustentaram tantos programas filantrópicos oitocentistas, acabariam por não se cumprir. Em Portugal como no Brasil, o que triunfou no século XX foi um sistema de assistência misto, em que o público e o privado se encontram, com uma forte componente de voluntariado e muito dependente das dinâmicas locais. Uma realidade que esteve longe de se circunscrever a esses dois países, como bem se sabe. Só na aparência, contudo, é paradoxal a ambivalência de Estados que defendem ser de sua responsabilidade a proteção da população ao mesmo tempo que incentivam o aparecimento de sociedades filantrópicas, conservando para si o poder regulador, disciplinar e punitivo.

Porventura o maior sucesso dos filantropos foi o de acreditar que, perante as limitações ou a incapacidade do poder político, a sociedade civil, individualmente expressa ou coletivamente organizada, poderia fazer a diferença. E o fez em muitos casos, como o presente livro demonstra tão bem. Os textos apresentados ajudam a melhor refletir sobre algumas dessas problemáticas, afirmando-se — sobretudo no que concerne ao Brasil, pela especificidade das condições históricas que caracterizam a maioria dos projetos filantrópicos abordados — como um importante contributo para um melhor conhecimento das condições e circunstâncias que acompanharam a consolidação do novo país.

Apresentação

O livro *Filantropos da nação: sociedade, saúde e assistência no Brasil e em Portugal*[1] é fruto dos trabalhos do grupo de pesquisa História da Assistência à Saúde, que vem se dedicando desde 2006 a reunir investigações sobre a criação da rede de assistência à saúde no país. Esse grupo foi originalmente formado por professores e alunos do Programa de Pós-Graduação em História das Ciências e da Saúde da Casa de Oswaldo Cruz/Fiocruz, que gerou teses e dissertações que refletiam sobre a relação entre saúde, filantropia, assistência, maternidade, infância e gênero.

Com este livro, pretendemos apresentar o estado das discussões atuais sobre o tema da filantropia, da saúde e da organização da assistência. Buscou-se reunir pesquisadores brasileiros e portugueses que se dedicam aos estudos acerca de filantropos e agentes públicos envolvidos na estruturação da rede de assistência, que tinha uma dimensão mais ampla do que entendemos hoje, envolvendo questões de saúde, educação, valores morais e sociais.

Uma das questões importantes discutidas nesta coletânea é o conceito de filantropia (ou benemerência) e sua aplicação nos diversos períodos históricos que o livro aborda. Segundo Catherine Duprat, o conceito de filantropia admite uma dupla acepção. De forma genérica significa toda ação social (caritativa ou humanitária), seja de inspiração confessional ou não; de forma específica, opõe-se às obras de caráter religioso, negando qualquer referência à espiritualidade (Duprat, 1996).

Apesar de a noção de filantropia também abarcar a da caridade, as diferenças percebidas entre ambas estão diretamente relacionadas com o tempo histórico no qual as ações acontecem. A caridade está vinculada ao dogma cristão e à história da salvação, principalmente as chamadas obras de misericórdia que aparecem descritas no Evangelho de São Mateus no capítulo dedicado ao juízo final.

No primeiro livro do Novo Testamento, o apóstolo Mateus indica, no capítulo 6 (Mt 6, 1-18), a necessidade de fazer as obras em segredo — a questão do anonimato está presente nas ações dos católicos que têm nas irmandades

---

[1] Esta coletânea também é resultado do projeto desenvolvido pelos organizadores e chamado "Filantropos da Nação: Ciência, Filantropia e Poder Público na Construção da Assistência no Rio de Janeiro, 1899-1947", que contou com apoio da Faperj (Edital Humanidades, 2009-2011).

e na própria Igreja, através das esmolas, seu intermediário na caridade. Já no capítulo 25 (Mt 25, 31-46), principalmente a partir do versículo 31, Mateus nos apresenta as obras de misericórdia fundamentais para a redenção final. São as chamadas obras corporais: alimentar os famintos, dar de beber, acolher os peregrinos, vestir os nus, tratar os doentes e remir os presos. Realizar uma dessas obras era considerado como fazê-la ao próprio Senhor. Como Isabel dos Guimarães Sá (2013) destaca, a questão do enterramento é acrescentada somente no século VII da era cristã. Tais preceitos são posteriormente reforçados por Santo Agostinho, entre os séculos IV e V, e pelo Concílio de Trento, já no século XVI — e como resposta à Reforma protestante. Michel Vovelle (1997), em sua obra clássica *A piedade barroca*, reforça a ligação entre a salvação da alma e as obras de caridade.

O século XVIII, com o Iluminismo, vê surgir um neologismo — a filantropia — para distinguir a nova virtude do homem, e sua principal característica era a ideia de utilidade social. O foco de atuação da filantropia passa a ser a cidade e suas mazelas. Através de um discurso simultaneamente moral, social e patriótico, a filantropia representa a passagem de um sistema de afirmação de princípios humanistas para um modelo de proposições sociais dirigidas à suavização da pobreza ou da doença — o que compreende a mendicância, a assistência, a saúde pública e a seguridade (Sanglard, 2008; 2013).

A filantropia, ou a benemerência, assim entendida, sofre forte influência do conturbado século XIX na Europa, com o advento do movimento operário e suas reivindicações, das ideias socialistas, entre outros fatores. Suas ações traduzem as necessidades daquele momento: construção e/ou manutenção de escolas, inclusive a instrução técnica; previdência, incluindo a questão da saúde (acidentes, doença) e do pecúlio (velhice e viuvez). É nesse período que a medicina preventiva, realizada a partir das descobertas de Louis Pasteur na segunda metade do século XIX, passa a fazer parte da agenda dos filantropos. A filantropia vê na medicina preventiva e no higienismo uma forma de resolver as mazelas sociais. Se, como propôs Sidney Chalhoub (1996), a popularização do higienismo foi responsável por uma ação pública sob a liderança de médicos e engenheiros no Rio de Janeiro, por outro lado, como sugere Gisele Sanglard (2013), esse mesmo processo foi absorvido pela sociedade civil e no apoio de uma parcela desse grupo na abertura e manutenção de instituições de assistência.

A agenda de questões trazidas pelo mundo do trabalho e as novas condições de vida na cidade, na segunda metade do século XIX, contribuem para mudanças na caridade tradicional, que passa a traduzir os preceitos do higienismo segundo sua doutrina. É nesse período que surgem diversas ordens religiosas voltadas exclusivamente para a assistência, como a Ordem de São Vicente de Paulo. De mais específico do catolicismo, podemos ressaltar a defesa da família (enfatizando a criança e a mulher) e sua ligação com a paróquia e o Estado, a doação de esmolas e a ajuda aos pobres.

O que temos no início do século XX é uma filantropia mais racional convivendo com as práticas de caridade renovadas. Interpretando-as como sinônimos ou antônimos, o fato é que ambas se dedicam a minimizar as mazelas da pobreza — outro ingrediente importante — e da doença, num contexto em que, muitas vezes, agentes públicos e filantropos veem a doença como uma consequência da *desordem* causada pela pobreza.

A aliança que existe entre a sociedade civil e o Estado — seja a Coroa portuguesa, o Império brasileiro ou a República — se dá pela vigência de um Estado liberal que, no que tange à assistência, se apoia, direta ou indiretamente, nas obras de caridade das misericórdias e nas instituições filantrópicas. Tal apoio se faz possível por meio de uma relação público-privada que deve ser entendida na longa duração, mesmo que cada tempo tenha suas singularidades.

E é justamente nas análises sobre a filantropia e/ou a caridade em diferentes períodos e espaços, apontando para as peculiaridades encontradas, que se torna possível testar e refinar esses conceitos. Nesse sentido, oferecemos ao leitor um conjunto de estudos sobre a temática, organizado em quatro eixos distintos. O primeiro deles, *Elites e caridade*, reúne textos que procuram caracterizar e analisar a composição das irmandades, vinculando-as às políticas do Império português e do Império brasileiro.

O capítulo de autoria de Renato Franco, "O privilégio da caridade: comerciantes na Santa Casa de Misericórdia do Rio de Janeiro (1750-1822)", apresenta uma análise da composição social dos irmãos da Santa Casa da Misericórdia do Rio de Janeiro, a principal instituição assistencial da cidade. O autor mostra a importância dos novos segmentos econômicos, os homens de negócio, que tinham presença certa nas funções diretivas da Misericórdia, sobretudo a partir da segunda metade do século XVIII, lutando pelos privilégios da irmandade e tornando-se, assim, os protagonistas da caridade institucional na cidade.

Já o capítulo "O estado da Misericórdia: assistência à saúde no Rio de Janeiro, século XIX", de autoria de Tânia Salgado Pimenta e Elizabete Vianna Delamarque, analisa as relações estabelecidas entre o Estado e a Santa Casa do Rio de Janeiro, atentando para os espaços políticos ocupados pelos provedores da Misericórdia, especialmente o provedor José Clemente Pereira. O texto destaca o intenso processo de medicalização do hospital e de organização de sua administração, com definição de normas e hierarquias, além de chamar a atenção para a inflexão no modo como o Estado passou a encarar a saúde pública em virtude das primeiras grandes epidemias — febre amarela, em 1849-1850, e cólera, em 1855-1856 — que grassaram em várias cidades do Brasil.

O texto de Cláudia Tomaschewski, "Composição social dos irmãos e dirigentes da Santa Casa de Misericórdia de Pelotas, Rio Grande do Sul, Brasil (1847-1922)", também contribui para os estudos sobre as misericórdias ao apresentar a composição social dos irmãos e dirigentes da Santa Casa de Misericórdia de Pelotas, no Rio Grande do Sul, um tema pouco abordado na bibliografia, a qual, em geral, se limita a apontar a presença dos homens das elites locais. A autora analisou os dados sobre profissão, nacionalidade, ocupação de cargos políticos e pertencimento à Irmandade do Santíssimo Sacramento e São Francisco de Paula, além de outras associações, tais como as lojas maçônicas.

O segundo eixo, *Médicos e filantropos*, congrega artigos que discutem a filantropia como instrumento necessário para a institucionalização de um saber médico em vias de consolidação, para a organização de uma rede de assistência e como um valor moral. Valoriza principalmente a ação dos indivíduos e seu envolvimento com a filantropia.

Abre esse eixo o capítulo de Cristiana Bastos, "Entre mundos: Thomaz de Mello Breyner e a clínica de sífilis do Desterro, Lisboa", no qual a autora se propõe investigar a trajetória do médico sifilógrafo português que pode ser traduzida como a síntese de uma época. Uma personagem que soube manejar seu capital social e político para melhorar as condições da assistência aos sifilíticos na Lisboa da virada do século XIX para o XX.

O capítulo "Crescêncio Antunes da Silveira: um médico filantropo baiano", de Cleide de Lima Chaves, apresenta uma discussão sobre a filantropia praticada por ele nas primeiras décadas do século XX. A autora analisa a contribuição do médico para o estabelecimento desse tipo de prática na cidade de Vitória da Conquista, no interior baiano, mostrando a articulação entre sua trajetória médica e política e a história e a memória da construção e manutenção do Hospital da Santa Casa de Misericórdia da cidade. O estudo evidencia ainda a articulação desse hospital com a Igreja Católica, comprovando a continuidade dos vínculos entre fé e assistência médico-hospitalar na Bahia republicana.

Em "Quando a caridade encontra a ciência: um olhar sobre a trajetória de Arthur Moncorvo Filho", Maria Martha de Luna Freire reflete sobre a trajetória profissional desse pediatra e de sua obra institucional, destacando alguns pontos que o singularizaram entre outros modelos assistenciais propostos por seus contemporâneos. O argumento principal da autora é que a biografia do

APRESENTAÇÃO

médico se confunde com as ações do Instituto de Proteção e Assistência à Infância (Ipai), instituição criada por ele em 1899, no Rio de Janeiro, com objetivos, estrutura e modo de operação múltiplos e complexos.

O capítulo de Gisele Sanglard, "Filantropia e política pública: Fernandes Figueira e a assistência à infância no Rio de Janeiro na Primeira República", discute o projeto de assistência à infância proposto pelo médico Antonio Fernandes Figueira no Rio de Janeiro àquela época. Para tal, a autora parte da reconstrução da biografia histórica do médico e filantropo responsável pela criação da Policlínica das Crianças, instituição vinculada à Irmandade da Misericórdia carioca, onde o médico começou a pôr em prática algumas de suas noções acerca da alimentação infantil.

Deixando a ação em prol da infância e se voltando para a maternidade, Ana Paula Vosne Martins e Michele Tupich Barbosa recuperam, através do recurso à biografia histórica, a figura do médico e filantropo curitibano Vitor Ferreira do Amaral. No capítulo "Coração e ciência: Vitor Ferreira do Amaral e a prática da medicina e da assistência à maternidade e à infância na Curitiba do início do século XX", política, ciência e filantropia são temas capitais para a compreensão da trajetória dessa personagem importante para a história da saúde naquela cidade. Para as autoras, a ação benemerente desse médico encontra-se vinculada a um *ethos* identitário da elite, a uma ação de responsabilidade moral em prol dos desafortunados.

O último capítulo desse eixo, de Sandra Xavier, "Mens sana in corpore sano: a religião da higiene e da profilaxia em Fernando Bissaya-Barreto", ressalta a liderança do médico Fernando Bissaya-Barreto frente à Junta Geral do Distrito de Coimbra e à Junta Provincial da Beita-Litoral, Portugal, entre 1917 e 1979. A autora reconstrói a biografia da personagem a fim de permitir a compreensão de sua *Obra antituberculosa e de proteção à grávida e defesa da criança*. Chama atenção nesse trabalho a imbricação dos ideais políticos do médico e a construção de sua obra social, que tinha como pilar a articulação entre educação e saúde, e entre assistência médica e assistência social.

O terceiro eixo, *Filantropia e ação: ligas, asilos e maternidades*, inverte a lógica do eixo anterior. Apesar de também analisar a ação de indivíduos ou grupos, sua ênfase maior está na instituição, sua estruturação e objetivos.

No texto de abertura, "Dar à luz no Rio de Janeiro da *belle époque*: o nascimento das maternidades (1870-1920)", Maria Renilda Nery Barreto discute a criação das primeiras maternidades no Rio de Janeiro, entre 1877 e 1920. Essas instituições são analisadas no contexto da modernização urbana, do crescente prestígio das especialidades médicas, da conexão entre a filantropia e o poder público, da participação feminina e, por fim, da articulação entre ciência, assistência e construção da nação.

O texto de Renata Prudêncio da Silva e Ana Teresa Venancio, "Fernandes Figueira: ciência e assistência médico-psiquiátrica para a infância no início do século XX", remete ao começo da institucionalização da assistência à saúde da criança no Brasil, especificamente à implantação, em 1903, de um serviço de assistência psiquiátrica especializado no tratamento das chamadas "crianças anormais" no Hospício Nacional dos Alienados, localizado no Rio de Janeiro. O texto destaca que essa iniciativa — então uma inovação do ponto de vista médico-pedagógico — foi tomada por Antonio Fernandes Figueira, o mais destacado pediatra da primeira geração de médicos brasileiros dedicado à especialidade, que, atuando à frente de serviços filantrópicos e públicos, se tornou responsável pelo início da institucionalização da assistência à saúde materno-infantil no âmbito da saúde pública.

O capítulo de autoria de André Mota, "A filantropia 'paulista' que ficou 'paulistana': a Liga Paulista contra a Tuberculose, 1904-1920", aborda os percalços dessa entidade filantrópica que nas primeiras décadas do século XX se dedicava à prestação de assistência médico-social aos doentes pobres e suas famílias na cidade de São Paulo. O texto expõe as desavenças e diferenças entre as concepções e práticas sanitárias defendidas pela liga e o programa oficial de combate à tuberculose adotado pelo Serviço Sanitário do Estado de São Paulo, órgão responsável pelas ações de saúde pública no território paulista. O que estava em questão era a eficácia de medidas de profilaxia e de tratamento da tuberculose, tais como a melhoria das condições das habitações populares e a construção de hospitais-sanatórios para internação dos doentes.

Já o capítulo de Lidiane Monteiro Ribeiro e Luiz Otávio Ferreira, "Medicina e filantropia contra o abandono institucionalizado: transformações da assistência à infância na Bahia (1923-1935)", discute as transformações da assistência à infância na Bahia durante as décadas de 1920 e 1930. Trata-se de um caso exemplar de como uma entidade filantrópica, a Liga Bahiana contra a Mortalidade Infantil — liderada pelo pediatra e catedrático da Faculdade de Medicina da Bahia, Joaquim Martagão Gesteira —, cumpriu um duplo papel atuando, ao mesmo tempo, como órgão público de fiscalização da assistência à infância e serviço de assistência alinhado às orientações oficiais da saúde pública. Foi essa combinação de papéis que possibilitou à liga ser a protagonista da extinção do mais antigo e tradicional sistema de assistência à infância: a popular "roda dos expostos".

Encerrando esse eixo, Christiane Maria Cruz de Souza discute, em "Médicos e mulheres em ação: o controle do câncer na Bahia (primeira metade do século XX)", a mobilização dos médicos e das mulheres de elite em torno da fundação da Liga Bahiana Contra o Câncer. A pesquisadora demonstra como a sociedade civil, organizada em torno de instituições filantrópicas, pôs em funcionamento os bens de saúde privados, mas com função pública.

O quarto e último eixo, *Filantropia na literatura feminina*, é constituído por dois estudos. No primeiro, intitulado "Da caridade à assistência: a proteção à criança e à mulher nas páginas e ações de Júlia Lopes de Almeida", Ana Maria Magaldi explora o papel social e político da escritora e feminista Júlia Lopes de Almeida através das cenas de seus livros de gêneros diversos. As personagens criadas pela escritora viviam em ambientes sociais marcados pela miséria, em que o abandono de crianças e a desproteção de mulheres eram a tônica. Além de sensibilizar os leitores acerca dos problemas sociais e políticos, Júlia Lopes esteve envolvida na criação e administração da Maternidade Pro Matre, estudada por Maria Renilda Nery Barreto.

Ainda na interface da história e da literatura, temos o capítulo "Reinações filantrópicas no diário de Alice Dayrell Caldeira Brandt", de Suely Gomes Costa. Através da análise do diário mencionado no título, a autora revela as práticas cristãs da vida cotidiana e a abrangência das ações filantrópicas numa sociedade escravista em fins do século XIX.

Assim, esta coletânea, ao abranger contextos culturais diversos e larga periodização, pretende oferecer bases para uma discussão atualizada acerca do tema caridade, filantropia e assistência.

Os organizadores

Referências

CHALHOUB, S. *Cidade febril*: cortiços e epidemias na Corte imperial. 3. reimp. São Paulo: Companhia das Letras, 1996.

DUPRAT, C. *Usage et pratiques de la philanthropie*: pauvreté, action sociale et lien social, à Paris, au cour du premier XIX^{éme} siècle. Paris: Comité d'Histoire de la Sécurité Sociale, 1996. v. 1.

SÁ, I. dos G. *As Misericórdias portuguesas*: séculos XVI a XVIII. Rio de Janeiro: Editora FGV, 2013.

SANGLARD, G. *Entre os salões e o laboratório*: Guilherme Guinle, a saúde e a ciência — Rio de Janeiro (1920-1940). Rio de Janeiro: Editora Fiocruz, 2008. (Coleção História e Saúde.).

_____. A sociedade civil e a construção de hospitais na cidade do Rio de Janeiro da Primeira República. In: _____ et al. *História urbana*: memória, cultura e sociedade. Rio de Janeiro: Editora FGV/Faperj, 2013.

VOVELLE, M. *Pieté barroque et* déchristianisation em Provence au XVIIIe siècle. Paris: CTHS, 1997.

ELITES E CARIDADE

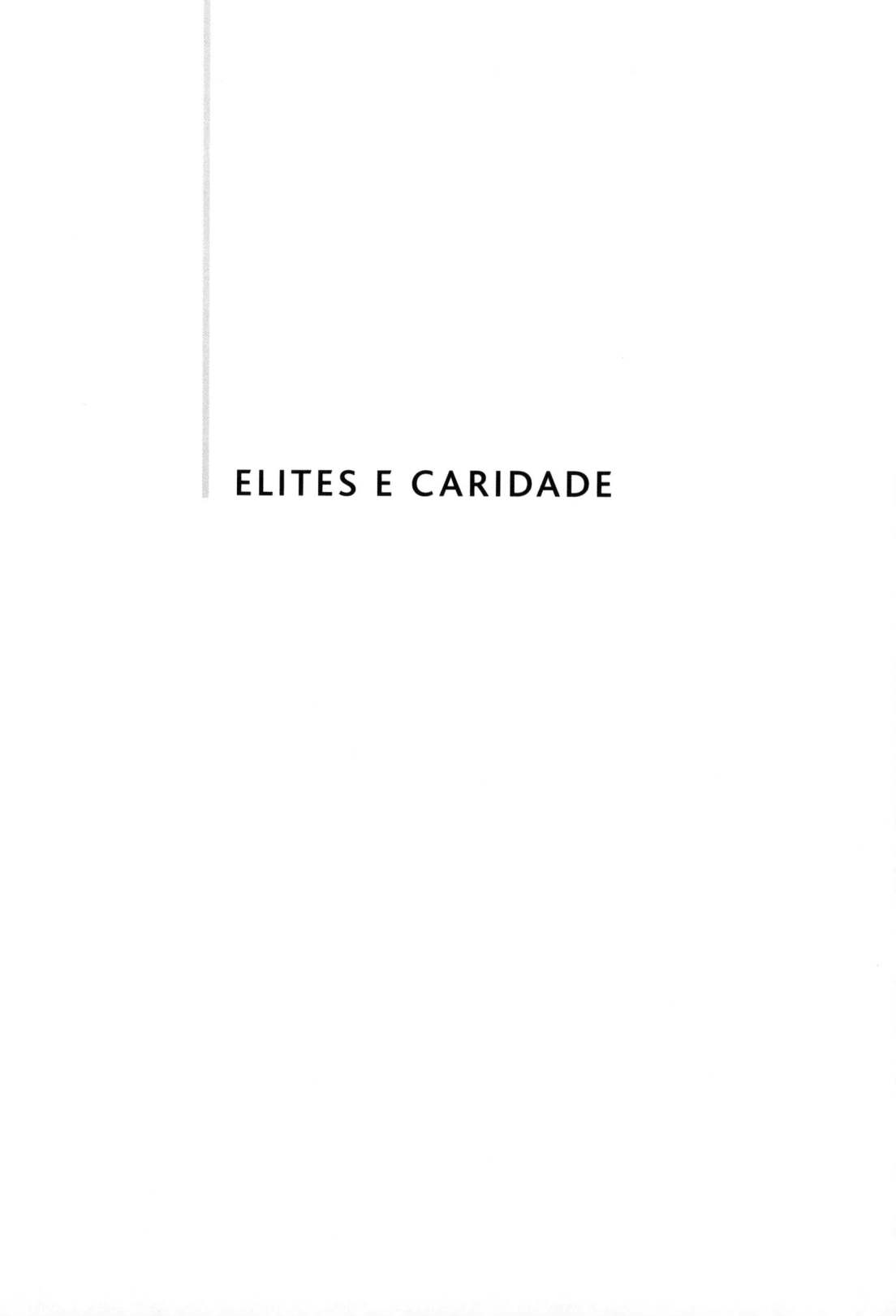

CAPÍTULO 1   **O privilégio da caridade:**
comerciantes na Santa Casa de Misericórdia
do Rio de Janeiro (1750-1822)[1]

Renato Franco

> *Que há de ser do velho e do enfermo que não têm saúde, nem forças para trabalhar? Que há de ser do órfão inocente que ainda não tem idade para cuidar de si? Hão de andar nus? Hão de morrer de fome? Que há de ser da viúva e da donzela, cujas mãos não têm em que se ocupar para poderem ganhar o sustento? Hão de sair por essas ruas? Hão de vender a sua honestidade?*
> PEREIRA (1754).

Ao longo da chamada época moderna (séculos XV-XVIII), o exercício da caridade institucional foi-se tornando um privilégio de poucos, sintonizado com a progressiva elitização por que passaram as Santas Casas de Misericórdia. A partir da primeira Misericórdia, fundada em Lisboa, em 1498, espalhou-se um modelo que, se não ditou, ao menos estabeleceu o parâmetro pelo qual se guiaram as demais congêneres espalhadas pelo Império português. O presente capítulo trata do exemplo do Rio de Janeiro, na virada do século XVIII para o XIX, mostrando como o ideal exclusivista se manteve longevo no exercício da caridade institucional. Durante o Setecentos, a cidade havia alterado consideravelmente a composição de suas elites e a Misericórdia local acompanharia de perto as reconfigurações do momento. Mesmo que a noção de elite tenha-se tornado consideravelmente mais elástica, a Misericórdia fluminense manteve a prerrogativa de que o governo da irmandade dizia respeito aos principais da terra.

Fundada no fim do século XVI, a Santa Casa de Misericórdia do Rio de Janeiro pode ser considerada um exemplo precoce das congêneres que se espalharam na América a partir do modelo lisboeta. De uma função assistencial importante, mas modesta ao longo de boa parte do século XVII, a Misericórdia

---

[1] O presente capítulo faz parte das reflexões desenvolvidas em minha tese de doutorado, *Pobreza e caridade leiga: as Santas Casas de Misericórdia na América portuguesa* (bolsista CNPq).

do Rio iria desempenhar um papel fundamental na assistência à população da cidade a partir de fins daquele século, carreada pela fundação da Colônia de Sacramento, em 1680, e, sobretudo, pela descoberta das minas dos sertões da América portuguesa, a partir da década de 1690. À medida que a cidade adquiria a primazia em termos econômicos e políticos, a irmandade beneficiou-se do eufórico desenvolvimento da região, angariando novos espaços e aumentando o escopo da assistência prestada aos súditos do além-mar.

Um dos exemplos objetivos dessa virada institucional podia ser observado no suporte dado à milícia, no contrato com a Fazenda Real, estabelecido pela primeira vez em 1694, que durou, com idas e vindas, toda a primeira metade do século XVIII. Tal como acontecera com a cidade, por volta de 1750, a Misericórdia do Rio de Janeiro pouco lembrava a modesta confraria da década de 1680. Naqueles 70 anos, a Santa Casa passara a curar os soldados do rei (1694); estava incumbida, tal como a rica Misericórdia de Salvador, do enterro dos escravos (1696); havia criado uma roda de enjeitados (1738); tinha um recolhimento de órfãs (1739); havia, na década de 1740, ampliado seu prédio e o hospital geral; recebia uma verba para assistência aos presos pobres (1754). A Misericórdia cumpria, assim, uma vasta gama de serviços à população, conservando a imagem paradigmática do que se entendia por caridade institucional no Império português.

Institucionalmente, um dos aspectos mais notáveis foi a substancial incorporação de comerciantes em postos de mando numa das irmandades mais prestigiadas da cidade. O século XVIII foi, portanto, testemunha do desenvolvimento estrutural da confraria, bem como da mudança de suas elites dirigentes. Em boa medida, a Santa Casa espelhou a importância dos novos segmentos econômicos que se firmaram, garantindo-lhes respaldo local. Sobretudo a partir da segunda metade do século XVIII, os homens de negócio tinham presença certa nas funções diretivas da Misericórdia, tornando-se, assim, os protagonistas da caridade institucional na cidade.

O privilégio da caridade

Ao longo da época moderna, no ocidente europeu, a participação em cargos diretivos de instituições de caridade foi uma atividade de grande prestígio. Ainda que, por diferentes formas, as iniciativas específicas de cada Estado tenham procurado reorganizar sua rede de hospitais para racionalizar o atendimento ao grande número de necessitados que enchiam as cidades, uma das características fundamentais da assistência moderna foi seu caráter local: as ações de auxílio institucional à pobreza foram majoritariamente financiadas pelas elites e pelas municipalidades.²

O modelo português, precoce em relação às grandes reformas de outros Estados europeus, também legou às elites locais os maiores ônus da caridade institucional em troca da participação em instituições extremamente prestigiadas: as Santas Casas de Misericórdia. Pouco tempo depois da criação da primeira Misericórdia, em Lisboa, contavam-se várias congêneres por todo o território reinol e pelo Império ultramarino português. Dotadas de vários privilégios régios, as Misericórdias conferiram uma formidável homogeneidade ao sistema caritativo português, exortando os ricos ao dever de ajudar, institucionalmente, o que se entendia por pobreza.

Ainda que as ações de compaixão não se resumissem aos serviços prestados pelas Santas Casas, elas foram responsáveis por sistematizar consideravelmente as tentativas de alívio a certos estados de carência (presos, justiçados, órfãs, enjeitados, viúvas, entre outros). As Misericórdias eram instituições leigas, feitas para leigos e que, juntamente com as câmaras, formaram o esteio no qual se apoiaram as ações de auxílio institucional oferecidas aos pobres ordinários.

Sem grandes desvios do compromisso lisboeta, a Misericórdia do Rio de Janeiro tivera, entre seus irmãos, ao longo do século XVII, alguns dos principais nomes da primeira elite da terra, composta por descendentes de conquistadores, senhores de engenho do recôncavo, bem como donos de altos postos da milícia e da administração régia. Embora o cumprimento estrito dos estatutos variasse conforme cada região no que se referia à qualidade dos componentes, as Misericórdias, de modo geral, mantiveram-se ciosas de seu caráter discricionário e exclusivista. Pelos estatutos, a participação estava restrita a homens economicamente remediados, maiores de 25 anos, cristãos de sangue limpo, que não trabalhassem com as mãos.

O modelo, mesmo com apropriações, reivindicava o caráter claramente masculino e aristocrata do exercício da caridade institucional no Antigo Regime luso. Por isso, as Misericórdias podiam ser consideradas um espaço identitário das elites portuguesas espalhadas pelos quatro cantos do ultramar. Ser irmão de uma Misericórdia era um sinal de respaldo social e, por extensão, do virtual cumprimento dos critérios de riqueza e limpeza de sangue. Esse seleto grupo de poucos e bons poderia ser atestado ainda por um limite máximo de participantes, vigente em algumas irmandades do Império. Na década de 1680, na

---

² Para o caso europeu, ver, sobretudo: Geremek (1986); Woolf (1989); Jütte (1994). Para Portugal, ver: Sá (1997).

esteira da crescente elitização por que passavam as principais Misericórdias, a mesa da irmandade do Rio de Janeiro havia estabelecido o *numerus clausus* de 200 membros, limitando a participação a uma pequena parcela de privilegiados (Fazenda, 1960:37; Ferreira, 1899:156).[3]

Esse caráter seletivo da irmandade poderia ser observado também na sua composição interna: as Misericórdias hierarquizavam seus irmãos em dois foros: o primeiro, composto pelos irmãos "nobres", ou de primeira condição; e os de segunda condição, recrutados entre os oficiais, comerciantes que tivessem loja aberta, isentos de trabalhar com as mãos.[4] Naturalmente, esses lugares institucionais passavam por negociações, variando conforme a composição social das elites locais de cada região. Nas mais destacadas cidades do reino, as Misericórdias conservaram o primeiro foro, até o fim do século XVIII, para um grupo bastante homogêneo das elites locais: políticos, burocratas, cristãos-velhos.

No entanto, ao longo do Setecentos, especialmente nas colônias, muitos desses espaços institucionais — antes reservados às elites conquistadoras e seus descendentes — incorporaram novos segmentos sem maiores conflitos. Essa alteração nos espaços institucionais era acompanhada também de mudanças sutis na sensibilidade da época. Em 1754, a Mesa do Negócio do Rio de Janeiro encomendou ao padre Thomaz da Costa Pereira um sermão, intitulado *Sermão do Espírito Santo*, que foi pregado na igreja do Bom Jesus (Pereira, 1755). Nele, o clérigo ensinava aos fiéis sobre a boa utilização do dinheiro, reiterando a prédica barroca de que a verdadeira riqueza estava nos bens espirituais, em contraposição à fugacidade dos bens materiais. Ao longo do texto, repetem-se imagens infernais como destino certo de vaidosos e avarentos: "negócio sim, porque sem ele não se governa o mundo, mas com Deus à vista e com Deus no coração; que bem se pode ser rico sem ofender a Deus" (Pereira, 1755:16).

Além das prescrições morais e a condenação a práticas indesejáveis (usura, ambição desmedida, descumprimento dos feriados religiosos), o sermão reservou um importante lugar à caridade. O recado era incisivo: cabia aos negociantes o dever costumeiramente legado aos setores mais afortunados. Tacitamente, o pregador reconhecia naquele grupo a importância financeira de potenciais beneméritos. Em pleno século XVIII permanecia vigorosa a noção tomista de que era dever dos ricos cuidar dos pobres e, no Rio de Janeiro, boa parte dessa riqueza estava justamente entre os agentes do comércio.[5]

---

[3] Para uma discussão a respeito do significado do *numerus clausus*, ver: Sá (2001:69-71).
[4] Ver: Compromisso da Misericórdia de Lisboa, 1619, 1739.
[5] Sobre o exemplo lisboeta, ver: Pedreira (1992:412-413). A irmandade funcionaria, a princípio, na igreja do Bom Jesus. Ver: Arquivo Histórico Ultramarino (doravante AHU). Rio de Janeiro, caixa 47, doc. 4.759. Ver ainda: Cavalcanti (2004:202-206).

Os irmãos da Misericórdia do Rio de Janeiro

Como dito, a rigidez na composição de certas confrarias não era factível para todas as localidades do Império. De modo geral, as regiões coloniais mostraram-se mais flexíveis à entrada de comerciantes e endinheirados. Russell-Wood observou como a aceitação da penosa função de tesoureiro foi utilizada como forma de ascensão interna por certos homens de negócio na Misericórdia da Bahia. Mesmo com uma condição de entrada subalterna, os negociantes foram angariando espaços à medida que eram reconhecidos socialmente, fosse por meio de alianças matrimoniais, do acúmulo de fortunas, do exercício de funções nobilitantes ou ainda em atividades qualificadas no interior da confraria, como era o caso da ocupação de tesoureiro (Russell-Wood, 1981:89-110).

No caso das Misericórdias, a ascensão dos homens de negócio na irmandade do Rio de Janeiro seguiu uma temporalidade semelhante à da Bahia. No livro de matrículas dos confrades era possível perceber, a partir da década de 1740, uma progressiva mudança na nomeação de um grupo diferente dos simples oficiais. Sobretudo a partir da segunda metade do século XVIII, a presença dos homens de negócio se tornou ostensiva, verificável, por exemplo, na referência explícita à atividade mercantil, monopolizando um espaço de representação típico da alquebrada aristocracia açucareira.

Essa alteração pode ser percebida, por exemplo, na escrituração do assento do português Romão de Mattos Duarte.[6] Em 1738, ele pagara, como forma de ingresso na irmandade, a quantia de 32 mil cruzados de réis para o estabelecimento da Casa dos Expostos do Rio de Janeiro. Sabe-se que era homem de negócio por meio de seu testamento,[7] mas seu assento no livro da irmandade é bem modesto: "Romão de Mattos Duarte se admitiu em mesa de 20 de março de 1738 por irmão, sendo provedor da Casa o Doutor Manoel Corrêa Vasques". À esquerda encontra-se a informação: "Faleceu em 2 de fevereiro de 1754".[8] Na escritura de doação, feita em 1738, há menção à pureza de sangue: "em cuja gratificação por ser constante a limpeza de sangue dele instituidor o hão por aceito e admitido irmão desta Santa Casa".[9]

No entanto, a partir da década de 1750, sedimentou-se uma espécie de orgulho, tornando clara a referência ao comércio de grosso trato. De informações

---

[6] Arquivo Histórico da Santa Casa de Misericórdia do Rio de Janeiro (doravante AHSCMRJ). Livro de irmãos, 1671-1817 (paginação corroída).
[7] AHSCMRJ. Patrimônio da Casa dos Expostos, escritura pública de Romão Mattos Duarte.
[8] AHSCMRJ. Livro de irmãos, 1671-1817 (paginação corroída).
[9] AHSCMRJ. Patrimônio da Casa dos Expostos, escritura pública de Romão Mattos Duarte, f. 8.

absolutamente secas, passou-se a observar um crescente detalhamento e a indicação explícita dos negociantes nas matrículas:

> O irmão Frutuoso de Souza Cunha, casado nesta cidade, *que vive de seu negócio*, se admitiu a esta irmandade em 2 de julho de 1751, sendo provedor o Ilustríssimo e Excelentíssimo Senhor General Gomes Freire de Andrade.
> O ajudante Manoel José Ferreira Guimarães, solteiro, *homem de negócio*, morador na rua Direita desta cidade, natural e batizado na Freguesia de Nossa Senhora de Oliveira da Vila de Guimarães, filho legítimo de Luiz Fonseca Barbosa da Cunha e Maria Josefa de Moura, foi admitido por irmão desta Santa Irmandade a 28 de abril de 1776, sendo provedor o irmão Ilustríssimo Excelentíssimo Senhor Marquês do Lavradio [grifos meus].[10]

De fato, a posição desses indivíduos na instituição já podia ser sentida no primeiro terço do século, indicando uma progressiva e silenciosa ocupação, realizada sem maiores embates. Por quatro anos, entre 1723 e 1727, serviu como provedor Francisco Gomes Pinheiro, um senhor de engenho e negociante de menor expressão (Fragoso, 2005:180; Fazenda, 1960:237-241). Gomes Pinheiro foi sucedido por Domingos Francisco de Araújo, provedor entre 1727 e 1729 e próspero negociante de escravos estabelecido na praça do Rio de Janeiro (Fragoso, 2005:168).

A partir da década de 1760, é possível perceber a participação desses homens em outras agremiações, sobretudo as de maior importância social, como as Ordens Terceiras do Carmo e de São Francisco:

> Manoel Luiz Vieira, homem de negócio, morador na Rua Direita, terceiro da Venerável Ordem Terceira de São Francisco, foi admitido a esta Santa Irmandade em 2 de outubro do ano de 1761, sendo provedor o irmão brigadeiro José Fernandes Pinto Alpoim que lhe deferiu o juramento.[11]

---

[10] AHSCMRJ. Livro de irmãos, 1671-1817 (paginação corroída).

[11] AHSCMRJ. Livro de irmãos, 1671-1817 (paginação corroída). Já na proposta de criação da Mesa do Bem Comum do Comércio, em 1753, os negociantes salientavam a importância das Ordens Terceiras: "Como a instituição desta Mesa se encaminha somente a evitar tudo o que for em prejuízo do bem comum, atendendo a que a confusão dos nossos negócios não permite que cuidemos como devemos no último fim da vida e que para ele nos acautelemos com testamento caso qualquer de nós faleça sem o termos a esse tempo, desde já para então não só nós, como todos os irmãos que para o futuro se quiserem assinar em um livro que para isso haverá na Mesa em que declarem a sua naturalidade, e de quem são filhos, *queremos, e é nossa última vontade, sermos sepultados na Capela da Ordem Terceira de que formos irmãos* e não sendo na Mesa em que existir [...]" [grifos meus] (AHU. Rio de Janeiro, caixa 47, doc. 4.759. §44).

A incorporação de novos grupos na Misericórdia, em certo sentido, confirmava as ideias centrais do sermão do padre Thomás da Costa Pereira: o privilégio da assistência institucional dizia respeito preferencialmente aos considerados mais afortunados, constrangidos moralmente a participar das instituições, mas espontaneamente interessados na série de benesses adquiridas da participação ativa nesses estabelecimentos. Foi notável o respaldo alcançado por esses setores em um estabelecimento de grande prestígio social, refletindo-se na Misericórdia as alterações sociais por que passavam as elites cariocas.

Os foros de distinção

Nas Misericórdias, a principal medida para abrir legalmente o espectro da composição foi a retirada da secular diferenciação entre cristãos-novos e velhos, em 25 de maio de 1773. Tal disposição não eliminava os foros de distinção, mas tendia a tornar a participação mais isonômica, arrefecendo, em tese, a precedência pautada pela limpeza de sangue. Naturalmente, o efeito não se estenderia aos mulatos, resguardando a irmandade à participação de brancos católicos. A confraria do Rio de Janeiro passou a adotar tal medida em março de 1775, quando a mesa, por indicação do marquês de Lavradio, riscou do compromisso parte do terceiro parágrafo do primeiro capítulo.[12] Essa postura, seguramente, contribuía para que os negociantes, tradicionalmente associados ao estigma de terem sangue infecto (judeu), fossem aceitos de forma menos traumática.

No entanto, a distinção entre nobres e plebeus em vigor nas Misericórdias não se baseava unicamente na questão dos cristãos-novos. Estava ligada a distinções secularmente postas nas principais instituições portuguesas que diziam respeito a ideais de qualidade baseados no nascimento e a uma visão negativa do trabalho manual. Na América portuguesa, na esteira da grande importância que os comerciantes adquiriram, conjugada a elites de origens controversas, a distinção de foros parecia cada vez menos eficaz ao longo do século XVIII. Os

---

[12] "Aos 17 dias do mês de março de 1775, no consistório e igreja desta Santa Misericórdia, estando em mesa o ilustríssimo e excelentíssimo senhor provedor Marquês de Lavradio, vice-rei do Estado, propôs aos mais irmãos dela que, por execução da lei régia de 25 de maio de 1773, se devia abrancar, conciliar e riscar em forma que mais se não pudesse ler o parágrafo 3º do capítulo 1º deste compromisso, naquela parte em que diz respeito às inquirições que se mandavam tirar da sanguinidade para se admitirem os irmãos; ouvida por todos a referida proposição com uniformidade de votos se assentou que se riscasse como determina a mesma lei, que fica no arquivo desta Santa Casa". Termo transcrito no compromisso de 1739 da irmandade de Lisboa, impresso pela Misericórdia do Rio de Janeiro, p. 131.

confrades da Misericórdia de Vila Rica, sede da capitania de Minas Gerais, logo na sua criação, solicitaram e conseguiram a aprovação régia para que fosse eliminada a distinção de foros, de forma a não submeter os comerciantes a um estatuto diferenciado dos oficiais da Câmara.[13] A mesma discussão acompanhou a criação da Misericórdia de Itu, no início do século XIX.[14]

No Rio, pelos estatutos da irmandade, que adotava o compromisso de Lisboa, a participação era franqueada em dois foros: o primeiro foro destinado aos "nobres", e o segundo, em geral, ocupado por lavradores e oficiais mecânicos.[15] Nota-se, mesmo pelos assentos do século XVII — quando a diferenciação entre nobres e mecânicos era declaradamente mais incisiva nas Misericórdias como um todo —, a exiguidade de informações no livro dos irmãos do Rio de Janeiro. Ao menos nesse livro que restou, não há referência imediata ao foro dos confrades. Até o fim do século XVII, os confrades eram listados por meio de um exíguo assento: "Bento Barbosa Soares se assentou por irmão desta Santa Casa em 30 de julho de 1681"; "João Batista Coelho se assentou por irmão desta Santa Casa a 15 de abril de 1688 anos".[16]

A mudança de foro era colocada no próprio livro de irmãos, de forma igualmente parcimoniosa e indicativa de uma evidente falta de rigor nas anotações. A mudança de condição era um ajuste feito à parte, sem ligação com a primeira matrícula do confrade e, muitas vezes, sem referência à folha da primeira matrícula, o que poderia gerar confusões. No entanto, permaneceu como forma de retificação até o século XIX.[17] O livro de irmãos da confraria baiana era consideravelmente mais rigoroso: dados sobre a ascendência, ocupação, cônjuge, bem como a condição, ou o foro dos confrades, eram elementos padrão no preenchimento dos assentos. Segundo Russell-Wood,[18] entre 1663 e 1775, cerca de 75% dos assentos pesquisados traziam informações completas sobre os irmãos, enquanto no Rio de Janeiro a referência ao foro permaneceu inutilizada até o fim do século XVIII.

No decorrer do século XVIII, as matrículas do livro de irmãos da Santa Casa do Rio vão ficando mais detalhadas, tornando possível perceber algumas das motivações que facilitavam a alteração de foros. A partir do detalhamento das matrículas, é possível perceber que o primeiro foro estava aberto também aos cargos mais significativos da hierarquia militar. No entanto, baixas patentes, desde que associadas a grandes negociantes, não impediam o acesso ao primeiro foro. Esse

---
[13] Ver: Franco (2009:41-66).
[14] AHU. Códices I, cód. 1.957.
[15] As mesas eram compostas por 12 irmãos, seis do primeiro foro e seis do segundo, sendo o provedor também do primeiro foro.
[16] AHSCMRJ. Livro de irmãos, 1671-1817 (paginação corroída).
[17] AHSCMRJ. Livro de irmãos, 1671-1817 (paginação corroída).
[18] Ver: Russell-Wood (1981:99, nota 30).

foi o caso de João Gomes Barroso, que em 1785 era alferes e eleitor de primeiro foro; ao longo dos anos, ocupando diferentes espaços na irmandade, galgou ainda espaços na hierarquia militar, sendo listado como tenente, coronel e capitão.[19] Por sua vez, entre 1771 e 1822, o também alferes Antônio Rodrigues Guedes apareceu duas vezes indicado como definidor de segundo foro, entre 1775 e 1777.[20]

Certamente, as definições de foro não se resumiam a questões puramente econômicas, mas eram resultado do respaldo entre os pares, das redes de clientela estabelecidas, de um nível de exigência possível entre os membros da comunidade. A condição de legitimidade, por exemplo, raramente fugia ao padrão: mesmo entre os irmãos de segundo foro listados, a grande maioria era composta de filhos de união legítima. Entre 1800 e 1822, 97,2% dos irmãos eram filhos legítimos, 2,1% eram naturais e 0,7% era de enjeitados.[21]

Mas o aspecto mais notável foi a indicação dos foros dos confrades, ocorrida a partir de 1800. Desde então, todos os irmãos seriam listados conforme a secular divisão entre nobres e plebeus, num momento em que as confrarias da Misericórdia que surgiam faziam questão de suprimir essa divisão, tal como aconteceu com Vila Rica, Itu, Sorocaba e São João del-Rei.

Esse procedimento era efeito de uma série de modificações por que passavam a confraria e a cidade em fins do século XVIII: o grande afluxo de portugueses, sobretudo a partir de 1808, representou um momento de reordenamento na confraria.[22] Mas é importante frisar que num período em que essa prática era vista como obsoleta, principalmente em terras coloniais, a Misericórdia do Rio de Janeiro, repleta de negociantes, aferrou-se a uma das formalidades mais tradicionalistas da instituição. A conservadora Misericórdia baiana, segundo Russell-Wood, abandonou, "com algumas exceções casuais", a distinção de foros a partir de 1800.[23]

A Misericórdia do Rio de Janeiro fazia um caminho inverso no que dizia respeito ao lugar social dos confrades: na contramão de tendências cada vez mais isonômicas, a congênere carioca manteve acesa a separação entre os componentes.[24] No

---

[19] AHSCMRJ. Livro de eleitores, 1771-1849.
[20] AHSCMRJ. Livro de eleitores, 1771-1849.
[21] AHSCMRJ. Livro de irmãos, 1671-1817; 1818-1834.
[22] Para maior aprofundamento da questão, ver: Franco (2011:110-176).
[23] "Depois de 1800, desapareceram quaisquer menções de classe, com algumas exceções casuais. Essa longa preservação de uma distinção fora de moda, sem dúvida, se devia à tradição e à cerimônia" (Russell-Wood, 1981:103).
[24] A distinção de foros foi suprimida em 1823. Vale a pena citar parte da justificativa da mesa, sinal de novos tempos na Misericórdia: "Foi proposto pelo dito irmão provedor que recomendando por uma parte do compromisso da mesma Santa Casa, a maior e mais fraternal união entre todos os irmãos dela; ao mesmo tempo que por outra parte se estabelecia entre eles a diferença de 1º e 2º foro, com o qual vinha a destruir-se toda aquela justa e precisa igualdade que deve haver entre irmãos que sendo unicamente movidos pelo fogo da caridade cristã se prestam voluntariamente

entanto, convém ressaltar, essa divisão não obedecia aos ditames do compromisso de 1618, pautado, em grande medida, pela noção de sangue infecto. Na Misericórdia do Rio de Janeiro, o primeiro foro dizia respeito, basicamente, aos mais altos funcionários régios, letrados, milicianos e aos comerciantes de grosso trato. Todos, é claro, brancos, católicos e, em sua maioria, de nascimento legítimo e casados.

A Mesa da Misericórdia na virada do século XVIII para o XIX

A presença de comerciantes não foi sinal de queda de prestígio da irmandade, tampouco representou momentos de grande conflituosidade no interior da instituição. No início do século XIX, a importância do comércio podia ser atestada tanto nos irmãos maiores quanto nos menores, muitas vezes conjugando atividades mercantis com outras ocupações, como a milícia. Entre 1800 e 1822, é possível constatar que os oficiais mecânicos estavam majoritariamente postos na categoria de irmãos menores (padeiros, sapateiros, ourives), assim como os comerciantes de vendas a retalho (ver quadro 1).

Quadro 1
Ocupações dos irmãos (1800-1822)

	Primeiro Foro	Segundo Foro	Não consta	Total
Cirurgiões	3	0	0	3
Boticários	6	0	0	6
Agricultores	3	5	1	9
Eclesiásticos	7	0	4	11
Outros	5	7	1	13
Burocratas	35	11	8	54
Oficiais mecânicos	4	69	4	77
Militares*	85	1	11	97
Não consta	69	66	26	161
Comerciantes	77	76	16	169
Total geral				**600**

Fonte: AHSCMRJ. Livro de irmãos, 1671-1817; 1818-1834.
* No caso dos militares, refere-se aos que exerciam atividades apenas nas milícias.

a todos os serviços e encargos da irmandade; sofrendo alguns deles os perniciosos efeitos daquela odiosa distinção de foros, que de nada servem no dia de hoje, senão para manter o orgulho pessoal e suscitar contínuas rivalidades" (integralmente transcrito em Ferreira, 1899:285-286).

Das 600 matrículas consultadas, 97 tinham apenas referência às patentes. No entanto, quando se consideram atividades conjugadas, esse número sobe para 184 (30,7% do total de assentos). As altas patentes, em geral, blindaram o exercício de atividades comerciais, garantindo o acesso ao primeiro foro. Assim, uma ocupação típica do segundo foro, como ter "armazém de molhados", não impediu que o tenente José Jacinto da Silva ocupasse o primeiro foro. O mesmo ocorreu com o tenente Custódio José do Nascimento, que tinha "loja de marceneiro", ou ainda com o alferes José Borges de Pinho, que tinha uma "loja de vidros e louça". Contudo, baixas patentes não significavam uma promoção social automática: diferentemente do já citado José Jacinto da Silva, Francisco José da Silva Lopes era um alferes, também com "armazém de molhados", português e irmão de segundo foro.[25]

A presença de comerciantes na confraria não se resumia, portanto, a posições subalternas dentro do quadro confrarial. Pelo contrário, a segunda metade do século XVIII viu surgir um grande número de negociantes nos principais postos de mando, tornando a irmandade um espaço de grande representatividade de homens ligados ao comércio. Essa prevalência pode ser atestada ainda pelo *livro de eleições* que restou. Os dados começam em 1771 e seguem até 1822. Entre julho e agosto, eram trocados os componentes da mesa, do definitório, do recolhimento das órfãs e da Casa dos Expostos.[26]

A eleição da mesa era precedida de uma missa em intenção ao Espírito Santo para que os irmãos fossem "bem inspirados".[27] Antes de votar, os confrades deveriam fazer um pronunciamento público.[28] O juramento de boas intenções

---

[25] AHSCMRJ. Livro de irmãos, 1671-1817 (paginação corroída).
[26] O ano compromissal das Misericórdias começava em 2 de julho, por ocasião do dia da visitação de Santa Isabel. Representativo de uma das grandes obras de misericórdia e de fundamentação bíblica, o relato da visita de Maria à sua prima Isabel indicava o início das alterações de composição da mesa, feitas no mesmo dia. Um mês depois, eram escolhidos os definidores, no dia de São Lourenço, 10 de agosto. O livro de eleitores está completo para o período entre 1771 e 1822. Foram levantados 2.346 nomes para os diferentes cargos da mesa (AHSCMRJ. Livro de eleitores, 1771-1849).
[27] "Acabado este ato, se irão todos à Igreja e assentando-se o provedor e mais irmãos da mesa em seus lugares ordinários, os dez eleitores se assentarão em um banco defronte da parte do Evangelho e logo se dirá uma missa do Espírito Santo" (*Compromisso da Misericórdia de Lisboa*, 1739. Capítulo V: Do dia e modo com que se há de acabar a eleição dos oficiais que hão de servir na irmandade).
[28] "Por estes Santos Evangelhos em que pomos as mãos, juramos que bem e verdadeiramente elegeremos um irmão para provedor, outro para escrivão, outro para recebedor das esmolas e oito para conselheiros que servirão este ano que vem a Deus e à Virgem Nossa Senhora nesta sua casa; e nesta eleição não teremos respeito nem a parentesco, nem a amizade, nem a ódio a pessoa alguma e só nomearemos aqueles que segundo Deus e nossa consciência nos parecem mais suficientes para os tais cargos. E assim prometemos debaixo do mesmo juramento de não votarmos por quem no-lo pediu ou significou, e de não darmos parte do que se tratar nesta eleição a pessoa

deixava claro um desejo muitas vezes negligenciado pelos próprios confrades. Embora se tratasse de um momento de grande valor simbólico e que devesse, em tese, mobilizar todos os irmãos, em algumas Misericórdias o processo eleitoral era pouco concorrido. Compareciam os mais interessados em perpetuar seu poder dentro da instituição, fazendo cristalizar famílias que jogavam muitos dos seus trunfos para conseguir os cargos. Era fundamental dominar a escolha dos eleitores, uma vez que, por se tratar de uma eleição indireta, cabia-lhes a seleção dos cargos diretivos da Santa Casa.[29]

Em 1725, o governador do Rio de Janeiro teve de intervir por suspeita de fraude nas eleições, e a irmandade riscou do seu quadro Pedro de Meranzino, Jorge Mainarte da Silva e o tenente-coronel Salvador Vianna da Rocha, acusados de falsificação das atas e de incluir entre os votantes pessoas que não participavam da instituição. O mesmo teria ocorrido, três anos depois, com o escrivão Antônio Moreira da Cruz, que, pelo mesmo procedimento, se fizera reeleger, não obstante fosse em breve para as Minas Gerais cuidar de interesses próprios (Ferreira, 1899:188).

A partir da composição da mesa entre 1771 e 1822, confirma-se, mais uma vez, a maciça presença dos negociantes de grosso trato nas ocupações diretivas da irmandade. O cargo de irmão provedor, por exemplo, que teve a participação de governadores — sinal do grande prestígio social da irmandade —, foi também dividido com alguns dos principais negociantes da praça do Rio de Janeiro. Anacleto Elias da Fonseca, por exemplo, nasceu em Lisboa em 1722, tornou-se familiar do Santo Ofício em 1742, quando ainda residia na capital do Império. Seu pai, Bernardo da Fonseca, era mercador de fazendas e tinha companhia com negócios para o Brasil, no Rio de Janeiro e em Pernambuco. Até meados de 1743, em Lisboa, foi comissário de fazendas para o Rio de Janeiro e no ano seguinte já apareceu como morador e assistente na América. Casou-se com d. Joana Maria Seixas, moradora no Rio, filha legítima de André de Barros Brandão e de d. Luíza de Seixas, e bisneta do senhor de engenho Sebastião Coelho Amim, descendente do conquistador Pedro Espinha. Em 1790, Anacleto, juntamente com Brás Carneiro Leão, outro irmão da Misericórdia, arrematou o contrato do dízimo real do Rio de Janeiro por 86 contos de réis (Guimarães e Pesavento, s.d.; Fragoso, 2005:228).

Listado como um dos principais negociantes do Rio de Janeiro, Anacleto Elias da Fonseca foi mordomo dos presos da Misericórdia entre 1780 e 1781; provedor durante nove anos consecutivos, entre 1781 e 1790, e definidor do

---

alguma." (*Compromisso da Misericórdia de Lisboa*, 1739. Capítulo V: Do dia e modo com que se há de acabar a eleição dos oficiais que hão de servir na irmandade).

[29] Para mais informações, ver: Araújo (s.d.).

primeiro foro entre 1805 e 1806.[30] Por sua vez, o também comerciante de grosso trato Brás Carneiro Leão, cujo espectro dos negócios englobava ainda o tráfico de escravos (Florentino, 1997:183-208), foi o patriarca de uma das principais famílias cariocas do início do século XIX. Na Misericórdia, foi eleitor em 1772, 1783 e 1802, conselheiro do primeiro foro entre 1774 e 1779 e definidor de primeiro foro entre 1802-1803 e 1805-1807.[31]

A família Gomes Barroso alternou diferentes ocupações na irmandade na virada do século XVIII para o XIX. Segundo João Fragoso, os irmãos Antônio Gomes Barroso e João Gomes Barroso pertenciam ao seleto grupo de empresários que controlavam o comércio de africanos escravizados, além de contratos de impostos. Antônio Gomes recebeu, em 1803, a patente de coronel das milícias e o foro de fidalgo cavaleiro da casa real (Fragoso, 2005:253). No período pesquisado, apareceu como irmão conselheiro, mordomo, escrivão, tesoureiro e provedor; a partir de 1811, é referido como comendador. João Gomes Barroso também foi eleitor, conselheiro, tesoureiro e provedor. Diogo Gomes Barroso foi eleitor de primeiro foro em 1820, escrivão em 1821 e 1822. Em 1826, foi também provedor da Misericórdia.[32]

A importância dos homens de grosso trato na composição diretiva da irmandade é tão notória que, de acordo com a lista formulada por Carlos Gabriel Guimarães e Fábio Pesavento (s.d.), contendo os principais contratadores da praça do Rio de Janeiro, entre 1750 e 1800, dos 22 negociantes, 13 (59%) participaram como membros da Mesa da Misericórdia carioca no período de 1771 a 1822.[33] Em 1799, o conde de Resende, vice-rei e provedor da Misericórdia de 1793 a 1802, enviou a d. Rodrigo de Sousa Coutinho uma lista contendo os 36 maiores negociantes da praça do Rio de Janeiro.[34] Do total, 78%, ou seja, 28 negociantes, participavam ativamente nos principais cargos da irmandade. Embora pareça trivial, convém ressaltar que não eram simplesmente irmãos de papel secundário, mas confrades de primeiro foro e que despendiam um considerável tempo nas funções da irmandade.

A partir da segunda metade do século XVIII, é possível dizer que houve um verdadeiro predomínio de comerciantes num dos espaços mais tradicionais da aristocracia portuguesa. Os homens de negócio verdadeiramente monopoliza-

---

[30] Ver: AHSCMRJ. Livro de eleitores, 1771-1849.
[31] Ver: AHSCMRJ. Livro de eleitores, 1771-1849.
[32] Cf. AHSCMRJ. Livro de eleitores, 1771-1849.
[33] Ver: AHSCMRJ. Livro de eleitores, 1771-1849.
[34] Arquivo Nacional do Rio de Janeiro (doravante ANRJ). Correspondência dos vice-reis, cód. 68, livro 15, p. 323-333. AHSCMRJ. Livro de eleitores, 1771-1849.

ram as posições de controle da Santa Casa fluminense, alternando o mando apenas com figuras de grande importância política e/ou militar.

Considerações finais

No início do século XIX, os comerciantes eram uma presença inconteste na Misericórdia fluminense. Foram essas novas e remediadas elites que, reconhecendo o valor da instituição, trataram de fazê-la progredir. Do ponto de vista religioso, a Santa Casa de Misericórdia era compreendida como um paradigma de compaixão, porque representava o auge das pretensões de universalismo das irmandades leigas: acolhia escravos em seu hospital, recebia enjeitados mestiços, teve um cemitério franqueado a todos. Com grandes fortunas, os negociantes foram bem-vindos à Santa Casa fluminense sem maiores dramas. Participar de instituições de caridade era uma espécie de dever moral das elites e, na virada do século XVIII para o XIX, tornou-se também uma obrigação cívica.[35]

Além disso, participar da Misericórdia cumpria uma das várias etapas para o devido reconhecimento social.[36] No entanto, convém ressaltar que fazer parte da Mesa da Misericórdia não era apenas uma ocupação figurativa: sobretudo os mesários tinham de despender tempo e dinheiro em uma irmandade que crescera a passos largos ao longo do século XVIII. No início do Oitocentos, a Misericórdia era uma instituição complexa, controlando vários serviços de diferentes naturezas, com um significativo corpo de funcionários, dona de muitos imóveis pela cidade e de um vultoso orçamento. A participação em cargos diretivos implicava um ônus muito diferente daquele exigido em outras irmandades ou mesmo Ordens Terceiras.

A contraparte da Misericórdia poderia ser conseguida através de conforto religioso, *status* social e outros diferentes tipos de ganho. Naturalmente, os irmãos tinham acesso privilegiado a certos tipos de benefícios, como os dotes, o hospital geral ou as vagas do Recolhimento de Órfãs. Ainda que, eventualmente,

---

[35] A ideia de filantropia surgiu em fins do século XVIII e centrou forças nas noções de cientificidade e moralização das classes subalternas. Embora as justificativas e as formas de lidar com a pobreza fossem consideravelmente complexificadas, coube às elites, bastiões de moral, bom costume e civilidade, exercer essa versão mais laicizada do "amor ao próximo". Também no século XIX, seriam, sobretudo, os mais afortunados que tomariam para si a missão altamente prestigiosa de fundar e administrar instituições que procurassem dar cabo do que consideravam degenerescência e pobreza. Ver: Himmerlfarb (1992:3-18); Barret-Ducrocq (1991:99-146); Friedman e McGarvie (2003). Ver, ainda, a interessante discussão sobre o contraponto de modelos de assistência na Inglaterra e na França durante o século XIX: "The ideology of charity..." (Smith, 1997:997-1032).
[36] Para o caso de Turim, ver: Cavallo (1995).

não fossem os beneficiários diretos desses serviços, poderiam usar sua influência institucional para obter precedência para amigos e parentes.

Além disso, quanto maior se tornava a irmandade, mais interessante poderia ser a participação em cargos diretivos. No início do século XIX, a Santa Casa era o único hospital que atendia a cidade do Rio de Janeiro. Isso significava um importante fluxo de pessoas e produtos de consumo diário e, certamente, poderia garantir também negociações vantajosas para fornecedores fixos. Em 1811, um termo evidenciava o otimismo dos confrades: "as rendas da Santa Casa, que anualmente andam de 40 a 60 contos e vão a crescer cada vez mais".[37]

Na segunda década do século XIX, a Misericórdia tinha uma importância inegável entre as principais instituições da cidade do Rio de Janeiro: funcionou como um estabelecimento representativo dos contínuos impulsos de dinamização pelos quais a cidade passou; valeu-se de sua importância estratégica, em uma cidade igualmente estratégica, tornando-se uma instituição em constante desenvolvimento ao longo do Setecentos e início do Oitocentos. As alterações dos segmentos dominantes na irmandade não representaram declínio; pelo contrário, embora a simples entrada dos negociantes não pudesse responder exclusivamente pelo sucesso da Santa Casa, esse setor se manteve cioso da relevância institucional da confraria e lutou constantemente pelos seus privilégios.

Referências

ARAÚJO, Maria Marta Lobo de. *Poderes familiares na Misericórdia de Monção ao longo do século XVIII*. [s.l.]:[s.n.], [s.d.]. Disponível em: <www.ugr.es/~adeh/comunicaciones/Lobo_M.pdf>. Acesso em: 16 jul. 2010.

BARRET-DUCROCQ, Françoise. *Pauvreté, charité et morale à Londres au XIXe siècle*: une sainte violence. Paris: Presses Universitaires de France, 1991.

CAVALCANTI, Nireu. *O Rio de Janeiro setecentista*: a vida e a construção da cidade, da invasão francesa até a chegada da corte. Rio de Janeiro: Jorge Zahar, 2004.

CAVALLO, Sandra. *Charity and power in early modern Italy*: benefactors and their motives in Turin, 1541-1789. Cambridge: Cambridge University Press, 1995.

COMPROMISSO da Irmandade da Misericórdia de Lisboa. Lisboa: Oficina de Pedro Craesbeeck, 1619.

COMPROMISSO da Irmandade da Misericórdia de Lisboa. Lisboa: Oficina de Manoel Fernandes da Costa, 1739.

FAZENDA, José Vieira. *Os provedores da Santa Casa de Misericórdia do Rio de Janeiro*. Rio de Janeiro: Oficinas Gráficas da Fundação Romão de Mattos Duarte, 1960.

---

[37] AHSCMRJ. Actas e termos, 1810-1820, p. 13.

FERREIRA, Félix. *A Santa Casa da Misericórdia fluminense fundada no século XVI (1894-1898)*: notícia histórica. Rio de Janeiro: [s.n.], 1899.

FLORENTINO, Manolo. *Em costas negras*: uma história do tráfico de escravos entre África e Rio de Janeiro. São Paulo: Companhia das Letras, 1997.

FRAGOSO, João Luís Ribeiro. *À espera das frotas*: micro-história tapuia e a nobreza principal da terra — Rio de Janeiro, c. 1700-c.1750. Tese (professor titular) — Universidade Federal do Rio de Janeiro, Rio de Janeiro, 2005.

FRANCO, Renato. Notas sobre a Santa Casa de Misericórdia de Vila Rica durante o século XVIII. In: ARAÚJO, Maria Marta Lobo de (Org.). *As Misericórdias das duas margens do Atlântico: Portugal e Brasil (séculos XV-XX)*. Cuiabá: Carlini & Caniato, 2009. p. 41-66.

_____. *Pobreza e caridade leiga*: as Santas Casas de Misericórdia na América portuguesa. Tese (doutorado) — Universidade de São Paulo, São Paulo, 2011.

FRIEDMAN, Lawrence J.; McGARVIE, Mark D. (Ed.). *Charity, philanthropy and civility in american history*. Cambridge: Cambridge University Press, 2003.

GEREMEK, Bronislaw. *A piedade e a força*: história da miséria e da caridade na Europa. Lisboa: Terramar, 1986.

GUIMARÃES, Carlos Gabriel; PESAVENTO, Fábio. *Os contratadores e os contratos do Rio de Janeiro colonial, 1769-1779*: estudo de uma sociedade mercantil. [s.l.]:[s.n.], [s.d.] Disponível em: <www.usp.br/feaecon/media/fck/File/CGGuimaraes_Contratadores.pdf>. Acesso em: 14 jan. 2013.

HIMMERLFARB, Gertrude. *Poverty and compassion*: the moral imagination of late victorians. Nova York: Vintage Books, 1992.

JÜTTE, Robert. *Poverty and deviance in modern Europe*. Nova York: Cambridge University, 1994.

PEDREIRA, Jorge Miguel. Os negociantes de Lisboa na segunda metade do século XVIII: padrões de recrutamento e percursos sociais. *Análise Social*, v. 27, p. 412-413, 1992.

PEREIRA, Thomaz da Costa. *Sermão do Espírito Santo*: pregado na Igreja do Bom Jesus do Rio de Janeiro à Mesa do Negócio, no ano de 1754. Lisboa: Officina de Miguel Manescal da Costa, 1755.

RUSSELL-WOOD, A. J. *Fidalgos e filantropos*: a Santa Casa da Misericórdia da Bahia, 1550-1755. Brasília: Editora UnB, 1981.

SÁ, Isabel dos Guimarães. *Quando o rico se faz pobre*: Misericórdias, caridade e poder no Império português. Lisboa: CNCDP, 1997.

_____. *As Misericórdias portuguesas de d. Manoel a Pombal*. Lisboa: Livros Horizonte, 2001.

SMITH, Timothy. The ideology of charity: the image of the English Poor Law and debates over the right to assistance in France. *The Historical Journal*, v. 40, n. 4, p. 997-1032, 1997.

WOOLF, Stuart. *Los pobres en la Europa moderna*. Barcelona: Critica, 1989.

CAPÍTULO 2   **O estado da Misericórdia:**
assistência à saúde no Rio de Janeiro,
século XIX

Tânia Salgado Pimenta
Elizabete Vianna Delamarque

Ódio! De quê? E pelo quê? Tenho medo desse principal governador do Rio de Janeiro, porque sei que ele com a sua santa casa e mais dependências constitui um estado no estado. (Oh! Oh!)
MELLO FRANCO (1877:336)

O discurso do deputado por Minas Gerais, Mello Franco, refere-se diretamente ao provedor da Santa Casa da Misericórdia do Rio de Janeiro, José Clemente Pereira, acusando-o de dispor dos recursos da Misericórdia como bem entendia. A reação dos outros deputados era proporcional à importância da Santa Casa para a capital do Império brasileiro e ao poder político que José Clemente adquirira ao longo de sua vida pública.

A fala do deputado faz parte de um debate, travado na Câmara em 1852, sobre se o Estado deveria ou mesmo poderia fiscalizar as finanças e o serviço oferecido pela Santa Casa, e aponta para aspectos importantes que devem ser considerados no estudo sobre a assistência à saúde oferecida à população naquele contexto. Assim, neste capítulo pretendemos analisar as relações estabelecidas entre o Estado e a Santa Casa do Rio de Janeiro, atentando para os espaços políticos ocupados pelos provedores da Misericórdia, especialmente o provedor José Clemente Pereira, que esteve à frente da instituição entre 1838 e 1854.

Esse período merece ser destacado, uma vez que identificamos um intenso processo de medicalização de seu hospital, de organização de sua administração com definição de normas e hierarquias, além da construção do novo hospital e do Hospício de Pedro II, primeira instituição brasileira voltada ao tratamento dos alienados. Também se observa uma crescente demanda pelos serviços de assistência à saúde organizados pela Misericórdia e uma inflexão no modo como o Estado passou a encarar a saúde pública em virtude das primeiras grandes epidemias — febre amarela, em 1849-1850, e cólera, em 1855-1856 — que grassaram em várias cidades do Brasil.

Nesta investigação utilizamos fontes primárias, como correspondências entre a Santa Casa do Rio de Janeiro e o Ministério do Império, documentação da Misericórdia, anais da Câmara e do Senado e periódicos que circularam no período.

Tensões em torno da Misericórdia

No Brasil, ao longo do Oitocentos, a maior parte da população procurava tratar de suas moléstias no âmbito doméstico, muitas vezes recorrendo a terapeutas não reconhecidos oficialmente. Em cidades maiores, os doentes que pudessem arcar com os gastos de uma internação poderiam recorrer a tratamentos em casas de saúde. Ainda havia pequenos hospitais de irmandades voltados prioritariamente para o atendimento de seus membros.

O hospital da Irmandade da Misericórdia destacava-se por ser aberto a pessoas de qualquer grupo social, condição jurídica (escravo, forro ou livre), idade e cor. A importância do hospital residia também na proximidade com a Faculdade de Medicina. A presença de professores e de alunos ajudou a modificar o cotidiano do hospital, ao mesmo tempo que modificou a formação médica, pois eles tinham acesso a vários tipos de enfermidade, à botica, e mesmo algumas aulas teóricas foram ministradas lá por determinado período.

Boa parte da receita da Santa Casa era constituída por legados e doações de cristãos, que, além de exercerem a caridade e cuidarem da salvação de suas almas, adquiriam prestígio social no caso de pertencerem à irmandade.[1] Entre os doadores, havia pessoas ligadas de alguma forma ao governo, inclusive o próprio imperador e ministros, o que lhes proporcionava um constante diálogo com a administração da Santa Casa. Essa proximidade entre a administração do hospital e o governo era reforçada em parte por subvenções concedidas à Misericórdia por meio de direitos sobre loterias e do pagamento pela assistência a grupos específicos, como africanos novos, marinheiros e doentes atingidos por epidemias, sendo cobrado pela Santa Casa em diversas situações.

---

[1] O tema da caridade e da própria Santa Casa da Misericórdia tem sido abordado pela historiografia em diversos contextos. Ver: Melo (1997); Mesgravis (1976); Abreu (1999); Sá (1997); Russell-Wood (1981). Contudo, existe uma lacuna em relação a estudos sobre os hospitais das Misericórdias no Brasil.

Em contrapartida, o governo interferia diretamente no cotidiano da Misericórdia, o que gerava conflitos, ao designá-la para ser local de aulas práticas e teóricas da Academia Médico-Cirúrgica (1813-1832)/Faculdade de Medicina do Rio de Janeiro (após 1832), ao sugerir que determinados médicos fossem empregados no hospital e ao definir os castigos que poderiam ser aplicados a seus empregados. Sobretudo, essa interferência ocorria por meio de certo direcionamento quanto à assistência que deveria ser oferecida à população.

A relação entre o governo e o hospital da Misericórdia, contudo, se modificava ao longo do tempo, dependendo dos grupos que detinham o poder em cada espaço, da presença dos médicos acadêmicos em suas enfermarias e de ameaças mais concretas de epidemias. Após a independência política do Brasil em relação a Portugal, a ligação entre a Santa Casa e a Coroa evidenciava-se com a eleição de alguns provedores.

Durante o período imperial, existiram 28 provedores; todos eram pessoas de posses, alguns tinham título de nobreza.[2] A provedoria de José Clemente Pereira (1838-1854) diferencia-se das anteriores por sua duração e por sua circulação entre os espaços da Santa Casa e do governo, uma vez que Pereira também foi deputado e senador, ocupando as pastas do Império, Guerra, Justiça e Fazenda, além de ter sido conselheiro do Estado, presidente do primeiro Tribunal do Comércio do Brasil e de ter participado da formulação dos códigos Criminal (1830) e Comercial (1850).[3] Parece ter inaugurado um novo perfil de provedor, pois muitos dos que o sucederam também exerceram tais cargos, como os provedores Miguel Calmon du Pin Almeida, marquês de Abrantes (1857-1865); Zacarias de Góes e Vasconcellos (1866-1877); José Ildefonso de Souza Ramos, visconde de Jaguari (1879-1883); João Mauricio Wanderley, barão de Cotegipe (1883-1889); e Honório Hermeto Carneiro Leão, marquês de Paraná (1855-1857). Esses dados indicam a importância da Santa Casa, cuja provedoria fazia parte do circuito de cargos em que os membros da elite política se revezavam. Além disso, é interessante notar que no Rio de Janeiro, capital do Império brasileiro, a esfera de poder

---

[2] Três provedores estiveram no cargo em períodos diferentes, somando 31 provedorias se contarmos os exercícios consecutivos como uma administração.

[3] A maior parte dos 16 provedores que assumiram antes de 1838 o fez pelo mandato de um ano. Poucos (três) foram reconduzidos por mais um ou dois mandatos, assim como um número reduzido ocupou cargos políticos (cinco) no Executivo (um ministro) ou no Legislativo (como vereadores, deputados ou senadores). Entre as 15 provedorias que existiram entre 1838 e 1889, seis foram exercidas por menos de um ano para completar o período, como mandatos-tampões, em geral, em decorrência do falecimento do provedor anterior. Mesmo esses escolhidos para ficarem poucos meses no cargo também eram senadores, deputados, ministros e/ou diretores do Banco do Brasil.

na qual circulavam membros da irmandade e provedores era bem mais próxima da Coroa do que no caso de Misericórdias de outras cidades.

Devido à importância do hospital no dia a dia da cidade, observamos, ao longo do período estudado, uma preocupação constante do governo com a qualidade e a organização da assistência oferecida pela Santa Casa. Durante a década de 1830, o Ministério do Império passou a expedir ordens para que a Mesa da Santa Casa recebesse a visita de uma comissão.[4]

Em 1833, por exemplo, a comissão nomeada pelo governo deveria analisar o estado da Misericórdia da Corte e sugerir melhorias para seu funcionamento, pois, segundo os relatos da época, a situação do hospital contribuía mais para "arruinar a saúde dos sãos do que para restabelecer a dos enfermos" (Brasil, 1834:21). Composta por Francisco Freire Alemão (médico interino do hospital), Jose Ferreira dos Santos e João Francisco de Pinho, a comissão deveria identificar os "abusos e erros" na administração da Santa Casa e propor "medidas que lhe parecer[em] próprias para obstar a sua continuação e promover o melhoramento daquela Casa". Para isso, poderia "exigir da Mesa em geral, e de qualquer pessoa ali constituída em Administração, ou Emprego em Particular, os Livros, papéis, e esclarecimentos que julgar necessários ao bom desempenho de seus trabalhos". Atentava-se também para a situação financeira da instituição, argumentando-se que o "estado de decadência em que se acha a Santa Casa da Misericórdia desta Corte" poderia aniquilar "tão útil Estabelecimento [...], privando-se os miseráveis dos socorros, que nas ocasiões aflitivas lhes são necessários".[5]

O resultado dessa intervenção não está claro nos documentos pesquisados, mas talvez a subscrição, feita logo depois dessa visita, com o fim de amortizar o débito da Santa Casa, tenha sido uma sugestão da comissão.[6] De todo modo, a preocupação com as finanças da Santa Casa continuava a inspirar cuidados, por isso, em 1834, o ministro do Império, Joaquim Vieira da Silva e Souza, considerava necessário fiscalizar, especialmente, suas despesas e seus bens (Brasil, 1835).

Com a eleição de José Clemente Pereira como provedor da Santa Casa, em 1838 (cargo em que permaneceu até sua morte, em 1854), a prestação de contas do conjunto de estabelecimentos dessa instituição passou a ser publicada tanto nos relatórios do provedor quanto nos relatórios ministeriais. Cabe aqui

---

[4] Arquivo da Santa Casa da Misericórdia do Rio de Janeiro (ASCMRJ). Ordens do provedor (1830-1834), 3/3/1830; Ofícios do Ministério do Império (1808-1839), 26/2/1830, 15/2/1833, 6/4/1837.
[5] Ordens do provedor (1830-18340), 24/7/1833.
[6] ASCMRJ. Atas, 15/8/1833.

ressaltar que cada estabelecimento vinculado à Santa Casa (à época: Casa dos Expostos, hospital e recolhimento das órfãs) apresentava um orçamento e que, nas gestões anteriores, o balanço financeiro não era publicado nos relatórios do Ministério do Império. Aponta-se, portanto, para um diálogo maior entre a instituição e o governo.

Paralelamente, José Clemente dava continuidade à sua carreira política, que havia sido interrompida durante os primeiros anos do período regencial, depois de ter sido juiz de fora da Corte (1821), presidente do Senado da Câmara do Rio de Janeiro (1822), intendente de polícia da Corte (1827-1828), ministro do Império (1828-1829) e deputado em 1830. Assim, em 1838 voltou a ocupar uma cadeira na Câmara, integrando o grupo dos conservadores. Com a maioridade, foi nomeado ministro da Guerra (1841), quando reprimiu as revoltas liberais de Minas Gerais e de São Paulo, defendendo a vitória do "Projeto Saquarema". Em 1842, foi escolhido como senador pelo Pará e, em 1850, foi nomeado conselheiro de Estado (Engel, 2002).[7]

Dessa forma, ao analisarmos as relações que foram se estabelecendo entre a Santa Casa e o Estado, é preciso considerar as inserções políticas dos indivíduos envolvidos, pois os debates travados na Câmara e no Senado não se atinham exclusivamente aos problemas de saúde pública. Liberais, como o deputado Mello Franco, citado no início, e o senador Limpo de Abreu (visconde de Abaeté), também conselheiro de Estado (1848), criticavam com frequência atos e obras do conservador José Clemente (Mattos, 1994).

Em 1848, o senador Limpo de Abreu questionava:

> Se porventura a Santa Casa da Misericórdia, que tem uma renda extraordinária, que tem uma renda cujo terço é fornecido pelo governo e pelo corpo legislativo está isenta de prestar contas, não obstante esta circunstância, e não obstante a legislação que determina que ela preste contas ao governo por meio dos provedores de comarca ou dos corregedores quando existiam, ninguém poderá negar que a Santa Casa da Misericórdia é um estado no estado [Abreu, 1849:396].

O senador acrescentava ainda ao seu argumento o fato de boa parte da receita do Hospício de Pedro II ser constituída por doações agenciadas pelo governo (Brasil, 1849:395-424).

---

[7] O poder e a influência política, social e econômica, denunciada por suas próprias origens e trajetórias pessoais e por suas relações sociais e políticas, inclusive com os poderes regionais, eram levados em conta na nomeação para o Conselho de Estado (Martins, 2007:101).

Além de contestar as contas da Misericórdia, Limpo de Abreu mostrava-se descontente com a permanência, por uma década, de Clemente Pereira como provedor, o que acabava por conferir, segundo ele, uma vitaliciedade ao cargo. Ainda assim, reconhecia os relevantes serviços prestados por Clemente Pereira à frente da administração da Santa Casa, por exemplo, a criação do Hospício de Pedro II.

Com relação à vitaliciedade do cargo, o provedor afirmava que sua recondução não era por ele solicitada, mas deveria ser "proveitosa aos interesses" da Santa Casa e estava de acordo com compromisso dessa instituição (Brasil, 1849:402).

Em 1848, na ocasião de sua candidatura ao cargo de presidente da Câmara Municipal, seus opositores, como uma forma de desqualificá-lo, acusavam-no de perseguir e prejudicar os médicos e demais empregados brasileiros da Misericórdia para favorecer os colegas portugueses, conforme pode ser observado em trecho de matéria publicada no periódico liberal *O Grito Nacional* (O sr. José..., 1848:6):

> Visite-a qualquer pessoa, e ali verá uma colônia de ilhéus, de galegos; todos os empregados ali são portugueses; feitores, apontadores, serventes, tudo, tudo é português, é enfim uma colônia, cujo chefe é o Sr. J. Clemente Pereira.

Para alegria dos liberais, o Partido Saquarema não saiu vitorioso dessa eleição. Clemente Pereira não foi eleito presidente da Câmara, porém nomeado suplente desse cargo.

Embora a memória de José Clemente tenha se construído como um dos grandes benfeitores da Santa Casa, alguns estudos, como o de Coimbra (1986:41-52), apontam para a utilização de "artifícios contábeis", assim como para "alegações de dificuldades financeiras [que] serviam como recurso para justificar a concessão de novos e maiores privilégios" (Coimbra, 1986:43) na prestação de contas da Misericórdia. De fato, os relatórios dos anos 1846 a 1848, por exemplo, indicam que a receita do hospital era constituída por empréstimos tomados do Recolhimento de Órfãs, da Casa dos Expostos e mesmo dos recursos destinados à construção do Hospício de Pedro II.[8]

A assistência vista por dentro da Misericórdia

Em relação à Coroa, porém, percebemos que prevaleceu um bom entendimento com a Santa Casa durante a provedoria de Clemente Pereira. Essa íntima relação

---

[8] Arquivo Nacional (AN), Rio de Janeiro, IS 3 3.

com o governo parece ter beneficiado a Misericórdia, que, durante sua administração, conseguiu demonstrar equilíbrio em suas contas, deu início e fim à construção de seu novo hospital, do Hospício de Pedro II e consolidou uma nova ordem em seu cotidiano.[9]

O novo hospital deveria ser concebido de acordo com os conhecimentos médicos da época. Assim, a Academia Imperial de Medicina foi requisitada para traçar as "bases higiênicas para a construção de um hospital". Nomeou-se uma comissão formada pelos acadêmicos: Thomaz Gomes dos Santos, Octaviano Maria da Rosa, José Martins da Cruz Jobim e Luiz Vicente de Simoni. Os dois últimos integravam o corpo médico da Santa Casa, conhecendo bem os problemas das dependências físicas do estabelecimento.

Na ocasião do anúncio das obras do novo hospital da Misericórdia, os membros da Academia Imperial de Medicina reverenciaram a figura de José Clemente Pereira, não só por esse feito, mas também pelo conjunto de melhorias proporcionadas à irmandade, tais como a remoção do cemitério, antes contíguo à Santa Casa, para fora do perímetro urbano, a criação de uma enfermaria destinada ao tratamento de tuberculosos, a introdução de água por meio do aqueduto da Carioca em todas as enfermarias (Academia Imperial de Medicina, 1840:142-143), a criação do Amparo às Meninas Desvalidas e a inserção das irmãs de caridade para atuarem como auxiliares dos médicos nas enfermarias e na farmácia (Gandelman, 2001:613-630).

Entre as orientações gerais, aconselhava-se que a construção deveria ter forma quadrada, com um dos ângulos apontando para o leste e outro para o oeste, e que não deveria haver árvores, por impedirem a livre circulação do ar e manterem as paredes úmidas. Havia ainda recomendações quanto ao assoalho, forro, telhas. As enfermarias deveriam ser isoladas umas das outras; deveria haver salas especiais para as moléstias contagiosas e para os operados (a convivência e o testemunho da dor do outro causaria abatimento profundo dos doentes que ainda seriam operados). No terreno ao lado, poderiam ser construídas uma sala de autópsias e outra de lições clínicas, além de um jardim dividido entre uma parte para o recreio dos convalescentes e outra para a distração dos loucos curáveis.

Detalhando o projeto, numa "Memória descritiva da Planta do novo Hospital da Santa Casa da Misericórdia da Cidade do Rio de Janeiro", a comissão especificava o tamanho e a quantidade de janelas e portas. As janelas deveriam ser altas o bastante, chegando perto do teto, para facilitar a saída de "emanações deletérias, e gases viciados, [que] por serem em geral mais leves do que o ar",

---

[9] Ver: Abreu (2004).

se concentrariam na parte superior de um aposento. Como havia gases mais pesados que também poderiam comprometer a qualidade do ar, era necessária uma pequena abertura abaixo de cada janela. Estabelecia ainda que cada uma das 20 enfermarias tivesse capacidade para 32 leitos, somando 640. E os leitos, de quatro palmos de largura, ficariam separados por três palmos de um lado e seis, de outro.[10] A mudança de grandes enfermarias, onde eram colocados mais de 100 doentes, para pequenos espaços separados justificava-se pela necessidade de preservar os enfermos em geral dos miasmas produzidos por alguns em estados piores.[11] No primeiro andar, foram abertas oito de clínica interna e, no segundo, seis de clínica externa.

As duas enfermarias existentes no início do século XIX se desdobraram, dessa forma, em 14, mais 16 quartos de um leito e 16 de dois,[12] em meados do Oitocentos. De um médico, um cirurgião, um boticário e alguns enfermeiros e serventes, no começo do século, a Santa Casa passou a administrar, na década de 1850, o trabalho de oito médicos e seus respectivos substitutos, um boticário e seus 10 ajudantes, 27 pensionistas, 26 enfermeiros(as), 28 serventes e 18 irmãs de caridade, apesar de esses números terem variado bastante durante os períodos de epidemia. A presença mais intensa dos médicos no cotidiano do hospital trouxe certa organização baseada no conhecimento médico e uniformização da linguagem: foram elaborados planos de dietas dos doentes internados e formulários de medicamentos. Essa uniformização foi coroada com o catálogo nosográfico, em 1852, que identificava pouco mais de 300 moléstias, incluindo as variações.

Depois da inauguração do novo hospital, as estatísticas comprovavam aos olhos do corpo médico a eficiência da aplicação das regras de higiene. No ano de 1853, a mortalidade nas enfermarias do velho hospital era de 30,8%, contrastando com os 8,9% encontrados nas do novo.[13] Até o final da década de 1850 a mortalidade média dos hospitais novo e velho variava em torno de 16%, quando se abatia do número de mortos aqueles que haviam falecido nas 24 horas após serem internados. Ao comentar a taxa de mortalidade no hospital, os administradores faziam questão de destacar os números de mortos nas primeiras 24 horas, em 48 horas e em 72 horas após a internação. Consideravam que, nesses

---

[10] ASCMRJ. Novo Hospital da Santa Casa — 1840.
[11] Louis Greenbaum (1992:306-319) compara as plantas de um hospital francês e outro norte-americano.
[12] Em outro documento, há referência a 16 enfermarias de um e dois leitos.
[13] Arquivo Nacional (AN), Rio de Janeiro, IS 3 5. Mapa dos enfermos que se trataram no Hospital da Santa Casa da Misericórdia do 1º de julho de 1852 até 30 de junho de 1853. Nos relatórios os anos diziam respeito ao ano compromissal, de julho do ano anterior a junho do ano referido.

casos, a culpa por tais mortes seria dos próprios doentes, que teriam procurado atendimento hospitalar quando já estavam muito debilitados e a medicina acadêmica não poderia mais ajudar. Porém, podemos entender essa situação como uma estratégia usada por familiares de doentes ou senhores de escravos que estavam agonizando para acessar gratuitamente os serviços de enterramento da própria Santa Casa da Misericórdia (Pimenta, 2011:21-39).

A importância da estatística na afirmação do hospital sob o comando predominante dos médicos acadêmicos pode ser verificada com a instituição do cargo de "médico diretor da estatística civil e médica do hospital e enfermarias públicas". Independentemente de como esses dados foram produzidos, ajudaram a consolidar o processo a partir do qual os médicos começaram a ter mais poder e contribuíram para início de outra modificação no que diz respeito ao tipo de doente para o qual o hospital estava voltado, tanto em relação às doenças que seriam tratadas, quanto aos grupos que seriam admitidos gratuitamente (Pimenta, 2003). Portanto, essas mudanças também tiveram consequências no tipo de doente que seria considerado adequado para ser internado, ou seja, um doente curável pela medicina acadêmica.

A administração tentava estimular a procura de doentes que pudessem pagar: podiam escolher o médico, teriam mais conforto com roupas de cama melhores e quarto individual ou duplo. Isso ajudaria a equilibrar o orçamento da Misericórdia. O novo regimento tinha um artigo que tratava especialmente dos enfermos pagantes, visando à expansão dos grupos sociais que podiam se interessar em se tratar na Misericórdia. Eram divididos em três classes: "1ª Classe: quarto separado para um só doente, com tratamento especial, 2$000; 2ª Classe: quarto para dois doentes, com tratamento igual aos da 1ª Classe, 1$600; 3ª Classe: em Enfermarias para 32 leitos, sendo pessoa livre 1$000, se for escravo 800 réis".[14]

De fato, após a inauguração do novo hospital, o número de doentes tratados à sua custa aumentou proporcionalmente de cerca de 10%, nas décadas de 1830 e 1840, para 17% no começo da década de 1850. Por exemplo, no ano administrativo de 1835-1836, a receita ordinária somou pouco mais de 103 contos, dos quais cerca de 10 contos provinham do pagamento pelos curativos. No ano de 1846-1847, esses valores eram de modo aproximado: 188 contos e 15 contos, respectivamente. Já em 1854-1855, a receita ordinária era de 263 contos e o pagamento por curativos somava 44 contos. Também chama

---

[14] ASCMRJ. Caixa 10. Regimento do Novo Hospital da Santa Casa da Misericórdia do Rio de Janeiro. Rio de Janeiro: Typographia Nacional, 1852.

a atenção nos balanços de receita e despesa, a importância dos rendimentos dos "prédios urbanos" no orçamento, chegando a compor 61% da receita ordinária. No ano administrativo de 1835-1836 constituiu 54 contos (52%); em 1846-1847, 103 contos (55%); e em 1854-1855, 160 contos (61%).[15]

Alguns prédios foram comprados pela Santa Casa, contudo muitos foram legados à irmandade em testamentos. Por um lado, essas doações foram diminuindo com o tempo e, por outro, foram direcionadas para despesas extraordinárias, como obras do novo hospital e do Hospício de Pedro II. Apesar disso, constituíam parte basilar do patrimônio da Misericórdia. Em relatórios de diversos anos, o aumento da receita era explicado em função do reajuste de aluguéis e de uma fiscalização mais efetiva sobre o pagamento.[16]

Embora os gastos governamentais no campo da saúde, durante a maior parte do século XIX, tenham sido muito modestos, elevaram-se por ocasião das epidemias de febre amarela (1849-1850) e cólera (1855-1856) (Carvalho, 1988). Assim, o subsídio à Misericórdia por meio da concessão de loterias e impostos sobre alimentos e vinhos passou a ser maior.

Ano após ano, os provedores da Misericórdia advertiam para o crescimento da demanda pelos serviços do hospital. A Irmandade da Misericórdia considerava que seu hospital era voltado para o tratamento da pobreza, contudo, ao longo da primeira metade do século XIX, reclamava com frequência da flexibilidade com que se aceitavam doentes como pobres e escravos de senhores que se diziam pobres.

Dessa forma, procurava definir o que era pobre, para facilitar a fiscalização. Em 1827, o art. 16º do regimento do hospital estabelecia:

> Serão admitidos como Pobres: 1º — Aqueles que apresentarem atestação do seu respectivo Pároco; em que ateste sua pobreza. 2º — Os que fizerem constar sua pobreza por informação bocal, ou por escrita de pessoa reconhecida. 3º — Os Marinheiros, apresentando, no ato de sua entrada, bilhete assinado pelo Proprietário, Capitão, ou Contramestre da Embarcação a que pertencem. 4º — Os Escravos daqueles Senhores, que mostrarem não possuir mais do que dois Escravos.[17]

---

[15] Arquivo Nacional, Rio de Janeiro, IS 3 3-5. Santa Casa da Misericórdia do Rio de Janeiro. Relatórios da Santa Casa da Misericórdia do Rio de Janeiro.
[16] Arquivo Nacional, Rio de Janeiro, IS 3 3. Santa Casa da Misericórdia do Rio de Janeiro. Relatórios da Santa Casa da Misericórdia do Rio de Janeiro.
[17] ASCMRJ. Caixa 743A. Regimento interno aprovado em dezembro de 1827.

No regimento do novo hospital, de 1852, no que diz respeito à posse de escravos, alterava-se a definição de pobre como aquele que tivesse apenas um escravo.

Não se tratava apenas de retórica da administração para conseguir mais privilégios do governo, pois o crescimento do número de doentes internados era progressivo nos primeiros anos da década de 1850. Enquanto na década de 1830 e meados dos anos 1840 não se encontravam mais de 400 internados no dia a dia do hospital, não chegando a 5 mil por ano, em meados da década de 1850, encontravam-se de 750 a 850 pessoas internadas, somando mais de 8 mil internados ao longo do ano de 1856.[18]

Figura 1
Número de doentes internados no Hospital da SCMRJ (1853 a 1860)

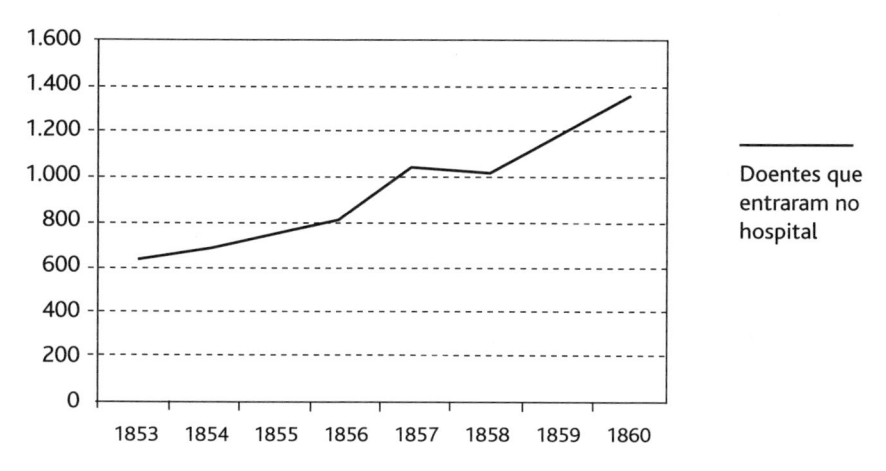

Fonte: Arquivo Nacional, Rio de Janeiro, IS 3 5-6. Relatórios da Santa Casa da Misericórdia do Rio de Janeiro.

A cidade do Rio de Janeiro experimentou, durante a primeira metade do século XIX, um crescimento significativo em termos populacionais e econômicos. Em 1821, a cidade tinha 86.323 habitantes, dos quais 40.376 eram escravos; em 1849, existiam 205.906 moradores, sendo 78.855 escravos. Após 1850, com o fim do tráfico atlântico de escravos e o aumento da imigração europeia, o número de escravos declinou constantemente até a abolição em 1888 (Karasch, 2000:107-110).

Pessoas de vários pontos do Império eram atraídas ao Rio para atuar em diversos ramos de atividade, assim como imigrantes da Europa. Muitos dos que

---

[18] Arquivo Nacional, Rio de Janeiro, IS 3 3-5. Santa Casa da Misericórdia do Rio de Janeiro. Relatórios da Santa Casa da Misericórdia do Rio de Janeiro.

circulavam por aqui estavam de passagem, pois faziam parte da tripulação de algum navio mercante ou seguiriam para outra província. De todo modo, constituíam um grande número de pessoas ainda sem laços sociais estabelecidos que os direcionassem, em caso de enfermidade, para outras formas de tratamento além do hospital de caridade.

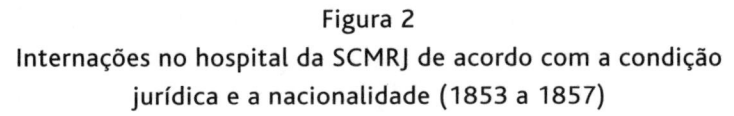

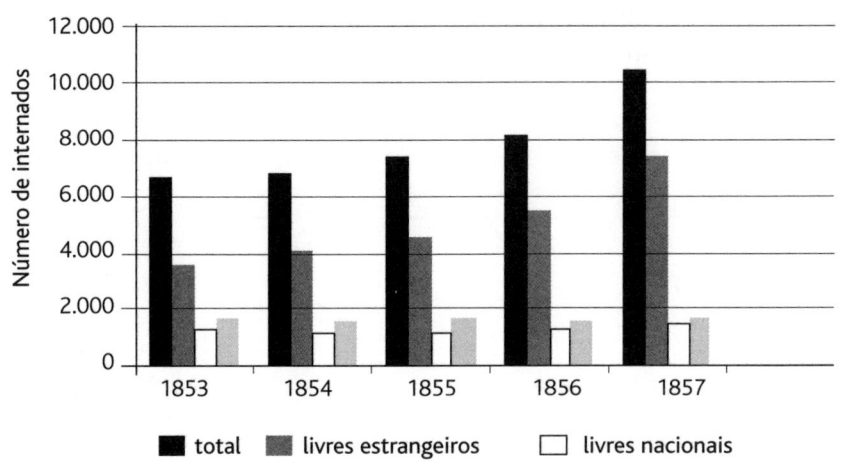

Figura 2
Internações no hospital da SCMRJ de acordo com a condição jurídica e a nacionalidade (1853 a 1857)

Fonte: Arquivo Nacional, Rio de Janeiro. IS 3 5-6. Relatórios da Santa Casa da Misericórdia do Rio de Janeiro.

Ressalte-se que esses números não incluem os doentes de "moléstias reputadas contagiosas para os quais existe Enfermaria especial".[19] O relatório referente ao ano de 1856 identificava claramente que o aumento seria devido ao progressivo acréscimo da população estrangeira, "pois que, tendo chegado a haver diariamente 878 enfermos, este número se compunha de 118 pessoas nacionais, 600 estrangeiros e 160 escravos. Em regra o número dos estrangeiros é sempre o quíntuplo se não o sêxtuplo dos Nacionais e o mais atualmente".[20]

De fato, o crescimento do número de doentes internados foi acompanhado pelo número de estrangeiros internados, enquanto os números de livres nacio-

---

[19] Arquivo Nacional. IS3 5. FARO, Camilo Jose Pereira de. Relatório dos Quatro Pios Estabelecimentos da Santa Casa da Misericórdia e da Empresa Funerária que lhe foi cometida — 1856. Rio de Janeiro, 9 de março de 1857.
[20] Ibid. É importante notar que não foram encontrados os livros de entrada e saída dos doentes do hospital da SCMRJ no AN e no ASCMRJ.

nais e o de escravos permaneceram estáveis.[21] Por um lado, isso pode indicar a possibilidade de os estrangeiros, entendidos como europeus, terem sido mais vulneráveis a certas doenças com as quais não haviam tido contato anterior.[22] Por outro, além de apontar para provável preferência por outros modos de curar, essa situação também pode sugerir a existência de redes de solidariedade, de amparo que ajudaria a dispensar, em muitas ocasiões, a terapêutica acadêmica hospitalar.[23]

Considerações finais

Os discursos parlamentares de oposição, que pretendiam denunciar a existência de um Estado no Estado, sinalizam para a relação especial entre a Santa Casa do Rio de Janeiro e o governo imperial no que se refere à assistência à população. Embora o subsídio aos serviços médicos possa ser observado anteriormente, evidencia-se uma proximidade maior a partir do final da década de 1830, após a eleição de Clemente Pereira ao cargo de provedor, associada a uma situação mais estável nas finanças da Misericórdia.

Durante a provedoria de Clemente Pereira (1838-1854) muitas transformações ocorreram na Santa Casa, destacando-se a construção de um cemitério extramuros, do novo hospital e do Hospício de Pedro II. Nota-se, portanto, que, com a criação desses novos ambientes, essa provedoria iniciou a especialização dos espaços da Misericórdia. Porém, mais do que isso, indica a imbricação entre decisões e ações do governo imperial e desta instituição de caridade.

A crítica da oposição à autonomia de Clemente Pereira, quanto às finanças e mesmo a assuntos administrativos da Misericórdia, também aponta para o poder que o cargo de provedor conferia a quem o detinha. É claro que o fato de estar situada na sede do Império também torna mais patente a ligação entre a irmandade e espaços de poder político, pois muitos dos seus administradores ocupavam cargos políticos e integraram o círculo de confiança do imperador. No caso de Clemente Pereira, essa relação se estreitou ainda mais com a sua nomeação para conselheiro de Estado em 1850.

---

[21] Os relatórios referentes aos anos de 1853 a 1857 apresentam os números de doentes internados classificados nas categorias "livres nacionais", "livres estrangeiros" e "escravos" (em alguns anos, separados em "escravos nacionais" e "escravos estrangeiros"), além da subdivisão por gênero.
[22] Ver: Kiple (2002).
[23] Conforme alguns estudos da historiografia da escravidão. Ver: Engeman (2006:437); Moreira (2003).

Especificamente quanto ao novo hospital, a gestão de Clemente Pereira buscou organizá-lo de acordo com as normas da medicina acadêmica e instituiu novos procedimentos com o fim de garantir um maior controle nos tratamentos empregados. Essa nova organização foi fundamental no processo de fortalecimento da corporação médica, especialmente devido à sua relação com a Faculdade de Medicina.

Os serviços médicos da Santa Casa durante o período pesquisado e, em particular, no momento de epidemias, quando pequenas enfermarias foram construídas utilizando-se subsídios liberados pelo governo, sofreram uma demanda progressiva. Todavia os esforços, materializados com a inauguração do novo hospital, para atender ao aumento da procura por assistência à saúde não foram suficientes, indicando o aumento da importância de seu hospital na capital do país, o que certamente reforçava o peso do cargo de provedor entre a elite política do Império.

Referências

ABREU, Antonio Paulino Limpo de (visconde de Abaeté). Sessão de 21 de julho de 1848. In: BRASIL. *Anais do Senado (1948)*. Rio de Janeiro: Tipografia Nacional, 1849.

ABREU, Laurinda. *Memórias da alma e do corpo*: a Misericórdia de Setúbal na Modernidade. Viseu: Palimage: 1999.

_____. *Igreja, caridade e assistência na Península Ibérica (sécs. XVI-XVIII)*: estratégias de intervenção social num mundo em transformação. Lisboa: Colibri/CIDEHUS/UE, 2004.

ACADEMIA IMPERIAL DE MEDICINA. Notícias médicas. *Revista Medica Fluminense*, Rio de Janeiro, v. 6, n. 3, p. 142-143, jun. 1840.

BRASIL. *Relatório do ano de 1833, apresentado à Assembleia Geral Legislativa na sessão ordinária de 1834*. Rio de Janeiro: Tipografia Nacional, 1834.

_____. *Relatório do ano de 1834, apresentado à Assembleia Geral Legislativa na sessão ordinária de 1835*. Rio de Janeiro: Tipografia Nacional, 1835.

_____. Sessão em 21 de julho de 1848. In:_____. *Anais do Senado (1948)*. Rio de Janeiro: Tipografia Nacional, 1849.

CARVALHO, J. M. *Teatro de sombras*: a política imperial. Rio de Janeiro: Iuperj; São Paulo: Vértice, 1988.

COIMBRA, L. O. Filantropia e racionalidade empresarial (a Santa Casa da Misericórdia do Rio de Janeiro de 1850 a 1920). *Revista Rio de Janeiro*, Rio de Janeiro, n. 3, p. 41-52, ago. 1986.

ENGEL, M. Verbete: José Clemente Pereira. In: VAINFAS, R. (Dir.). *Dicionário Brasil Imperial (1822-1889)*. Rio de Janeiro: Objetiva, 2002.

ENGEMAN, Carlos. Vida cativa: condições materiais de vida nos grandes plantéis do sudeste brasileiro do século XIX. In: FRAGOSO et al. (Org.). *Nas rotas do Império*. Vitória: Edufes; Lisboa: IICT, 2006.

GANDELMAN, L. M. A Santa Casa da Misericórdia do Rio de Janeiro nos séculos XVI a XIX. *História, Ciência, Saúde*, Rio de Janeiro, v. 8, n. 3, p. 613-630, set./dez. 2001.

GREENBAUM, Louis. Thomas Jefferson's University of Virginia and the Paris hospitals on the eve of the French revolution. *Medical History*, v. 36, n. 3, p. 306-319, jul. 1992.

KARASCH, M. *A vida dos escravos no Rio de Janeiro (1808-1850)*. São Paulo: Companhia das Letras, 2000.

KIPLE, K. *The Caribbean slave*: a biological history. Cambridge: Cambridge University Press, 2002.

MARTINS, M. F. V. *A velha arte de governar*: um estudo sobre política e elites a partir do Conselho de Estado (1842-1889). Rio de Janeiro: Arquivo Nacional, 2007.

MATTOS, I. R. de. *O tempo Saquarema*: a formação do Estado Imperial. Rio de Janeiro: Access, 1994.

MELLO FRANCO, M. Sessão de 19 de junho de 1852: Hospício de Pedro II. In: BRASIL. *Anais do Parlamento Brasileiro*. Rio de Janeiro: Tipografia do H. J. Pinto, 1877. tomo I.

MELO, Mariana de. *Santa Casa da Misericórdia do Rio de Janeiro*: assistencialismo, solidariedade e poder (1780-1822). Dissertação (Mestrado) — Pontifícia Universidade Católica do Rio de Janeiro, Rio de Janeiro, 1997.

MESGRAVIS, Laima. *A Santa Casa de Misericórdia de São Paulo (1599?-1884)*: contribuição ao estudo da assistência social no Brasil. São Paulo: Conselho Estadual de Cultura, 1976.

MOREIRA, P. *Os cativos e os homens de bem*: experiências negras no espaço urbano. Porto Alegre: EST, 2003.

O SR. José Clemente Pereira completamente desmascarado. *O Grito Nacional*, n. 3, p. 8, 7 set. 1848.

PIMENTA, T. S. *O exercício das artes de curar no Rio de Janeiro (1828-1855)*. Tese (doutorado em história social) — Instituto de Filosofia e Ciências Humanas, Universidade Estadual de Campinas, Campinas, SP, 2003.

_____. La asistencia sanitária en tiempos de epidemia en Rio de Janeiro en el siglo XIX. *Dynamis*, v. 31, n. 1, p. 21-39, 2011.

RUSSELL-WOOD, A. J. R. *Fidalgos e filantropos*: a Santa Casa da Misericórdia da Bahia, 1550-1755. Brasília, DF: UnB, 1981.

SÁ, Isabel dos Guimarães. *Quando o rico se faz pobre*: misericórdias, caridade e poder no Império português, 1500-1800. Lisboa: Comissão Nacional para as comemorações dos descobrimentos portugueses, 1997.

CAPÍTULO 3 | # Composição social dos irmãos e dirigentes da Santa Casa de Misericórdia de Pelotas, Rio Grande do Sul, Brasil (1847-1922)

Cláudia Tomaschewski

Este capítulo tem como propósito a análise da composição social dos irmãos e dirigentes da irmandade Santa Casa de Misericórdia de Pelotas, no Rio Grande do Sul, Brasil, entre 1847, ano de sua fundação, e 1922.[1] As Misericórdias, como bem se sabe, eram irmandades católicas leigas organizadas para a prática da caridade. Enquanto outras confrarias do mundo luso prestavam auxílio especialmente aos seus membros, as Santas Casas destinavam-se principalmente a ajudar terceiros (Sá, 1997:67).[2] Muitos são os estudos sobre essas irmandades que as apontam como sendo formadas por homens das elites locais, mas poucos são os que se detêm em uma análise de sua composição social.[3]

Ainda que fossem inspiradas na irmandade fundada em Lisboa em 1498, cada Misericórdia era uma associação singular, e o compromisso, muitas ve-

---

[1] Este texto foi elaborado, com modificações e correções, a partir do 2º capítulo da minha dissertação de mestrado: Tomaschewski (2007).
[2] Julita Scarano já fazia esta distinção ao afirmar que as irmandades em geral se aproximavam da forma de organização das Santas Casas, mas que procuravam "promover o benefício dos próprios membros, sem tentar favorecer pessoas estranhas ao grêmio" (Scarano, 1978:28).
[3] Conheço apenas um trabalho em que é feita uma análise prosopográfica dos dirigentes das Misericórdias: Lopes (2002-2003:203-274). Lembro, porém, que está longe do meu propósito a realização de uma prosopografia. Neste texto faço apenas uma análise mais geral da composição social da Misericórdia de Pelotas a partir dos registros encontrados em dois livros de ingresso: um iniciado em 1847 e outro em 1893. No que diz respeito às Misericórdias brasileiras, Renato Franco (2011), em sua tese de doutorado, realizou uma análise da composição social das irmandades de Vila Rica e do Rio de Janeiro (ver também o primeiro capítulo deste livro). Na minha tese, recentemente defendida (Tomaschewski, 2014), procurei comparar os dados aqui apresentados com os registros para a Misericórdia de Porto Alegre. Também Laima Mesgravis e A. J. Russell-Wood analisam de forma menos sistemática os dirigentes das Misericórdias de São Paulo e da Bahia (Mesgravis, 1976:45-69, 73-87, 98-114; Russell-Wood, 1981, caps. 5-6).

zes, apenas uma formalidade para existência jurídica.[4] A afirmativa de que na ausência de um compromisso próprio seria seguido o da Misericórdia de Lisboa era apenas formal, o que não é irrelevante, pois esse compromisso dava o modelo a ser seguido, ainda que de longe, pelas demais irmandades. No caso de Pelotas, o primeiro compromisso foi elaborado na década de 1880, e aprovado pelo Estado em 1889. Anteriormente, as decisões sobre ingresso, administração, eleições, socorros etc. eram tomadas diretamente nas reuniões da mesa.

A maioria das irmandades tinha restrições para o ingresso, mas as exigências para associação nas Santas Casas de Misericórdia costumavam ser maiores. No caso de Pelotas, foi decidido em 1862 que: "não se desse balandrau a pessoa que não fosse irmão da Santa Casa, e que não se admitisse nenhum sem pagar 50$000 réis de entrada, tendo sido aprovada sua admissão pela Mesa, tornando-se inadmissível havendo três votos contra" (Santa Casa de Misericórdia de Pelotas, 1862:12). Não havia "qualidades" *definidas* para o ingresso; a decisão final cabia à mesa, que, em 1875, resolveu inclusive pelo ingresso de "acatólicos":

> Anunciando o desejo de alguns cavalheiros, que posto não professassem religião diferente da cristã desejaram pertencer a esta irmandade, deliberou a mesa que uma vez que os pretendentes tivessem todas as outras qualidades inerentes, fossem admitidos como irmãos independente das crenças que professassem.[5]

Não pesquisei a religiosidade dos associados, mas encontrei dois membros da Associação do Cemitério Acatólico que também eram irmãos da Santa Casa.[6]

No compromisso publicado em 1889, define-se que os indivíduos nacionais e estrangeiros que quisessem se irmanar deveriam apresentar requerimento ou ser propostos por um dos irmãos da mesa. Para isso, eles deveriam ter "21 anos de idade, meios de honesta subsistência, conceito público, reconhecida morigeração", realizar "o pagamento da entrada que marca o respectivo regulamento",

---

[4] Como afirma Caio C. Boschi (1986:26), a data da organização das irmandades não coincide com a de elaboração de seus compromissos, que muitas vezes só ocorre quando a associação pleiteia *status* jurídico.

[5] Ata da Mesa da Santa Casa, de 29 de agosto de 1875. Livro n. 3 de termos de reuniões da mesa. Pelotas, 3 de fevereiro de 1863 até 29 de agosto de 1875.

[6] Guilherme Wiener e Francisco Bernsdorf estão inscritos como irmãos da Santa Casa em 1896. Sei que fazem parte do cemitério acatólico por um ofício enviado à associação pela Santa Casa. Ofício enviado em 29 de dezembro de 1892. Livro de Registro de Ofícios e Documentos da Santa Casa de Misericórdia de Pelotas — de 1870 a 1907, p. 88.

além de ser aprovados por maioria de votos da mesa.⁷ Mais simples foram as exigências feitas com a reformulação do compromisso em 1910, quando nacionais e estrangeiros de "ambos os sexos" poderiam se associar, desde que tivessem 21 anos e "reconhecida idoneidade", sendo aprovados pela mesa e pagando os mesmos 50$000 réis de joia. Porém, uma nova cláusula definia que aqueles irmãos que pagassem uma joia de 200$000 réis seriam tratados no hospital pela metade do preço da diária.⁸ Entre 1847 e 1922 foram inscritos como irmãos nos livros de registro da Santa Casa de Pelotas 1.099 homens e mulheres, além de uma empresa e duas associações.⁹

Figura 1
Ingresso de irmãos na Santa Casa de Misericórdia (1847-1922)

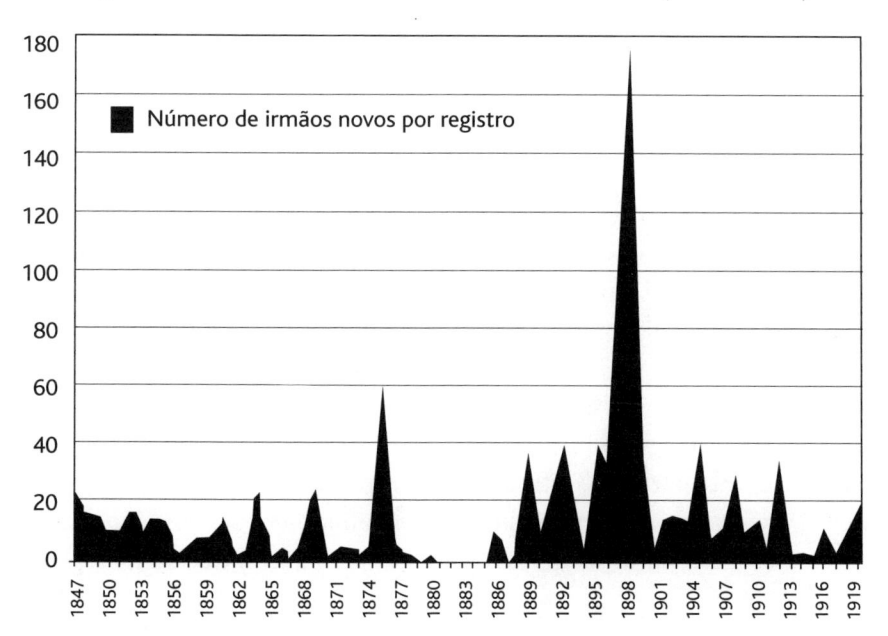

Fonte: Elaboração própria com base nos dados existentes nos livros de registro dos irmãos da Santa Casa de Misericórdia de Pelotas.

---

⁷ Santa Casa de Misericórdia de Pelotas (1889). Arts. 4º, 5º e 6º da Lei Provincial nº 1.802. Acervo da BPP. Nesse momento, a joia para entrada na irmandade ainda era de 50$000 réis.
⁸ Santa Casa de Misericórdia de Pelotas (1910), art. 34 (AHSCMP; BPP). É interessante notar que em momentos anteriores todos os irmãos teriam atendimento gratuito em situação de pobreza, mas nesse momento o hospital já possuía certa especialização e era demandado por um público diversificado.
⁹ A empresa inscrita é a Companhia Rio Grandense de Illuminação a Gaz, e as associações são a Bibliotheca Pública Pelotense e o Centro Industrial do Charque.

Nos primeiros anos, o ingresso foi regular, com uma queda entre 1855 e 1856, e novas quedas em 1861, 1864, 1865. Em 1868, houve uma campanha para as obras do hospital, e os novos irmãos são os que para ela doaram. Um novo pico ocorre em 1873 e 1874, momento em que termina a provedoria de João Francisco Vieira Braga. A nova administração passa a Possidônio Mâncio da Cunha e, em 1875, a Joaquim José de Assumpção, que permanecerá no cargo pelos próximos 12 anos. Durante esse período é baixo o ingresso de irmãos, o que pode ser explicado por uma provável queda de prestígio da instituição, talvez em razão das dívidas que serão adiante comentadas.[10]

Temos novas entradas em 1882 e 1883, sendo que, a partir de 1886, há um ingresso considerável. Esses dados indicam um período de renovação dos quadros no momento em que está sendo elaborado um compromisso para a instituição. Após o salto de 1892 a 1897, há uma diminuição do número de ingressos. Em seguida, temos um novo período de entradas equilibradas, com um decréscimo em 1909 e 1910, e um pequeno aumento entre 1915 e 1918. Como se vê, o ingresso de irmãos foi, na maior parte do tempo, regular, tendo uma queda considerável entre 1876 e 1882. Os picos de entrada podem ser observados a cada vinte e poucos anos, o que indica uma renovação nos quadros a cada geração.

Quando iniciei a pesquisa, pensei que seria provável que *todos* os irmãos entrados pagassem uma joia, mas efetivamente não era o que ocorria. Até 1862, dos 163 inscritos, 110 tinham a justificativa de inscrição por ocupação de cargos, 26 por prestação de serviços, 26 por doações realizadas, e apenas um por pagamento de joia. Foi nesse ano que os irmãos deliberaram em sessão da mesa que deveria ser paga uma joia de 50$000 réis para ingresso na irmandade, mas outras formas de ingresso continuaram a ser praticadas.[11] No caso da ocupação de cargo, provavelmente o indivíduo fosse escolhido por sua posição econômica ou de prestígio na comunidade. Já os serviços prestados poderiam ser profissio-

---

[10] Russell-Wood, ao analisar a Santa Casa de Misericórdia da Bahia, registra uma queda no número de membros da irmandade em 1750, o que indicaria uma queda de prestígio, que foi também o momento da "transferência do poder dos fazendeiros para os homens de negócio". Ver: Russell-Wood (1981:83-99).

[11] Não era comum que os irmãos das Misericórdias portuguesas pagassem joia em momentos anteriores ao século XIX. Isabel dos Guimarães Sá mostra-se surpresa com os casos das Misericórdias de Gouveia e Melo no final do século XVIII, em que havia tal contribuição para ingresso. Isso diz respeito a um fator importante para a compreensão desse tipo de instituto: a dádiva, ou seja, não havia um valor fixo que os irmãos devessem pagar, mas esperava-se que eles doassem segundo sua "liberalidade". Ver: Sá (2001). Para o caso da Misericórdia de Campinas, fundada em 1871, os irmãos não só pagavam joias, como também anuidades, prática muito incomum para as Santas Casas. A joia paga era de 10$000 réis e a anuidade seria de 6$000 réis. Caso o irmão pagasse de uma vez 100$000 réis, estaria isento da anuidade (Rocha, 2005:112).

nais, como de advogados e médicos; de influências em decisões políticas, como de deputados que teriam auxiliado na concessão de consignações; de indivíduos que obtiveram benefícios para a Santa Casa, como arrecadação de esmolas e realização de espetáculos públicos em prol da instituição. Entre 1863 e 1870 ainda aparecem 24 indivíduos inscritos por terem feito doações. Essa forma de ingresso é pouco verificada após 1868, ano em que há um grande número de ingressos por doação, cujo valor variou entre 50$000 e 200$000 réis, em vista da já mencionada subscrição para obras. Quanto às inscrições por "deliberação da mesa", foram registradas apenas cinco entre 1863 e 1878. Esse tipo de "concessão de título" ocorreu em relação aos médicos que prestaram serviços no hospital. A partir de 1863, a maioria dos indivíduos pagou joia de entrada para ingresso na irmandade. No livro iniciado em 1893, esse tipo de registro (motivo da entrada) praticamente desaparece. Todavia, pelo menos uma prática permaneceu: conceder "diploma" de irmão a médicos que prestassem serviços e a benfeitores que fizessem grandes doações. Esse tipo de ingresso pode ser compreendido como uma concessão de honraria.

Para dar uma visão geral sobre a composição social da irmandade, procurei analisar o campo "ocupação" constante nos livros de registro. Para isso, proponho a seguinte periodização: os nove anos compreendidos entre 1847 e 1855 podem ser entendidos como o período de recrutamento inicial, que corresponde também à organização dos serviços mantidos mais ou menos até o final do século XIX. O período de 17 anos entre 1856 e 1872 tem como características o monopólio por longo tempo do cargo de provedor pelo barão de Piratini, que assume em 1861, e a formalização de algumas regras para o ingresso. Entre 1873 e 1887 (15 anos), Joaquim José de Assumpção praticamente monopoliza o cargo de provedor. Entre 1888 e 1905 (18 anos), há a elaboração de um novo compromisso e um maior número de irmãos entrados. Em 1906, segundo ano da administração de Berchon des Essarts (primeiro médico a ocupar a provedoria), o hospital passa por uma série de reformas, e o compromisso da irmandade passa a ser criticado, o que culmina com sua modificação em 1910. Os 17 anos seguintes foram marcados por uma série de inovações técnicas no hospital, levadas a cabo, especialmente, pelo provedor e médico Bruno Gonçalves Chaves, que administrou a irmandade entre 1915 e 1922. Afora o período considerado como de recrutamento e organização da irmandade, todos os demais variam entre 15 e 17 anos, o que também pode ser considerado como o tempo da mudança de gerações.

Quadro 1
Profissão dos irmãos segundo o registro de entrada (1847-1922)

Profissão	1847-1855	1856-1872	1873-1887	1888-1905	1906-1922	Total
Advogado	3	5	12	8	5	23
Agrimensor		2				2
Agrônomo					3	3
Artista		1		3	1	5
Bispo				1		1
Capitalista	13	9	4	10	1	37
Chefe da alfândega				1		1
Chefe de polícia				1		1
Chefe do correio				1		1
Coletor de rendas	1					1
Comerciante	26	35	59	275	43	438
Construtor				1		1
Criador			4	4		8
Dentista				5	5	10
Despachante				3		3
Diretor telefone				1		1
Doméstica				116	13	129
Empregado municipal				2	1	3
Empregado público		2		9		11
Empreiteiro				3		3
Empresário de teatro	1					1
Engenheiro			1	11		12
Estancieiro		2			1	3
Estudante				1		1
Farmacêutico	2	1	3	7	1	14
Fazendeiro	10	12	9	11	7	49
Guarda-livros					2	2
Industrialista	9	6	4	11	2	32
Irmã de caridade				1		1
Jornaleiro				2		2
Juiz distrital				1	1	2

(continua)

Profissão	1847-1855	1856-1872	1873-1887	1888-1905	1906-1922	Total
Leiloeiro		1	1	1		3
Magistrado					1	1
Médica				1		1
Médico	11	2	7	23	17	60
Militar	1	2				3
Negociante	2	4				6
Operário				1		1
Padre	2	1				3
Parteira				1		1
Pedagogo	3					3
Prelado	1	1	1			3
Proprietário	9	9	5	5	1	29
Religioso	2					2
Reposte [sic]					1	1
Solicitador	1	1				2
Tabelião/notário	2		2	3		5
Telegrafista					1	1
Sem identificação	25	11	8	76	41	161
Total	124	107	120	595	153	1.099

Fonte: Livros de registro de entrada dos irmãos da Santa Casa de Misericórdia de Pelotas de 1847 e 1893.

É visível, no quadro 1, que, ao longo de todo o período, a atividade comercial é predominante. Dos irmãos que ingressaram entre 1847 e 1855, 29,96% dedicavam-se ao "comércio", porcentagem que se eleva para 32,71% entre 1856 e 1872, 49,16% entre 1873 e 1887, 49,22% entre 1888 e 1905, e cai para 28,1% entre 1906 e 1920. É também nesse período que há um ingresso significativo de médicos, que representam 11,11% do total. Mesmo que o percentual de muitas profissões se mantenha — ainda que oscilante —, a partir de 1888 há uma considerável diversificação das profissões. Diminui também, já a partir de 1873, o número de capitalistas, negociantes e industrialistas. A partir desse momento, até 1887, há também um percentual considerável de advogados, que representam 10% dos irmãos novos.

Entre todas as profissões encontradas nos registros, muito poucas seriam típicas de "pobres". Apenas a partir de 1895 encontrei algumas profissões que poderiam ser de trabalhadores braçais. No quadro 1, vemos que, entre 1888 e

1905, foram arrolados três artistas, um jornaleiro e um operário; já entre 1905 e 1922 aparece apenas um artista.[12]

Apenas três mulheres foram consideradas na classificação por profissão: uma parteira, que recebeu o "título" por serviços prestados; uma irmã de caridade, que dirigiu o hospital a partir de 1900; e uma médica, que foi inscrita em 1890 por prestar serviços clínicos. As demais mulheres inscritas como irmãs foram designadas como "domésticas" ou não possuem registro de profissão. É provável que grande parte delas fosse esposa, mãe ou filha de algum homem irmanado.

As mulheres passaram a se associar à Santa Casa a partir de 1858. Sua inscrição era feita no final das páginas destinadas aos homens, e elas eram designadas por "zeladoras". A participação dessas mulheres restringiu-se à organização de festas religiosas, arrecadação e doação de objetos e dinheiro para a manutenção da capela. Houve um total de 122 zeladoras entre 1858 e 1868. Durante o período compreendido entre 1868 e 1890, há o registro de apenas uma mulher.[13] A partir de 1893, a inscrição das mulheres passou a ser feita como a dos homens, mas não houve participação delas na administração[14] durante o período estudado, ainda que algumas mulheres da elite local tenham sido consideradas irmãs grandes benfeitoras.

As irmandades da Misericórdia eram governadas por uma mesa administrativa, eleita normalmente a cada ano. Os principais cargos eram os de provedor, escrivão, tesoureiro e procurador, além de mordomos para os diversos ramos de assistência. No caso de Pelotas, eram eleitos 12 mordomos para o hospital, sendo que esse número foi reduzido a seis no compromisso de 1910. Havia também um mordomo para os presos (eleito até a década de 1880), os expostos, cemitério, capela e, nos anos iniciais, até um genérico mordomo "dos pobres".

As eleições anuais ocorriam no domingo mais próximo ao dia 24 de junho, e a posse da nova mesa era realizada em dois de julho (visitação de Maria a Santa Isabel, dia marcado para a eleição na Misericórdia lisboeta). Nessa última data também o hospital da Misericórdia seria aberto à visitação pública.

---

[12] Para analisar de forma mais adequada a composição social dos irmãos seria necessário investigar as atividades e renda de cada um dos indivíduos, para então proceder a uma classificação, o que poderia ser feito a partir dos inventários de cada um dos irmãos, ou de outras fontes, como as listas de votantes.

[13] Silvana Eulália de Azevedo foi registrada em 1874, pagou joia de 50$000 réis e era casada com um irmão da Misericórdia.

[14] João José Reis afirma que era comum que mulheres participassem das irmandades leigas da Bahia, mas que os cargos oferecidos a elas fossem apenas honoríficos. Ver: Reis (1991:58).

Somente o compromisso aprovado em 1889 regulamentou as eleições da mesa. O capítulo VI, art. 11, prevê as competências da Mesa da Santa Casa e define, em seu §2º, que a esta competia "convocar os irmãos para a eleição da Mesa" (Santa Casa de Misericórdia de Pelotas, 1889). Para essa eleição seria marcada uma data, sendo os irmãos avisados pela imprensa com cinco dias de antecedência. Primeiro deveria ser realizada a eleição para o cargo de provedor, para o que os presentes votariam individualmente "lançando dentro de uma urna uma lista, não assinada, com o nome do novo provedor", o mesmo seria feito em seguida para os demais cargos em separado, exceto o de mordomo, sendo que os 12 mordomos deveriam ser escolhidos de uma só vez.[15]

Na maior parte do período estudado, as eleições ocorreram aparentemente sem problemas, exceto durante a provedoria do barão de Jarau. Na década de 1880, houve diversas reclamações desse provedor quanto à ausência dos associados para as eleições da mesa. Houve atrasos nos anos de 1881, 1883 e 1884.[16] Neste último ano, a eleição ocorreu apenas em 3 de agosto, e novamente o provedor afirmou que via "com pesar" a pouca "concorrência" para um ato tão importante quanto a eleição daqueles a quem competia "zelar os interesses da Santa Casa", e que, já tendo tentado em vão segunda e terceira convocações, "limitava-se a deplorar tão triste acontecimento". Em seguida, pediu a palavra o irmão Joaquim Jacintho de Mendonça, que, na visível tentativa de agradar o provedor, explicou o não comparecimento dos irmãos à eleição como "um silêncio eloquente pelo qual se manifestava a geral confiança na ação da atual mesa". Nesse ano não houve eleição, porque Mendonça propôs a "aclamação" da mesma mesa (segundo a ata, aprovada com unanimidade) com a simples substituição de dois mordomos que não podiam permanecer nos cargos.[17] A prática de "aclamar" a mesma mesa para permanecer na direção da Santa Casa foi comum nos anos seguintes.

Esses atrasos nas eleições em decorrência do não comparecimento dos irmãos podem estar relacionados à crise econômica por que passava a Santa Casa. As dívidas já existiam em 1877 por causa da construção do hospital. Na sessão de 5 de agosto de 1877, o provedor propõe a construção da capela, que, segundo ele, se fazia urgente ao estabelecimento, além de "ser também mais

---

[15] Santa Casa de Misericórdia de Pelotas (1889), art. 62. O capítulo XIX é o que regulamenta as eleições da mesa.
[16] Santa Casa de Misericórdia de Pelotas. Ata de Assembleia — sessão extraordinária de 24 de julho de 1881. Livro n. 4 de atas, deliberações e eleições da Mesa da Santa Casa de Misericórdia desta cidade. Pelotas, 7 de novembro de 1874, fechado em 1º de agosto de 1889 (AHSCMP. Ata de Assembleia — sessão extraordinária de 1º de julho de 1883).
[17] Id. Ata de Assembleia — sessão extraordinária de 3 de agosto de 1884.

um ponto atrativo para os donativos". Foi decidido que a capela seria construída quando fosse paga a dívida do estabelecimento. Ainda que a dívida não tenha sido paga, na sessão seguinte (9 de agosto) o provedor informa sobre o contrato para a construção dos alicerces e paredes da capela. Durante os anos seguintes é constante a discussão sobre o pagamento da dívida e a realização de novos empréstimos. Na sessão de 1º de junho de 1884 são relatados o término da obra e as dificuldades em relação ao pagamento da dívida, que naquele momento somava 20 contos de réis. O provedor falava sobre "as dificuldades de contrair um empréstimo na praça, na presente quadra, por causa da crise que ela [Santa Casa] atravessa".[18]

Era comum, nos compromissos das Misericórdias, a definição de qualidades ou características que deveriam ter os ocupantes dos diversos cargos. O compromisso de 1889 da Misericórdia de Pelotas dizia que o provedor deveria "ser um irmão respeitável por suas virtudes civis e morais, por sua independência, e possuidor de alguma propriedade".[19] As "qualidades" marcadas para os outros cargos são específicas em relação às atividades que deveriam ser exercidas. O escrivão deveria conhecer os "negócios da irmandade" e, portanto, estar suficientemente informado para proceder à escrituração. O tesoureiro deveria ser de "reconhecida probidade", ou seja, um indivíduo que contasse com a confiança dos demais membros em relação a possíveis irregularidades na administração financeira. O procurador deveria ter conhecimento dos "negócios forenses", pois lidava com as propriedades e questões jurídicas da Santa Casa.[20] Quanto aos demais cargos, não há qualidades designadas, porque talvez fossem considerados de menor importância, ou mais diretamente ligados às atividades assistenciais. No compromisso elaborado em 1910 não há qualquer qualidade determinada para a ocupação de cargos. Conforme foi visto, segundo esse estatuto, todos os irmãos poderiam votar e ser votados. Há uma nova organização dos cargos, os quais diminuem diante do aumento de empregados contratados.

Como se sabe, o cargo mais importante da instituição era o de provedor. Esse cargo, assim como os demais, foi monopolizado por alguns indivíduos ao longo do tempo estudado. Em um período de 76 anos, a Santa Casa teve 19 provedores, o que dá uma média de quatro anos por provedor. Porém, como se vê no quadro 2, alguns homens ocuparam o cargo por 12 ou 13 anos.

---

[18] Respectivamente, atas de 5 e 9 de agosto de 1877 e ata de 1º de julho de 1884. Livro n. 4, op. cit.
[19] Santa Casa de Misericórdia de Pelotas (1889), capítulo VIII, art. 14.
[20] Ibid., capítulo IX, art. 19; capítulo X, art. 22º; capítulo XI, art. 27.

Quadro 2
Provedores da Misericórdia de Pelotas 1847-1922

Provedor	Período[21]
José Roiz Barcellos	1847/1849
Domingos de Castro Antiqueira (visconde de Jaguary)	1849/1852
José Ignácio da Cunha	1852/1853
Amaro José de Ávila da Silveira	1853/1854
Vicente José da Maia	1854/1855
Thomaz José de Campos	1855/1856
Antônio José de Oliveira Castro	1856/1859
Domingos Rodrigues Ribas	1859/1860
João Francisco Vieira Braga (visconde de Piratini)	1860/1873
Possidonio Mancio da Cunha	1873/1875
Joaquim José de Assumpção (barão de Jarau)	1875/1887
Francisco Antunes Gomes da Costa (barão de Arroio Grande)	1887-1890
Possidonio Mancio da Cunha Jr.	1891-1894
Domingos Jacintho Dias	1895-1896
Alberto Roberto Rosa	1897-1904
Edmundo Berchon des Essarts	1905-1908
Francisco Antunes Gomes da Costa (barão de Arroio Grande)	1909-1910
Alberto Roberto Rosa	1911-1914
Bruno Gonçalves Chaves	1915-1922

Fonte: Livros de atas das sessões da mesa e relatórios da provedoria.

Ainda que houvesse recusa da ocupação de cargos, isso não foi regra. O cargo de provedor, por exemplo, foi recusado apenas uma vez, por João Francisco Vieira Braga, que já o ocupava por 13 anos consecutivos e alegava "estar velho e doente".[22] Se quase nunca houve recusa, não parece ter ocorrido disputa pelo cargo, assim como em Rio Grande, onde, no começo do século XX, um bando de "capangas armados" invadiu a sala de sessões para tomar posse da mesa, ou

---
[21] A separação dos anos pelo sinal (/) indica que o cargo foi ocupado de julho de um ano até junho de outro. Os anos separados com (-) são anos completos de janeiro a dezembro.
[22] Santa Casa de Misericórdia de Pelotas. Ata de eleição de 24 de junho de 1873.

em Porto Alegre, onde, na década de 1880, houve algumas disputas eleitorais acirradas (Tomaschewski, 2007:106).

A ocupação de cargo na Misericórdia era tida como um serviço. A maior parte da *administração* da irmandade e das atividades assistenciais deveria ser feita pelos mesários e mordomos da instituição. Nas primeiras décadas de funcionamento da Santa Casa de Pelotas, todos os cargos administrativos e burocráticos eram ocupados por irmãos, situação que tende a mudar a partir da década de 1880, quando são contratados funcionários especializados. Desde a década de 1890, existia um administrador que cuidava de quase todos os assuntos referentes ao cemitério. Quanto à administração do hospital, dirigentes e médicos estavam de acordo quanto à necessidade das irmãs de caridade. Mas já em outubro de 1900, mesmo ano em que as irmãs franciscanas foram contratadas, a Mesa da Santa Casa mostra quem detém a decisão sobre o funcionamento da instituição. A provedoria soube que as irmãs obrigavam os empregados do hospital a assistir a missas na capela e notificou-as sobre a impossibilidade de tal exigência. Entre as justificativas, consta a subvenção estadual que a Santa Casa recebia:

> O Estado não tem religião oficial. Ele subvenciona anualmente este pio estabelecimento, que não pode e não deve jamais ser confundido com uma associação religiosa, que deixaria, *ipso facto,* de merecer a sua valiosa proteção, desde que fossem postergadas as amplas liberdades, intuitos da sua fundação. *A Santa Casa de Misericórdia de Pelotas não tem religião oficial* [grifos meus].[23]

Pode-se perceber a identificação dos dirigentes da Santa Casa com o Estado laico, ao contrário da Santa Casa de Porto Alegre, onde a religiosidade católica parece ter tido um peso considerável, mesmo por parte dos provedores (Weber, 1999:155-163).

A medicina passará a ter um peso maior no hospital a partir de 1905, com a provedoria de Edmundo Berchon, cirurgião do hospital desde 1890. A partir daquele momento, serão tomadas decisões referentes a melhorias na Santa Casa: o cargo de provedor conferia ao médico poder de decisão suficiente, inclusive para submeter as irmãs de caridade. Uma das primeiras medidas tomadas pelo dr. Berchon foi ampliar o atendimento médico: se antes era feita apenas uma

---

[23] Santa Casa de Misericórdia de Pelotas. Carta de advertência dirigida à irmã Carolina, madre superiora do Hospital de Misericórdia de Pelotas, transcrita na ata de assembleia do dia 29 de outubro de 1900. Livro n. 6.

visita pela manhã, agora deveria ser feita também uma visita à tarde em todas as enfermarias.[24]

Lendo as atas de assembleia, é possível perceber que as decisões tomadas referem-se a reformas no hospital, tentando fazer do mesmo um espaço terapêutico, ou pelo menos organizando o espaço hospitalar. Edmundo Berchon foi reeleito em 1907 e no ano seguinte foi indicado o médico Nunes Vieira, que recusou o cargo: "porque seus afazeres imperiosos de clínico não lhe permitirão assumir a responsabilidade de uma investidura dessa ordem".[25]

A partir da provedoria de Bruno Gonçalves Chaves, também médico, completa-se a transformação da Santa Casa em um hospital moderno, o que pode ser observado nos relatórios por ele elaborados entre 1915 e 1922. Nos três relatórios apresentados nesse intervalo de tempo há epígrafes de visitantes que elogiaram o hospital e publicação de fotografias de benfeitores, dos médicos, de enfermarias e salas especializadas do hospital, além de prêmios recebidos graças as suas condições higiênicas. Além disso, em todos os textos comemorativos publicados entre 1913 e 1922, a história contada é a de um hospital moderno que satisfaz todos os requisitos da "ciência médica".

Para demonstrar a composição social dos dirigentes, selecionei 239 agentes que atuaram na mesa administrativa da irmandade. Os cargos escolhidos foram os de provedor, escrivão, tesoureiro, procurador e mordomo do hospital, por serem estes os escolhidos no dia da eleição, sendo que os nomes para os demais cargos eram designados diretamente pela mesa no dia da posse. Esses indivíduos serão analisados segundo a profissão e nacionalidade designadas nos livros de registro, além de alguns dados sobre ocupação de cargos políticos e pertencimento à Irmandade do Santíssimo Sacramento e São Francisco de Paula e a outras associações, tais como as lojas maçônicas.[26]

A afirmação de que a Santa Casa era composta por indivíduos pertencentes às elites locais foi feita em 1898. Segundo um texto comemorativo encomen-

---

[24] Santa Casa de Misericórdia de Pelotas. Ata da Mesa Administrativa de 16 de março de 1905. Livro n. 7.
[25] Santa Casa de Misericórdia de Pelotas. Ata da Mesa Administrativa de 17 de dezembro de 1908. Livro n. 8 de atas, deliberações e eleições da Mesa da Santa Casa de Misericórdia de Pelotas — de 1906 até 1918 (AHSCMP).
[26] As fontes primárias utilizadas foram os livros de registro de irmãos da Santa Casa, já mencionados; uma planilha com os dados dos votantes da paróquia de São Francisco de Paula em 1865, gentilmente cedida por Adhemar Lourenço da Silva Jr., a quem agradeço não apenas pelos dados cedidos mas também pela leitura de uma versão inicial deste texto; O Templário (1936); Lista dos maçons em Pelotas na década de 1850 (apud Amaral, 1998:150-153). Foi utilizada também a seguinte bibliografia: Anjos (2000); Colussi (1998); Franco e Ramos(1943); Lagemann (1985); Nascimento (1982); Osório (1998, 1922); Aita, Axt e Araújo (1996).

dado pela própria instituição, ela era "constituída pelos mais notáveis cidadãos desta terra, uns pela sua posição pecuniária, outros pela sua atividade, competência e força de vontade". Ou seja, seus membros ou tinham dinheiro para dispor com a irmandade, ou tinham capacidades técnicas para realizar serviço, ou eram "conhecidos membros de respeitáveis famílias" (Ferreira, 1917:175).

Por meio das profissões dos dirigentes anotadas nos livros de registro de irmãos de 1847 e 1893, é possível fazer algumas observações sobre as condições econômicas e sociais desses indivíduos (quadro 3).

Quadro 3
Profissões dos dirigentes (1847-1922)

Profissão	Número	Profissão	Número	Profissão	Número
Advogado	9	Empregado público	1	Negociante	3
Capitalista	22	Engenheiro	4	Pedagogo	1
Charqueador	2	Farmacêutico	3	Professor	2
Coletor de rendas	1	Fazendeiro	17	Proprietário	10
Comércio	84	Industrialista	13	S/ informação	49
Criador	2	Médico	16	Total	239

Fonte: Elaboração própria com base em dados compilados nos livros de registro de ingresso de irmãos da Santa Casa de Misericórdia de Pelotas.

Como é possível perceber, quanto à profissão, o maior número de dirigentes foi de comerciantes, dos quais 29,8% ocuparam postos principais (provedor, escrivão, tesoureiro, procurador). Seguidos em número, estão os capitalistas (45,5% dos assim designados ocuparam cargos principais na irmandade). Em seguida vêm os "fazendeiros", dos quais 88,2% ocuparam o cargo de mordomo, o que talvez possa ser explicado pela residência no meio rural e dificuldade de estar na cidade o ano todo (o cargo de mordomo era exercido por um mês apenas). Houve uma quantidade considerável de médicos atuando na direção da irmandade, dos quais 43,75% ocuparam cargos principais, sendo que dois o fizeram na década de 1850 e os demais a partir de 1890. Seguindo-se em número aos médicos, temos os industrialistas, proprietários e advogados (a maior parte dos advogados atuou como dirigente nas décadas de 1870 e 1890). É difícil definir, com base nos dados pesquisados, a principal atividade dos homens em questão, até porque poderiam exercer (e efetivamente exerciam) várias atividades ao mesmo tempo. Por exemplo, um indivíduo poderia ter uma estância, uma charqueada e comerciar seu produto; ou ainda ter uma charqueada e ser formado em Medicina ou Direito.

A estreita ligação entre as famílias ricas da cidade pode também ser observada na gestão da Misericórdia. Por exemplo, foram provedores José Ignácio da Cunha (1852/1853); seu filho Possidônio Mâncio da Cunha (1873-1875); e seu neto Possidônio Mâncio da Cunha Filho (1891-1894). Aliás, o irmão de Possidônio pai, Felisberto Ignácio da Cunha (barão de Correntes), também ocupou os cargos de mordomo e tesoureiro. O barão tinha negócios com diversos indivíduos, muitos dos quais pertenceram à Santa Casa. Segundo as informações de Fernando Osório (1998:209-210), depois de passar alguns anos no Rio de Janeiro servindo de caixeiro na casa de um tio, Felisberto volta à sua cidade natal e estabelece uma charqueada às margens do arroio Pelotas, juntamente com seu primo e cunhado Felisberto Braga, que também ocupou cargo de mordomo na Misericórdia local. Depois de desfeito esse negócio, o barão de Correntes fez parceria com seu avô materno, Antônio Ferreira Bica, que foi um dos irmãos fundadores da Misericórdia e ocupou o cargo de mordomo em 1851/1852. Ele realizou negócios também com os irmãos Barcellos, dos quais apenas Boaventura era irmão da Santa Casa, e com seu irmão Possidônio. Administrava ainda as charqueadas de Vicente Lopes, que foi mordomo por 10 vezes entre 1850 e 1881, e de Antônio José de Azevedo Machado, que não consta na lista de irmãos, mas cujo filho homônimo ocupou cargo na irmandade.[27]

Quanto à atuação política local dos 239 dirigentes arrolados, 58 (24,3%) pertenceram à Câmara Municipal e dois ocuparam o posto de intendente no período republicano. Desses 59 indivíduos (um foi vereador e intendente), 39 atuaram durante o Império, 17 durante a República e três em ambos os regimes. Quanto à trajetória desses indivíduos, 32 ocuparam cargo primeiramente na Santa Casa, 27 ingressaram antes na política municipal.[28]

Em nível regional, 22 foram representantes/deputados, 18 durante o Império e quatro durante a República. Desses homens, 12 foram deputados antes de ingressar na Santa Casa, 10 tiveram o percurso inverso, e apenas Joaquim Luis

---

[27] Para um estudo sobre as famílias dos charqueadores a partir dos inventários, ver: Ognibeni (2005). Sobre a estreita ligação familiar entre os proprietários de charqueadas, ver: Vargas (s.d.).

[28] Desses 27, três ingressaram em ambas as instituições ao mesmo tempo, porém, o mandato da Misericórdia começava em julho, momento em que eles já estariam atuando na Câmara. Se considerarmos que quatro dos homens que atuaram antes na Câmara o fizeram antes da fundação da irmandade, vemos que a maioria ocupou posto primeiramente na Misericórdia, o que pode ter sido um fator importante para ingresso na vida política local.

Osório ocupou cargo de mordomo e deputado no mesmo ano (1905). Foram vice-presidentes da província quatro deles, sendo que, desses, três já haviam sido deputados/representantes e apenas um foi primeiro vice-presidente para depois ocupar cargo na Santa Casa.[29]

Quanto à atuação na política nacional, oito foram deputados, sendo quatro no Império e quatro na República. Desses, sete haviam sido deputados/representantes estaduais e um foi também senador da República. No que diz respeito à trajetória, dois ingressaram na administração da Misericórdia e na vida política no mesmo ano, três atuaram antes na Santa Casa e três ingressaram primeiro na Assembleia Provincial. Além desses oito, mais um foi senador, tendo atuado primeiro na Misericórdia, depois na Câmara Municipal e, muitos anos depois, no Senado Federal.

A atuação política dos dirigentes da Santa Casa era prioritariamente local. Durante o Império, houve também uma considerável atuação regional, reduzida drasticamente durante a República. No período de transição do Império para República, houve apenas uma pequena atuação local dos dirigentes, e poucos ocuparam cargos na Santa Casa nos dois regimes políticos.

As associações locais eram um espaço de sociabilidade e poder para os membros das elites. Dos indivíduos aqui tratados, 136 (57% deles) pertenceram também à Irmandade do Santíssimo Sacramento e São Francisco de Paula, sendo que uma centena deles participou também da mesa dessa irmandade. Também localizei 30 irmãos da Santa Casa que pertenciam à maçonaria. Não fiz uma pesquisa mais precisa sobre a participação deles em outras associações, mas, pela leitura da historiografia local, é possível encontrar esses mesmos indivíduos atuando em associações como o Asilo de Órfãs Nossa Senhora da Conceição, Asilo de Mendigos, Bibliotheca Pública, Associação Comercial, Club Commercial, entre outras.

A Santa Casa de Pelotas, apesar de não delimitar um número fixo de irmãos, como faziam outras irmandades desse tipo, era uma associação de acesso restrito. Eram principalmente brasileiros das elites locais que dirigiam a irmandade (ver quadro 4).

---

[29] Nomeadamente o barão de São Luiz, que foi vice-presidente da província em 1882, sendo mordomo da Santa Casa no ano compromissal de julho de 1887 a junho de 1889.

Quadro 4
Nacionalidade dos dirigentes 1847-1922

Nacionalidade	Número	País de nascimento	Número	Nacionalidade	Número
Brasil	150	Alemanha	2	Hungria	1
Portugal	34	Inglaterra	1	Ilhas Canárias	1
Espanha	7	Itália	1	s/ informação	36
França	5	Uruguai	1	Total	239

Fonte: Elaboração própria a partir dos registros de entrada de irmãos.

Os estrangeiros não portugueses são poucos. Eram, em sua maioria, comerciantes e, alguns, vice-cônsules de seus respectivos países, tratando das relações entre os indivíduos de mesma nacionalidade e a Santa Casa, especialmente no que diz respeito à prestação de serviços assistenciais. Foram 19 os estrangeiros não portugueses que ocuparam cargo e distribuíram-se da seguinte forma: quatro deles ocuparam cargos na década de 1850; apenas um entre 1860 e 1870; e os 14 restantes entre 1889 e 1910. Muitos deles eram varejistas e transportadores de produtos coloniais. Dos que atuaram na década de 1850, dois pertenciam à maçonaria. Depois de 1910, a grande maioria dos dirigentes foi de brasileiros, tendo havido alguns portugueses, mas nenhum de outra nacionalidade.

Considerações finais

A Santa Casa de Pelotas funcionou durante mais de 40 anos sem ter compromisso próprio, sendo que as decisões quanto ao ingresso de sócios e funcionamento da irmandade eram tomadas diretamente pela mesa. A maior parte dos irmãos que ingressaram eram designados por comerciantes, seguidos pelos médicos, fazendeiros, capitalistas, industrialistas, proprietários e advogados. Entre os dirigentes, os comerciantes também foram maioria, seguidos pelos capitalistas, fazendeiros, médicos (com atuação acentuada a partir de 1890), industrialistas, proprietários e advogados (estes atuando principalmente durante a década de 1870). Boa parte dos dirigentes também teve atuação política, especialmente na esfera local. Mesmo que uma pequena maioria tenha tido atuação primeiramente na Misericórdia, é difícil dizer que ela era um "trampolim político", pois muitos atuaram anteriormente na Câmara. Por isso, é mais correto afirmar que havia uma circulação entre as duas instituições. Os dirigentes da Misericórdia também participaram de outras associações comerciais, culturais, caritativas e religiosas locais, com especial ênfase para a irmandade do Santíssimo Sacramento e São Francisco de Paula.

Esses homens das elites locais de Pelotas aqui descritos tinham o controle da assistência que era distribuída aos pobres. Como afirmou Stuart Woolf ao prefaciar o livro de Isabel dos Guimarães Sá:

> Os administradores de instituições e serviços de caridade, sempre membros de famílias locais pertencentes às elites, possuíam autoridade absoluta para decidir se os suplicantes eram merecedores ou não, e, em caso afirmativo, qual o tipo e os limites do auxílio que lhes devia ser atribuído [Woolf, 1997:7].

Por certo, a administração da Misericórdia era uma posição de poder considerável, pois esses homens controlavam e distribuíam os recursos provenientes da caridade privada, do Estado e da venda de serviços assistenciais. Eles negociavam a prestação de serviços com as autoridades governamentais (especialmente os presidentes de província, representantes das câmaras locais, chefes e delegados de polícia), com outras irmandades e sociedades de socorros mútuos, e também com as pessoas que necessitassem das variadas atividades assistenciais prestadas pela irmandade. Além disso, os dirigentes também detinham o controle sobre postos de trabalho, cuja quantidade e variedade tende a crescer ao longo do século XIX.

Neste capítulo, apresentei apenas algumas considerações gerais sobre os irmãos e dirigentes da Misericórdia de Pelotas. Para uma análise mais consistente, seria necessária uma pesquisa específica sobre essas elites da caridade. Minha pesquisa original incluiu uma análise da irmandade, da sua organização, dos serviços prestados, das formas de financiamento e das relações da instituição com outras associações de ajuda e com o Estado. Por isso, não me detive na elaboração de uma prosopografia dos irmãos e/ou dirigentes. Ainda assim, penso que essas considerações mais gerais possam servir de estímulo a outras pesquisas mais centradas na prosopografia, além de fornecer dados para possíveis comparações.

Referências

AITA, Carmen; AXT, Gunter; ARAÚJO, Vladimir (Orgs.). *Parlamentares gaúchos das cortes de Lisboa aos nossos dias*: 1821-1996. Porto Alegre: Assembleia Legislativa do Estado do Rio Grande do Sul, 1996.

AMARAL, Giana Lange do. *Gymnasio pelotense*: a concretização de um ideal maçônico no campo educacional. Dissertação (mestrado em Educação) — Faculdade de Educação, Universidade Federal de Pelotas, Pelotas, RS, 1998.

ANJOS, Marcos Hallal. *Estrangeiros e modernização*: a cidade de Pelotas no último quartel do século XIX. Pelotas: Editora UFPEL, 2000.

BOSCHI, Caio César. *Os leigos e o poder*: irmandades leigas e política colonizadora em Minas Gerais. São Paulo: Ática, 1986.

COLUSSI, Eliane Lúcia. *A maçonaria gaúcha no século XIX*. Passo Fundo: EdiUPF, 1998.

FERREIRA, C. (Ed.). *Almanach de Pelotas*. Pelotas: Oficinas Tipográficas do Diário Popular, 1917.

FRANCO, Álvaro; RAMOS, Sinhorinha Maria (Comp.). *Panteão médico rio-grandense*. São Paulo: Ramos Franco, 1943.

FRANCO, Renato. *Pobreza e caridade leiga*: as Santas Casas de Misericórdia na América Portuguesa. Tese (doutorado em História) — Universidade de São Paulo, São Paulo, 2011.

LAGEMANN, Eugenio. *O Banco Pelotense e o sistema financeiro regional*. Porto Alegre: Mercado Aberto, 1985.

LOPES, Maria Antônia. Provedores e escrivães da Misericórdia de Coimbra de 1700 a 1910: elites e fontes de poder. *Revista Portuguesa de História*, t. XXXVI, v. 2, p. 203-274, 2002-2003..

MESGRAVIS, Laima. *A Santa Casa de Misericórdia de São Paulo (1599?-1884)*. São Paulo: Conselho Estadual de Cultura, 1976.

NASCIMENTO, Heloísa Assumpção. *Arcaz de lembranças*. Porto Alegre: Martins, 1982.

OGNIBENI, Denise. *Charqueadas pelotenses no século XIX*: cotidiano, estabilidade e movimento. Tese (doutorado em História) — Pontifícia Universidade Católica do Rio Grande do Sul, Porto Alegre, 2005.

OSÓRIO, Fernando. *A cidade de Pelotas*. Pelotas: Armazém Literário, 1998. v. 1.

_____. *A cidade de Pelotas: corpo, coração e razão (1822-1922)*. Pelotas: Off. Typ. do Diário Popular, 1922. Edição do centenário promovida pelo governo municipal.

O TEMPLÁRIO. Pelotas, 27 de junho de 1936.

REIS, João José. *A morte é uma festa*: ritos fúnebres e revolta popular no Brasil do século XIX. São Paulo: Companhia das Letras, 1991.

ROCHA, Leila Alves. *Caridade e poder*: a irmandade da Santa Casa de Misericórdia de Campinas (1871-1889). Dissertação (mestrado em Política e História Econômica) — Universidade Estadual de Campinas, Campinas, 2005.

RUSSEL-WOOD, A. J. R. *Fidalgos e filantropos*: a Santa Casa da Misericórdia da Bahia (1550-1775). Brasília: Editora da UnB, 1981.

SÁ, Isabel dos Guimarães. *Quando o rico se faz pobre*: misericórdias, caridade e poder no Império português, 1500-1800. Lisboa: Comissão Nacional para as comemorações dos descobrimentos portugueses, 1997.

_____. A Misericórdia de Gouveia no período moderno. Lisboa: [s.n.], 2001. Disponível em: <http://repositorium.sdum.uminho.pt/bitstream/1822/4819/1/gouveia.pdf>. Acesso em: 13 dez. 2012.

SANTA CASA DE MISERICÓRDIA DE PELOTAS. *Relatório que o provedor da Mesa da Santa Casa de Misericórdia de Pelotas Barão de Piratiny apresentou na sessão de 3* de agosto de 1862, dando posse a nova Mesa. Rio Grande, RS: Typografia de Antônio Estevão, 1862.

_____. *Compromisso da Santa Casa de Misericórdia de Pelotas*. Aprovado por lei provincial nº 1.802, de 16 de abril de 1889. Pelotas: Tipografia da Livraria Universal de Echenique e Irmão, 1889.

SCARANO, Julita. *Devoção e escravidão*: a irmandade de Nossa Senhora do Rosário dos Pretos no Distrito Diamantino do século XVIII. São Paulo: Companhia Editora Nacional, 1978.

TOMASCHEWSKI, Cláudia. *Caridade e filantropia na distribuição da assistência*: a irmandade da Santa Casa de Misericórdia de Pelotas, RS (1847-1922). Porto Alegre: Editora da PUCRS, 2007.

_____. *Entre o Estado, o mercado e a dádiva*: a distribuição da assistência a partir das irmandades da Santa Casa de Misericórdia nas cidades de Pelotas e Porto Alegre, Brasil, c. 1847- c. 1891. Tese (doutorado em História) — Pontifícia Universidade Católica do Rio Grande do Sul, Porto Alegre, 2014.

VARGAS, Jonas Moreira. *A elite charqueadora de Pelotas (1850-1890)*: notas iniciais de pesquisa. [S.l.]:[s.n.], [s.d.]. Disponível em: <www.ifcs.ufrj.br/~arshistorica/jornadas/IV_jornada/IV_29.pdf>. Acesso em: 21 jan. 2013.

WEBER, Beatriz Teixeira. *As artes de curar*: medicina, religião, magia e positivismo na república rio-grandense (1889-1828). Santa Maria: Editora da UFSM, 1999.

WOOLF, Stuart. Prefácio. In: SÁ, Isabel dos Guimarães. *Quando o rico se faz pobre*: misericórdias, caridade e poder no Império português, 1500-1800. Lisboa: Comissão Nacional para as comemorações dos descobrimentos portugueses, 1997. p. 7.

MÉDICOS E FILANTROPOS

CAPÍTULO 4 **Entre mundos:**
Thomaz de Mello Breyner e a
clínica de sífilis do Desterro, Lisboa*

Cristiana Bastos

Um médico entre o *high life* e o *low lif*

Thomaz de Mello Breyner (1866-1933) entrou na minha vida quando me iniciava ao estudo do espólio do Hospital do Desterro, em Lisboa.[1] Seu nome era indissociável da memória do hospital, seu busto de pedra marcava o espaço. As narrativas sobre os primórdios da assistência à sífilis remetiam a sua pessoa, seu bom modo, seus atos de generosidade e sua capacidade de intervir junto das esferas políticas e econômicas para melhorar as condições da clínica. Um fundador, portanto, e eu estava para conhecer sua história como parte da história maior daquele hospital e da saúde na cidade de Lisboa.

Da personagem irradiava algo que ia para além de antepassado fundador de um hospital. Não era propriamente aquela aura de santo e herói que se atribui a al-

---

* Este texto resulta de pesquisas desenvolvidas no âmbito do Projeto "A Ciência, a Clínica e a Arte da Sífilis no Desterro, 1897-1955", coordenado pela autora no Instituto de Ciências Sociais com o apoio financeiro da Fundação para a Ciência e Tecnologia (HC/0071/2009). Agradeço aos restantes membros da equipe — pesquisadores Ana Delicado, António Perestrelo, Luís Saraiva, Célia Pilão, Sandra Tacão, Rita Carvalho e Mónica Saavedra, e consultores Sérgio Carrara, Ilana Lowy e Marta Lourenço — a permanente discussão e análise de dados. Agradeço, sobretudo, a Renilda Barreto a interlocução constante e o estímulo para não desistir de trazer Thomaz de Mello Breyner para este volume. Alguns dos elementos incluídos na subseção "Anotações clínicas" foram já trabalhados pela autora no capítulo "Thomaz de Mello Breyner e a clínica de sífilis" do volume *Clínica, arte e sociedade: a sífilis no Hospital do Desterro e na saúde pública* (Bastos, 2011). As pesquisas relativas a Teresa de Mello Breyner e à Academia das Ciências foram desenvolvidas pela autora enquanto parte do projeto coordenado por Ana Delicado no ICS "SOCSCI — Sociedades Científicas na Ciência Contemporânea" (PTDC/CS-ECS/101592/2008).

[1] O Hospital do Desterro foi encerrado em 2007. Graças aos esforços do médico dermatologista dr. João Carlos Rodrigues (1951-2009), que resgatou do esquecimento não apenas as narrativas e interpretações como a quase totalidade das peças que hoje constituem seu espólio, e ao bom acolhimento da dra. Célia Pilão, administradora do Centro Hospitalar de Lisboa Central, as coleções do Desterro estão hoje bem guardadas e abertas ao público no Hospital de Santo António dos Capuchos, Lisboa, a curta distância da morada inicial.

guns médicos a quem a vocação fez trocar a vida mundana pela total entrega ao tratamento dos pobres e despossuídos. Não se tratava de outro Sousa Martins, a quem em vida eram atribuídas extraordinárias capacidades humanas, médicas e científicas, e a quem a morte ampliou os poderes, tornando-o agente de curas espirituais e objeto de culto.[2] Thomaz de Mello Breyner era amigo e admirador de José Thomaz de Sousa Martins (1843-1897),[3] mas fazia outro gênero de médico, dedicado e cuidadoso, sim, porém nos intervalos de uma intensa vida social.

Thomaz era um homem do mundo, testemunha e participante da *belle époque* portuguesa, parte do *establishment* de fins do regime monárquico e nele entrosado por laços de parentesco, afinidade, amizade e convívio. Era o quarto conde de Mafra, na sequência do seu tio-avô (Lourenço), do seu pai (Francisco) e irmão mais velho (Francisco).[4] Descendia das casas de Linhares e Ficalho; o pai tinha sido dos "Bravos do Mindelo", lutando ao lado de d. Pedro contra o regime absolutista de d. Miguel, e conhecera o exílio antes de o liberalismo constitucional se instalar definitivamente no poder (Breyner, 2005:117-118). Thomaz era desde pequeno amigo dos infantes d. Carlos e d. Afonso; se a família em que nascera tinha mais pergaminhos que dinheiro, depois de casado viveria em luxo e conforto — mas nunca em arrogância. Foi médico do paço, circulava nos palácios e nas estâncias de vilegiatura então em voga na Europa. Monárquico convicto, sofreu abertamente quando em 1908 foram assassinados o rei d. Carlos e o príncipe real d. Luís Filipe, prolongando sua assistência solidária à rainha viúva, d. Amélia, e ao novo monarca, d. Manuel II, acompanhando-os pessoalmente à porta do exílio quando, em outubro de 1910, se instaurou definitivamente a República em Portugal.

Era também amigo dos colegas republicanos, como Miguel Bombarda, com quem viajou ao Congresso Internacional de Medicina em Madri, em 1903.[5] Tam-

---

[2] A estátua de Sousa Martins, colocada em frente da Faculdade de Ciências Médicas, perto de diversos hospitais do centro de Lisboa, atrai diariamente devotos e passantes que ali pedem graças, favores e ajuda para a resolução de crises de saúde e outros aspectos da vida. Ver: Pais (1994); Bastos (2001:303-324).

[3] José Thomaz de Sousa Martins era padrinho do pequeno José Thomaz de Mello Breyner, filho de Thomaz de Mello Breyner. Ao longo dos anos, Thomaz celebra com saudade o dia de aniversário do amigo e compadre e lamenta sua partida (Breyner, 2005).

[4] Para a genealogia dos condes de Mafra, veja-se a nota prévia de Gustavo de Mello Breyner Andresen à edição dos diários de Thomaz de Mello Breyner, *Diário de um monárquico 1902-1904*. O primeiro conde de Mafra, tio-avô de Thomaz, morreu sem descendentes; o segundo foi Francisco Mello Breyner, pai do nosso herói; o título de terceiro conde de Mafra foi outorgado a Francisco Mello Breyner, irmão de Thomaz, já em tempo de República, por telegrama do monarca exilado d. Manuel II, em 1922. Ainda em 1922, foi outorgado o título de quarto conde de Mafra — agora a Thomaz — com validade de duas gerações.

[5] Desses episódios, incluindo as discussões científicas e as aventuras da partilha de alojamento com Miguel Bombarda num péssimo hotel pejado de percevejos e da mudança para o mais apro-

bém com Miguel Bombarda e outros médicos ilustres preparou, desde esse ano, a edição seguinte, a ser realizada em Lisboa, em 1906: o XV Congresso Internacional de Medicina. Ao evento acorreram os grandes nomes da medicina mundial, que mantiveram importantes discussões e apresentações, e visitaram alguns dos principais locais de assistência — incluindo o Desterro — e de ensino. O edifício da nova escola médica, no Campo de Santana, foi inaugurado para a ocasião.[6]

Figura 1
A nova Escola Médico-cirúrgica, inaugurada em 1906

Fonte: Acervo da autora.

O nome de Mello Breyner remete também a linhagens de letras e ilustração: para citar apenas dois exemplos, a celebrada poetisa Sophia de Mello Breyner Andresen (1919-2004) e, mais distante, a misteriosa Teresa de Mello Breyner (1739-1798?), condessa de Vimieiro, vencedora anônima de prêmios literários

---

priado hotel inglês em Madri, ver: Breyner (2005:146-147).
[6] Os trabalhos preparatórios, presididos por Costa Alemão, foram iniciados a 3 de junho de 1903. Para não faltar à reunião, Thomaz de Mello Breyner pediu à rainha dispensa de estar presente no jantar do Paço (Breyner, 2005). O impacto do congresso está presente ao longo das entradas de 1906 (Breyner, 2002).

e obreira invisível da Real Academia das Ciências, em Lisboa.[7] A seu modo, também Thomaz experimentou as letras. Com seu parente e amigo conde de Sabugosa, que preferia a narrativa histórica aos jogos de baralho, desenvolveu uma intensa relação epistolar que lhe consolidou o gosto pela escrita e o hábito de fazer anotações diárias, conservando a memória dos fatos e os detalhes dos acontecimentos. As anotações serviriam de base aos volumes de memórias antevistos. O primeiro deles, editado em 1930 e relativo aos anos de 1866-1880, baseou-se em reminiscências da infância e primeira juventude, projetando ainda memórias da família (Breyner, 1930). A organização do segundo volume foi interrompida pela morte do autor, em 1933; mesmo assim, foi editado, em menor tamanho e sem a encadernação final, reportando-se a 1880-1883 (Breyner, 1934). Os anos restantes da vida de Thomaz de Mello Breyner estão registrados em dezenas de diários que foram organizados e publicados pelo neto, Gustavo de Mello Breyner Andresen, enquanto *Diário de um monárquico*.[8]

As memórias e diários de Mello Breyner são uma boa chave para conhecer a vida das elites lisboetas de fins do século XIX e princípios do XX. Os Bragança, Orleans, Ficalho, Sabugosa, da Ribeira, da Ponte, Câmara, Daupiás, Burnay, Pinto Basto e muitos outros, da casa real aos vários setores da aristocracia e alta burguesia, com ramificações francesas, inglesas e onde mais as alianças matrimoniais e os laços de parentesco se estendiam, todos desfilam nas suas páginas como amigos, convivas, primos, tios, colegas, visitantes, visitados, cunhados, sogros, genros, noras, filhos e filhas, e com eles chegam-nos também os cenários, locais e algumas ideias dessa época de transição entre o final da monarquia e o início da República. Estão também presentes, retratados com não menos carinho — com nomes, rostos, atitudes e afetos —, os que os serviam, ajudavam e assistiam. Em retrospectiva, chegamos ainda às tensões políticas que tinham varrido o país no rescaldo da Independência do Brasil, opondo os liberais-constitucionais que se alinhavam com d. Pedro IV (Pedro I do Brasil) e os absolutistas que se alinhavam com seu irmão d. Miguel. Antes de se tornarem vencedores, muitos dos aristocratas liberais tinham conhecido o exílio na França, e entre eles estavam parentes próximos de Thomaz. Às suas memórias, experiências,

---

[7] Ver: Horta (2011); Vázquez (2005); Anastácio (2005:427-445).
[8] Sempre com seleção e notas de Gustavo de Mello Breyner Andresen, foram publicados os seguintes títulos de Thomaz de Mello Breyner: *Diário de um monárquico 1908-1910* (Breyner, 1993); *Diário de um monárquico 1911-1913* (Breyner, 1994); *Diário de um monárquico 1905-1907* (Breyner, 2002); *Diário de um monárquico 1902-1904* (Breyner, 2005); e ainda um livro de anotações sobre as viagens a bordo do iate real *D. Amélia*.

conexões e a outros elementos de repertório cultural, social e político também nos fazem chegar os escritos que deixou.

Outra faceta de Thomaz de Mello Breyner levava-o, com a mesma naturalidade que usava em salões e teatros, a assistir os pacientes que procuravam alívio para os sintomas que a sífilis e outras infecções faziam sentir, literalmente, na pele. Fazia-o naquele que era talvez o mais enfermo, vil e desprezado dos serviços de assistência na cidade: a consulta de moléstias venéreas associada ao Hospital de São José, alojada no antigo convento do Desterro, à beira dos bairros de baixo meretrício (Bastos e Carvalho, 2011:151-162). Com condições muito precárias e meios quase nulos, o Desterro era, em finais do século XIX, uma espécie de repositório de indesejáveis onde ninguém almejava praticar a clínica; um "ignóbil pardieiro" que chocara o rei d. Luiz quando, em 1878, o visitou; onde se acumulavam os excedentários do Hospital de São José, em torno de uma centena, "especialmente tinhosos, variolosos e meretrizes" (Penela, 1997:XII). E ao Desterro se vai associar indelevelmente o nosso herói: como João Carlos Rodrigues dizia, Mello Breyner era o próprio Hospital do Desterro (Rodrigues, 1988).

Figura 2
Rua Nova do Desterro; à esquerda, o hospital do Desterro

Fonte: Arquivo Fotográfico Municipal de Lisboa. Fotógrafo: Belissário Pimenta.

Em suma, Thomaz de Mello Breyner não é somente um nome de antepassado na história do Desterro e da sifilografia em Portugal, nem apenas um aristocrata de fim de época anotando o dia a dia de uma elite em vias de extinção. É um mediador de mundos — de um lado o aristocrata bem inserido numa sociedade que se vê decadente, mas folga ainda e mobiliza o que tem para gozar a vida e assistir quem precisa; do outro lado o clínico sensível ao bem-estar dos pacientes, capaz de mobilizar seu capital cognitivo e social para melhorar as condições de assistência.

Graças a essa posição de mediador, Thomaz de Mello Breyner consegue dar um dinamismo ao que pouco mais era que uma retaguarda triste do Hospital de São José. Pouco a pouco, foi criando no Desterro espaço para tratamento condigno da sífilis e moléstias venéreas. Foi crucial na melhoria das condições de assistência: perante a inexistência de pessoal auxiliar e de enfermagem, pôs os doentes para cuidarem uns dos outros — destacando-se Roberto, seu braço direito — até que lhe foi concedido pessoal de apoio (Breyner, 2005; Penela, 1997). Persuadiu seus conhecidos na indústria e comércio, como o influente Grandella, a doarem equipamentos, materiais, enxovais; até da Casa Real obteve um microscópio (Penela, 1997:XIII-XIV). Sobrepondo as valências de médico e de cidadão bem inserido nas mais altas esferas, ajudou a transformar o campo da assistência à sífilis em Portugal.

É a essa personagem polifacetada que nos propomos chegar através de fontes que incluem suas memórias, os diários publicados postumamente, suas teses e artigos e as anotações clínicas que deixou nos livros de consulta do hospital do Desterro.

Thomaz de Mello Breyner contado por si mesmo

Bastante frequentes na língua inglesa, diários e memórias são raros entre nós. Se essa ausência se justifica com a secular falta de acesso à escrita como tecnologia de conservação da experiência para a maioria do povo, que a conservou noutros registros de oralidade e arte, diferentes razões concorrerão para sua raridade entre a elite letrada. Sem querermos abrir essa vasta discussão, saudemos o fato de Thomaz de Mello Breyner ter fugido à regra e mantido desde jovem o hábito de escrever sempre e sobre tudo, proporcionando-nos uma narrativa cândida do período em que viveu e dos tempos que o antecederam.

É pela sua pena bem-humorada que ficamos a conhecer ao pormenor o momento de seu nascimento e os primeiros anos de vida. Nasce a 2 de setembro de 1863 no Castelo de São Jorge, em Lisboa, onde o pai comandava uma unidade militar e vivia com a família. Fraco e débil, é-lhe vaticinado um futuro de ócio com "muito de comer e pouca instrução" (Breyner, 1930:14). Evoca-o jocosamente, tal como ao "chá fraquinho" que lhe foi dado logo às primeiras horas; que ficasse patente que não lhe faltara o "chá" (educação) em criança (Breyner, 1930:2).

Filho temporão, acompanha os pais pelos salões e saraus que frequentam (Breyner, 1930:3 e segs., 1934:69). Vê passar os infantes, mais tarde priva com eles, faz estadias em Mafra, frequenta o paço na Ajuda (Breyner, 1930, passim). Estuda em casa, sem pressa, e na Escola Real, em Mafra, quando lá passa temporadas. Aprende a tocar rabeca (violino), não tem particular gosto pela caça, inveja o *lawn tenis* que se vai instalando como desporto de eleição, contudo não tinha os sapatos apropriados, nem o dinheiro (Breyner, 1930).[9] A situação econômica da família não acompanha seu estatuto e capital social, mas os desafios são superados sem queixas nem ressentimentos. A dado momento, para que sua vida não ficasse pela "mandria da rabeca e outros disparates" e desse algum apoio à família, considera-se a possibilidade de trabalhar no comércio — algo que chega a experimentar, num escritório da Baixa de Lisboa, sem que ninguém o admoeste por desistir antes do final da primeira manhã (Breyner, 1930:362). Seu caminho vai ser outro. Pondera a carreira das armas e a Marinha, que são descartadas por motivos vários — entre os quais a idade na prestação de exames. Frequenta finalmente um colégio onde encontra o médico Manuel Ferreira Ribeiro (1839-1917), que se apresenta com aprumo militar e leciona história e geografia com paixão.[10] Ferreira Ribeiro torna-se mentor do jovem Thomaz, dá-lhe lições privadas sem remuneração e prepara-o para uma carreira que, narra Thomaz nas memórias, ainda não pensava ser a de médico, mas, quando finalmente se forma em Medicina em 1892, é a Manuel Ferreira Ribeiro que dedica a tese (Breyner, 1934:90). Tornara-se amigo para vida e para a morte; indigna-se ao encontrar o velho médico à beira da indigência em 1908 e não esquece o que deve ao antigo professor: "quando aos 16 anos nada tinha, esse varão lecionou-me de graça. Devo-lhe a minha carreira" (Breyner, 1993:78). É dos únicos que acompanham o triste cortejo fúnebre de Ferreira Ribeiro ao cemitério dos Prazeres: "era um sargento reformado da armada, uma velhota lacrimosa... e eu!" (Breyner, 1934:91).

Thomaz vem a constituir família com uma das casas mais ricas de Lisboa, os Burnay, e vive em conforto na rua da Junqueira; tem nove filhos que povoam as páginas do seu diário — nas alegrias, nas doenças, nas idas ao colégio, às estâncias de verão. Dos diários emerge um homem feliz e realizado, porém atento ao mundo em seu redor e ao sofrimento dos que nele vivem. As entradas combinam curtas referências ao hospital, sempre de manhã cedo, muitas vezes conduzindo o próprio automóvel (uma raridade ao tempo), e igualmente curtas menções ao consultório, no princípio da tarde, com mais generosas descrições

---

[9] Em adulto, porém, jogará com frequência (ver: Breyner, 2005).
[10] Para essa idiossincrática figura, que a dado momento teve um importante papel na propaganda colonial e na Sociedade de Geografia, ver: Bastos (2011c:27-54).

dos momentos de convívio com familiares e amigos, idas ao colégio dos filhos, em Campolide, saídas com as filhas e a preceptora, almoços no Hotel Central (propriedade do sogro) ou na Junqueira, idas ao paço, ao teatro, à ópera, visitas à prima Maria Ficalho nos Caetanos, passeios ao campo que incluíam visitas a antigos empregados, idas ao São Carlos, à Ajuda, a Mafra, a Cascais, a Sintra, e também a Paris, a Biarritz, a Vernet-les-Bains e Salles-de-Bearn, na França, ou, mais próximas de casa, as termas de Mondariz (Galiza) ou Pedras Salgadas. Sua dedicação aos filhos é enternecedora, sua lealdade aos monarcas admirável, e seu legítimo interesse na medicina não se ofusca pelo fato de não trazer detalhes para os diários pessoais; esses ficam para os artigos e livros, para as notas clínicas do hospital e consultório.

Os grandes momentos e contextos da sua carreira médica estão bem contados nos diários, e algumas entradas do segundo volume de memórias já incluem referências à medicina. Descreve-a como ingrata, já que quando o doente se salva se agradece à divina providência, mas quando morre, dá-se a culpa ao médico — que aliás é visto como alguém com licença para "matar sem ir para a cadeia" (Breyner, 1934:35). Mas é nos diários postumamente compilados que encontramos mais referências à sua vida de médico, que se completam com os trabalhos publicados e as anotações clínicas.

Thomaz de Melo Breyner forma-se em 1892, apresentando a tese *Da retroflexão uterina: hysteropexia e laparotomia*, e vai aprofundar os conhecimentos de venereologia na França, com Fournier e Brissard (Rodrigues, 1997:VII). Ao longo da vida manterá contato com esses médicos, consultando-os, visitando-os ou recebendo-os em Lisboa para convívio familiar e visitas ao hospital (Breyner, 2005, 2002). Quando regressa da França, assume a posição de físico do paço, e só mais tarde integra a frente da assistência pública.

Em 1892, tinha sido criada uma consulta de moléstias sifilíticas e venéreas no Hospital de São José, e a sua coordenação estava a cargo do cirurgião Antonio Sousa Lopes. Este tinha, entretanto, assumido uma posição na África, e a consulta de venereologia estava sem médico. É aí que entra o jovem Thomaz de Mello Breyner, em 1897, e tudo se vai transformar. A consulta funciona precariamente no Desterro, onde já existiam enfermarias para tratar/encarcerar as prostitutas que a polícia sanitária considerava ameaças à saúde pública. Em 1982 tinha sido ali criada a enfermaria de Santa Maria Egipcíaca,[11] com vista

---

[11] A entidade de Santa Maria Egipcíaca corresponde a uma prostituta do antigo Egito que se redimiu e santificou; esteve em voga nos séculos XVIII-XIX e, entretanto, caiu no esquecimento público. Agradeço a Luiz Mott a discussão sobre o nome, que foi também o patronímico da sua heroína *Rosa Egipcíaca: uma santa africana no Brasil* (Mott, 1993). Quanto à enfermaria de Santa

a albergar em condições um pouco mais dignas as mulheres que iam sendo atiradas pela polícia para o Hospital de Rilhafoles, o qual, entretanto, se vocacionava para as doenças mentais.[12] Várias outras enfermarias de internamento se foram acrescentando,[13] entre as quais a de S. Bernardo, de venereologia de homens, cuja direção interina era por vezes assumida por Thomaz de Mello Breyner (Breyner, 2005); a de Santa Maria Madalena, que ele viria a chefiar em 1906 (Breyner, 2002); e a da Piedade, onde mais tarde aplicaria o 606 para tratamento de sífilis (Breyner, 2002). Ao longo da sua carreira, nosso médico foi lutando por uma articulação melhor entre a consulta externa e os internamentos; pela melhoria das condições de internamento, pedindo verbas aos poderes públicos mas não hesitando em recorrer à caridade, aceitando dádivas e aplaudindo visitas como a da prima Maria Ficalho, que às internadas do Desterro trazia amêndoas na Páscoa e bolos no Natal e nos Reis (Breyner, 2005, 2002);[14] e pela elevação do nível de cuidados clínicos, dialogando com colegas internacionais e trazendo-os a visitar o local sempre que havia ocasião, como aconteceu em janeiro de 1903, com a visita de Brissard, e em abril de 1906, com os diversos especialistas que se deslocaram ao Congresso Internacional de Medicina em Lisboa (Breyner, 2005, 2002).

As anotações de um clínico

Tal como a sua vida se inscrevia na memória do hospital, Thomaz de Mello Breyner ia inscrevendo notas junto aos registros clínicos, completando-os, fixando para além dos formulários, e da normatividade neles contida, o que era um encontro único entre aquele médico e aquele ou aquela paciente, e a sua enfermidade, e a instituição, na época, na sociedade e costumes em que viviam. Entre o espólio do Hospital do Desterro encontram-se nove livros de grande formato, encadernados, pesados, de folhas numeradas e pautadas, contendo os registros clínicos da consulta de moléstias sifilíticas e venéreas de mulheres entre 1897 e 1909. Foram preenchidos pela mão de Thomaz de Mello Breyner, que não apenas supervisionava a consulta e atendia diretamente os pacientes como registrava,

---

Maria Egipcíaca no Desterro, chefiada por Augusto Monjardino, ver: Mora (2010). Ver também: Bastos e Carvalho (2011); Bastos (2011b:163-173).
[12] Ver: Mora (2011:48); Bastos e Carvalho (2011).
[13] Ver: Mora (2011:41-56). Como aponta o autor, é necessária mais pesquisa para estabelecer a cronologia e funções de todas as enfermarias.
[14] Se os bolos e amêndoas não chegaram até nós, alguns livros de romances franceses com que as internadas se podiam entreter integram ainda a coleção.

anotava e por vezes comentava os dados clínicos. Cada folha corresponde a uma ficha clínica, com um cabeçalho padrão de que consta o nome, idade, naturalidade, residência, profissão e diagnóstico do paciente, com um largo espaço para o registro das terapias e resultados. Algumas das fichas contêm uma única entrada; outras reportam-se a tratamentos seguidos ao longo de vários anos. Esses livros são uma preciosa fonte para chegarmos ao cotidiano da clínica e do encontro entre os pacientes, os médicos, a instituição, a ciência, as terapias disponíveis e mesmo alguns elementos da moral e senso comum vigentes. Dão-nos também acesso ao humor de Thomaz de Mello Breyner e sua atitude perante a vida, como observou João Carlos Rodrigues num artigo sobre os comentários que esse médico incluía nas fichas clínicas (Rodrigues, 1988:63-69).

Figura 3
Anotações clínicas de Thomaz de Mello Breyner

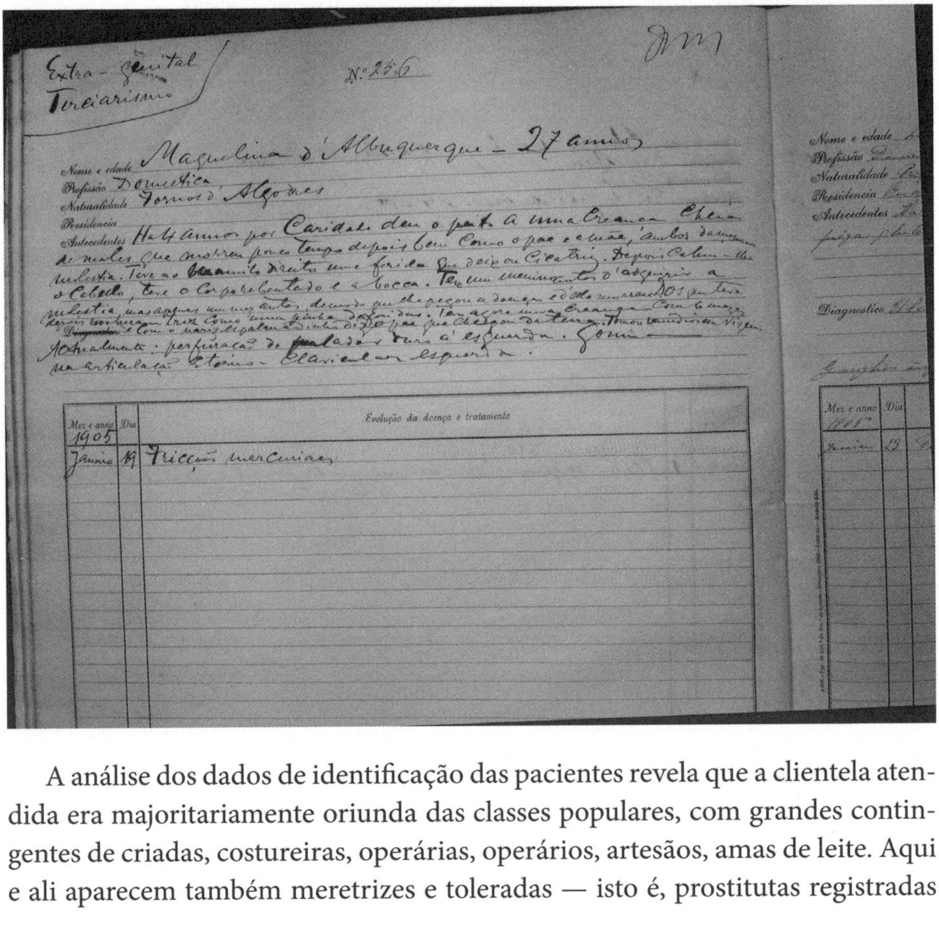
Extra-genital
Terciarismo
N.º 256
Nome e edade Maquelina d'Albuquerque – 27 annos
Profissão Domestica
Naturalidade Fornos d'Algodres
Residencia
Antecedentes
Evolução da doença e tratamento
Mez e anno	Dia	
1905		
Janeiro	19	Fricções mercuriaes

A análise dos dados de identificação das pacientes revela que a clientela atendida era majoritariamente oriunda das classes populares, com grandes contingentes de criadas, costureiras, operárias, operários, artesãos, amas de leite. Aqui e ali aparecem também meretrizes e toleradas — isto é, prostitutas registradas que exerciam legalmente a profissão — que iam à consulta pelo seu próprio pé, em contraste com aquelas que a polícia sanitária compulsivamente internava nas enfermarias de Santa Maria Madalena e Egipcíaca.[15] Aparecem ainda referências cruzando pacientes, reportando parentesco, contatos sexuais ou ainda contatos não sexuais — aleitamento, partilha de objetos, proximidade — a que hipoteticamente se reporta a transmissão da sífilis.

Um dos mais densos enredos contidos nesses livros — ressoando a miasmas, contágio, lugares de perigo e estereótipos — é o que envolve toda uma família do bairro lisboeta de Alfama. Mulher, marido, filha, genro, um netinho de 20 meses, uma nora, outra neta e uma vizinha — todos aparecem unidos na sífilis. Segundo a família, o mal teria partido da vizinha sifilítica que dera de mamar à criança e a infectara, tendo esta seguidamente infectado a própria mãe, também pela amamentação, e a avó, que inadvertidamente levou à boca a colher com que alimentava a criança.[16] As mulheres teriam infectado os maridos, e nem a outra netinha, filha da nora, tinha escapado à moléstia que caíra sobre a família.

Suspendendo juízos de valor ou moral, Thomaz de Mello Breyner procede ao trabalho de avaliação clínica, prescrição terapêutica e acompanhamento. Diagnostica sífilis secundária na mulher de 50 anos, que primeiro aparece à consulta, receita-lhe pílulas de protoiodeto e anota que o caso é muito interessante, reportando o episódio passado com o neto que "mamou aos 5 meses numa vizinha sifilítica e passados 8 dias apareceu-lhe uma borbulha no canto da boca (l. esq.) que era um cancro duro", a que se seguiram outros sintomas.[17] Anota que a mãe da criança, que passou a amamentá-la, apareceu com um cancro duro no seio; que a avó teve um cancro duro na amígdala esquerda, e seu marido uma ferida no membro, de que não tinha feito caso, a que se seguiram um conjunto de sintomas — placas mucosas bucais, sifilide papulo-escamosa, laringite e alopécia. Thomaz de Mello Breyner não deixa de relativizar o relato desse homem com um intercalar "diz ele", entre parêntesis, abrindo a possibilidade de a sífilis ter entrado em casa por outras vias. Receita-lhe fricções de mercúrio, e dele aponta: "Este doente contraiu sífilis por contacto venéreo com a esposa legítima e que foi infectada pela colher com que dava de comer a um neto sifilítico por ter mamado numa vizinha que também o era". No fim

---

[15] Ver: Bastos e Carvalho (2011:151-162).
[16] A transmissão de sífilis através do aleitamento pode ocorrer nos dois sentidos. Casos históricos de infecção massiva de mulheres que aleitavam crianças institucionalizadas na Toscânia estão documentados para épocas anteriores por Kertzer (2008). Para as discussões sobre transmissão de sífilis por colheres e objetos, ver: Engelstein (1986).
[17] Esta citação, bem como as seguintes, provém dos livros de consulta — Moléstias sifilíticas e venéreas, registros de consulta. Manuscritos. Colecção de Dermatologia do Desterro, 1898.

das fricções mercuriais desaparecia a roséola, mas mais tarde apareciam placas nas mucosas bucais e laringite, ao que o médico receita injeções com salicilato de mercúrio por várias semanas. À filha diagnostica também sífilis secundária, com a anotação que "adquiriu sífilis dando de mamar a um seu filho que fora infectado por uma vizinha e que tinha um cancro duro labial"; como sintomas apresentara roséola, cefaleias, placas mucosas bucais, dores ósseas, que tinham desaparecido uns meses antes da consulta, tendo entretanto tomado um tal de Licor de van Sivietén, receitado pelo dr. Reis Stromp. Thomaz de Mello Breyner também receita pílulas de protoiodeto; vê também o bebê, "com o seu palatinho, faringe e língua cheia de placas mucosas", e uns dias depois anota o médico que "o pequeno L., que teve uma grande carga de placas mucosas bucais, está muito melhor". Também a nora é consultada, também ela com os sintomas, e com uma história que assim escreve Mello Breyner:

> Há dez meses teve uma filhinha que nasceu sã, mas aos 2 meses, quando já grassava a sífilis em casa, apareceu com uma borbulha muito feia num beiço e passado um mês rebentou-lhe o corpo todo, principalmente no assento e nas partes, foi definhando a pouco e pouco e aos oito meses morreu feita numa chaga e muito sequinha.

À jovem mãe, nora do casal inicial, receita tônicos e vai dando injeções de salicilato de mercúrio (1 cc.) nas semanas seguintes, até que melhora. E nós, leitores atentos, somos contagiados de alguma esperança, envolvidos que ficamos com as vidas daqueles que, dos dois lados da consulta, constituem o encontro clínico da sífilis.

Se a maioria dos casos de sífilis tratados no Desterro se atribuía a transmissão sexual, havia ocasionais casos associados ao aleitamento. Assim acontecia com uma mulher de 30 anos que se apresentou à consulta em 1903 com uma lesão de mamilo — um cancro duro. Tratava-se de uma ama de leite da Santa Casa da Misericórdia que contraíra sífilis amamentando uma ou mais crianças infectadas. A identificação dessa via de transmissão não era isenta de polêmica, mas nesse caso Thomaz Mello Breyner não hesitou em anotar na ficha as referências extragenital e, com aspas suas, "misericordiosa". Esse particular caso clínico era de grande complexidade e foi objeto de apresentação em aula de clínica cirúrgica. Logo na primeira consulta eram descritos cancro do bico do peito, syphilide papulo-escamosa, cefaleia, alopécia, gânglio axilar e gânglios inguinais, cervicais e na axila. O tratamento viria a ser longo: às convencionais fricções de mercúrio em ambulatório seguiu-se um internamento de oito meses, que deu lugar a terapia de protoiodeto de mercúrio em ambulatório, a novo internamento, e, finalmente, com o alastramento das lesões pelos membros superiores e inferiores em 1906, a injeções semanais de óleo cinzento. Dez anos depois, com o comentário "boa filha à casa torna", Thomaz de Mello Breyner registrava um episódio de retite específica e mandava tratá-lo com fricções. Esse caso clínico tinha por trás um drama pessoal que está registrado numa carta que a paciente pediu a alguém para escrever. Tendo os filhos à fome e ao frio, pedia ao médico que a ajudasse ("por esmola") a obter da Santa Casa uma compensação, já que tinha sido ao seu serviço que adquirira a doença que a privava de trabalhar. Anota Thomaz de Mello Breyner à margem que "graças a um requerimento feito por mim alcançou uma indenização da Misericórdia".[18]

Tais registros, comentários e atitudes associadas são reveladores do envolvimento desse médico com sua clínica, seus pacientes e o mundo de terapêuticas, conhecimentos e técnicas que mobilizava para tratá-los — bem como do seu já referido humor. Ora era um jocoso "o bom filho à casa torna", para pacientes que regressavam ao fim de muito tempo com novo episódio venéreo, ora uma remissão para a categoria de *ancienne cocotte*, ora histórias mais alongadas, como a do "pobre velho que se galicara" no próprio prédio onde vivia e cuja porta guardava, no qual moravam "estudantes que costumavam ser visitados por uma linda rapariga", que assim lhe transmitira a sífilis:

> Uma noite, pelas 9 horas, apareceu a pequena a perguntar pelos rapazes e ele disse que tinham saído todos. Voltou a bela às 11 horas e como ainda não tinha recolhido a rapaziada pediu licença para esperar. À meia noite o nosso velhote, que era asqueroso, resolveu fechar a porta, mas, a pedido da rapariga, consentiu que ela ficasse esperando sentada num degrau da escada. O velho recolheu ao cubículo, deitou-se e quando ia a pegar no sono sentiu bater na porta. Foi abrir e sentiu-se empurrado pela rapariga que fechou a porta por dentro, despiu-se e meteu-se na cama do velho!!! Este, que há mais de 10 anos não sabia o que era uma mulher, teve uma noite agitada, mas agradável, segundo o que contou e passados 15 dias tinha um cavallo duro e da pior espécie por isso que lavrava em terreno cansado.[19]

Muitos comentários se poderiam aqui adicionar, ilustrando a variedade de situações que se associam à sífilis e à vida urbana: o idoso acima descrito, abu-

---

[18] Moléstias... (1903).
[19] Moléstias sifilíticas e venéreas, registros de consulta, 1897. Manuscritos. Coleção de Dermatologia do Desterro. Ver também: Rodrigues (1988).

sado por uma mulher mais nova habituada a conviver sexualmente com outros jovens (ao que o clínico comenta que "a mulher é como a mosca, tanto pousa em açúcar como na trampa"); ou a "criada de espanholas bonitas", que se limpara "à toalha a que os fregueses enxugam o instrumento com que plantam meninos... porque cheirava muito bem";[20] ou o jovem estofador preso no Limoeiro, onde fora alvo de um "assalto ao traseiro" que tinha redundado em sifiloma do reto;[21] ou as virgens que aparecem infectadas e com sintomas; e os casos padrão, de transmissão genital, dentro da família ou fora dela, entre homem e mulher ou entre homens, em encontros de amor, de comércio ou de violência sexual.

Vênus, mercúrio e arsênico, ou o mundo da sífilis antes da penicilina

Dizia-se então que a uma noite com *Vênus* se seguia uma vida inteira com *Mercúrio*.[22] Assim parecem confirmar as anotações de Thomaz de Mello Breyner sobre as terapêuticas usadas: mercúrio, mercúrio e mercúrio, em fricções, pílulas e injeções; protoiodeto; cacodilato; óleo cinzento; tônicos. Ficamos sabendo que nem sempre as prescrições podem ser seguidas. Em 11 de abril de 1904, Mello Breyner anota que uma paciente, criada de servir de 36 anos, diagnosticada com cancro duro no pequeno lábio esquerdo, a quem tinha receitado cacodilato em 18 de novembro de 1903, "só tirou resultado com as pílulas de protoiodeto de Hg — 0,01gr por dia — Isto provém de não haver caccodylato nas ampolas do Hospital! — Que vergonha e pouca vergonha!!".[23]

À monotonia e às limitações do mercúrio veio contrapor-se um novo medicamento, saído em 1910 de um conjunto de experiências conduzidas na Alemanha pelo famoso médico Paul Ehrlich, galardoado com um Nobel pelo seu trabalho de visualização de micróbios patogênicos. Coadjuvado por Hata, Ehrlich tinha desenvolvido um composto de arsênico capaz de neutralizar a sífilis, reduzindo espetacularmente seus efeitos. Tratava-se do Salvarsan, ou 606, apresentado como uma "bala mágica" dirigida ao *trepanema pallidum*, o agente infeccioso da sífilis.[24]

---

[20] Moléstias... (1908); Rodrigues (1988).
[21] Moléstias..., 1902; Rodrigues (1988).
[22] Ver: Carrara (1996).
[23] Moléstias..., 1903; Rodrigues (1988).
[24] Paul Ehrlich é retratado como o herói que dá ao mundo um novo remédio precisamente num filme, rodado em Holywood em 1940, que tem o sugestivo nome de *Dr. Ehrlich's magic bullets*. Ver: Bastos (2012:243-257).

Reza a tradição oral que Paul Ehrlich terá escolhido Thomaz de Mello Breyner e o Hospital do Desterro para primeiro ensaiar em Portugal o novo remédio.[25] Uma exploração aos documentos da época mostra-nos, porém, alguns pormenores que obrigam a uma pequena adaptação na narrativa. Thomaz de Mello Breyner usou com entusiasmo o 606 desde novembro de 1910, mas não foi o primeiro a fazê-lo no país, ou sequer em Lisboa, ou sequer no Desterro.

Quando, em agosto de 1910, se dá a primeira aplicação do 606 entre nós, Mello Breyner estava com outras preocupações. Nos seus diários perpassa uma inquietação com o estado do país e com a família real, sobretudo desde o regicídio de 1908 — d. Carlos era seu amigo de infância, juventude e maturidade, companheiro, paciente e confidente. Não é por isso de estranhar que no calor desse verão Thomaz estivesse menos envolvido com o que se passava no Desterro. Estava, aliás, a banhos com a família, primeiro em Biarritz, depois em Cascais, atravessado de preocupação com a iminente queda da monarquia (Breyner, 1993, passim).

Foi assim que quando o Salvarsan primeiro entrou em Portugal, pela mão de Ayres Kopke, do Hospital Colonial, foi disponibilizado a um assistente do Desterro, João Crespo Lacerda, que no dia 28 de agosto o aplicou a uma meretriz de 24 anos internada na enfermaria de Santa Maria Madalena — fato devidamente reportado pelo clínico na revista *A Medicina Contemporânea*, no dia 6 de novembro seguinte.

Quando Thomaz de Mello Breyner retoma a clínica, aliás com redobrado fervor, como que para o distrair do luto pelo regime monárquico, do sofrimento de ver partir a família real e assistir ao que lhe parecia uma antecâmara do abismo em outubro de 1910, vai então adotar o novo remédio com entusiasmo. Logo em novembro, três dias depois da publicação do artigo de João Lacerda sobre a primeira aplicação do Salvarsan, Thomaz de Mello Breyner anota no diário:

> 9/11/1910 — De manhã Hospital. Fiz grande prelecção deante de muitos estudantes e injectei duas doentes da Enfermaria da Piedade com o novo remédio *606* contra a syphilis, descoberta do Professor Ehrlich. Vim almoçar a casa [Breyner, 1993:320].

---

[25] A tradição tem suporte escrito em Penela (1997), Rodrigues (1988) e Mora (2011). De um modo geral, a descrição não deixa de ser fundamentada, uma vez que por pareceres indiretos, Thomaz de Mello Breyner terá sido recomendado a Ehrlich, a quem não conhecia pessoalmente, e a partir de novembro de 1910 aderiu entusiasticamente ao novo remédio e o aplicou sempre que pôde, confiante nos seus resultados.

Dois dias depois, escreve que no hospital faz preleções aos estudantes sobre coisas várias da sua consulta, sem explicitar se discutiu o 606. No dia 13, domingo, vai ver os resultados nas pacientes injetadas com o novo remédio: "De manhã fui com o José e Néco à Capela de Monserrate nas Amoreiras ouvir missa. Estava chovendo. Depois ao Hospital ver os doentes do '606'" (Breyner, 1993:321). Fala pela primeira vez dos bons resultados a 29 de novembro: "De manhã [fui ao] hospital onde continuo fazendo com bom êxito algumas injecções de '606'" (Breyner, 1993:328). A 5 de dezembro refere que de manhã no hospital fizera "uma grande lição sobre a especialidade a muitos rapazes que concorreram à minha Consulta", comentando: "Sou professor oficioso, mas tenho tanta gente como officiaes" (Breyner, 1993:330).[26]

Quase no final do ano, a 29 de dezembro, refere-se pela primeira vez à aplicação do novo remédio numa paciente privada. Vale a pena transcrever integralmente o verbete relativo a esse dia como amostra do seu modo de combinar diversos assuntos.

> De manhã fui com a Colega Domitila de Carvalho dar uma injecção de "606" na Rua do Vale de Santo Antonio. Vim almoçar a casa. De tarde consultório. Jantei em casa do Julio Mardel. Tempo bonito e frio. À noite fui à doente do "606" da Rua do Vale de Santo António. Morreu hoje depois do meio dia a Senhora Marqueza de Sabugoza com 78 anos RIP etc etc etc. [Breyner, 1993:336].[27]

Ao entusiasmo inicial com o Salvarsan seguiu-se alguma moderação e cautela. De vários lugares vinham as acusações à sua toxicidade, aos riscos de cegueira e morte. Não era ainda dessa vez que se conseguia a "bala mágica". Instalou-se a polêmica, Thomaz de Mello Breyner sintetiza a questão em *Arsenicais e sífilis* (Breyner, 1918). Havia que aguardar por uma fórmula melhor — o Neosalvarsan, ou 918 — para tratar com mais segurança e eficácia os efeitos da doença. Mas também esse remédio mostraria limitações e efeitos secundários.

O cenário de tratamento da sífilis só viria a se alterar de modo definitivo com o aparecimento da penicilina. Para os sucessores de Thomaz de Mello Breyner

---

[26] Só em 1930 é nomeado professor.
[27] Domitila de Carvalho foi a primeira médica portuguesa. A doente da rua do Vale de Santo Antonio será acompanhada ao longo do ano de 1911 e aparece em várias das entradas do diário de Thomaz de Mello Breyner, que acaba por referir sua identidade. Tinha sido acompanhada no hospital; agora era uma doente privada, e foi a primeira a receber o novo tratamento em domicílio. Tratava-se de uma jovem, recente órfã de mãe, cujo estado causava preocupação ao progenitor.

ficou o papel de mostrar reservas à nova terapêutica, como aconteceu com Luiz Sá Penela[28] — talvez pelo que aprendera com o Salvarsan. Para os sucessores deste ficou a rendição aos poderes da penicilina e à transformação radical que gerou na venereologia.

Falecido em 1933, Thomaz de Mello Breyner não viveria para conhecer essa revolução terapêutica. Com ele, e com suas extraordinárias anotações, ficou conservado outro momento da história da medicina e da experiência da sífilis, que neste artigo tentamos trazer à vida.

Referências

ANASTÁCIO, Vanda. Mulheres varonis e interesses domésticos: reflexões acerca do discurso produzido pela história literária acerca das mulheres escritoras da viragem do século XVIII para o século XIX. In: COLÓQUIO LITERATURA E HISTÓRIA: PARA UMA PRÁTICA INTERDISCIPLINAR, 1., Lisboa, 2005. Actas... Lisboa: Universidade Aberta, 2005. p. 427-445.

BASTOS, Cristiana. Omulu em Lisboa: etnografias para uma teoria da globalização. *Etnográfica* v. 2, p. 303-324, 2001.

_____. (Org). *Clínica, arte e sociedade*: a sífilis no Hospital do Desterro e na saúde pública. Lisboa: Imprensa de Ciências Sociais, 2011a.

_____. Thomaz de Mello Breyner e a clínica de sífilis. In: _____ (Org.). *Clínica, arte e sociedade*: a sífilis no Hospital do Desterro e na saúde pública. Lisboa: Imprensa de Ciências Sociais, 2011b. p. 163-173.

_____. Corpos, climas, ares e lugares: autores e anónimos nas ciências da colonização. In: _____; BARRETO, R. (Orgs.). *A circulação do conhecimento*: medicina, redes e impérios. Lisboa: Imprensa de Ciências Sociais, 2011c. Disponível em: <www.imprensa.ics.ul.pt/download/books/bastos_barreto/25-58.pdf>. Acesso em: 20 jun. 2014.

_____. Infecção e redenção: Dr Ehrlich's magic bullet. In: GOMES, A. C.; FIGUEIREDO, B.; TRUEBA, C. (Orgs.). *História da ciência no cinema*. Belo Horizonte: Fino Traço, 2012. p. 243-257.

_____; CARVALHO, Rita Almeida de. "Ai Mouraria!": da hospedaria ao hospital. In: _____ (Org.). *Clínica, arte e sociedade*: a sífilis no Hospital do Desterro e na saúde pública. Lisboa: Imprensa de Ciências Sociais, 2011. p. 151-162.

BREYNER, Thomaz de Mello. *Arsenicais e sífilis*: crítica do tratamento abortivo. Lisboa: Academia das Ciências, 1918.

_____. *Memórias do professor Thomaz de Mello Breyner, 4º Conde de Mafra: 1869-1880*. Lisboa: Parceria Antonio Maria Pereira, 1930. V. 1.

_____. *Memórias do professor Thomaz de Mello Breyner, 4º Conde de Mafra: 1880-1883*. Lisboa: s. n., 1934. V. 2.

---

[28] Ver: Matos (2011:123-134).

_____. *Diário de um monárquico: 1908-1910*. Editado por Gustavo Mello Breyner Andresen. Porto: Fundação Engenheiro António de Almeida, 1993.

_____. *Diário de um monárquico: 1905-1907*. Editado por Gustavo Mello Breyner Andresen. Porto: Fundação Engenheiro António de Almeida, 2002.

_____. *Diário de um monárquico: 1902-1904*. Editado por Gustavo de Mello Breyner Andresen. Porto: Fundação Engenheiro António de Almeida, 2005.

CARRARA, Sérgio, *Tributo a Vênus*: a luta contra a sífilis no Brasil, da passagem do século aos anos 40. Rio de Janeiro: Editora Fiocruz, 1996.

ENGELSTEIN, Laura. Morality and the Wooden Spoon: Russian Doctors View Syphilis, Social Class, and Sexual Behavior, 1890-1905. *Representations*, Oakland, CA, n. 14, p. 169-208, primavera 1986.

HORTA, Maria Teresa. *As luzes de Leonor*. Lisboa: Dom Quixote, 2011.

KERTZER, David. *Amalia's Tale*: A Poor Peasant, an Ambitious Attorney, and a Fight for Justice. Nova York: Houghton Mifflin, 2008.

MATOS, Antonio Perestrelo de. Ceroplastia e dermatologia em Portugal: Sá Penela e Caeiro Carrasco. In: BASTOS, C. (Org.). *Clínica, arte e sociedade*: a sífilis no Hospital do Desterro e na saúde pública. Lisboa: Imprensa de Ciências Sociais, 2011. p. 123-134.

MORA, Luiz Damas. Augusto Monjardino. *Revista Portuguesa de Cirurgia*, n. 14, p. 120, 2010.

_____. Desterro: vida e morte de um hospital. In: BASTOS, C. (Org.). *Clínica, arte e sociedade*: a sífilis no Hospital do Desterro e na saúde pública. Lisboa: Imprensa de Ciências Sociais, 2011. p. 41-56.

MOTT, Luiz. *Rosa Egipcíaca*: uma santa africana no Brasil. Rio de Janeiro: Bertrand, 1993.

PAIS, José Machado. *Sousa Martins e suas memórias sociais*: sociologia de uma crença popular. Lisboa: Gradiva, 1994.

PENELA, Luiz Sá. D. Thomaz de Mello Breyner e o Hospital do Desterro. In: RODRIGUES, J. C. *Memórias do professor Thomaz de Mello Breyner*. Ed. fac-sim. Lisboa: [s.n.], 1997. Edição comemorativa do centenário da Fundação da Consulta de Moléstias Syphiliticas e Venéreas do Hospital do Desterro.

RODRIGUES, João Carlos. Thomaz de Mello Breyner (uma outra perspectiva). *Boletim Clínico dos HCL*, v. 45, n. 1-2, p. 63-69, 1988.

_____. *Memórias do professor Thomaz de Mello Breyner*. Ed. fac-sim. Lisboa: [s.n.], 1997. Edição comemorativa do centenário da Fundação da Consulta de Moléstias Syphiliticas e Venéreas do Hospital do Desterro.

VÁZQUEZ, Raquel Bello. *Mulher, nobre ilustrada, dramaturga*: osmia de Teresa de Mello Breyner no sistema literário português (1788-1795). Santiago: Laiovento, 2005.

CAPÍTULO 5 | **Crescêncio Antunes da Silveira:**
um médico filantropo baiano

Cleide de Lima Chaves

Crescêncio Antunes da Silveira (1884-1952) é um personagem importante para a compreensão da trajetória filantrópica e assistencialista do Hospital da Santa Casa de Misericórdia de Vitória da Conquista entre as décadas de 1910 e 1950, tendo atuado como médico e político. Pretende-se, com este capítulo, discutir a filantropia cristã praticada por ele e de que maneira contribuiu para o estabelecimento desse tipo de prática na cidade de Vitória da Conquista, no interior baiano.

A filantropia pode ser definida como uma ação continuada, refletida e organizada; no entanto, vale ressaltar que, no Brasil, convivia com as práticas caritativas e, muitas vezes, elas se confundiam. Como ressalta Gisele Sanglard,

> imanentes ou transcendentes, laicas ou confessionais, ações isoladas ou coletivas, a caridade e a filantropia, nos limites deste trabalho, não são entendidas de forma antagônica, visto que se encontram ambas indissociáveis à questão da pobreza, do socorro aos pobres e, posteriormente, do controle social sobre eles [Sanglard, 2005:31].

Para nossa análise, importa destacar que a filantropia exercida aqui estava voltada especialmente para a caridade cristã, porque foi esse o modelo filantrópico que se firmou no Brasil e na cidade de Conquista no período estudado. O elemento da caridade cristã está muito presente porque, entre outras questões, a Igreja Católica teve um papel fundamental na estruturação do Hospital da Santa Casa da cidade e porque o nosso personagem, Crescêncio da Silveira, era um católico fervoroso e destacava esse elemento em seus discursos nas reuniões da irmandade. Os memorialistas locais destacam que ele foi apelidado pelo povo conquistense como o "Apóstolo da Caridade" e, assim, o descreviam como "médico clínico, que sempre atendeu a todos, sem distinção de classes, praticando mais a caridade, não ligando recompensa material e a prova é que quando faleceu não tinha, nesta Cidade, uma casa para morar" (Vianna, 1982:241).

Em sua eleição para provedor da irmandade em 1931, ele profere um discurso de agradecimento aos irmãos pela escolha do seu nome e destaca que,

> reconhecedor do seu nada, entretanto não queria ser ingrato aos seus irmãos, que o elegeram, ao seu guia espiritual Cônego Exupério Gomes, que o apresentara ao povo de Conquista, em cuja cidade tem filhos e em cujos cemitérios tem os seus entes mais queridos, e aos pobres, em cada um dos quais vê a imagem de Cristo; no entanto que pedia e esperava orações do Cônego Exupério e dos seus irmãos no sentido de ampará-lo na via sacra do desempenho das missões de Provedor, de modo a conduzir-se, segundo a vontade de Deus, por um caminho menos mal e mais digno desta Irmandade e da Sociedade Católica de Conquista.[1]

Portanto, a filantropia desempenhada por esse médico esteve diretamente associada à caridade cristã e ao modelo caritativo das Misericórdias. Devemos salientar que a cidade de Conquista, localizada no interior da Bahia, era um pequeno vilarejo pobre e sem recursos, cujo modelo de assistência adotado e que perdurou durante, pelo menos, até a década de 1950 foi o das Santas Casas. Apesar de as primeiras décadas do século XX serem caracterizadas como "o momento de transição de assistência eminentemente centrada nas ações das Misericórdias para ampliação das ações do Estado na assistência hospitalar" (Sanglard e Ferreira, 2010:439), tal não foi a realidade dessa cidade, nem muito menos dos seus médicos. Crescêncio Silveira teve sua trajetória intrinsecamente ligada a essa instituição, à qual dedicou quase toda sua vida profissional.

Como informa o memorialista Aníbal Vianna, ele era diplomado em "Farmácia e, depois, Doutor em Medicina, conforme tese, sendo diplomado pela então Faculdade de Medicina do Estado da Bahia. Residiu nesta cidade (Conquista) por duas vezes: a primeira, de 1914 a 1919; a segunda, de 1930 até a data de sua morte" (Vianna, 1982:241), que ocorreu em 20 de julho de 1952. Natural de Caetité, os primeiros seis anos vividos em Vitória da Conquista foram fundamentais para a construção de laços sociais, políticos e afetivos na cidade. Em agosto de 1916, tornava-se sócio contribuinte da Sociedade de São Vicente de Paulo,[2] fundada na cidade em 1913 pelo clérigo Manoel Olympio Pereira e, logo depois, ganhava nova titulação na instituição:

---

[1] Ata da reunião da Irmandade da Santa Casa de Misericórdia de Vitória da Conquista de 1º de março de 1931. Arquivo da Provedoria da Santa Casa de Misericórdia de Vitória da Conquista.
[2] Essa instituição é formada por católicos leigos e tem suas origens na França, tendo sido fundada em 1833 a partir da iniciativa do católico Antonio Frederico Ozanam e inspirada em São Vicente

Este distinto sócio passou da categoria de contribuinte desta sociedade para sócio efetivo da mesma por ser como tal muito mais proveitoso a nossa obra de caridade, o que felizmente aceitou de coração. [...] e manifestou que não conheceria dificuldades nem pouparia esforços que o privassem de prestar os seus serviços a Sociedade de São Vicente de Paulo.[3]

Ou seja, desde o princípio Crescêncio se engajara nas obras de caridade cristã da cidade e demonstrava seu compromisso com elas. A Conferência Vicentina, da qual ele fazia parte, tomou a iniciativa de criação de um hospital na cidade, no ano de 1914, haja vista o grande número de pobres que eram socorridos por essa instituição e que necessitavam de assistência médica. Em 1915, foram aprovados pelos vicentinos os estatutos da Irmandade da Santa Casa de Misericórdia de Conquista, e a tarefa principal dessa nova entidade era a construção e direção de um hospital "em benefício de tantos pobres enfermos que por aqui vivem à míngua de todos os recursos".[4] A partir de 1917, a Santa Casa passou a funcionar com uma provedoria, com vistas à feitura e funcionamento de um pequeno hospital filantrópico.

Não por acaso, Crescêncio Antunes da Silveira fez parte da primeira mesa administrativa como vice-provedor e exerceu forte influência nos destinos da irmandade. Percebe-se assim, mais uma vez, que o surgimento e a prática da filantropia em Vitória da Conquista estiveram diretamente associados à caridade católica.

Considerando que a República no Brasil, a partir de 1889, implantou a separação do Estado e da Igreja Católica, na prática esta última instituição exerce um imenso poder político nas cidades do interior do Brasil. Em Conquista, esse fato é notório não apenas no exercício da caridade e da filantropia no que se refere à saúde, como também na educação. Como destacou Edileusa Oliveira:

A primeira escola a oferecer o curso ginasial em Vitória da Conquista foi fundada e dirigida por um padre diocesano — Luiz Soares Palmeira [...] na primeira metade do século XX é notável todo o empenho da Igreja Católica para a fundação e direção de uma instituição de ensino em Vitória da Conquista [Oliveira, 2009:74].

---

de Paulo, considerado padroeiro das obras de caridade. A Conferência Vicentina, por sua vez, alcançou o Brasil no ano de 1872 com a Conferência São José, no Rio de Janeiro, e seus membros são chamados de vicentinos.
[3] Ata da Sociedade de São Vicente de Paulo de 3 de setembro de 1916. Arquivo da Santa Casa de Misericórdia de Vitória da Conquista.
[4] Livro de tombo da paróquia de Nossa Senhora da Vitória, de 20 de dezembro de 1914. Arquivo da Igreja Matriz de Vitória da Conquista.

Em Conquista, portanto, evidencia-se a preeminência da Igreja e de leigos católicos na direção e administração de instituições educacionais e hospitalares que marcaram o desenvolvimento da cidade e da região. Como defende Edileuza Oliveira, os conceitos defendidos pela Igreja e partilhados pela elite católica conquistense eram os de "autoridade, lei, hierarquia social, domínio da elite moralizante, docilidade das classes dominadas e defesa da ordem" (Oliveira, 2009:78).

No caso da fundação do hospital na cidade, a persistência do padre Manoel Olympio Pereira foi determinante. Esse sacerdote teve papel fundamental na construção do Hospital da Santa Casa. A forte presença da Igreja Católica na direção dessa instituição evidenciou uma das contradições da nascente República "laica": "a mais notável resulta do fato de a Igreja protagonizar um papel nunca dantes permitido: fundação, direção e supervisionamento de Misericórdias" (Fernandes, 2009:66). Parte dessa contradição explica-se, no caso de Conquista, pelo fato de que, em uma cidade pequena e com escassos espaços de sociabilidade, a única instituição capaz de aglutinar pessoas e interesses era a Igreja. A principal liderança da Santa Casa foi um religioso, que conduziu os primeiros trabalhos da irmandade, cujo objetivo estava mais voltado para o cumprimento da caridade cristã.

A Igreja Católica supervisionava as eleições para a provedoria da entidade e aprovava ou não os eleitos. Como a freguesia de Conquista estava submetida à Arquidiocese de Salvador,[5] o arcebispo primaz recebia as informações — por correspondência — acerca das atividades administrativas da Santa Casa, conforme consta na documentação estudada, "da mesa administrativa dessa irmandade que tem de servir durante o ano compromissal de 1933. Aprova o Exmo. Prelado a eleição e faz votos por que todos os eleitos sejam felizes no desempenho de seus deveres em honra dessa Irmandade".[6]

A preeminência da Igreja Católica no interior do país advém do período colonial e do Império brasileiro, quando essa instituição esteve atrelada primeiramente a Portugal e posteriormente ao Império do Brasil, quando o catolicismo era a religião oficial do Estado, conforme a carta constitucional de 1824. Com a República, a Igreja não perdeu imediatamente seu poder e continuou desempenhando seu papel político e religioso, especialmente nos lugarejos em que a presença do Estado nacional brasileiro era uma realidade distante e remota.

---

[5] A diocese de Vitória da Conquista só foi criada em 1957. Sobre a Igreja na Bahia da Primeira República, ver: Santos (2006)
[6] Ata da reunião da Irmandade da Santa Casa de Misericórdia de Vitória da Conquista, de 12 de fevereiro de 1933. Arquivo da Provedoria da Santa Casa de Misericórdia de Vitória da Conquista.

Como evidencia o relatório de dois médicos que viajaram os sertões do Brasil na década de 1910,[7] essas regiões viviam à margem dos grandes centros, sem acesso aos recursos mínimos de educação e saúde, e mais ainda, "esse quadro de isolamento era responsável pela ausência de qualquer sentimento de identidade nacional. Desconheciam qualquer símbolo ou referência nacional, ou melhor, [...] 'a única bandeira que conhecem é a do divino'" (Penna e Neiva, 1916:121 apud Hochman, 1998:67).

Crescêncio da Silveira assumiu os trabalhos de construção do hospital e de arrecadação de verbas após o afastamento do padre Manoel Olympio da freguesia de Conquista em 1918,[8] bem como o cargo de provedor, que passou para suas mãos. Assumiu ainda o cargo de conselheiro municipal entre os anos de 1918 e 1920, atuando na Câmara nos temas relacionados à saúde e higiene da cidade. Em 1918, no primeiro ano como conselheiro, apresentou seus pedidos:

> Em nome da Provedoria da Santa Casa requeiro licença para edificar um cemitério para os doentes pobres dentro da área destinada à servidão daquela obra pia; e ao mesmo tempo solicito a benevolência de tornar efetiva a verba destinada a Santa Casa votada por esse conselho, na gestão do ano próximo passado, dando lhe o direito de levantar a importância para compras de ferros e outras despesas, mesmo antes da inauguração que se dará em outubro do corrente ano.[9]

No entanto, por motivos ainda desconhecidos, Crescêncio se afastou de Conquista no ano de 1920, solicitando o desligamento da Irmandade da Santa Casa de Misericórdia e do Conselho Municipal, só retornando 10 anos depois, em 1930.

O ano de saída de Crescêncio da Silveira da cidade foi marcado pela chegada de outro médico, Luiz Régis Pacheco Pereira (1895-1987), enviado pelo governo do estado para debelar uma epidemia de varíola que atacava os habitantes de Conquista. Régis Pacheco foi logo incorporado à Irmandade da Santa Casa, bem como à endogamia conquistense, como chama a atenção o historiador Belarmino Souza, ao se casar com uma legítima representante do poder político instituído na cidade, pois "com o casamento, o dr. Régis passou a integrar o

---

[7] Os médicos eram Belisário Penna e Artur Neiva, que escreveram um relatório da expedição científica organizada pelo Instituto Oswaldo Cruz, em 1912, que percorreu o norte da Bahia, sudoeste de Pernambuco, sul do Pará e Goiás. Ver: Hochman (1998:66).
[8] Esse padre foi nomeado para a paróquia de Manaus e lá foi eleito bispo em 1925.
[9] Ata da reunião do Conselho Municipal de Conquista de 20 de maio de 1918. Arquivo Público Municipal de Vitória da Conquista.

tronco dominante da endogamia conquistense, os Fernandes de Oliveira/Santos" (Souza, 1999a:122).

O rápido estreitamento de laços de Régis Pacheco com a Irmandade da Santa Casa de Misericórdia conquistense significou o reconhecimento daquela comunidade ao médico recém-chegado bem como proporcionou a ele a possibilidade de exercer a filantropia e de desfrutar "também de vantagens políticas trazidas pelo relacionamento com elites econômicas, secularmente à frente das instituições, motivação que aliciava novos irmãos" (Fernandes, 2009:67). Os irmãos da Santa Casa conquistense eram os comerciantes, fazendeiros e coronéis da cidade, que se revezavam nas estruturas de poder.

O fenômeno da ascensão política dos médicos no interior ocorreu em vários municípios baianos, pois "muitos dos médicos comissionados em período de epidemia para atender no interior da Bahia vieram a assumir, mais tarde, importantes cargos políticos, como os de intendente municipal da localidade onde haviam servido" (Souza, 2009:268), e não foi diferente com Régis Pacheco.

Apesar da enorme projeção política alcançada por Régis Pacheco na década de 1920, ela não se converteu em maior filantropia para o Hospital da Santa Casa. Mesmo tendo sido provedor entre os anos de 1927 e 1928, quase nada foi feito em prol do funcionamento daquela instituição de caridade.

O dr. Régis Pacheco atuou principalmente como médico particular na década de 1920, e era em seu consultório, situado na "Praça 15 de novembro, n. 64",[10] que exercia sua filantropia entre os mais carentes, e não na Santa Casa, que ficou praticamente abandonada nesse mesmo período. Teve também expressiva participação política, tendo sido eleito conselheiro municipal em duas legislaturas: 1926 e 1930.

Enquanto isso, em 1926, o Hospital São Vicente de Paulo,[11] inaugurado em 1919, seguia fechado, mesmo tendo à frente um importante personagem político, o dr. Régis Pacheco, que nesse ano havia conseguido ser eleito ao Conselho Municipal. As dificuldades financeiras eram o maior obstáculo para o hospital, que não conseguia angariar recursos públicos e doações suficientes para sua manutenção. De acordo com o relato do jornal *A Vanguarda*:

> Embora esteja (assim nos pareça) em estado de deteriorização [sic] a Santa Casa de Misericórdia, mesmo assim irrefutavelmente, temos um asilo, uma

---

[10] Anúncio no jornal *A Notícia*, de 23 de julho de 1921. Arquivo Público Municipal de Vitória da Conquista.
[11] O Hospital da Santa Casa de Misericórdia de Vitória da Conquista recebeu o nome de São Vicente de Paulo como homenagem à Conferência Vicentina que o havia criado.

casa, algumas paredes fincadas destinadas a abrigar em seus recantos aquele cuja sorte desfavorecida, baniu-lhe do seio da sociedade injusta [...] E porque não convergimos olhares de piedade aquele, quer seja samaritano ou judeu, oferecendo-lhe, sem nenhum sacrifício, o vigor de nosso braço em proteção [...] E porque não abrigar nesta Santa Casa, que dignifica o nome de Conquista, aqueles que tão miseravelmente deixam exalar o último gemido [...] E não foi para se ver fechadas as suas portas que os visionários do bem fundaram a Santa Casa de Misericórdia.[12]

Outro importante periódico da cidade naquele ano de 1926, *A Semana*, também anunciava o abandono da Santa Casa de Misericórdia e iniciava, de certa forma, a comparação entre os médicos Régis Pacheco e Crescêncio da Silveira:

[...] este ninho carinhoso do mendigo, esta pousada do humilde leproso, onde há alguns anos passados os pobres variolosos ali se abrigaram até a hora aprazada de seus restabelecimentos ou o funéreo momento de deixarem para sempre a terra. Ali onde não se recusa a náusea fétida do tumor, onde não se teme o contágio da typhoyde ou os temíveis micróbios da tuberculose, onde uma coisa manifesta linda como o olhar da Virgem Maria e, bondosa como o coração do meigo Jesus, é a caridade. [...] Resolvemos tracejar essas linhas, pedindo ao competente poder, aos administradores de nossa terra melhoramentos para este prédio, pois se assim não fizerem caminhará decididamente para uma completa extinção, como vemos em diversas paredes fendas salientes, pressagiando o seu desabamento. [...] Abandonada há tanto tempo, parece que o mato, as relvas pelo menos querem invadir-lhe até o interior, sem se tomar a mais leve providência. Destinada a caridade, é a sua tarefa, por isso ela nunca deverá morrer. [...] *Quem ainda se lembra de seus fundadores que não deixa exalar do peito um suspiro, dos olhos uma lágrima?! Dr. Crescêncio aquele modesto médico do povo*, e o padre Olympio aquele humilde e bondoso sacerdote que soube captar a eterna gratidão dos conquistenses. [...] Eles que muito serviram a Conquista e aos seus amados filhos, terão de nós e de nossos vindouros, o maior e o mais sublime respeito. Na história de nossa terra os seus nomes burilados, serão perpetuamente um alvo de brilhante admiração.[13]

---

[12] Jornal *A Vanguarda*, de 30 de novembro de 1926. Arquivo Público Municipal de Vitória da Conquista.
[13] Jornal *A Semana*, de 21 de abril de 1926, grifos meus. Arquivo Público Municipal de Vitória da Conquista.

Esse jornal era conservador e fazia oposição a Régis Pacheco, político que estava em ascensão na cidade e que ocupava, naquele momento, o cargo de provedor da Irmandade da Santa Casa. De certa forma, o texto atacava a figura do jovem médico estrangeiro, que não havia sabido cuidar dos pobres indigentes e da caridade cristã, e enaltecia outro médico — Crescêncio da Silveira — que, naquele momento, não morava na cidade.

Apesar do afastamento de Crescêncio da Silveira da cidade de Conquista, ele a visitava com certa frequência, como aparece nas notícias do jornal *A Semana* nos anos de 1925 e 1927, o que sinaliza a possibilidade de ele saber o que se passava com o hospital que havia ajudado a construir. A matéria de 1927 anuncia sua visita à cidade, o engrandece e praticamente o conclama a retornar para Conquista, quando afirma que ele foi o fundador

> da Santa Casa de Misericórdia e iniciador de inúmeros outros benefícios públicos, estacionados, porque não confessar, devido a sua ausência, o Dr. Crescêncio Silveira tem em nosso meio por todas as classes sociais, simpatias francas e sólidas amizades.[14]

O discurso dos dois periódicos evidencia a concepção vigente de que o hospital deveria ser um local de exclusão e de recolhimento dos pobres indigentes e mendicantes, pois predominava a visão de que

> o hospital era essencialmente uma instituição de assistência aos pobres. Instituição de assistência, como também de separação e exclusão. O pobre como pobre tem necessidade de assistência e, como doente, portador de doença e de possível contágio, é perigoso [Foucault, 1979:59].

A Santa Casa de Misericórdia continuava servindo para abrigar os menos favorecidos e cumprir com a caridade cristã, mas não para efetivamente curá-los.

O certo é que, em 1930, o médico clínico Crescêncio Antunes da Silveira se reestabeleceu na cidade e reassumiu suas funções de irmão da Santa Casa de Misericórdia. As mudanças na ênfase do hospital de exclusão para um hospital medicalizado ocorreram em sua gestão na provedoria da Misericórdia a partir de 1931, quando implantou uma equipe médica e passou a medicar os pacientes no interior do hospital. Seu retorno para a cidade foi crucial para o destino da irmandade e para sua atuação como médico filantropo.

---

[14] Jornal *A Semana*, de 27 de agosto de 1927. Arquivo Público Municipal de Vitória da Conquista.

Os dois importantes médicos clínicos evidenciados até aqui se tornaram rivais políticos ao longo das décadas de 1930 a 1940. Crescêncio Silveira criticava o estado de abandono da irmandade e de sua mais importante obra, o hospital. No entanto, ele próprio também se beneficiaria politicamente da instituição, com sua projeção política nas eleições municipais e estaduais de que participou nesse período.[15]

Régis Pacheco, em função do golpe de Getúlio Vargas em 1930, viveu "um certo ostracismo do exercício direto do poder no período de 1930 a 1937, quando Deraldo Mendes chefiou a municipalidade graças a sua aliança com Juracy Magalhães" (Souza, 1999b:146).[16] Esse isolamento se refletiu no interior da Santa Casa de Misericórdia, haja vista que ele não assumiu nenhum cargo na provedoria até o ano de 1937.

De todo modo, Régis Pacheco continuou desempenhando gratuitamente sua função de médico do Hospital da Santa Casa. Em 1933, Crescêncio da Silveira, então provedor, "estudando e demonstrando a situação de dificuldades financeiras da Santa Casa, propõe à Mesa a dispensa do médico assalariado e que a mesma solicite dos *médicos residentes na cidade os seus serviços sem remuneração*",[17] e Régis Pacheco se prontifica imediatamente a servir à Santa Casa.

Em 1938, com a instauração do Estado Novo no Brasil, Régis Pacheco foi nomeado prefeito pelo novo interventor do Estado Novo da Bahia, Landulfo Alves de Almeida, durante seu mandato até o ano de 1945. Naquele mesmo ano, não por coincidência, Régis foi escolhido como irmão visitador nas eleições para a provedoria da Santa Casa de Conquista, reforç*ando a tese de que a Irmandade da Santa Casa* "teceu forte aliança com o poder central, tanto durante o período colonial quanto no Império Brasileiro e início da República" (Barreto e Souza, 2011:20) e sempre buscou angariar apoio político através do recrutamento das elites locais em seus quadros.

---

[15] Crescêncio da Silveira foi conselheiro municipal entre 1918 e 1920, deputado constituinte estadual da Bahia entre 1935 e 1936 e vereador da cidade de Vitória da Conquista entre 1948 e 1950.
[16] Deraldo Mendes fazia oposição a Régis Pacheco desde antes de 1930 e, por isso, foi colocado no poder pelo governo Vargas, a partir de 1930, na busca de substituição das oligarquias tradicionais por novas lideranças mais sintonizadas com o novo regime. De acordo com Belarmino Souza, essa oposição que chega ao poder pós-1930 em Conquista "nada mais era que uma dissidência minoritária da endogamia conquistense, não tinha nem diferença de classe ou ideológica em relação à situação majoritária. As questões políticas das instâncias superiores do poder de Estado serviram de catalisadores das condições para a tomada de assalto do poder municipal. Contudo manteve-se o caráter oligárquico endogâmico da política conquistense" (Souza, 1999b:138).
[17] Ata da reunião da Irmandade da Santa Casa de Misericórdia, de 6 de agosto de 1933. Arquivo da Provedoria da Santa Casa de Misericórdia de Vitória da Conquista.

O declínio político — ainda que transitório[18] — de Régis Pacheco representou a ascensão de Crescêncio da Silveira. Entre os anos de 1931 e 1938, Crescêncio da Silveira foi nomeado provedor em todas as eleições da Santa Casa de Misericórdia, com as exceções do ano de 1935, provavelmente em virtude de ter sido eleito deputado estadual no final de 1934 e ter necessitado se afastar de suas atividades médicas para cumprir o exercício da legislatura na capital baiana, e do ano de 1936, quando foi eleito vice-provedor. As eleições para provedoria dessa irmandade eram anuais, e entre os anos de 1917 (ano da fundação da instituição em Conquista) e 1952 (ano da morte de Crescêncio da Silveira) foram realizadas 28 eleições.[19] Dessas, ele assumiu cargo em 17 eleições, sendo 10 como provedor, duas como vice-provedor, quatro como irmão visitador e uma como membro da comissão de contas, o que significa dizer que ele esteve na gestão da irmandade nos momentos mais importantes da estruturação da instituição.

A eleição de Crescêncio da Silveira como deputado constituinte estadual em 1934 esteve imersa nos novos arranjos políticos — local e estadual. Apoiador de Juracy Magalhães, foi eleito pelo PSD e contribuiu para a construção do grupo hegemônico no estado. Como destacou Ana Pinho, "dos 43 deputados estaduais, a bancada do PSD para a Constituinte Estadual era formada por 29 membros" (Pinho, 2010:116), entre eles Crescêncio Antunes da Silveira.

Juracy Magalhães havia sido nomeado interventor na Bahia por Getúlio Vargas entre os anos de 1931 e 1935, e encontrou forte resistência na capital à sua nomeação, entre outros motivos, pelo fato de ele não ser baiano. De acordo com Ana Luísa Pinho, em função dessa resistência o interventor Juracy Magalhães

> mudou o centro de poder do estado da capital para o interior da Bahia. Foi de lá que arregimentou seus maiores aliados e era de lá que emanava seu grande controle do estado. Ao viajar pelas diversas partes do interior do estado, Juracy criou um vínculo que antes não existia entre um governador e a população do estado, criou o seu programa de rádio, no qual falava diretamente à sociedade baiana. Ao aceitar com aliados os coronéis e os prefeitos dos municípios do interior, Juracy se assegurou de arregimentar os mais fiéis

---

[18] Com o novo golpe de 1937, ele voltou à cena política. Entre 1938 e 1945, Régis Pacheco foi prefeito de Vitória da Conquista; em 1946, foi deputado constituinte estadual; entre 1951 e 1955 foi governador do estado da Bahia; e deputado federal pela Bahia entre os anos de 1959 e 1971. Ver: *Dicionário histórico biográfico brasileiro*, verbete Luis Régis Pacheco Pereira (Abreu, 2010). Disponível em: <www.cpdoc.fgv.br/comum/htm/>. Acesso em: 22 nov. 2012.

[19] Informações retiradas das atas de reuniões da Irmandade da Santa Casa de Misericórdia de Vitória da Conquista entre os anos de 1917 e 1952. Arquivo da Provedoria da Santa Casa de Misericórdia de Vitória da Conquista.

correligionários: os coronéis por dependerem das prebendas do governo estadual para manter seus domínios nos sertões baianos [Pinho, 2010:119].

Em Conquista, esse apoio se deu inclusive através da Santa Casa de Misericórdia. Em 1934, quando em visita à cidade, Juracy Magalhães estabeleceu uma subvenção para o hospital, que passava por problemas crônicos de falta de recursos financeiros. Certamente que a presença de Deraldo Mendes e de Crescêncio Silveira como seus maiores apoiadores na cidade contribuíram para o recebimento do benefício, de certa maneira mantendo a política clientelista da troca de favores. Logo depois, Crescêncio se candidataria a deputado. Como narrou o jornal local *O Combate*:

> A nossa Conquista que, durante os quarenta anos da Velha República não recebeu dos governos baianos nenhum melhoramento que mereça [ser] assinalado, que possa ao menos figurar em os nossos anais, há recebido, há merecido desse moço cearense favores, melhoramentos, benefícios que nunca lograra de patrióticos baianos. [...] Agora é a Santa Casa de Conquista que mereceu as vistas de sua benemérita administração. O Governo do Estado acaba de decretar para a Santa Casa de Conquista, a subvenção de dez contos de reis. Este sagrado estabelecimento vem desde seu começo lutando com mil obstáculos, pisando espinhos para manter-se na estrada que se traçara. O capitão Juracy vem pois ajuda-lo a saltar uma forte barreira. Por este e outros gestos do ilustre Interventor, Conquista bem o vê com a personalidade de um baiano legítimo.[20]

A década de 1930, portanto, foi crucial para os destinos do Hospital da Santa Casa, e a presença de Crescêncio da Silveira à frente desta instituição foi decisiva para que essa obra de caridade continuasse. Também é o período do longo governo de Getúlio Vargas (1930-1945) e de mudanças importantes nas políticas públicas de saúde no país, com a criação do Ministério da Educação e Saúde em 1931, a implementação de subsídios federais e a participação efetiva do governo federal nos estados e municípios brasileiros. De acordo com Gilberto Hochman:

> Utilizando-se recursos financeiros e prestação de assistência técnica, os problemas dos estados deveriam ser tratados conjunta e sistematicamente, sem privilégios. Este objetivo é claramente indicado na lei que aprovou o novo

---

[20] Jornal *O Combate*, de 1º de abril de 1934. Arquivo Público Municipal de Vitória da Conquista.

formato do Ministério, contendo um capítulo específico relativo às formas de ação da União. Nele, o governo indica que as Conferências Nacionais de Saúde, assim como as Conferências Nacionais de Educação criadas pela mesma legislação, estavam destinadas a facilitar ao Governo Federal o conhecimento das atividades concernentes à educação e à saúde, orientando a execução dos serviços estaduais e locais e a concessão de auxílios e subvenções federais [Hochman, 2005:13].

Apesar das perspectivas de mudanças na saúde pública, o governo Vargas continuou o modelo da Primeira República, que auxiliava as Santas Casas de Misericórdias, haja vista que, conforme Liliane Fernandes afirma,

apreende-se que o Governo admitia a necessidade da existência de estabelecimentos assistenciais da rede paralela à estatal e da atribuição federal em ampará-los. Em muitas cidades brasileiras, os equipamentos sociais eram os únicos a atender a população e o Governo auxiliava-os [Fernandes, 2009:112].

As subvenções federais foram importantes para a sobrevivência da Santa Casa de Vitória da Conquista. A partir de julho de 1931, o prédio da Santa Casa começou a receber melhorias e a partir de março de 1932 o hospital começava a receber e tratar os pobres enfermos da cidade, como comunicou o provedor Crescêncio Silveira de "haver internado doentes desde o mês passado e achar-se consultório e ambulatório em função para o que convidou por ofício a todos os médicos locais".[21] A filantropia continuava norteando o trabalho no hospital, com os profissionais médicos servindo à obra filantrópica gratuitamente, incluindo-se aqui o próprio Crescêncio.

A partir de então, os doentes pobres começaram a ser tratados pelo Hospital São Vicente de Paulo.[22] A precariedade no atendimento era a regra, e os casos mais graves eram encaminhados para sua congênere em Salvador — o Hospital Santa Isabel, pertencente à Irmandade da Misericórdia da capital. Foi o caso da paciente Maria da Cruz, em que "a Mesa, ouvida pelo Sr. Dr. Provedor, resolveu, mesmo

---

[21] Ata de reunião da Irmandade da Santa Casa de Misericórdia, de 3 de abril de 1932. Arquivo da Provedoria da Santa Casa de Misericórdia de Vitória da Conquista.
[22] Vale informar que não encontramos os prontuários desse período, o que dificultou o trabalho de reconstruir o perfil dos pacientes atendidos, as doenças mais comuns e as práticas médicas. As atas da irmandade e os jornais, para esse período, foram os documentos encontrados especificamente sobre o hospital.

para um tratamento paliativo, que se remetesse a Capital a doente recolhida ao Hospital Maria da Cruz".[23] Em junho de 1932, a paciente já se encontrava em Salvador, de acordo com as informações do provedor de "ter remetido a doente Maria da Cruz, com o guarda Manoel Gomes da Cunha, para a Bahia, achando-se internada, para tratamento na enfermaria S. Úrsula, no Hospital Santa Isabel".[24]

No final de 1932, havia uma demanda reprimida por esse tipo de atendimento, pois "os doentes atendidos no Ambulatório foram em número de 742 do primeiro semestre". Para uma cidade de cerca de 30 mil habitantes, cuja maioria vivia na zona rural, atender o equivalente a quase 3% de sua população em seis meses evidencia o quanto os pobres eram carentes de serviços de saúde.

Em 17 de novembro de 1932, a Santa Casa recebia o título de utilidade pública. Com isso, o prestígio e a fama de Crescêncio da Silveira aumentaram enormemente e ele retomou sua carreira política. Tanto assim que no final de 1932 ele organizou um corpo clínico, nomeando um diretor médico e uma enfermeira para os cargos, pois, segundo ele, achava-se "muito esgotado de trabalhos no fim do ano administrativo, quando precisa de tempo e forças para outros misteres em favor da Santa Casa, não podendo continuar como diretor".[25]

Esse esgotamento advinha, além do atendimento médico diário aos pacientes da Santa Casa, das prestações de contas ao governo federal, que buscava fiscalizar a aplicação das subvenções. Como destacou Fernandes, "por meio do Ministério da Educação e Saúde Pública o Governo exerceria um controlo rígido não apenas nas Misericórdias, mas em todas as instituições assistenciais, culturais e médicas que se propusessem receber subvenção federal" (Fernandes, 2009:116). Não foi diferente no Hospital da Santa Casa de Conquista, em que "o Dr. Provedor informa que recebeu do Ministério de Educação e Saúde Públicas pedido de [...] relatório do movimento do hospital, justificando o emprego da Subvenção Federal, ao que atendeu".[26]

No entanto, mesmo com as subvenções recebidas, o hospital passava por muitas dificuldades financeiras. O fato de ter-se iniciado efetivamente a medicalização do Hospital São Vicente de Paulo criou uma demanda crescente, que aumentava as despesas da instituição para além da sua capacidade. Na década de 1930, Crescêncio da Silveira empreendeu esforços para angariar recursos, "en-

---

[23] Ata de reunião da Irmandade da Santa Casa de Misericórdia, de 5 de junho de 1932. Arquivo da Provedoria da Santa Casa de Misericórdia de Vitória da Conquista.
[24] Ibid.
[25] O médico nomeado foi Agnelo Vellozo e a enfermeira foi Arabella Vargas. Ata de reunião da Irmandade da Santa Casa de Misericórdia, de 4 de dezembro de 1932.
[26] Ata de reunião da Irmandade da Santa Casa de Misericórdia, de 10 de outubro de 1933. Arquivo da Provedoria da Santa Casa de Misericórdia de Vitória da Conquista.

viando relatório ao multimilionário John Rockfeller pedindo um auxílio para a manutenção do Hospital".[27] Em 1933 e 1936 enviou "uma mensagem que dirigiu ao Governador Juracy Magalhães, irmão benfeitor desta Instituição, narrando-lhe a situação *de penúria deste Hospital e pedindo-lhe o remédio de uma verba de auxílio, que espera ser realizada no próximo ano vindouro*".[28] Assim, esse médico usava do capital simbólico da Santa Casa de Misericórdia para conseguir recursos.

Crescêncio da Silveira buscou, incessantemente, defender a ideia de que o hospital criado pela Irmandade da Santa Casa da cidade era um espaço de exercício da caridade cristã e de que era preciso que a comunidade local auxiliasse, especialmente com donativos, essa obra pia. Em 1936, ao tomar posse mais uma vez como provedor, ele elogia a última gestão e afirma "embora ela não contasse com a boa vontade dos Conquistenses em seu benefício [...] lamentando a maneira de proceder do povo Conquistense para com a Irmandade da Santa Casa que, infelizmente, não compreende os seus sagrados deveres".[29] Em 1937, esse discurso ganha maior ênfase, quando ele relaciona, uma vez mais, a filantropia à caridade cristã e ressalta a "indiferença dos próprios Irmãos a esta obra pia quando passava-lhe na mente a frase de Pio X que disse ser melhor ruir uma cidade a se fechar um hospital".[30]

O desenho institucional adotado pela Santa Casa de Conquista expressava a relação existente entre essa entidade e a população. Por ser obra assistencialista, gratuita, voltada para a população mais carente, sem retorno financeiro para aqueles nela envolvidos, essa instituição era praticamente a causa de um homem só, ou de poucos homens, como explicita — talvez propositadamente — a documentação. O discurso de Crescêncio sobre o descaso, o descompromisso, a "indiferença dos Irmãos, dos Conquistenses e principalmente da Prefeitura, que há anos não contribui com a verba orçamentária do Hospital"[31] é recorrente nas atas da irmandade.

Ao mesmo tempo, apesar das grandes dificuldades financeiras por que passava o Hospital São Vicente de Paulo, a Igreja demonstrava preocupação, através da fala de seu vigário, em relação à "irmandade da Santa Casa de

---

[27] Ibid. Sobre a atuação da Fundação Rockfeller na Bahia ver: Pontes (2007).
[28] Ata de reunião da Irmandade da Santa Casa de Misericórdia, de 8 de dezembro de 1936. Arquivo da Provedoria da Santa Casa de Misericórdia de Vitória da Conquista.
[29] Ata de reunião da Irmandade da Santa Casa de Misericórdia, de 2 de fevereiro de 1936. Arquivo da Provedoria da Santa Casa de Misericórdia de Vitória da Conquista.
[30] Ata de reunião da Irmandade da Santa Casa de Misericórdia, de 1º de janeiro de 1937. Arquivo da Provedoria da Santa Casa de Misericórdia de Vitória da Conquista.
[31] Ibid.

Misericórdia, uma das minhas grandes preocupações nesta paróquia, pela feição que tomara desde anos atrás, de instrumento dos políticos".[32] Espaço privilegiado de afirmação do poder e de prestígio social e instituição historicamente dirigida pelas elites locais, tornou-se espaço de disputas políticas e de angariamento de votos, sem necessariamente prestar-se ao serviço da caridade.

O modelo médico-caritativo vigorou por muitos anos no Hospital da Santa Casa de Conquista. Mesmo com a introdução da categoria de pensionista, ou seja, do doente hospitalizado que podia pagar pelos serviços médicos, a partir de 1940, a instituição continuava utilizando-se do trabalho médico de maneira gratuita, incluindo-se aqui Crescêncio Antunes da Silveira. Ao que parece, os que faziam efetivamente caridade cristã para a irmandade eram os médicos da cidade, de acordo com a ata de 1941, quando

> O Provedor manda constar em ata um voto de louvor aos Srs. médicos pelo modo caridoso com que ofereceram para trabalhar pelos pobres, gratuitamente. Assim sendo, diz o Sr. João de Oliveira Lopes, já a Santa Casa não terá necessidade de pagar cem mil réis mensais a um medico como vinha fazendo até então.[33]

A atuação médica mais reconhecida em Crescêncio da Silveira foi como obstetra. Ele era muito conhecido na cidade pela destreza em realizar partos difíceis, como evidencia o relato no jornal *O Conquistense* de que "rara é a mãe pobre em Conquista que não deve a própria vida ou a de seus filhinhos, à abnegação desse velho amigo dos sofredores".[34] Na década de 1940, quando se formou o primeiro corpo clínico do hospital, esse médico assumiu a obstetrícia, evidenciando sua primazia nessa especialidade na cidade de Vitória da Conquista e seu caráter filantrópico, haja vista que realizava partos em mulheres pobres, exercitando o preceito que tanto pregava.

A filantropia cristã praticada por Crescêncio da Silveira comprometeu sua sobrevivência material, evidenciada em 1952, poucos meses antes de sua morte, pois a Câmara Municipal da cidade aprovou uma lei que criava uma gratificação, com o seguinte argumento:

---

[32] Livro de tombo da paróquia de Nossa Senhora da Vitória, 28 de dezembro de 1937. Arquivo da Igreja Matriz de Vitória da Conquista.
[33] Ata de reunião da Irmandade da Santa Casa de Misericórdia, de 7 de janeiro de 1940. Arquivo da Provedoria da Santa Casa de Misericórdia de Vitória da Conquista.
[34] Jornal *O Conquistense*, de 13 de outubro de 1956. "Dr. Crescêncio Antunes da Silveira Quarto aniversário do seu falecimento". Arquivo Público Municipal de Vitória da Conquista.

> Fica o Poder Executivo autorizado a abrir um crédito especial de Cr$ 24.000,00 anual para pagamento, a título de gratificação ao Dr. Crescêncio A. Silveira reconhecendo os seus 26 anos de serviços clínicos prestados a coletividade Conquistense como médico absolutamente humanitário, sem visar qualquer recompensa que a de servir nossa terra, mitigando, noite e dia os sofrimentos de um povo que lhe deve esta pálida lembrança nos últimos dias de sua preciosíssima existência, carente, hoje, do auxílio de todos, não somente pelo seu grave estado de saúde como pela falta de meios materiais para assistir à sua respeitável e ainda confortadora velhice de apóstolo do bem.[35]

Considerações finais

Crescêncio Antunes da Silveira teve suas trajetórias pessoal e profissional associadas ao Hospital da Santa Casa e à filantropia praticada por ele. Em meio a uma sociedade interiorana e com poucos recursos, tomou decisões que traçaram o perfil da filantropia cristã e dessas escolhas, conforme explica Nobert Elias:

> Aparecem encruzilhadas em que as pessoas têm de fazer escolhas, e de suas escolhas, conforme sua posição social, pode depender seu destino pessoal imediato, ou o de uma família inteira, ou ainda, em certas situações, de nações inteiras ou de grupos dentro delas. [...] Seja qual for a oportunidade que ela aproveite, seu ato se entremeará com os de outras pessoas; desencadeará outras sequências de ações, cuja direção e resultado provisório não dependerão desse indivíduo, mas da distribuição do poder e da estrutura das tensões em toda essa rede humana móvel [Elias, 1994:48].

Portanto, Crescêncio, ainda que criticasse sua comunidade — esse universo social fora de seu controle — pela falta de compromisso com a caridade, foi impulsionado por essa mesma sociedade a tomar atitudes que determinaram a existência, até hoje, do Hospital da Santa Casa como local de acolhimento dos denominados pobres e desvalidos.

---

[35] Ata da reunião da Câmara Municipal de Vitória da Conquista, de 9 de maio de 1952. Arquivo Público Municipal de Vitória da Conquista.

O personagem em evidência neste capítulo não havia recebido, ainda, a devida atenção da historiografia baiana, provavelmente porque seu maior concorrente na cidade, o médico e político Luiz Régis Pacheco Pereira (1895-1987), tenha tomado, primeiramente, esse espaço. Buscou-se evidenciar, com este trabalho, que a filantropia cristã praticada por Crescêncio da Silveira no período estudado contribuiu para o estabelecimento desse tipo de prática na cidade de Vitória da Conquista, no interior baiano, haja vista que esteve diretamente associada à caridade cristã e ao modelo caritativo das Misericórdias. Evidenciou-se a articulação da Santa Casa de Misericórdia com a Igreja Católica, comprovando a continuidade dos vínculos entre religião e assistência médico-hospitalar na Bahia republicana, com a participação direta de católicos fervorosos, como Crescêncio da Silveira, religiosos e da própria Igreja Católica no controle e na criação da irmandade. Buscou-se, por fim, articular a atuação médico-filantrópica com sua participação político-partidária no período estudado, quando foi vereador em algumas legislaturas e deputado constituinte pela Bahia em 1936.

Referências

ABREU, Alzira Alves de et al. (Coords.). *Dicionário histórico-biográfico brasileiro*: pós-1930. Rio de Janeiro: Editora FGV, 2010. Disponível em: <http://cpdoc.fgv.br.>. Acesso em: 22 nov. 2012.

BARRETO, Maria Renilda Nery; SOUZA, Christiane Cruz de (Orgs.). *História da saúde na Bahia*: instituições e patrimônio arquitetônico (1808-1958). Barueri: Minha Editora, 2011.

ELIAS, Norbert. *A sociedade dos indivíduos*. Rio de Janeiro: Jorge Zahar, 1994.

FERNANDES, Liliane Alves. *As Santas Casas da Misericórdia na República brasileira* (1922-1945). Dissertação (mestrado em Políticas de Bem-Estar) — Universidade de Évora, Évora, 2009.

FOUCAULT, Michel. *Microfísica do poder*. Rio de Janeiro: Graal, 1979.

HOCHMAN, Gilberto. *A era do saneamento*: as bases da política de saúde pública no Brasil. São Paulo: Hucitec, 1998.

_____. Reformas, instituições e políticas de saúde no Brasil (1930-1945). *Revista Educar*, Curitiba, n. 25, p. 127-141, 2005.

OLIVEIRA, Edileusa Santos. *O Ginásio de Conquista*: memória de uma instituição escolar (1940-1960). Dissertação (mestrado em Memória) — Universidade Estadual do Sudoeste da Bahia, Vitória da Conquista, 2009.

PINHO, Ana Luísa Araújo Caribé de Araújo. *De forasteiro a unanimidade*: a interventoria de Juracy Magalhães na Bahia (1931-1934). Dissertação (mestrado em História) — Centro de Pesquisa e Documentação de História Contemporânea do Brasil (Cpdoc), Fundação Getúlio Vargas, Rio de Janeiro, 2010.

PONTES, Adriano Arruda. *Caçando mosquitos na Bahia*: a Rockefeller e o combate à febre amarela — inserção, ação e reação popular (1918-1940). Dissertação (mestrado em História) — Faculdade de Filosofia e Ciências Humanas, Universidade Federal da Bahia, Salvador, 2007.

SANGLARD, Gisele Porto. *Entre os salões e o laboratório*: filantropia, mecenato e práticas científicas — Rio de Janeiro, 1920-1940. Tese (doutorado em História das Ciências e da Saúde) — Casa de Oswaldo Cruz/Fiocruz, Rio de Janeiro, 2005. 261 p.

_____; FERREIRA, Luiz Otávio. Médicos e filantropos: a institucionalização do ensino da pediatria e da assistência à infância no Rio de Janeiro da Primeira República. *Varia Historia*, Belo Horizonte, v. 26, n. 44, p. 437-459, jul./dez. 2010. Disponível em: <www.scielo.br/scielo.php?script=sci_arttext&pid=S0104->. Acesso em: 10 jan. 2014.

SANTOS, Israel Silva dos. *Igreja Católica na Bahia*: a reestruturação do arcebispado primaz (1890-1930). Dissertação (mestrado em História) — Faculdade de Filosofia e Ciências Humanas, Universidade Federal da Bahia, Salvador, 2006.

SOUZA, Belarmino de Jesus. Uma leitura da vida política em Conquista na Primeira República. In: AGUIAR, Edinalva Padre et al. (Orgs.). *Política*: o poder em disputa. Vitória da Conquista e região. Vitória da Conquista: Museu Regional de Vitória da Conquista/Universidade Estadual do Sudoeste da Bahia, 1999a. p. 96-1363. Série Memória Conquistense, v. 3.

_____. *Arreios, currais e porteiras*: uma leitura da vida política em Conquista na Primeira República. Dissertação (mestrado) — Pontifícia Universidade Católica de São Paulo, São Paulo, 1999b.

SOUZA, Christiane Maria Cruz de. *A gripe espanhola na Bahia*: saúde, política e medicina em tempos de epidemia. Rio de Janeiro: Editora Fiocruz; Salvador: Edufba, 2009.

VIANNA, Aníbal Lopes. *Revista Histórica de Conquista*. Vitória da Conquista, 1982. v. 2.

CAPÍTULO 6 **Quando a caridade encontra a ciência:**
um olhar sobre a trajetória do
dr. Arthur Moncorvo Filho*

Maria Martha de Luna Freire

> *Sinto-me feliz por vêr em redor d'esta casa, que começa a erguer-se aos nossos olhos, pessoas tão illustres da sociedade brazileira, significando o muito interesse que votam a todas as coisas que se ligam ao desenvolvimento da patria nos seus diversos ramos de atividade. Mas, tratando-se da protecção à creança, penso eu que é um dever sagrado das nossas consciencias contribuir por todos os módos para amparar esses pequeninos entes que a sorte adversa persegue na sua existência...*
> [MONCORVO FILHO, 1919:3-4].

Em discurso proferido por ocasião do lançamento da pedra fundamental do novo edifício do Instituto de Proteção e Assistência à Infância (Ipai), em 5 de dezembro de 1918, o industrial Albino de Souza Cruz[1] expressou a percepção da elite carioca quanto à relevância e ao duplo caráter, filantrópico e patriótico, da obra. A construção da nova sede, em terreno na rua do Areal, nº 90 — doado quatro anos antes pelo Marechal Hermes da Fonseca durante sua passagem pela presidência do país —, representou, para seu fundador, dr. Artur Moncorvo Filho, a concretização de um ideal, embora desacreditado por muitos como se fora uma "quimera".[2]

---

* Este texto é produto da pesquisa "Filantropos da nação: ciência, filantropia e poder público na construção da assistência no Rio de Janeiro (1899-1947)", financiada pela Faperj.
[1] O português Albino de Souza Cruz, cujo altruísmo foi comparado pela imprensa da época ao do americano John Rockefeller, era proprietário da fábrica de cigarros de mesmo nome e colaborador de primeira hora da instituição. Presidiu a comissão de construção da nova sede, composta também por Julio Benedicto Ottoni, Felix Pacheco, Affonso Vizeu, Arthur Pinto da Rocha, Herbert Moses, além do próprio Moncorvo Filho.
[2] Moncorvo Filho (1919:7).

Moncorvo não caminhava sozinho nessa trilha. Como um "homem de seu tempo",[3] exercia a filantropia como uma entre outras práticas inerentes à cultura da elite do período. Também compartilhava com outros pediatras da época a convicção quanto ao potencial transformador da higiene — em seu pressuposto de saúde como responsabilidade individual e objeto de processo educativo próprio. Ao mesmo tempo, estava em sintonia com a atmosfera nacionalista dominante entre a intelectualidade urbana republicana, que não mais tolerava a insensibilidade social frente à elevada mortalidade infantil — o chamado "problema da infância" — e depositava na ciência a esperança para o progresso e desenvolvimento da nação brasileira. Esse cenário de convergência identitária entre saúde, educação e nação, e a simpatia a discursos que mesclavam concepções sobre capital humano e progresso social conformaram aspectos favoráveis ao surgimento das primeiras iniciativas modernas de assistência às crianças, entre as quais destacamos, para fins deste capítulo, o Ipai.

Análise das fontes disponíveis sugere que Moncorvo Filho tinha uma avaliação expandida quanto à proporção e ao impacto potencial das ideias e ações que defendia. Em sua ótica, a proteção da infância deveria ultrapassar os limites conceituais e práticos da preservação da vida das crianças, para se tornar uma condição essencial ao progresso coletivo e à harmonia social (Moncorvo Filho, 1914:6). Sua execução não poderia, portanto, ser pautada apenas pela dimensão piedosa ou humanística, com fins de minimizar os efeitos da miséria e do pecado, mas deveria buscar garantir a integridade física e moral das futuras gerações, incorporando em seus princípios e práticas os conhecimentos e o arsenal técnico-científico mais moderno disponível. Tal concepção de "caridade científica"[4] norteou seu percurso e imprimiu sua marca na história da assistência à infância no Brasil.

Este texto pretende lançar um olhar sobre a trajetória do dr. Arthur Moncorvo Filho à luz da relação entre medicina e filantropia que caracterizou uma fase específica da assistência à infância no Brasil, que se iniciou em meados do século XIX e se estendeu até os anos 60 do século seguinte.[5] Com o apoio de dados biográficos, iconográficos e da ampla produção científica desse médico, são examinados alguns pontos de sua trajetória profissional e de sua obra institucional, destacando aqueles que se singularizaram e/ou se acercaram daquelas de seus contemporâneos.

---

[3] Cf.: Sanglard (2005).
[4] Moncorvo cunhou a expressão "caridade científica" para se referir às ações beneficentes sustentadas em fundamentos científicos, as quais, no seu entender, seriam a única forma admissível de caridade. Para mais detalhes, ver: Freire e Leony (2011:199-225).
[5] Sobre a história da institucionalização da assistência à infância no Brasil, ver: Marcílio (2006).

O homem e sua obra

Nascido em 13 de setembro de 1871 na cidade do Rio de Janeiro, Carlos Arthur Moncorvo Filho (1871-1944) pretendia seguir a carreira militar, mas acabou formando-se médico e dedicando-se à pediatria por influência de seu pai, Carlos Arthur Moncorvo de Figueiredo (1846-1901). Apelidado por Martinho da Rocha como o "pai da pediatria brasileira", Moncorvo de Figueiredo foi um dos principais defensores da ideia de instalação de serviços do tipo policlínica. Considerava esses locais mais adequados do que as casas de expostos ou as enfermarias das Santas Casas para a realização simultânea de atividades de assistência — eminentemente médica — e de ensino, no que se referia às moléstias infantis.[6] Na Policlínica Geral do Rio de Janeiro, instituição criada e dirigida por ele em 1881, instalou a Clínica de Crianças e um curso livre de pediatria, e convidou o filho para atuar como seu adjunto. Com a morte do pai em 1901, Moncorvo Filho assumiu a direção da policlínica.

Figura 1
Moncorvo Filho

Fonte: Acervo Casa de Oswaldo Cruz/Fiocruz.

---

[6] Cf.: Sanglard e Ferreira (2010:437-459).

A elevada consideração pelo progenitor e o desejo de continuar sua empreitada são possivelmente os fatores que impulsionaram a trajetória profissional e institucional de Moncorvo Filho. Além das demonstrações de apreço explicitadas em diferentes momentos, em particular por ocasião de seu falecimento, organizou no Departamento da Criança, do qual se falará mais adiante, uma biblioteca especializada com seção especialmente dedicada ao pai.

Moncorvo Filho não se manteve, entretanto, à sombra do prestígio do pai, mas desenvolveu uma obra própria. Estabelecendo uma associação expressa entre a higiene infantil e a constituição da nação brasileira, projetou e desenvolveu um modelo institucional e ideológico complexo que tinha como base o Instituto de Proteção e Assistência à Infância (Ipai), posterior referência para uma rede de instituições congêneres criadas ao longo do território brasileiro. Sua intenção precípua era reverter a concepção de assistência tradicionalmente praticada em entidades caritativas do tipo da Roda dos Expostos, conhecidas pela mortandade das crianças internadas.[7] Tomando a redução da mortalidade infantil como meta e usando como contraexemplo de sua proposta as instituições asilares tradicionais — caracterizadas por ele como retrógradas, pré-científicas e focadas prioritariamente na salvação espiritual —, propugnava a implantação de um amplo sistema de higienização da infância, com base na ciência e protagonizado por médicos (Moncorvo Filho, 1926:31, 35, 41).

Fundado em 14 de julho de 1899 no Rio de Janeiro, o Ipai funcionou inicialmente na própria residência do médico, na rua da Lapa, 93, passando dois anos depois para um prédio alugado na rua Visconde do Rio Branco, 22. Décadas depois ganharia sua sede própria na rua do Areal, que posteriormente passou a denominar-se rua Moncorvo Filho. O edifício de dois andares — que mais tarde foi ocupado pelo Instituto de Ginecologia da Universidade Federal do Rio de Janeiro (UFRJ) e desde a década de 1960 abriga o Instituto Estadual de Diabetes e Endocrinologia Luiz Capriglione (Iede) — exibia uma arquitetura eclética, com balaustradas, colunas, arcos e vãos, e um aspecto palaciano que o valorizava ao tempo em que espelhava a presumida relevância das atividades desenvolvidas em seu interior.[8]

Assim como o imóvel que o hospedava, as metas do Ipai eram igualmente audaciosas: preencher a lacuna deixada pelo Estado, no âmbito da assistência à infância doente, abandonada e miserável; salvar a primeira infância, especialmente garantindo a lactação dos pobres; levar às mães noções de higiene para melhorar a criação de seus filhos; combater doenças que atingiam a infância; realizar levanta-

---

[7] A situação era tão dramática que a entrada no sistema da roda representava praticamente uma sentença de morte (Venâncio, 1999:110).
[8] Para mais detalhes sobre a arquitetura do Ipai, consultar o verbete específico em Freire (2008).

mentos detalhados sobre as condições em que viviam as crianças desfavorecidas; promover a regulamentação do trabalho feminino na indústria, com objetivo de favorecer indiretamente a infância; incentivar a construção de asilos de maternidade, para abrigar mulheres nos últimos meses de gravidez; estimular a criação de creches para crianças com menos de dois anos e de jardins de infância para as maiores; lutar pela abertura de hospícios e escolas para "imbecis e idiotas"; inspecionar escolas públicas e privadas; criar um dispensário central de moléstia de crianças; efetuar vacinação das crianças matriculadas no Ipai; regulamentar o trabalho das crianças na indústria; favorecer a criação de sociedades protetoras da infância; exercer tutela sobre as crianças maltratadas ou em perigo moral.[9] Moncorvo tencionava também criar um hospital infantil para complementar as ações do dispensário, estimular a fundação de outras instituições semelhantes no país e, finalmente, estabelecer relações de cooperação com o poder público e apoio em ações de proteção à infância e juventude (Moncorvo Filho, 1926)

O Ipai era desmembrado em múltiplas instâncias: o dispensário, a creche, as Gotas de Leite, o gabinete de exame das amas, o consultório de lactentes e a Sociedade Científica Protetora da Infância — que agregava os membros da equipe técnica atuante no dispensário e na creche. O dispensário era o órgão prestador de assistência em caráter ambulatorial. Contava com médicos, dentistas e enfermeiras trabalhando voluntariamente ou mediante pagamento.[10] Lá eram oferecidos serviços de clínicas médica, cirúrgica e doenças de pele; massagem; cirurgia dentária; enfermaria; ginecologia; proteção à mulher grávida; sala de incubadoras; exame, vacinação e atestação das amas de leite; distribuição de roupas, calçados e alimentos; orientação sobre higiene infantil; creche; inspeção e cuidados com a saúde de pequenos operários; realização de partos em domicílios; exames microscópicos; fornecimento de medicamentos (Moncorvo Filho, 1926).

Além de adotar práticas já consagradas pela pediatria e instalar equipamentos dotados da tecnologia mais moderna disponível à época, no dispensário eram testadas experiências inovadoras e concebidos novos aparelhos — de certa forma visando diferenciá-lo das instituições caritativas que pretendia substituir. Foi de autoria de Moncorvo Filho, por exemplo, a criação, após dois anos de trabalho, do *puerímetro*, instrumento capaz de pesar e medir com precisão crianças de até 15 anos, indicando, ao mesmo tempo, as médias normais de peso e altura por idade. O *puerímetro* do Ipai foi construído pelo sr. Cattini, chefe das

---

[9] Archivos de Assistência à Infância. Tomo II, n. 1, janeiro de 1903; Estatutos do Instituto de Proteção e Assistência à Infância do Rio de Janeiro, ano 1923. 4. ed. com as modificações aprovadas.
[10] Além de trabalhar graciosamente, alguns desses profissionais ainda contribuíam financeiramente para a obra.

oficinas da Companhia de Laticínios na estação da Mantiqueira, Minas Gerais, sob o patrocínio do seu presidente, o empresário Carlos Sá Fortes — cujo nome posteriormente batizou o gabinete de puerimetria, local onde eram realizadas as aferições de peso e altura (Moncorvo Filho, 1903).

Seguindo o mesmo movimento inovador, o Ipai fundou, em 1914, o primeiro solário do Brasil — local para a exposição direta das crianças ao sol, com fins preventivos ou curativos. O então chamado Serviço de Helioterapia foi instalado inicialmente na rua do Areal e depois, com o nome de *Heliotherapium*, passou a ocupar um prédio próprio, na rua Haddock Lobo. Moncorvo Filho referia-se com frequência ao pioneirismo do Ipai na utilização terapêutica da irradiação solar, ressaltando essa tecnologia como signo de modernidade na assistência à infância (Moncorvo Filho, 1924a:6).

Não havia, à época, consenso entre a comunidade médica quanto à eficácia da helioterapia, e o médico participou ativamente desse debate. Em matéria publicada no *Correio da Manhã*, para reforçar seus argumentos favoráveis, atualizou a máxima napolitana "todas as doenças vêm à sombra, todas se curam ao sol", completando: "onde entra o sol, não entra o médico" (Fiorentino, 1906b:3). O prestígio do *Heliotherapium* pode ser aferido, entre outros, pelos visitantes ilustres que compareceram a suas dependências, como o professor espanhol dr. Martinez Vargas e a primeira dama do país, sra. Darcy Vargas.

Moncorvo Filho tinha consciência dos limites das ações assistenciais para uma transformação mais efetiva na condição de saúde das crianças brasileiras. Para expandir o efeito dos investimentos na assistência, implantou iniciativas mais abrangentes, como a Obra da Cruz Verde – onde ministrou em 1915 um curso popular de higiene infantil — e a Obra da Cruz Branca, de combate ao analfabetismo. Participou ainda da criação de associações científicas, como a Sociedade Científica Protetora da Infância, a Sociedade Eugênica de São Paulo e a Sociedade Brasileira de Pediatria, a qual presidiu entre 1933 e 1934. Nesses espaços, julgava poder alavancar pesquisas e agregar novos conhecimentos científicos às práticas realizadas no Ipai, e ao mesmo tempo chamar a atenção da sociedade e do Estado para assumirem sua responsabilidade em relação à proteção à infância.

A intensa atividade associativa e a participação em encontros científicos nacionais e internacionais, alguns dos quais presidiu — como I Congresso Brasileiro de Proteção à Infância, realizado em 1922 no Rio de Janeiro — constituíram contribuição complementar para a disseminação e o reconhecimento das ideias do médico. A reprodução na imprensa dos discursos e pronunciamentos realizados por ele nesses eventos também garantiam repercussão pública e favoreciam a obtenção de apoio pecuniário a sua obra.

O ideário de Moncorvo Filho estava presente ainda nos inúmeros artigos e livros que escreveu. No clássico *Histórico da proteção à infância no Brasil 1500-1922*, realizou um inventário cronológico das ações de proteção dirigidas às crianças brasileiras, analisando sua efetividade e propondo inovações. Já os livros *Higiene infantil* e *Formulario de doenças das creanças*, publicados respectivamente em 1917 e 1923, tornaram-se obras de referência no campo da pediatria brasileira.

Apesar de dedicado especificamente ao atendimento de crianças, o Ipai abriu suas portas para acolher adultos, em situações de catástrofe. Na epidemia de gripe espanhola de 1918, por exemplo, foi instalado um posto de socorros dentro das dependências do instituto, complementado por distribuição de gêneros alimentícios à população. Como ocorreu no âmbito das demais instituições filantrópicas, Moncorvo também não se limitou a assistir os gripados; participou ativamente do debate sobre a etiologia da doença (Silveira, 2005:91-105), em especial quanto à influência das condições meteorológicas na deflagração do surto (Moncorvo Filho, 1924b:137).

Figura 2
Atendimento a um gripado

Fonte: Acervo Casa de Oswaldo Cruz/Fiocruz.

A estrutura administrativa do Ipai refletia a burocracia hierárquica e a rede social que a sustentava. A administração geral era exercida pelo conselho composto pelo diretor fundador, Moncorvo Filho, e uma diretoria escolhida pelos sócios em assembleia geral e com mandato de dois anos. Os sócios eram divididos em cinco categorias: fundadores, beneméritos, honorários, remidos e contribuintes/protetores, cada qual com direitos e deveres distintos.[11] A atuação dos filantropos podia restringir-se à doação de recursos materiais, ou à simples presença em eventos sociais para exibir seu apoio à causa e angariar novos doadores, em sintonia com a publicidade demandada pela filantropia. Porém muitas vezes estendia-se à atuação direta na assistência, como era o caso de alguns médicos que trabalhavam no dispensário sem receber pagamento.[12]

Quanto à filantropia feminina, as atividades incluíam a realização de festejos em datas comemorativas como Natal e Ano Novo, campeonatos esportivos, organização dos concursos de robustez infantil[13] e a confecção e distribuição de enxovais pra os recém-nascidos.[14] Além disso, as mulheres se engajavam em estratégias para angariar fundos para o Ipai, como a realização de festas e chás beneficentes, e elaboração de listas de doações e loterias.[15] Mas cabe destacar a presença feminina também em funções profissionais no dispensário, como foi o caso da médica Isabella von Sydon e da parteira Carlota de Bem.[16] A partir de 1906, as filantropas se agregaram em uma associação denominada Damas da Assistência à Infância, que dispunha de um estatuto específico e cujas atividades eram divulgadas em boletim próprio denominado *A Faceira*.

Em 1919 Moncorvo Filho criou o Departamento da Criança, onde tencionava centralizar pesquisas e informações que pudessem subsidiar a ação do Estado na sua missão de coordenação das ações de proteção à infância, através de uma agência nacional. No entanto, embora continuasse a receber subvenção pública,

---

[11] Archivos de Assistência à Infância. Tomo II, n. 1, janeiro de 1903; Estatutos do Instituto de Proteção e Assistência à Infância do Rio de Janeiro, ano 1923. 4. ed. com as modificações aprovadas.

[12] Essa era uma característica diferencial entre o Ipai e outras instituições de assistência à infância do período, como assinalado no capítulo assinado por Ribeiro e Ferreira.

[13] Os concursos foram criados por Moncorvo Filho em julho de 1902, visando incentivar o aleitamento materno, e conferiam um prêmio em dinheiro ao bebê mais saudável de até um ano que tivesse sido amamentado ao seio pelo menos até os seis meses de idade.

[14] As ações do Ipai estavam em sintonia com o movimento maternalista vigente nas primeiras décadas do século XX, o qual priorizava o papel maternal das mulheres. Para mais informações sobre o assunto, ver: Freire (2011:55-70).

[15] Os chás e eventos beneficentes faziam parte dos programas sociais obrigatórios das mulheres de elite dos principais centros urbanos brasileiros nas primeiras décadas do século XX. Além da ação filantrópica propriamente dita, era uma oportunidade para ver e ser vista, ou mesmo ter seus retratos estampados nas revistas ilustradas. A esse respeito, ver: Besse (1990); Araújo (1995).

[16] Cf.: Sanglard (2010:127-147).

ainda que de forma descontinuada, a sobrevivência do departamento manteve-se dependente de recursos privados e dos esforços do próprio médico. Em 1940, o governo federal criou o Departamento Nacional da Criança, órgão vinculado ao Ministério da Educação e Saúde, que foi responsável pelo desenvolvimento de políticas de assistência à maternidade e à criança no Brasil durante 30 anos.

Um espaço de assistência e educação higiênica

O exame das instalações e do funcionamento do Ipai comprova sua dupla atuação — assistencial e pedagógica —, confirmando a crença de Moncorvo Filho no caráter redentor da educação higiênica. A disposição pedagógica do Ipai já fora explicitada no discurso do médico por ocasião de sua inauguração:

> A falta de instrução do povo deve-se [...] a um grande contingente de males que afligem a infância: eis porque o Instituto, no limite de suas forças, procurará difundir, entre as famílias pobres e proletárias, noções elementares de higiene infantil [Moncorvo Filho, 1926:143].

Inspirado em iniciativas como a do Conselho Municipal de Paris — que nomeou o dr. Gaston Variot para realizar exposições públicas sobre higiene infantil —, e do prof. Martinez Vargas — que realizava palestras populares em Barcelona —, Moncorvo Filho organizou um amplo programa de conferências no dispensário.

> De hoje em deante ficaes sabendo que a hygiene é a parte da medicina que cuida da saúde das pessoas, estabelecendo as regras do modo de viver com cuidados imprescindíveis, sobre a habitação, a alimentação, o vestir, o dormir, a educação etc. [Moncorvo Filho, 1906a:3].

As conferências conformavam verdadeiras aulas sobre a maneira científica de criar os filhos, que depois eram impressas na forma de cartilhas e distribuídas às mães que frequentavam o Ipai, visando à vulgarização dos princípios da higiene infantil entre as camadas populares. A quantidade de textos apresentados em palestras em instituições das mais diversas, como a Academia de Ciências da Educação, a Sociedade de Medicina e Cirurgia do Rio de Janeiro, a Rádio Educadora do Brasil e a Rádio Club do Brasil, com títulos também diversificados — "O álcool e a criança", "A mentira na criança", "O milagre do sol" e "Inocência e vício" —, ilustra o empenho do médico na disseminação de suas ideias.

As práticas pedagógicas de Moncorvo apoiavam-se em recursos tecnológicos inovadores no período, como "projeções luminosas" e dispositivos do tipo lanterna mágica, os quais contribuíam para agregar um caráter de modernidade e garantir a publicidade das atividades. Um exemplo dessa estratégia foi a realização do filme *Em torno do berço*, exibido em março de 1914 no cinema Odeon, na presença de autoridades, membros da elite urbana carioca e do próprio presidente da República, marechal Hermes da Fonseca (Moncorvo Filho, 1917).

Para ampliar a difusão de seu ideário e dos princípios da higiene infantil, Moncorvo Filho teve o suporte da imprensa periódica, que divulgava estatísticas de atendimentos do Ipai, resultados de investigações científicas, transcrições de suas conferências e listas de donativos. O médico manifestou, em várias oportunidades, sua gratidão a jornalistas que aderiram a sua causa e o elogiavam com apelidos como "benemérito da humanidade", "sacerdote do bem" e "Rousseau brasileiro" (Instituto de Proteção à Infância, 1905:3), entre eles Alcindo Guanabara, Coelho Neto, Evaristo de Morais e Alfredo Balthazar da Silveira (Moncorvo Filho, 1926).

O jornal *Correio da Manhã*, cujo fundador, Edmundo Bittencourt, era membro da Comissão de Imprensa do Ipai, teve papel especial ao promover a campanha Pró-Infância, que entre 1905 e 1906 publicou entrevistas e conferências de Moncorvo Filho visando à educação das famílias para a criação cientificamente informada dos filhos.[17] Em depoimento ao jornalista do periódico, em 30 de março de 1906, Moncorvo mostrou sua disponibilidade:

> Não podia ser realmente mais louvável nem mais digna a campanha do *Correio da Manhã*, tanto mais quanto é a primeira vez que um órgão da imprensa se dispõe a cuidar com precisão, tenacidade e empenho de uma questão como esta, que tão de perto toca a felicidade do povo. Estou completamente ao vosso dispor e até me proponho a fornecer-vos para respectiva publicação de todas as informações, apontamentos, conferências, estatísticas, tudo enfim que, ao espírito do público possa levar a convicção da inadiável necessidade de se cuidar seriamente de tão palpitante questão [*Correio da Manhã*, 1906b:3].

Affonso Fiorentino, médico colaborador do Ipai, afirmou no *Correio da Manhã* que a leitura dos "preciosos conselhos" de Moncorvo Filho deveria ser obrigatória a "todos os bons patriotas" que desejavam a redução dos vergo-

---

[17] Cf.: Freire (2004).

nhosos índices de mortalidade infantil (Fiorentino, 1906a:3). O apelo parecia querer ultrapassar os objetivos de pedagogia materna e visar ao engajamento mais amplo das elites no projeto de higienização da infância, em paralelo à convocação dos governos ao cumprimento de suas presumidas obrigações.

Os membros da equipe técnica que atuava no dispensário e na creche integravam-se na Sociedade Scientífica Protectora da Infância, instância de caráter acadêmico dedicada à discussão de temas de clínica, terapêutica e higiene da infância. A sociedade criou, em 1902, uma revista própria, os *Archivos de Assistencia à Infancia*.[18] Sustentada por anúncios publicitários e de circulação trimestral, era o principal órgão de divulgação da instituição. Além de publicar os resultados de pesquisas desenvolvidas pelos membros da sociedade, a revista difundia informações quantitativas sobre a assistência prestada no dispensário e a contabilidade geral do Ipai, dava publicidade aos principais patrocinadores e propagava campanhas para angariar novos donativos e contribuições.

Outro espaço privilegiado para a circulação de informações sobre o Ipai eram os eventos sociais, como inaugurações de escolas e festas cívicas, e os encontros acadêmico-científicos. Nessas ocasiões Moncorvo Filho ratificava a crença no papel potencialmente transformador da aliança entre educação e higiene e defendia a necessidade de cooperação entre médicos, poder público e sociedade em prol das crianças (Moncorvo Filho, 1926). A exposição apresentada por Moncorvo Filho na IV Conferência Nacional de Educação, intitulada "A criança e o brinquedo", é representativa dessa articulação, que agregava a intelectualidade urbana em torno de círculos como a Associação Brasileira de Educação (ABE) e a Liga Brasileira de Higiene Mental (LBHM) (Moncorvo Filho, s.d.a). O médico alertava para a questão da indissociabilidade entre a saúde infantil, a situação sanitária geral das cidades e questões sociais mais amplas, mostrando-se afinado com os debates que dominavam a agenda dos países latino-americanos a respeito do papel do Estado.[19]

Além das palestras e conferências e do processo de vulgarização da puericultura na imprensa periódica, as dependências físicas do instituto também eram aproveitadas para fins pedagógicos. As paredes do dispensário, por exemplo, exibiam cartazes alertando sobre os inúmeros perigos que rondavam a vida da criança. Num tom simultaneamente alarmante e esclarecedor, buscava-se romper com costumes considerados "bárbaros" e iniciar as mães em práticas cientificamente informadas. Um bom modelo dessa estratégia era o cartaz que anunciava os riscos decorrentes da passagem do álcool para a criança através do leite materno.

---

[18] Os *Archivos* têm sido fonte preciosa para historiadores no campo da assistência à infância no Brasil.
[19] Sobre o assunto, conferir: Guy (1998:272-287).

Figura 3
O álcool e o aleitamento

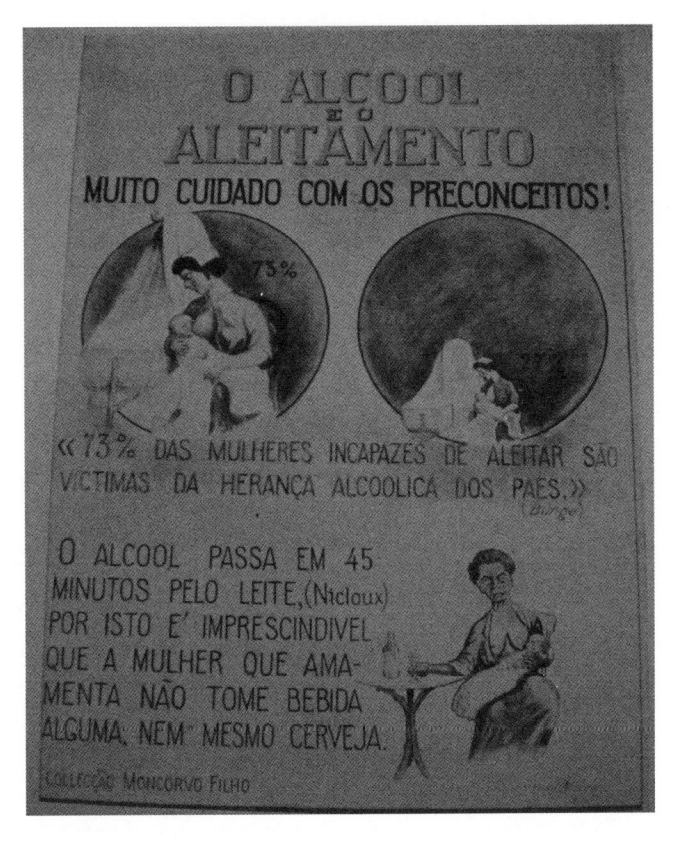

Fonte: Acervo Casa de Oswaldo Cruz/Fiocruz.

Possivelmente tal ação fizesse parte da ampla cruzada contra o alcoolismo empreendida por Moncorvo Filho. Conforme estatísticas divulgadas pelo Ipai, cerca de metade dos progenitores das crianças assistidas eram alcoólatras, o que, para o médico, explicaria a elevada frequência de doenças digestivas e respiratórias dos seus filhos. Moncorvo denunciava ainda o atendimento a muitas crianças que faziam uso regular de bebidas alcoólicas, como cerveja, vinho do Porto e licor de anis, sob a alegada justificativa de torná-las mais fortes ou de auxiliar a erupção dos dentes.

> Além de tudo que vos acabo de assignalar devo salientar a frequência dos phenomenos nervosos, as convulsões, sobretudo, nos filhos de alcoolistas ou nas creanças habituadas ao uso de bebidas alcoólicas.

QUANDO A CARIDADE ENCONTRA A CIÊNCIA 125

A minha prática ao lado dos conselhos dos competentes fez-me levar ao meu rigor a restringir o mais possível o uso do álcool como agente therapeutico, pois que tenho observado, em larga escala na infância, muitos casos daquillo que foi muito bem denominado alcoolismo therapeutico, pelo abuso constante que ainda se faz do emprego dos elixires e mórmente dos vinhos quinados, de coca, kola, lacto-phosfato de cálcio e tantos outros [Entrevista com dr. Moncorvo Filho, 1906:2].

Além de colaborar para a luta contra o alcoolismo, o alerta a respeito da passagem de álcool pelo leite materno prestava-se a desqualificar o costume popular de oferecer cerveja preta às lactantes com fins de aumentar a produção láctea.[20] Contribuía também para a legitimação da medicina como instância ordenadora superior no que se referisse à criação dos filhos.

Figura 4
A terrível chupeta

Fonte: Acervo Casa de Oswaldo Cruz/Fiocruz.

---

[20] Esse costume mantém-se na atualidade, mesmo em centros urbanos desenvolvidos, evidenciando a resistência de mulheres à incorporação completa de novos costumes no que se refere à criação dos filhos.

As chupetas constituíam alvo de censuras severas do médico, que costumava confiscá-las e expor a "coleção" em uma vitrine, ao lado de anúncios proibindo seu uso nas dependências do dispensário. As críticas de Moncorvo a tais costumes "bárbaros"[21] eram fundamentadas principalmente na possibilidade de se tornarem veículos para a transmissão de doenças. Dr. Eduardo Meirelles, médico e bacteriologista do Ipai, já havia identificado germes dos mais variados tipos em chupetas, desconfiando inclusive da presença do bacilo de Koch, transmissor da tuberculose (Moncorvo Filho, s.d.b.). Outro risco desses artefatos consistia na capacidade potencial de provocar asfixia nas crianças.

Seu uso poderia também "enganar" a fome dos bebês, diminuindo a ingestão de alimentos e resultando, ao final, em desnutrição. Não apenas as mães eram acusadas de negligência, ignorância ou indiferença. Médicos e higienistas reconheciam que o hábito de oferecer a chupeta como resposta ao choro ou qualquer sinal de desconforto das crianças persistia mesmo em instituições que seguiam as modernas recomendações e exigências científicas. Mas insistiam em acusar amas e comadres de serem as principais incentivadoras de tal prática e acrescentavam mais um argumento ao processo de convencimento das mulheres a se ocuparem pessoalmente dos seus filhos (Freire, 2006).

Assim como Pinard havia reivindicado a proibição de fabricação e venda de chupetas na França, Moncorvo Filho assumiu uma verdadeira guerra às chupetas no Brasil.[22]

> Enquanto o seio leva ao lactente a vida, a mãe transmitindo com leite saúde, a chupeta leva-lhe a morte! [...] Vejam de quanta calamidade é capaz esse perigosíssimo instrumento que os industriais, em má hora, se lembraram de fabricar e os comerciantes de expor à venda e que representa um abominável artifício portador da morte dos pequeninos! [Dr. Moncorvo Filho, 1906:2].

Da mesma forma, as paredes do estabelecimento exibiam painéis preenchidos com os mais diversos tipos de figas, amuletos e outras "bugigangas" en-

---

[21] Podem ser considerados artefatos precursores da chupeta as pequenas bolas de pano embebidas em soluções adocicadas ou alcoólicas usadas para acalmar os bebês, e os mordedores, originalmente em metal e adornados com guizos e apitos, com a finalidade de aliviar a dor decorrente da erupção dos dentes e também de afastar os maus espíritos (Castilho e Rocha, 2009).
[22] Guerra na atualidade encabeçada por odontólogos, fonoaudiólogos e, sobretudo, militantes na defesa do aleitamento materno.

contradas penduradas no pescoço de crianças atendidas no dispensário. Esses artefatos eram apreendidos, classificados como superstições tolas, crendices e indícios de ignorância materna, e expostos para execração pública. O médico não apenas desqualificava tais práticas mas também alarmava as mães quanto à ameaça que esses objetos representavam, pois, além de serem totalmente inúteis como presumidas proteções, poderiam se tornar nocivos para seus filhos. Esse seria o caso das aparentemente inocentes medalhinhas de santos, que poderiam liberar azinhavre e, consequentemente, envenenar as crianças; ou ainda dos colares feitos de dentes de alho, potenciais causadores de furúnculos.

A própria presença de fitas e breves "imundos" junto ao corpo infantil significava, para Moncorvo, um atentado aos pressupostos da higiene que deveriam ser colocados em prática pelas mães. Para legitimar a chancela da medicina, atribuía a comadres e curandeiros o estímulo ao uso desses adereços, e conclamava as mulheres a se rebelarem e se livrarem da influência dos charlatães.

A amamentação era um alvo relevante das práticas assistenciais e pedagógicas desenvolvidas por Moncorvo Filho, que, assim como os demais médicos e higienistas do período, considerava os problemas decorrentes da alimentação inadequada os principais responsáveis pela elevada mortalidade infantil no país. O Ipai contava com um conjunto de serviços especialmente destinados à questão, que tinha como eixo a Gota de Leite Dr. Sá Fortes,[23] à qual se vinculava o gabinete de amas de leite e o consultório de lactentes.

O serviço de gotas de leite do Ipai inspirava-se nas *goûttes de lait* criadas pelo dr. Léon Dufour em 1894, na região de Fécamp, Normandia,[24] e tinha como principal finalidade distribuir leite esterilizado a crianças de até 3 anos de idade. O fornecimento era garantido pela doação diária de mais de 20 litros de leite de vaca, feita pelo filantropo Carlos Sá Fortes. Podia ser inscrita no serviço à criança cuja família declarasse situação de pobreza e necessidade de alimentação. A criança era então matriculada, através do preenchimento de uma ficha com informações pessoais e familiares minuciosas, peso, estatura e exame físico (Moncorvo Filho (1924a:4, 7). Após a confirmação de que a mãe não podia amamentar a criança, a família passava a receber diariamente o leite esterilizado, junto com orientações sobre o preparo adequado da mamadeira. As crianças inscritas eram pesadas quinzenalmente, e os resultados alimentavam a base estatística produzida pelo instituto, que assim comprovava a efetividade do serviço.

---

[23] Nome conferido em homenagem ao seu patrocinador.
[24] Cf.: Rothschild (1902).

Em complementaridade ao fornecimento de leite esterilizado, o Ipai oferecia um serviço de exame de nutrizes, criado em 1901 com o nome de Gabinete de Exame e Atestação das Amas de Leite Mercenárias. O primeiro procedimento era o registro detalhado de dados pessoais e antecedentes hereditários das mulheres. Seguia-se então o exame antropométrico, dos seios e do leite — exames macroscópico e microscópico, com auxílio de instrumentos como o lactodensímetro, lactobutirômetro e pioscópio —; o exame dos sistemas urinário e digestório; e o exame dos próprios filhos das amas (Moncorvo Filho, 1904:278-280). O exame e a atestação das amas seriam, de um lado, respostas ao temor de contágio decorrente de transformações nas relações sociais e urbanas pós-abolição e, de outro, se somariam aos esforços em convencer as mulheres a amamentarem seus próprios filhos (Freire, 2009).

Em comunicação ao V Congresso Brasileiro de Medicina e Cirurgia, realizado no Rio de Janeiro em 1903, Moncorvo Filho traçou um breve histórico do aleitamento mercenário no Brasil e apresentou à Câmara Municipal seu projeto de regulamentação do serviço das amas de leite, a ser executado por instituições privadas contratadas para esse fim. O serviço do Ipai foi posteriormente remodelado, com a criação de uma caderneta específica e a redação de um novo regulamento — o qual Moncorvo Filho teve o cuidado de patentear —, e passou a chamar-se Serviço de Exame das Amas de Leite (Moncorvo Filho, 1904).

A procura ao serviço inicialmente era reduzida, mas gradativamente foram atribuídas algumas vantagens à certificação das amas, elevando a demanda. Para Moncorvo Filho, a principal qualidade do procedimento era a aplicação de critérios científicos em substituição ao senso comum, o que poderia resultar em uma tripla garantia: às nutrizes, aos patrões e às crianças. Seu gabinete estabeleceu um padrão de exame exemplar. Em artigo publicado na revista da Sociedade de Medicina e Cirurgia de 1905, Moncorvo informava que o Serviço de Exame e Atestação das Amas Mercenárias, que na ocasião era dirigido pelo dr. Octavio Machado, estava servindo de modelo para a instalação de serviço semelhante na Assistência Pública de São Paulo, pelas mãos do dr. Clemente Ferreira.

Como no entender do médico a distribuição de leite e/ou atestação das amas não seriam suficientes para reduzir o problema da mortalidade infantil, investiu também em palestras e conferências específicas sobre aleitamento, conformando uma autêntica cruzada em defesa da amamentação dos filhos por suas mães. As palestras informavam os resultados de análises sobre a composição do leite materno e sua adequação ao organismo infantil, a fisiologia do aparelho digestório das crianças, além de tabelas de crescimento de crianças amamentadas e estudos sobre a relação entre aleitamento artificial e mortalidade infantil, e, como de hábito, eram posteriormente reproduzidas em folhetos e na imprensa em geral.

Em sua defesa do aleitamento materno, Moncorvo aproveitava para condenar a qualidade do leite de vaca oferecido pelo comércio da capital, em particular pelo risco de tuberculose. Alertava que mesmo o leite que vinha do interior do estado, de condição supostamente superior, oferecia riscos, pois ao permanecer em vasilhames abertos nas plataformas dos entrepostos por horas seguidas, ao contato com poeira e poluído por germes os mais diversos, fermentava rapidamente (Moncorvo Filho, s.d.c). Mas além das vantagens para a saúde de mães e filhos, o médico realçava a função social da amamentação, atitude, mais que tudo, patriótica:

> A vós, mães extremosas, cumpre procurar evitar os prejuízos que anniquilam os vossos filhos, para que tenhaes a glória suprema de constituirdes uma raça forte, preparada no physico para as escolhas da vida e dispostas às conquistas e victórias para felicidade desta pátria [Moncorvo Filho, 1906b:3].

Comentários finais

Moncorvo Filho faleceu em sua casa, na rua Moura Brito, 166, em 14 de maio de 1944, por infarto do miocárdio e angioesclerose. Três anos antes havia doado todo o patrimônio do Ipai e do Departamento da Criança à prefeitura do Distrito Federal, que transformou o prédio no Hospital Moncorvo Filho, instalando no local clínicas da prefeitura e da Faculdade Nacional de Medicina. O nome do médico foi perpetuado na denominação da antiga rua do Areal como rua Moncorvo Filho.

Moncorvo demonstrou preocupação em preservar correspondências, anotações e documentos familiares que permitissem montar sua árvore genealógica. Investiu também na organização de extensos e sistematizados dossiês com suas pesquisas e apontamentos, além de notas publicadas na imprensa com suas opiniões, resultados de investigações ou atividades do Ipai. Se tais esforços, de um lado, expressam um traço da cultura da elite intelectual do período — de deixar registros para a posteridade —, de outro, podem sugerir a magnitude da dimensão alcançada pelo projeto institucional em sua vida.

Médicos contemporâneos, como Antonio Fernandes Figueira, Paulo Fontenelle, Olinto de Oliveira, Simões Corrêa e Martagão Gesteira, compartilhavam com Moncorvo Filho princípios e propostas semelhantes no que se refere à assistência à infância, embora indicassem caminhos de certa forma distintos de realização, como se pode verificar em outros trabalhos publicados nessa coletânea. Uma análise preliminar sugere que o modelo do Ipai se individualizava quanto à complexidade e amplitude da abrangência, à ênfase nos aspectos pedagógicos, à dispensa da exigência de profissionalização do trabalho assistencial e ao grau de entusiasmo pela incorporação de tecnologia, entre outros. O escopo da higienização extrema da infância através do encontro da caridade com a ciência poderia, ressalvando-se as devidas proporções, ser comparado à idealização do dr. Jacques Bertillon, ao final do século XIX, da "usina de bebês", um refúgio idílico onde as crianças seriam protegidas de todas as ameaças do exterior (Rollet-Echalier, 1990:565).

Outra peculiaridade seria o diálogo estabelecido por Moncorvo Filho simultaneamente com as mães, buscando orientá-las na criação científica dos filhos, com as elites urbanas, buscando sensibilizá-las para a causa da infância, e com o Estado, cobrado para que assumisse sua presumida responsabilidade na organização e coordenação das ações de assistência. Pode-se inferir que o caráter, de certo modo utópico, do ideário *moncorviano* tenha contribuído para agregar em torno de seu nome e de sua instituição representações míticas diversas. Mas possivelmente também tenha colaborado para dificultar sua incorporação integral pelo Estado, que preferiu adotar modelos menos complexos e onerosos de assistência à infância.

Referências

ARAÚJO, Rosa Maria B. *A vocação do prazer*: a cidade e a família no Rio de Janeiro republicano. Rio de Janeiro: Rocco, 1995.

BESSE, Susan K. *Modernizando a desigualdade*: reestruturação da ideologia de gênero no Brasil, 1914-1950. São Paulo: Edusp, 1999.

CASTILHO, S. D.; ROCHA, M. A. M. Uso de chupeta: história e visão multidisciplinar. *Jornal de Pediatria*. Rio de Janeiro, v. 85, n. 6, p. 480-489, dez. 2009.

ENTREVISTA com Dr. Moncorvo Filho. *Correio da Manhã*, Rio de Janeiro, p. 2, 31 mar. 1906.

FIORENTINO, Affonso. Em torno do berço. *Correio da Manhã*, Rio de Janeiro, n. 1731, p. 3, 8 abr. 1906a.

_____. A tuberculose na infância. *Correio da Manhã*, Rio de Janeiro, p. 3, 12 abr. 1906b.

FREIRE, Maria Martha de Luna. *Mulheres, mães e médicos*: discurso maternalista em revistas femininas (Rio de Janeiro e São Paulo, década de 1920). Tese (doutorado em História das Ciências e da Saúde) — Casa de Oswaldo Cruz/Fiocruz, Rio de Janeiro, 2006.

_____. Hospital Moncorvo Filho. In: PORTO, Angela et al. *História da saúde no Rio de Janeiro*: instituições e patrimônio arquitetônico (1808-1958). Rio de Janeiro: Fiocruz, 2008.
_____. *Mulheres, mães e médicos*: discurso maternalista no Brasil. Rio de Janeiro: Editora FGV. 2009.
_____. Maternalismo e proteção materno-infantil: fenômeno mundial de caráter singular. *Cadernos de História da Ciência*, São Paulo, Instituto Butantan, v. VII, n. 2, p. 55-70, jul./dez. 2011.
_____ et al. Moncorvo Filho e a campanha "Pró-Infância". *Jornal Brasileiro de História da Medicina*, São Paulo, v. 7, 2004. Supl. 1.
_____; LEONY, Vinícius da Silva. A caridade científica: Moncorvo Filho e o Instituto de Proteção e Assistência à Infância do Rio de Janeiro (1899-1930). *História, Ciências, Saúde-Manguinhos*, v. 18, p. 199-225, 2011.
GUY, Donna J. The Pan American child congresses, 1916 to 1942: panamericanism, child reform and the welfare state in Latin America. *Journal of Family History*, Ontario, v. 23, n. 33, p. 272-287, jul. 1998.
INSTITUTO de Proteção à Infância. *Correio da Manhã*, Rio de Janeiro, p. 3, 25 dez. 1905.
MARCÍLIO, Maria Luiza. *História social da criança abandonada*. São Paulo: Hucitec, 2006.
MONCORVO FILHO, Arthur. *Puerímetro*. Rio de Janeiro, 1903. Datilografado.
_____.Dos malefícios da chupeta. XVI Conferência sobre Higiene Infantil (resumida). *Correio da Manhã*, Rio de Janeiro, p. 2, 15 maio 1906.
_____. Das amas de leite no Brazil. In: CONGRESSO BRASILEIRO DE MEDICINA E CIRURGIA, 5., 1908. Rio de Janeiro. *Anais...* Rio de Janeiro: Typographia Besnard Freres, 1904.
_____. Primeira Conferência sobre Hygiene Infantil (resumida). *Correio da Manhã*, Rio de Janeiro, n. 1726, p. 3, 3 abr. 1906a.
_____. A hygiene da infância. *Correio da Manhã*, Rio de Janeiro, ano VI, p. 3, 3 abr. 1906b.
_____. Em torno do berço. *Tribuna Médica*, Rio de Janeiro, ano 20, n. 5, p. 6, 1 mar. 1914.
_____. *O novo edifício...* Rio de Janeiro: O Social, 1919.
_____. *A cura pelo sol*. Buenos Aires: Las Ciencias, 1924a.
_____. *O pandemônio de 1918*: subsídio histórico da epidemia de gripe que em 1918 assolou o território do Brasil. Rio de Janeiro: Departamento da Criança do Brasil, 1924b.
_____. *Histórico da proteção à infância no Brasil 1500-1922*. Rio de Janeiro: Empreza Graphica Editora, 1926.
_____. A criança e o brinquedo. In: CONFERÊNCIA LITERÁRIO-SOCIAL: PSYCHOLOGIA DA CRIANÇA, 24 de dezembro de 1918, Rio de Janeiro. *Anais...* Rio de Janeiro: Ipai, [s.d.a]. Datilografado.
_____. *Os perigos da chupeta*. Rio de Janeiro, [s.d.b]. Datilografado.
_____. *Perguntas e respostas sobre leite*. Rio de Janeiro, [s.d.c]. Datilografado. Acervo casa de Oswaldo Cruz/Fiocruz.

ROLLET-ECHALIER, Catherine. *La politique à l'égard de la petite enfance sous la III* ème *République*. Paris: PUF/Ined, 1990.

ROTHSCHILD, Henri de. *Œuvre Philanthropique du lait*. Paris: O. Doin, 1902.

SANGLARD, Gisele. *Entre os salões e o laboratório*: filantropia, mecenato e práticas científicas no Rio de Janeiro — 1920-1940. Tese (doutorado em História das Ciências e da Saúde) — Casa de Oswaldo Cruz/Fiocruz, Rio de Janeiro, 2005.

_____. Laços de sociabilidade, filantropia e o Hospital do Câncer do Rio de Janeiro (1922-1936). *História, Ciências, Saúde Manguinhos*, Rio de Janeiro, p. 127-147, jul. 2010. Supl. 1.

_____; FERREIRA, Luiz Otávio. Médicos e filantropos: a institucionalização do ensino da pediatria e da assistência à infância no Rio de Janeiro da Primeira República. *Varia Historia*, Belo Horizonte, v. 26, n. 44, p. 437-459, 2010.

SILVEIRA, Anny Jackeline Torres. A medicina e a influenza espanhola de 1918. T*empo*, Rio de Janeiro, n. 19, p. 91-105, 2005.

VENÂNCIO, Renato Pinto. *Famílias abandonadas*: assistência à criança de camadas populares no Rio de Janeiro e em Salvador — séculos XVIII e XIX. Campinas: Papirus, 1999.

CAPÍTULO 7

Filantropia e política pública:
Fernandes Figueira e a assistência à infância no Rio de Janeiro na Primeira República*

Gisele Sanglard

A virada do século XIX para o século XX viu surgir na cidade do Rio de Janeiro, então capital republicana, três instituições voltadas para o chamado "problema da infância",[1] dirigidas por três médicos que tinham como ponto em comum o fato de terem sido formados no Curso Livre de Pediatria oferecido por Carlos Arthur Moncorvo de Figueiredo na Policlínica Geral do Rio de Janeiro. Apesar dessas semelhanças, Moncorvo Filho, Antonio Fernandes Figueira e Luiz Barbosa acabam por imprimir diferenças nas instituições que dirigiam — o Instituto de Proteção e Assistência à Infância (Ipai), a Policlínica das Crianças da Santa Casa da Misericórdia do Rio de Janeiro e a Policlínica de Botafogo, respectivamente.[2] Essas diferenças podem ser percebidas no local onde foi instalada cada uma delas, na definição do público a ser atendido e na perspectiva que cada um de seus diretores lhes imprimiu.

A localização escolhida para a instalação dessas instituições pelos filantropos cariocas da Primeira República nos permite perceber o movimento de expansão da cidade, do centro a seus arrabaldes e subúrbios, buscando a proximidade com seu público alvo: os operários pobres que viviam nas regiões dos subúrbios da Central e da Leopoldina ou do Jardim Botânico e da Gávea; bem como a região central da cidade, reduto dos cortiços e casas de cômodos.

---

* Este trabalho conta com apoio da Faperj (Edital Humanidades 2008 e 2011) e teve a participação das alunas Bárbara Damasco da Silva (Pibic/Fiocruz-UFF) e Caroline Amorim Gil (Pibic/Fiocruz-UFRJ). O texto recupera algumas questões propostas em artigo conjunto com Luiz Otávio Ferreira (Sanglard e Ferreira, 2010: 437-459).
[1] Ao todo foram cinco instituições voltadas à infância criadas no Rio de Janeiro da Primeira República, mas neste capítulo me deterei em apenas três delas, cujas comparações são importantes para o entendimento dos argumentos que aqui serão discutidos. As instituições referidas são: o Instituto de Proteção e Assistência à Infância (1899), a Policlínica de Botafogo (1899), a Policlínica das Crianças da Santa Casa da Misericórdia do Rio de Janeiro (1909), o Hospital São Zaccharias da Santa Casa da Misericórdia do Rio de Janeiro (1914) e o Hospital-Abrigo Arthur Bernardes, do Departamento Nacional de Saúde Pública (1924).
[2] O Ipai é objeto de análise no capítulo 6 deste livro.

Enfim, o destino de cada uma delas está vinculado ao projeto médico que cada um de seus líderes defendeu ao longo do período de 1899 a 1928, quando foram criadas as primeiras instituições voltadas para a população infantil e traçadas as primeiras políticas públicas para a infância por Fernandes Figueira à frente da recém-criada Inspetoria de Higiene Infantil (1920-1926), no bojo da Reforma da Saúde Pública dirigida por Carlos Chagas. Na ocasião, o ensino da pediatria na FMRJ ganhava, enfim, o primeiro pediatra para a cátedra de clínica pediátrica, com a aprovação de Luiz Barbosa no concurso para catedrático após a morte de Simões Correa, em 1928. Quanto a Moncorvo Filho, ressalta-se seu papel capital na *vulgarização* da puericultura na sociedade.

Este capítulo pretende discutir apenas o papel de Fernandes Figueira nas ações de atenção à saúde da criança na cidade do Rio de Janeiro e a relação que se estabeleceu entre o médico e o filantropo responsável pela construção da Policlínica das Crianças. A opção metodológica será pela biografia histórica de ambas as personagens. Acredito que essa estratégia é a melhor forma para entendermos a singularidade da Policlínica das Crianças e do projeto que Fernandes Figueira pôs em prática.

Infância e pobreza

Em artigo recente chamo a atenção para a necessidade de refletirmos acerca do papel da Igreja Católica, notadamente a partir da publicação da encíclica *Rerum Novarum*, como uma das motivações dos filantropos para a criação e manutenção de instituições voltadas à assistência de crianças e parturientes. Essa carta, endereçada aos católicos e publicada em 1891 pelo papa Leão XIII, explicita as preocupações do Vaticano com o crescimento dos movimentos socialistas na Europa e busca na proteção dos valores familiares, com o cuidado a esses dois grupos, reafirmar a ação católica na caridade e conclamar os fiéis ao cuidado com o operário, a mulher e a criança. Vale ressaltar que a defesa dos valores morais centrados na família não era específica do catolicismo, mas estava presente nas religiões de origem judaico-cristã como um todo (Sanglard, 2013).

No que tange à cidade do Rio de Janeiro, o período é marcado por intensas transformações sociais — além das melhorias urbanas. Esse é o tema discutido pelo sociólogo pernambucano Gilberto Freyre (2000) em seu livro *Ordem e progresso*. Entre os pontos salientados pelo autor, gostaria de chamar atenção para o que ele denomina revigoramento da Igreja Católica e difusão do protestantismo e do espiritismo. Para Ângela de Castro Gomes, a *belle époque* carioca deve ser entendida a partir de três eixos distintos, mas complementares: a presença da rua, dos salões e da catolicidade (Gomes, 1999) — sendo os dois últimos fundamentais para o entendimento da ação filantrópica aqui abordada.

Paralelamente ao que podemos chamar de "atitude mental" do carioca, havia a necessidade de resolver o que se convencionou chamar de "questão social". Nicolau Sevcenko (1998) considera a herança colonial e a escravidão como duas questões-chave para entendermos a atuação da elite carioca no período.

A questão social pode ser interpretada através da campanha contra as habitações populares (cortiços e casas de cômodos) que, desde as décadas de 1850-1860, povoam a cidade do Rio de Janeiro, primeiramente, como moradia de portugueses e imigrantes e, a partir da abolição, de negros que abandonaram as fazendas e foram buscar trabalho na capital. Sidney Chalhoub (1996) chama atenção para um ponto importante: a construção da ideologia que unificou "classe pobre" e "classe perigosa" — tanto no que tange à desordem quanto à transmissão de doenças.[3] Para esse autor, a transformação da higiene em ideologia viria "saturar" o ambiente intelectual da virada do século XIX para o XX e abriria espaço para a ação "saneadora" de médicos e engenheiros, notadamente no início do século XX. O saneamento da cidade, e dos costumes, era uma das condições para que o país atingisse o almejado grau de civilização. Ou, nas palavras do cronista, a transformação da "cidade-pocilga em Éden maravilhoso, fonte de suave beleza e saúde" (Edmundo, 1957:24). Para Chalhoub, a ideologização da higiene abriu espaço para a ação da administração pública. Não à toa, Gilberto Freyre (2000) ressaltou a glorificação de Oswaldo Cruz e de seu sanitarismo messiânico, redentor e fundador.

Concomitantemente a este processo, a percepção acerca da infância, tanto a exposta quanto aquela vivida no seio da família, vai-se modificando, sobretudo com o surgimento de novas especialidades médicas, como a puericultura (1863) e a pediatria (1872).

Maria Luiza Marcílio (2010:27) afirma que a filantropia, além de ser "filha do iluminismo", o é também do higienismo e da Revolução Industrial.[4] E vai mais longe ao afirmar que esses dois últimos pontos são fundamentais para as

---

[3] Ressalte-se que a transformação do "pobre de Deus" em perigo social já estava em curso na Europa desde ao menos o século XVI. É certo que a pobreza na cidade exige uma organização da assistência diferente daquela que ocorria nas cidades do interior, onde todos se conheciam (Cf.: Sanglard, 2008).

[4] Nos limites deste trabalho, não irei discutir o conceito de filantropia proposto por essa autora. Mantenho uma divergência teórica, uma vez que esse conceito significa tanto as ações de origem confessionais quanto a negação destas. Assim, discordo da ideia de que as ações confessionais refiram-se ao passado, conquanto seriam "progressistas" aquelas interconfessionais. Defendo que

modificações que serão operadas nas Casas de Expostos, tanto do ponto de vista social quanto médico. No primeiro caso, as *rodas* deixam de ser apenas espaços de salvação da alma pelo batismo para se tornarem lugares de "capacitação profissional para serem úteis a si e à nação" (Marcílio, 2010:26). A autora afirma ser esta a gênese do surgimento de escolas agrícolas e oficinas artesanais. Por essa razão, podemos afirmar que a filantropia é "filha do Iluminismo" porque traduz uma utilidade social (noção de utilidade) e da Revolução Industrial pelo aprendizado de técnicas.

No segundo caso, a autora destaca as descobertas de Pasteur, notadamente o processo de fermentação do leite, que traria grandes ganhos às casas de expostos, diminuindo sobremaneira as mortes precoces de crianças por doenças infectocontagiosas ainda no século XIX. Maria Luiza Marcílio observa que a prática de ferver o leite, esterilizando-o, passou a ser largamente usada por essas instituições de albergamento. É o higienismo alterando a situação das crianças abandonadas. A industrialização, na perspectiva traçada pela autora, teve seu papel no processo de *pasteurização* do leite, na sua conservação e na difusão do uso das mamadeiras, diminuindo o papel das amas de leite na nutrição infantil.

É esse o quadro que permite à autora, e a mim mesma, afirmar a associação dos filantropos "aos médicos e moralistas [em] uma frente ampla da sociedade em favor da busca de leis, de organismos, de instituições mais favoráveis à infância desvalida [...]" (Marcílio, 2010:27).

Se, como Chalhoub propôs, a massificação da ideologia higienista foi responsável pela ação pública, dirigida por médicos e engenheiros, por outro lado, esse mesmo processo fez com que tais noções fossem absorvidas pela sociedade civil e transformadas no apoio e manutenção de diversas instituições de assistência na cidade. Como demonstrei em artigo anterior (Sanglard, 2013), ao somarmos a edição da encíclica *Rerum Novarum* com o movimento operário mais organizado, com uma elite formada por um capital novo buscando recriar um ambiente aristocrático ao redor de si, e com um saber médico que buscava sua institucionalização — como a puericultura e a pediatria —,[5] temos aí os ingredientes necessários para entendermos a criação dos hospitais infantis no Rio de Janeiro. Não à toa, as instituições aqui abordadas foram criadas entre 1899 e 1909 — no bojo de todas essas transformações — e a localização de cada uma delas revela uma tentativa de minimizar os problemas de um grupo de crianças pobres da cidade.

é a noção de utilidade social que diferencia a ação eminentemente caritativa daquela que será praticada na virada do século XIX para o XX, seja por leigos ou por religiosos (Sanglard, 2013).
[5] Neste capítulo não me deterei neste tema, uma vez que foi amplamente discutido em Sanglard e Ferreira (2010).

Fernandes Figueira e José Carlos Rodrigues: apontamentos biográficos

Fernandes Figueira se tornou um dos grandes nomes da pediatria brasileira e esteve vinculado à problemática da assistência à infância nos hospitais da cidade. Seu biógrafo, Solidônio Leite, aponta como marco sua entrada para o Hospital São Sebastião, em 1902, como o início de sua ação em prol da separação de crianças e adultos nos hospitais da cidade.

O certo é que o vemos, periodicamente, na imprensa cotidiana e especializada pleiteando melhorias urgentes no serviço hospitalar na cidade no que tangia ao atendimento às crianças e à questão do isolamento e no que se referia às instalações hospitalares, sobretudo a partir do momento em que foram anexadas as enfermarias aos serviços clínicos. Ele defendia que, mesmo que houvesse movimentação de criação de hospitais pela municipalidade, o mais importante era a introdução de reformas "nas casas santas, a que vão ter os doentes sem recursos" (Figueira, 1902:311-312), que passavam pela separação de crianças e adultos e por contar com isolamentos mais definidos a fim de não misturar variolosos com tuberculosos e pestilentos. Fernandes Figueira considerava que essa seria a maior obra que o provedor da Santa Casa poderia realizar.

Por coincidência, no ano seguinte (1903), o então mordomo do Hospital Geral da Santa Casa da Misericórdia do Rio de Janeiro cria, ligada a essa irmandade, a Policlínica de Crianças. Segundo Elmano Cardin, em um artigo na revista do IHGB, José Carlos Rodrigues, que vivera por muito tempo no exterior, se inspirara na experiência do Hôpital des Enfants Malades de Paris para a criação dessa instituição. Contudo, aparentemente não há correlação direta entre a fala de Fernandes Figueira e o movimento de José Carlos Rodrigues (Cardim, 1944).

Nada nos leva a crer que ambas as personagens se conhecessem. Solidônio Leite afirma, inclusive, que a indicação do nome de Fernandes Figueira partira do diretor do Hôpital des Enfants Malades,[6] prof. Hutinel — recriando para Fernandes Figueira um mito próximo àquele forjado para Oswaldo Cruz (Britto, 1995). A trajetória de ambos e os espaços de sociabilidade frequentados por eles podem nos ajudar a entender o encontro entre a vontade expressa por Fernandes Figueira e sua materialização no projeto de José Carlos Rodrigues.

---

[6] A separação entre crianças e adultos foi motivada, antes de tudo na França, por princípios morais: evitar que as crianças hospitalizadas fossem corrompidas pelo contato com os adultos. No plano médico, manter crianças doentes em um mesmo lugar favorecia o estudo das patologias ligadas à infância. É nesse contexto que é criado em Paris, em 1802, o Hôpital des Enfants Malades (hoje Hospital Necker). Cf.: <www.aphp.fr/site/histoire/1901_hopitaux_pediatriques.htm>. Acesso em: 16 ago. 2010.

José Carlos Rodrigues nasceu a 19 de julho de 1844, em Cantagalo, província do Rio de Janeiro, oriundo da elite agrária fluminense. Por ter-se tornado órfão de mãe muito cedo, foi criado na casa de uma tia materna, casada com um dos filhos do marquês de Ponte de Lima Paes e Oliveira. Estudou no prestigioso Imperial Colégio Pedro II e, posteriormente, ingressou na Faculdade de Direito do Largo de São Francisco (SP), reduto dos republicanos, onde se tornou bacharel. Logo após sua formatura, chegou a abrir escritório na Corte, mas decidiu buscar novos ares em Nova York, onde começou trabalhando como tradutor e, em seguida, como correspondente do *Diário Oficial* e, em 1868, também do *Jornal do Commercio*.

Mas é a partir da criação da revista *O Novo Mundo: periódico ilustrado do progresso da idade* que podemos começar a costurar melhor as redes de sociabilidade de José Carlos Rodrigues. As colunas e cartas publicadas não só registram a repercussão da revista no Brasil como também o posicionamento político e a ligação forte que mantinha com a política local. A publicação dessa revista seguiu até 1879, quando as novas tarifas postais inviabilizaram o projeto, pois encareceriam demais o preço final.

O homem descrito por Elmano Cardim é extremamente político e com amizades importantes tanto nos Estados Unidos como em Londres, para onde se transfere profissionalmente em 1882. Foi, sem dúvida, a Proclamação da República que o alçou a postos mais elevados.

Em 1890 adquire o *Jornal do Commercio* e retorna ao Brasil, em 1903 já o vemos como mordomo do Hospital Geral da Misericórdia e em 1907 se torna sócio correspondente do Instituto Histórico e Geográfico Brasileiro (IHGB).[7]

Se Elmano Cardim procurou transformar José Carlos Rodrigues em um *self made man*, contudo o homem que se depreende da leitura de sua biografia é justamente o contrário: alguém que soube viver seu tempo, que frequentou os espaços de sociabilidade típicos da juventude ilustrada do Império, como o Colégio Pedro II e a Faculdade de Direito do Largo de São Francisco, e que soube construir uma rede de amizades e contatos tanto na Corte quanto em Nova York, Washington e Londres. E como diretor do *Jornal do Commercio*, de 1890 a 1915, fará ainda mais.

Antonio Fernandes Figueira nasceu, por sua vez, na Corte a 13 de junho de 1863, vinte anos mais jovem que José Carlos Rodrigues. Estudou também no prestigioso Imperial Colégio Pedro II, onde recebeu o grau de bacharel em letras em 1880. Ingressou logo depois na Faculdade de Medicina do Rio de Ja-

---

[7] Em 1914, passou a sócio honorário e, em 1917, a benemérito.

neiro (FMRJ), tendo-se doutorado em 1887. Após a faculdade, Fernandes Figueira abre clínica em Simão Pereira, um distrito de Juiz de Fora (MG). É lá que escreve suas principais obras médicas: *Diagnóstico das moléstias do coração nas crianças*, premiada, em 1895, pela Academia Nacional de Medicina; e *Semiologia infantil*, terminada em 1900, mas que seria publicada efetivamente em 1902, com prefácio do diretor do Hôpital des Enfants Malades, médico e professor Victor Hutinel.

É somente após a publicação desse livro, e de seu congraçamento, que retorna ao Rio de Janeiro em 1900 e ingressa como chefe da enfermaria de crianças do Hospital São Sebastião, por indicação de Oswaldo Cruz, então diretor da Diretoria-Geral de Saúde Pública (DGSP). Seu biógrafo ressalta que foi nessa enfermaria que as crianças começaram a ser internadas com suas mães. Logo em seguida, assume a enfermaria de crianças no Hospício Nacional de Alienados (pavilhão Bourneville), trabalhando com Juliano Moreira até 1928, ano de sua morte.[8]

Apesar de jamais ter-se tornado catedrático na Faculdade de Medicina do Rio de Janeiro, Fernandes Figueira esteve presente nas mais prestigiosas academias nacionais: a 28 de julho de 1903, é eleito para a Academia Nacional de Medicina — da qual chegou a ser presidente — e a 28 de junho de 1915 ingressa no IHGB.

A atuação de Fernandes Figueira no combate à mortalidade infantil e na defesa do aleitamento materno, questões interligadas, foi intensa ao longo desse período. Ele é visto em artigos publicados em periódicos diversos ou em livros e folhetos de caráter de *vulgarização científica*, mas nos quais já apresenta suas principais teses para a resolução dessas questões (Figueira, 1905; 1919). Isso pode ser visto mais claramente na tese defendida pelo médico no I Congresso Nacional de Assistência Pública e Privada, realizado pela prefeitura do Distrito Federal no âmbito das comemorações do Centenário da Abertura dos Portos, em 1908.

Na relatoria da sessão "Assistência pública: assistência à infância e particularmente o que se refere às medidas a adotar contra a mortalidade infantil. Educação das crianças deficientes", Fernandes Figueira conseguiu que várias de suas teses fizessem parte do relatório final. Nele, previam-se as seguintes medidas: organização, por parte do poder público, de um corpo de inspetores médicos para a fiscalização das lactantes; obrigação de as instituições de assistência aceitarem como fundamento a amamentação de crianças até os seis meses de vida;

---

[8] Essa experiência será desenvolvida mais detalhadamente no capítulo 13 deste livro.

extinção das "rodas", substituídas pelos "registros livres"; urgência de fundação de sociedades de assistência em domicílio às puérperas e de proteção à amamentação materna; criação do maior número possível de "consultórios de lactantes" nas cidades e aldeias; fiscalização, por parte do poder público, do leite destinado ao consumo das crianças (Figueira, 1908:401-405, 411-415, 419-420).

Em 1909 aceita o convite de José Carlos Rodrigues para assumir a direção do Hospital de Crianças da Santa Casa da Misericórdia. Com a Reforma da Saúde Pública, posta em prática por Carlos Chagas em 1919, assume a Inspetoria de Higiene Infantil e, em 1924, a direção do Hospital Abrigo Arthur Bernardes, ligado ao Departamento Nacional de Saúde Pública, que deu origem ao atual Instituto Fernandes Figueira/Fiocruz — momento em que se desvincula da Policlínica de Crianças.

Fernandes Figueira e a Policlínica de Crianças

A Policlínica de Crianças foi criada graças à ação benemerente de José Carlos Rodrigues e foi assumida como mais uma das obras de caridade da Misericórdia carioca voltadas para a infância desvalida.

Essa vinculação às obras de caridade da Misericórdia singulariza a instituição em relação às outras duas criadas no período. Sua construção resultou da ação de José Carlos Rodrigues, apesar de Bernardo de Freitas, arquivista da Misericórdia, entender tal ação como igual a todas as outras obras da Misericórdia, conforme apresenta em artigo comemorativo à inauguração da instituição publicado no *Jornal do Commercio* de 8 de maio de 1909 (Freitas, 1909:2).

A criação da Policlínica de Crianças contou com dois grandes beneméritos: o próprio José Carlos Rodrigues, diretor do *Jornal do Commercio*, e o comerciante suíço Albert Bach, que legou, em 1906, seus bens a essa obra de caridade. Já para a criação do Internato do Hospital das Crianças foi lançada uma lista de subscrição pública da qual participaram 77 firmas comerciais, num total de 90 inscritos.

A inauguração do prédio, no dia 8 de maio de 1909, foi realizada pelo provedor Miguel de Carvalho, contando com a presença do presidente da República, Afonso Pena. O projeto da edificação foi realizado pelo arquiteto Antônio Jannuzzi, seguindo o plano proposto por J. C. Rodrigues assessorado pelo médico e acadêmico Manoel de Oliveira. O hospital mantinha espaços para balnearioterapia, farmácia, leiteria (leite esterilizado), cômodos para empregados, consultórios (clínica médica, cirurgia, curativos, odontologia, moléstias de pele, moléstias especiais da gravidez, olhos, otorrinolaringologia), gabinetes (químico-bacteriológico, eletroterápico), espaço para o diretor, para o mordomo e para as irmãs de caridade, além do salão de honra e conferências. Para seu idealizador, a "construção e disposição do edifício da Policlínica representa a última palavra em obras deste gênero em qualquer país do mundo".[9]

A construção dessa instituição, bem como seu funcionamento, traduz o círculo de relações de José Carlos Rodrigues e Fernandes Figueira. A presença majoritária de comerciantes aponta para a manipulação do capital político de José Carlos Rodrigues a favor de sua obra de caridade.

No que tange ao círculo próximo a Fernandes Figueira, uma análise do grupo presente na Policlínica de Crianças aponta para uma presença de nomes ligados a Manguinhos, muitos egressos dos cursos de Aplicação do Instituto Oswaldo Cruz — *locus* por excelência da formação de microbiologistas, *pasteurianos* no Brasil desde 1903[10] —, reforçando a ligação do próprio Fernandes Figueira com Manguinhos. Desse grupo sobressaem: Eduardo Rabello, chefe do Serviço de Dermatologia; José Gomes de Faria, chefe do Serviço de Bacteriologia; e João Marinho, chefe do Serviço de Otorrinolaringologia. Deve-se ressaltar que Antonio Fernandes Figueira já gozava de prestígio profissional — era membro da Academia Nacional de Medicina desde 1903.

Esse grupo também estará vinculado às políticas públicas traçadas por Carlos Chagas no Departamento Nacional de Saúde Pública (DNSP), criado em 1919 para atuar no Distrito Federal e no território do Acre, e, através de convênios, em todo o território nacional. Fernandes Figueira foi o responsável pelo programa da Inspetoria de Higiene Infantil e, em 1924, foi alçado a diretor do recém-criado Hospital-Abrigo Arthur Bernardes, voltado para o atendimento da puericultura intra e extrauterina.

Eduardo Rabello era muito próximo de Carlos Chagas, tanto por laços de amizade quanto profissionais, o que lhe permitiu a gestão das políticas públicas de controle e profilaxia das doenças dermatológicas.

José Gomes de Faria foi o único que pertenceu ao quadro permanente de biologistas (pesquisadores) do Instituto Oswaldo Cruz.

---

[9] Instituto Histórico e Geográfico Brasileiro (IHGB). Coleção José Carlos Rodrigues, notação: 585-1.

[10] Os cursos de Aplicação do Instituto Oswaldo Cruz começaram a ser organizados em 1903 por Henrique Rocha Lima. Eram cursos experimentais voltados ao ensino de bacteriologia, parasitologia, anatomia e histologia patológicas. O público-alvo era formado, primordialmente, por estudantes de Medicina, que, desde 1901, frequentavam os laboratórios do instituto a fim de desenvolver suas teses de doutoramento, e a profissionais já formados (Benchimol, 1990).

João Marinho foi o sucessor de Hilário de Gouveia na cátedra de otorrinolaringologia na Faculdade de Medicina. Foi indicado por Carlos Chagas para ser o primeiro diretor da Assistência Hospitalar — órgão criado no final da gestão de Arthur Bernardes (1926) e efetivado já com Washington Luiz, e que tinha como objetivo gerenciar os hospitais públicos no Distrito Federal,[11] bem como ser o responsável pela construção do Hospital de Clínicas Arthur Bernardes da Faculdade de Medicina do Rio de Janeiro, que teria sido tanto o lugar da prática médica quanto da assistência pública.

Outro ponto que deve ser levado em consideração é que a Policlínica de Crianças serviu como *locus* da prática médica, tendo sido o espaço de experiência da Clínica Pediátrica até, pelo menos, a criação do Hospital São Zaccharias, em 1914, também pela Misericórdia do Rio de Janeiro, e com as mesmas funções daquele — só que destinado às crianças da Zona Sul da cidade, enquanto que aquele criado por José Carlos Rodrigues era destinado às crianças da Zona Norte, onde se localizavam os principais bairros operários da cidade.

A presença de José Carlos Rodrigues como filantropo da instituição e diretor do *Jornal do Commercio* permitiu que a instituição tivesse bastante divulgação nesse veículo de imprensa, e o caráter *oficial* que o *Jornal do Commercio* tinha ainda nesse período desempenhou papel importante na organização dos filantropos — afinal, o grupo surgiu a partir de uma defesa que José Carlos Rodrigues levou a cabo nas páginas do periódico acerca da taxa do Porto.[12]

Em 1916, dois anos após a inauguração do Hospital São Zaccharias, José Carlos Rodrigues publica no *Jornal do Commércio* um relatório sobre o funcionamento da instituição, transformado em folheto em 1920. Além de falar acerca de sua fundação, descrever o prédio e o serviço, a matéria enaltece quatro personagens: os filantropos Alberto Barth; notadamente, José Carlos Rodrigues; Fernandes Figueira, diretor responsável pelo hospital; e o provedor da Misericórdia, Miguel de Carvalho. A matéria ressalta que, nos sete anos iniciais, a instituição ministrou gratuitamente cerca de um milhão de auxílios, nas formas diversas de consultas, curativos, receitas etc., e que nos quatro anos subsequentes o número médio de atendimentos aumentou para 341 crianças por dia.

---

[11] Eram eles: o Hospital São Sebastião (1889, para doenças infectocontagiosas); o Hospício Nacional de Alienados; o Hospital São Francisco de Assis (1922, geral); o Hospital Paula Cândido (doenças infectocontagiosas); a Colônia Juliano Moreira (1914, alienados); e a Colônia de Curupaity (lepra).

[12] IHGB. Coleção José Carlos Rodrigues. Livro de subscrição para a construção do internato no Hospital das Crianças da Santa Casa de Misericórdia (contém um pequeno histórico da criação do hospital).

Chama também a atenção para as visitas domiciliares, que não se limitam ao tratamento dos enfermos graves, mas que registram, em boletim apropriado, as condições de higiene, alimentação e residência dos socorridos; e para o funcionamento do consultório de higiene infantil, onde eram atendidos os lactentes (crianças no período de amamentação) e fornecido, ou aconselhado, o alimento oportuno, isto é, o leite materno. Nesse consultório as crianças eram avaliadas semanalmente, com pesagem e outros exames para acompanhamento do desenvolvimento infantil (A Policlínica..., 1920).

Para finalizar a análise da relação que se estabeleceu entre José Carlos Rodrigues e Antonio Fernandes Figueira, podemos aferir que a Policlínica de Crianças foi um projeto de ambas as personagens: o filantropo deu-lhe a forma física, os equipamentos e sua manutenção, e o médico, as diretrizes e o respaldo profissional. Assim, sua realização traduz o capital social de cada um deles tal qual já foi demonstrado. Por outro lado, sua manutenção aponta para a tradicional caridade realizada pela Misericórdia.

Ressalte-se, ainda, que, a despeito de Fernandes Figueira não ter sido catedrático de pediatria na FMRJ, a instituição por ele dirigida exerceu a função de *locus* da prática dessa especialidade, e em suas dependências foi criada, em 1910, a Sociedade Brasileira de Pediatria. A transferência, em 1914, das aulas práticas de Clínica Pediátrica para o recém-criado Hospital São Zaccharias deve-se, como já apontado em trabalho anterior (Sanglard e Ferreira, 2010), mais às disputas por essa cátedra do que à proximidade do Hospital São Zaccharias, instalado nas dependências do Colégio dos Jesuítas no morro do Castelo, com a FMRJ, que funcionava ainda na Misericórdia — na praia de Santa Luzia, no sopé no morro do Castelo.[13]

Em resumo, o que procuramos demonstrar aqui é o quanto o destino desse hospital está vinculado à política pessoal de José Carlos Rodrigues e à institucionalização de Fernandes Figueira — o que não encobre a importância da instituição por eles criada.

Tal ponto pode ainda ser verificado ao percebemos que, ao organizar a equipe do Hospital Abrigo Arthur Bernardes em 1924, vinculado às ações da Ins-

---

[13] Em 1914 é inaugurado o Hospital São Zaccharias, que tinha as mesmas funções do Hospital de Crianças; a diferença estava no público alvo: as crianças da Zona Sul da cidade. Sua localização, no antigo Colégio dos Jesuítas, no morro do Castelo, onde antes funcionara o Hospital Militar, propiciou a mudança da prática de pediatria da Faculdade de Medicina para esse novo hospital, esvaziando assim um dos papéis do Hospital de Crianças. Considero que a criação desse hospital tenha respondido à falta de um hospital próprio para o catedrático de pediatria da FMRJ, Simões Correa, que até então dependia dos espaços cedidos por Fernandes Figueira e Luiz Barbosa, chefe da 25ª Enfermaria do Hospital Geral da Misericórdia (cf.: Sanglard e Ferreira, 2010).

petoria de Higiene do DNSP, Fernandes Figueira levou para chefe do Serviço de Higiene Infantil daquele que foi o primeiro hospital gerido e mantido pelo poder público a médica Ursulina Lopes, que exerceu o mesmo cargo na Policlínica de Crianças e também fora sua assistente no Serviço de Clínica Médica. Vale ressaltar que esse novo hospital, localizado no bairro de Botafogo, nas dependências do antigo Hotel 7 de Setembro, destinado à clínica e à cirurgia pediátricas, foi dirigido por Fernandes Figueira até sua morte em 1928. Ao se incompatibilizar de suas funções na Policlínica de Crianças, leva consigo parte da equipe que montara em 1909.[14]

Fernandes Figueira, o problema da infância e a filantropia

Como demonstrado ao longo dos tópicos anteriores deste capítulo, a criação da Policlínica de Crianças deveu-se à ação filantrópica de José Carlos Rodrigues, e a Fernandes Figueira coube o projeto técnico. Essa diferença de papéis pode ser percebida a partir da percepção de Fernandes Figueira do *problema da infância* no Brasil.

Isabel dos Guimarães Sá chama atenção, no que tange à infância, para o que ela designou como "passagem gradual da esfera familiar para a esfera pública", que ela entende por uma crescente "intromissão" tanto da Coroa quanto da Igreja na relação entre pais e filhos. A autora aponta como indícios dessa passagem os registros de nascimento e óbito, o sepultamento e a segregação da ilegitimidade para o período moderno; a criminalização do abandono e a proibição das rodas de expostos no século XIX português (Sá, 2011:93).

---

[14] Em 1909, quando a instituição foi criada, eram chefes de serviço os médicos Álvaro Guimarães (clínica cirúrgica), Castro Peixoto (exame de mulheres grávidas), Eduardo Rabello (dermatologia), Francisco Assis Figueiredo (odontologia), José Gomes de Faria (bacteriologia), Guedes de Mello (oftalmologia), Gustavo Armbrust (hidroterapia), João Marinho (otorrinolaringologia), Sizenando de Freitas (farmácia, como interino) e Ursulina Lopes (higiene infantil). O restante da equipe era assim formado: a clínica cirúrgica contava com Dalma Silva (assistente), Leão de Aquino (assistente), Álvaro Rangel (assistente), Tavares Jr. (interno), Macedo Soares (interno voluntário) e A. Correa (interno voluntário); a clínica médica, com Alcino Rangel (assistente), Aleixo Vasconcellos (assistente), Álvaro Reis (assistente), Santos Moreira (assistente), Ursulina Lopes (assistente), Durval Leal (interno voluntário) e Sizenando de Freitas (interno voluntário); a visitação tinha Alfredo Sá Pereira (médico visitador); a hidroterapia, Armando Ramos (interno); o exame de mulheres grávidas, Daciano Goulart (assistente), Lincoln Araújo (assistente) e Frederico Nabuco (interno); a higiene infantil, Durval Leal (interno); a dermatologia, Frederico Nabuco (interno); a bacteriologia, Gustavo Riedel (assistente) e Justino Maciel (interno); a otorrinolaringologia, Oswaldo Puissegur (assistente) e Plínio Olinto (interno); a oftalmologia, Penedo Brumer (assistente) e Plínio Olinto (interno).

Esse processo de controle da esfera pública sobre a infância se intensifica na segunda metade do século XIX com o surgimento das especialidades médicas voltadas para a infância e, sobretudo, na virada para o século XX com a associação à *questão social*. São duas as questões que animam as discussões de médicos, higienistas, filantropos e poderes públicos: de um lado a *delinquência infantil*, de outro, a *mortalidade infantil* — duas faces da mesma moeda, *o problema da infância*.

Fernandes Figueira dedica-se à cruzada contra a mortalidade infantil, com ênfase no aleitamento materno, e seu público alvo são primordialmente as operárias e as crianças de até um ano de idade, como deixa claro em seus trabalhos (Figueira, 1905; 1908; 1919). Segundo Isabel dos Guimarães Sá, o aleitamento materno era defendido por médicos moralistas havia muito tempo, mas só se efetivaria no século XX (Sá, 2011) — como exemplo podemos citar o trabalho do médico carioca Antônio Ferreira Pinto, que em 1859 defende o aleitamento materno. Para ele, "o dar de mamar é o primeiro e mais santo desejo de uma mãe, embora mesmo depois o capricho, a vaidade ou o preconceito a venham arredar desse mister" (Pinto, 1859:197). O fato é que, paulatinamente, a alimentação vai-se tornando um problema de saúde pública, principalmente a partir da década de 1920, tendo como foco principal a escola e o operário (Rodrigues, 2011). Não à toa, Fernandes Figueira assume, em 1920, a Inspetoria de Higiene Infantil, no bojo da reforma sanitária levada a cabo por Carlos Chagas, conforme já apontado, uma das facetas do controle da esfera pública nas questões atinentes à infância.

Fernandes Figueira resume a atuação *pública* no *problema da infância* ao transformar suas ideias nas diretrizes da saúde pública. Mas, no início do século XX, a delimitação dos espaços público e privado em assistência ainda estava se constituindo, e a filantropia exerceu um papel importante na construção e manutenção de instituições de saúde. E Fernandes Figueira, qual era sua posição?

A análise das fontes aponta que, no que tange à Policlínica de Crianças, Fernandes Figueira exerceu o papel de diretor técnico, não se envolvendo com a manutenção da instituição, a cargo da Misericórdia carioca. Percebe-se mesmo que o médico considerava a ação filantrópica direcionada à infância como um *mal necessário* para resolver o problema da alimentação dos filhos das operárias. Para ele, instituições pautadas no exemplo das Gotas de Leite incentivavam o aleitamento artificial (leite de vaca), o que ele considerava extremamente nocivo. Esse médico advogava que o único alimento possível para a criança de até um ano era o leite materno.

Fernandes Figueira era também reticente quanto ao uso da ama de leite, que para ele só era aceitável em duas situações: falta completa da mãe, por morte, ou desde que o filho da ama também mamasse junto (Figueira, 1905, 1919) — ressalte-se que tal reticência também pode ser percebida na obra de Ferreira Pinto, citada anteriormente. Para Fernandes Figueira, a alimentação artificial exporia a criança ao risco da morte, mas, no caso das operárias, aceitava o aleitamento misto (leite materno e de vaca). Defendia *os consultórios de lactantes*, espaços onde seria realizada a educação das jovens mães, e de baixo custo de manutenção, o que facilitaria sua multiplicação pela cidade graças à benemerência. Como ele diz, "bastam uma sala, um médico, o mobiliário pobre, a balança e o microscópio com os seus acessórios" (Figueira, 1919:206). A importância do trabalho dos *consultórios de lactantes* estava no acompanhamento médico do lactente.

Essa era a boa filantropia para a infância, segundo Fernandes Figueira, que dirigia seus esforços para a abertura de *ligas* voltadas à primeira infância, *mutualidades maternas* ou creches (Figueira, 1905, 1919). Essa é a proposta que ele imprimirá no Hospital-Abrigo Arthur Bernardes do DNSP, em 1924, e que Martagão Gesteira liderará na Bahia, na mesma década, e no Departamento Nacional da Criança, órgão do Ministério da Educação e Saúde, na década de 1940.[15]

Comentários finais

Na direção da Policlínica de Crianças, Fernandes Figueira conseguiu colocar em prática algumas de suas ideias, sobretudo no que tange ao papel central do médico no atendimento às crianças, tanto na instituição quanto nas visitas domiciliares. Nas instituições filantrópicas, como o Ipai, tal serviço era desenvolvido por *damas de caridade*, prática condenada por esse médico.

Todavia, por se tratar de uma instituição filantrópica e voltada para a classe operária, a distribuição do leite, prescrição de mingaus e farinhas eram práticas constantes, mas, ao menos no discurso, sempre vinculadas ao acompanhamento médico, o que seu diretor gostava de frisar em suas consultas. Ao se voltar para esse público específico, a Policlínica de Crianças se tornava um *mal necessário*, mas,

> sempre que seja possível a alimentação ao seio, prescrevamo-la vigorosamente, exclusivamente. Baseadas em estatísticas numerosas, e fortificadas pelo bom SENSO, A CLINICA E A FISIOLOGIA DEMONSTRAM QUE

---

[15] Sobre o trabalho de Martagão Gesteira, conferir o capítulo 13 deste livro.

PARA AS CRIANÇAS, FORA O LEITE MATERNO É TUDO A MAIS RE-PULSA DROGA [Figueira, 1919:8, grifos do autor].

Mas para que isso fosse possível, era preciso mudar a prática socialmente enraizada das mulheres, principalmente as das classes média e alta, de modo que elas passassem a amamentar seus filhos. É para elas que ele dirige grande parte de suas consultas, publicadas pela primeira vez em 1910 (Figueira, 1919). Com relação aos filhos das operárias, o aleitamento misto resolvia um situação delicada para a sociedade contemporânea: trabalho *versus* amamentação. Outra opção era a *sopa Keller*, reduzida à consistência de um mingau adoçado com extrato de malte, alimento que também foi prescrito aos internos da Casa dos Expostos.[16]

No momento em que a indústria divulga os benefícios da *farinha láctea*, do leite condensado Moça, de farinha de arroz, entre outros alimentos voltados para as crianças (Rodrigues, 2011), Fernandes Figueira faz do aleitamento materno sua bandeira de vida.

Definitivamente, Fernandes Figueira não foi um filantropo, mas, como outros grandes médicos, dedicou parte de sua vida às instituições de caridade, onde conseguiu colocar em prática parte de suas ideias. Foi na instituição pública (Hospital-Abrigo Arthur Bernardes) que suas ideias foram implantadas na íntegra e para onde levou grande parte de sua equipe do Hospital da Misericórdia. Talvez a Policlínica de Crianças não tenha sido a ação benemerente que ele conclamou o provedor da Misericórdia carioca a realizar em 1902, mas foi onde ele conseguiu começar a praticar algumas de suas noções para a alimentação dos lactentes.

Referências

A POLICLÍNICA de crianças pobres da Santa Casa da Misericórdia fundada e doada pelo Dr. José Carlos Rodrigues e inaugurada pelo presidente Affonso Penna a 8 de maio de 1909: retrospecto de 11 anos de serviços sob a direção do dr. Fernandes Figueira. Rio de Janeiro: Typographia do Jornal do Commercio, 1920. Com fotos.
BENCHIMOL, J. L. (Coord.). *Manguinhos do sonho à vida*: a ciência na *belle époque*. Rio de Janeiro: Casa de Oswaldo Cruz/Fiocruz, 1990.

---

[16] Essa passagem denota uma relação mais próxima entre os médicos da Misericórdia e a Casa dos Expostos. Fernandes Figueira (1919:228) informa que o médico responsável por aquela instituição, o dr. Santos Moreira, era seu assistente.

BRITTO, N. *Oswaldo Cruz*: a construção de um mito na ciência brasileira. Rio de Janeiro: Editora Fiocruz; 1995.

CARDIM, Elmano. José Carlos Rodrigues: sua vida e sua obra. *Revista do Instituto Histórico e Geográfico Brasileiro*, Rio de Janeiro, n. 185, p. 126-157, out./dez. 1944.

CHALHOUB, S. *Cidade febril*: cortiços e epidemias na Corte imperial. São Paulo: Companhia das Letras, 1996.

EDMUNDO, Luiz. *O Rio de Janeiro do meu tempo*. 2. ed. Rio de Janeiro: Conquista, 1957. v. 1.

FIGUEIRA, A. F. Reforma dos hospitais. *Brasil Médico*, p. 311-312, 15 ago. 1902.

_____. *Bases scientificas da alimentação da criança*: suas consequências sociais. (carta aberta ao Sr. M. R. G. P.). Rio de Janeiro: Besnard Fréres, 1905.

_____. Assistência pública: assistência à infância e particularmente o que se refere às medidas a adotar contra a mortalidade infantil. Educação das crianças deficientes. Relatório apresentado ao Congresso Nacional de Assistência Pública e Privada. *Brazil-Médico*, Rio de Janeiro, 1-8 nov. 1908. p. 401-405, 411-415, 419-420.

_____. *Livro das mães*. 2. ed. Rio de Janeiro: Leite Ribeiro & Murillo, 1919.

FREITAS, B. Hospital de Crianças. *Jornal do Commercio*, Rio de Janeiro, ano. 83, n. 127, p. 2, 8 maio 1909.

FREYRE, G. *Ordem e progresso*. Rio de Janeiro: Record, 2000.

GOMES, A. C. *Essa gente do Rio*: modernismo e nacionalismo. Rio de Janeiro: Editora FGV, 1999.

MARCÍLIO, M. L. A criança abandonada na história de Portugal e do Brasil. In: VENÂNCIO, R. P. (Org.). *Uma história social do abandono de crianças — de Portugal ao Brasil*: séculos XVIII-XIX. São Paulo: Alameda; Belo Horizonte: Editora PUC-Minas, 2010.

PINTO, Antônio Ferreira. *O medico da primeira infância ou o conselheiro da mulher grávida e hygiene da primeira infância*. Rio de Janeiro: Typographia Nacional, 1859.

RODRIGUES, J. *Alimentação, vida material e privacidade*: uma história social de trabalhadores em São Paulo nas décadas de 1920 a 1960. São Paulo: Alameda, 2011.

SÁ, I. dos Guimarães. As crianças e as idades da vida. In: MATTOSO, J. (Dir.). *História da vida privada em Portugal*. Lisboa: Círculo dos Leitores e Temas e Debates, 2011. v. 3: A idade moderna. p. 71-95.

SANGLARD, G. *Entre os salões e o laboratório*: Guilherme Guinle, a saúde e a ciência no Rio de Janeiro. Rio de Janeiro: Editora Fiocruz, 2008.

_____. A sociedade civil e a construção de hospitais na cidade do Rio de Janeiro da Primeira República. In: _____ et al. *História urbana*: memória, cultura e sociedade. Rio de Janeiro: FGV, 2013. p. 225-249.

_____; FERREIRA, L. O. Médicos e filantropos: a institucionalização do ensino da pediatria e da assistência à infância no Rio de Janeiro da Primeira República. *Varia Historia*, Belo Horizonte, v. 26, n. 44, p. 437-459, jul./dez. 2010.

SEVCENKO, N. A capital irradiante: técnica, ritmos e ritos do Rio. In: NOVAIS, Fernando (Dir.). *História da vida privada*. São Paulo: Companhia das Letras, 1998. v. 3: *República*: da *belle époque* à era do rádio. p. 513-620.

CAPÍTULO 8

Coração e ciência:
Vitor Ferreira do Amaral e a prática da medicina e da assistência à maternidade e à infância na Curitiba do início do século XX

Ana Paula Vosne Martins
Michele Tupich Barbosa

No dia 7 de novembro de 1931, a professora e escritora feminista portuguesa Mariana Coelho, que vivia já há muitos anos em Curitiba, publicava mais uma de suas habituais crônicas na imprensa local, dessa vez no *Diário da Tarde*. O assunto tratado era muito caro a ela, como às demais feministas brasileiras e de outros países, para quem a defesa dos direitos civis e políticos das mulheres estava inextricavelmente ligada à valorização moral e política da maternidade. Entre os tantos desdobramentos de tão importante e polêmica questão se destacava a dura realidade de mulheres solteiras que viveram a experiência da maternidade marcada pelo estigma, pela pobreza e pelo abandono social e familiar. Mariana Coelho se somava ao coro de outras feministas, de mulheres e homens ligados às associações caritativo-filantrópicas e de médicos obstetras que desde meados do século XIX se opunham ao que então chamavam de falta de consciência, de justiça e de espírito cristão evidente no abandono das mulheres pobres que estavam prestes a serem mães.

Em sua crônica Mariana Coelho não só se opunha ao abandono e ao preconceito, mas também elogiava e apoiava uma iniciativa benemerente que tivera lugar em Curitiba no ano de 1914 — a criação da Maternidade do Paraná:

> Se o facto de ser mãe só por si só santifica e dignifica a mulher, igualmente a solteira tem, como a casada, direito a essa santificação e, por consequência, ao respeito e proteção sociais; em vez disso, porém, é ela condenada à censura geral, ao abandono, e até ao ridículo a que a sociedade inconsciencíosa e invariavelmente a arremessa! E quanto mais analisamos estas flagrantes incoerências, mais valor achamos na grandiosidade da obra social e moralizadora empreendida pelo Dr. Victor do Amaral, empregando coração e

sciencia em suavizar a dor humana feminina — oral e materialmente falando [Coelho, 1931:3].

Seu texto tem forte apelo moral ao denunciar o descaso da sociedade com esta tão importante missão[1] que é a maternidade, mas estabelece um contraponto ao enaltecer a ação filantrópica do médico paranaense Vitor Ferreira do Amaral, cuja realização, a criação da Maternidade do Paraná, seria, segundo Mariana Coelho, resultado da união louvável entre a ciência e os sentimentos morais e humanitários. Espaço de atenção médica primordialmente, o hospital maternidade cumpria outro papel, tão importante quanto prestar cuidados obstétricos: amparar, socorrer, prover, ou seja, prestar assistência moral e social às mulheres pobres, casadas ou solteiras, no momento de dar à luz.

Vitor Ferreira do Amaral foi um homem público cuja memória está cuidadosamente preservada em livros, ensaios, artigos, verbetes e outros registros de natureza biográfica cuja finalidade é lembrar sua trajetória e seus feitos, que realmente não foram poucos. Ele foi contemporâneo de mudanças políticas e culturais de grande impacto para a geração de jovens homens que, como ele, iniciaram a vida pública na passagem do Império para a República, compartilhando o ideário modernizador e progressista que se assentava nos fundamentos da ciência e no reordenamento político e social do país, ou seja, num projeto francamente intervencionista, visando induzir o progresso. Foi médico, professor, exerceu cargos políticos nas áreas de educação e saúde, mas seu nome e sua trajetória ficaram profundamente associados ao que Mariana Coelho, sagaz e poeticamente, reconheceu pelo laço entre *coração e sciencia*: a ação benemerente.

Este capítulo apresenta um esboço da trajetória de Vitor Ferreira do Amaral como médico e como filantropo. Não pretende ser um texto biográfico, mas tão somente compreender as relações entre os projetos elitários de modernização numa região de menor expressão política como era o Paraná do começo do século XX, a prática médica na Curitiba de então e a ação benemerente concretizada na assistência à maternidade. Política, ciência e filantropia entrelaçadas na vida desse médico e professor cujo nome e capital simbólico são indiciários não só da história da medicina e de suas íntimas relações com a filantropia, mas também dos diferentes projetos das elites locais frente aos imensos desafios para o que lhes

---

[1] Missão é uma palavra recorrentemente usada nos textos maternalistas desde finais do século XIX, o que reforça o sentido moral superior da experiência da maternidade, comparável com o sacerdócio e com a ação religiosa missionária. É com esse significado histórico e cultural que é empregada neste capítulo.

era tão caro alcançar: o progresso. Para Vitor Ferreira do Amaral e seus colegas de profissão e de ideal, o progresso não era antitético à manifestação dos sentimentos morais e da assistência pública aos desafortunados, reforçando o *ethos* elitário da responsabilidade moral através de ações benemerentes como as que ele promoveu, entre elas a criação da Maternidade do Paraná, que desde a época da publicação do artigo de Mariana Coelho leva o nome do médico filantropo.

Um homem de ciência

Vitor Ferreira do Amaral e Silva[2] nasceu na cidade da Lapa em 1862, quando ainda era denominada Vila do Príncipe. Localizada ao sul de Curitiba, a uma distância de aproximadamente 60 quilômetros, a Vila do Príncipe era um lugar de passagem de tropas de gado (bovino e muar) que vinham do Rio Grande do Sul em direção a São Paulo; portanto, área de fazendas de pouso e de criação. O pai de Vitor era um *homem bom* da Vila do Príncipe, capitão Serafim Ferreira do Amaral e Silva, casado com Júlia Moreira do Amaral e Silva (Dicionário histórico-biográfico do estado do Paraná, 1991:446). Dono da Fazenda Sant'Anna, seus negócios se davam em torno da produção da erva mate, mas também conduzia tropas de muares para São Paulo junto com seus escravos, como narrou seu filho anos mais tarde em um artigo publicado no jornal *O Dia*: "como bom chefe de numerosa família, seu ideal era bem educar seus filhos; por isso cedo me encaminhou para os estudos, como ele dizia" (Amaral, 1982:23).

Nesse mesmo artigo, Vitor Ferreira do Amaral conta como sua família era muito bem relacionada, fazendo parte de uma rede elitária composta majoritariamente por fazendeiros e alguns comerciantes. Através das relações de parentesco e interesses econômicos comuns, as elites locais se integravam nos principais núcleos de sociabilidade política da recém-criada província do Paraná, ou seja, nas vilas e cidades dos Campos Gerais — Palmeira, Ponta Grossa e Castro — em Curitiba, capital da província, e nas cidades litorâneas de intenso comércio — Paranaguá, Antonina e Morretes.[3]

O capitão Serafim era um homem pragmático e ambicioso. Interrompeu a vida tranquila levada na fazenda por seu filho Vitor e o enviou, em 1872, para

---

[2] Este é seu nome completo, embora nas homenagens que tenha recebido, como ter seu nome numa importante avenida de Curitiba, de escola pública e da maternidade, o último sobrenome, Silva, seja sempre suprimido. Neste capítulo adotamos o mesmo procedimento.
[3] O Paraná foi a quinta comarca da província de São Paulo até 1853, quando as elites locais conseguiram sua autonomia política com a criação da província do Paraná.

Curitiba, a fim de que desse início aos estudos. Serafim, como outros homens das elites provinciais, sabia que a formação escolar e universitária consolidava o poder das famílias e poderia abrir acesso a outras carreiras e postos de poder tanto na Corte imperial quanto nas cidades que constituíam a extensão de suas bases territoriais de poder. Nas memórias de infância de Amaral, nota-se como seu caminho em direção à formação escolar em Curitiba se cruzou com o de outros meninos que, como ele, integraram, quando adultos, a elite política do Paraná.

Em Curitiba, Vitor Ferreira do Amaral iniciou sua formação na escola do professor alemão Jacob Müller. Em 1874, seu pai o mandou estudar no Rio de Janeiro, e lá frequentou o colégio Abílio, celebrizado pelo romance *O Ateneu* (1888), de Raul Pompéia, escritor lembrado por Amaral em suas memórias, bem como de outros colegas da época, entre eles Olavo Bilac, com quem travou relação de amizade que foi além dos tempos escolares. Estudou inglês, francês e latim, além das outras matérias exigidas para os exames preparatórios. Em 1878, matriculou-se na Faculdade de Medicina do Rio de Janeiro, onde estudou com os professores notáveis daquela instituição, entre eles o visconde de Saboia, Nuno de Andrade e Torres Homem.

Vitor Ferreira do Amaral estudou medicina numa época de mudanças importantes no ensino médico brasileiro. Entre a Reforma de Instrução Superior do Império, de 1854, e a Reforma Saboia, de 1882, as faculdades de Medicina regulamentaram o funcionamento das cátedras, exigindo maior empenho dos professores, ampliaram o currículo e, principalmente, criaram as condições para o ensino das disciplinas clínicas, que exigiam a observação e a prática nas enfermarias e salas cirúrgicas. Ainda é preciso destacar que, nas últimas décadas do século XIX, o ensino médico brasileiro começou a se tornar permeável aos novos conhecimentos oriundos do experimentalismo e da relação entre a clínica e o laboratório de fisiologia, representada pelos trabalhos de Claude Bernard (Canguilhem, 1995).

Para os jovens estudantes de medicina que iniciaram sua formação na década de 1870, como Amaral, tudo parecia se apresentar como um desafio não só pessoal mas de uma geração que chamava para si o compromisso de uma elite treinada a reconhecer os problemas do país e de seu povo. Esse compromisso requeria necessariamente a formação científica que eles buscavam nas faculdades de ensino técnico-profissional, mas também a ação pública, à qual muitos deles se lançaram através da carreira política e do envolvimento pessoal em projetos de intervenção, como a organização da saúde e da assistência pública (Luz, 1982).

É importante lembrar esse contexto da formação médica porque Vitor Ferreira do Amaral é um típico representante daquela geração dos anos 1870-1880 e de seu projeto de modernização. Sua escolha pela obstetrícia é reveladora do impacto da transformação do ensino clínico na Faculdade de Medicina do Rio de Janeiro. Afinal, essa foi uma especialidade médica que se constituiu efetivamente a partir das reformas e da ênfase cada vez maior na clínica e na transformação dos espaços hospitalares em espaços de observação, de ensino, de cura e de assistência, e não só de caridade (Martins, 2004). Contudo, sua carreira como médico se fez acompanhar de outras ações públicas, ao participar da vida política, bem como da atividade docente pela qual é bastante lembrado. Afinal, foi um dos fundadores da Universidade do Paraná, professor e diretor da Faculdade de Medicina. Em sua longa trajetória de homem público, procurou cumprir o compromisso com o qual estivera desde muito jovem envolvido: atuar politicamente a fim de promover o desenvolvimento social e cultural do país, um projeto de sua geração e em especial das elites locais que tanto almejavam mudanças no Paraná e na sua capital.

Em 1884 concluiu sua formação médica, defendendo a tese intitulada *A influência da prenhez sobre as moléstias pulmonares* em solenidade com a presença do imperador. Doutor em medicina, retornou ao Paraná com 22 anos de idade e com muitos planos. Instalou-se na capital, Curitiba, certamente por se tratar de um centro maior, onde poderia ter uma boa clientela. Na época, Curitiba contava com poucos médicos, e o único hospital era o Hospital da Santa Casa de Misericórdia, recém-inaugurado pelo imperador em 1880. Amaral iniciou suas atividades clínicas na Farmácia do Chico Carvalho, mas logo passou a atender também no Hospital de Misericórdia, onde clinicou por mais de trinta anos, ganhando notoriedade como médico benfeitor e caridoso (Lima, 1982:12).

O trabalho no Hospital de Misericórdia o aproximou da realidade do pauperismo e do abandono, particularmente o abandono público aos mais necessitados. Boa parte dos médicos brasileiros iniciou seu envolvimento com as práticas caritativas a partir da clínica em hospitais de caridade ou em sanatórios e manicômios. O atendimento aos doentes pobres, fossem livres, escravos ou libertos, aos órfãos e também aos idosos era uma prática profundamente arraigada à caridade e ao espírito cristão de dádiva e de proteção. Não podemos afirmar categoricamente que o envolvimento de Amaral com a filantropia adviesse somente da clínica exercida no Hospital de Misericórdia, mas seus memorialistas insistem nessa experiência para destacar um traço importante do caráter e da personalidade de Amaral, que é o humanitarismo, e sua determinação em amparar os abandonados pela sorte, mesmo quando a maioria não demonstrava nenhum sentimento por eles:

Naquela época, na velha Curitiba, nenhum médico arriscaria sua respeitabilidade jogando-se contra preconceitos estabelecidos. Atrás da Igreja da Matriz vivia uma mulher conhecida por seus hábitos e costumes relaxados que adoeceu seriamente. Nenhum colega de Victor do Amaral quis atendê-la. A companheira da enferma, desesperada, bateu às portas do médico que depois de ouvir a história toda e de intimamente taxar de imbecis os seus confrades puritanos, rumou à casa suspeita, medicou e curou a doente, o que lhe valeu uma das maiores gratidões recebidas em toda a sua vida profissional [Lima, 1982:10].

As manifestações de humanitarismo e os projetos com os quais Amaral se envolveu, particularmente a criação da Maternidade do Paraná, são inseparáveis da sua formação de médico. Na sua época de estudante, as discussões acerca da assistência pública e de suas relações com a filantropia ainda eram muito incipientes. Alguns médicos e professores das faculdades de medicina do Rio de Janeiro e de Salvador eram certamente sensíveis aos problemas sociais que chegavam junto com seus pacientes. Eles também conheciam as ações benemerentes de médicos europeus que se notabilizaram por nunca terem deixado de atender os mais pobres ou então por se envolverem diretamente na fundação de hospitais para crianças, maternidades, lactários como as famosas Gotas de Leite, e tantas outras ações, como é o caso da Cruz Vermelha e das ligas de combate a várias doenças e da participação em movimentos educacionais.[4]

A relação entre a prática da medicina e a ação benemerente, portanto, foi resultado da maior visibilidade e do prestígio social dos médicos ao longo do Oitocentos e na primeira metade do século XX, mas tem outras implicações, bem analisadas por Donzelot (1986). Para o que interessa neste capítulo, destacamos a importância do saber médico no enfrentamento da chamada questão social, conforme ela foi constituída nas crises do capitalismo industrial do século XIX. Os médicos não interferiram somente no plano da nosologia e da terapêutica, mas nesse terreno novo do social. Nesse campo novo para a medicina se descobrem os fluxos entre a ordem (ou a desordem) do indivíduo e da família e a ordem (ou a desordem) da sociedade, ou da nação, ou da raça. Os males ou as doenças não eram somente do corpo dos doentes, mas, como num sistema de vasos comunicantes, intercambiáveis entre indivíduos e sociedade. Daí a ênfase dada à prevenção e a todo o seu cortejo de rituais de cuidados e disciplinas. Na

---

[4] Vitor Ferreira do Amaral foi membro da Cruz Vermelha e criou o curso de enfermeiros socorristas de guerra em 1914.

constituição dos saberes e das práticas sobre o social, os médicos desempenharam papel de destaque e muitos deles não se contiveram na prescrição, passando à intervenção, seja através da política, seja através da filantropia.

As ações benemerentes de Amaral podem ser, portanto, compreendidas a partir da sua formação de médico e da experiência cotidiana em atender pessoas nas mais diferentes condições de penúria e sofrimento no Hospital da Misericórdia. Mas é preciso também lembrar sua origem social. Como membro da elite fazendeira da Lapa, sua origem social pode ter desempenhado importante papel no que poderíamos chamar de *ethos* benemerente, ou seja, a consciência de que a posição e o *status* social somados ao conhecimento e à capacidade de uma ação permeada pela razão e pelos sentimentos morais podem não só proteger e amparar os pobres e necessitados mas também induzir ações morais. As elites locais praticavam a caridade desde há muito tempo, como uma forma de consolidar seu poder, mas também devido às relações de parentesco e de compadrio. Doações testamentárias aos pobres eram as práticas mais comuns de caridade elitária no Paraná do Setecentos e do Oitocentos, as quais a família de Amaral conhecia, bem como as de seus numerosos parentes, incluindo o barão dos Campos Gerais (Andreazza, 2011).

A fama como médico competente e humanitário e sua inserção nas elites políticas da cidade de Curitiba abriram o caminho para a ação política que iniciou cedo, em 1890. Republicano, apesar de nunca ter escondido sua admiração por d. Pedro II, foi intendente municipal em Curitiba, eleito deputado estadual em 1892 e deputado federal em 1906. Entre esses dois períodos de vida parlamentar, foi vice-governador do Paraná entre 1900 e 1904 e diretor-geral da instrução pública. Entre 1920 e 1928 foi diretor de saúde pública do estado, durante o governo de Caetano Munhoz da Rocha, também de formação médica, como Amaral. Cabe destacar que durante sua atuação nesse cargo foram criadas importantes instituições hospitalares no Paraná, como o Leprosário São Roque, na cidade de Piraquara, o Sanatório São Sebastião, na Lapa, e o Hospital Oswaldo Cruz, em Curitiba (Dicionário histórico-biográfico do Estado do Paraná, 1991:304).

Ao longo das primeiras décadas do século XX quando exerceu cargos políticos importantes no Estado, envolveu-se com vários assuntos, como questões de limites territoriais entre Santa Catarina e Paraná, fundou a Sociedade de Agricultura e foi participante ativo do Instituto Histórico e Geográfico Paranaense e da Academia de Letras José Alencar. Ao se observar com mais atenção sua biografia, nota-se como Amaral foi um homem de ciência que nunca se desligou da vida ativa, da vida pública. Sua incursão pela política não o levou a abandonar o cultivo das letras e da ciência. Pelo contrário, foi sua formação científica e humanista que norteou suas escolhas e as causas pelas quais combateu, sendo duas as suas criações que merecem destaque: a Universidade do Paraná e a Maternidade do Paraná.

A criação de faculdades no Paraná se apresentou nos discursos das elites locais como uma necessidade urgente e coerente com o projeto de modernização dos homens da ciência e da cultura, bem como dos homens de negócios que se revezavam nos cargos políticos. Modernização era uma palavra muito empregada nos discursos finisseculares e do começo do século XX, embora as elites locais se dividissem quanto ao seu escopo e significado. Mas num ponto convergiam: a necessidade de criar uma universidade na cidade de Curitiba. Um estabelecimento de ensino universitário deveria ter como prioridade a formação dos quadros da elite, capaz de tornar realidade o sonho acalentado de mudar a face brejeira e provinciana de Curitiba, transformando-a numa cidade moderna a partir dos princípios da técnica e da racionalidade científicas. Rocha Pombo, jornalista, professor e ardoroso republicano, havia elaborado um projeto de universidade em 1892, mas não foi bem-sucedido, provavelmente por ser do Partido Conservador e vinculado aos desafetos do grupo político que estava no poder, ligado ao Partido Liberal (Campos, 2008).

Foi somente em 1912 que um grupo de médicos, engenheiros e profissionais técnicos criou a Universidade do Paraná, com os cursos de medicina, odontologia, farmácia, obstetrícia, agronomia, engenharia, direito e comércio. Encabeçava esse grupo Vitor Ferreira do Amaral, os médicos Nilo Cairo e Reinaldo Machado, Panfilo de Assunção, representante da Associação Comercial do Paraná, Flavio Luz, Manoel de Cerqueira e o engenheiro militar Daltro Filho. Criaram uma universidade de perfil técnico-profissional bem de acordo com as demandas por formação técnica e científica que promovessem o progresso e a modernização. Amaral desempenhou papel de liderança nesse processo de criação da universidade, como também foi professor e exerceu funções administrativas, sendo diretor da Faculdade de Medicina e reitor.[5]

Seu nome está ligado à história da Universidade e da Faculdade de Medicina como sendo o homem de ciência e de visão que conseguiu efetivar essa realização tão importante para as elites locais, mas certamente nem tudo dependeu de visão e de conhecimento científico. Concordamos com Campos (2008) quando diz que o contexto de 1912 propiciou a aproximação entre os cientistas especialistas e os grupos dirigentes, mas no caso particular de Amaral é possível

---

[5] Vitor Ferreira do Amaral foi reitor em duas gestões. A primeira entre 1912 e 1918 e a segunda entre 1946 e 1948. Ele faleceu em 2 de fevereiro de 1950 (Baranow e Siqueira, 2007).

afirmar que não só sua formação especializada e o saber e experiência médicos foram determinantes, mas que nele convergiam a formação científico-profissional e o pertencimento às elites políticas e econômicas do Paraná. Um homem de ciência, um homem das elites.

Um homem de coração

> E como um relicário de emoções,
> Tem no seu coração, que é um Marumbi de bondade,
> Um lenitivo a cada mágoa alheia,
> Uma carícia a cada desventura
> E um pão de trigo a cada fé ardente
> E sendo assim,
> Esse predestinado vendo Maria,
> Vendo esse amor às criancinhas
> E na rútila expressão entre os Doutores,
> O mágico filtro de mocidade e de sabedoria
> Achou como quem acha agulha num palheiro
> A constituição do seu alado sonho:
> Maternidade e Universidade,
> Polos da vida de uma geração [Stockler, 1982:21].[6]

Na virada do século XIX para o XX, a obstetrícia já era uma especialidade reconhecida pelo ensino médico nas faculdades de medicina brasileiras e através da clínica praticada por um número crescente de médicos e médicas. A clínica obstétrica era exercitada nas residências das famílias que tinham recursos para pagar o atendimento de um médico ou então nos hospitais de caridade, que a partir das décadas de 1880 e 1890 começaram a contar com enfermarias para atendimento às grávidas, mulheres em trabalho de parto e às puérperas (Martins, 2004). Até meados do século XX, a clínica obstétrica teve de conviver com a principal forma de atendimento ao parto, que era de domínio das parteiras, algumas imigrantes ou brasileiras diplomadas no exterior ou nas faculdades de medicina nacionais, mas a maioria era de mulheres leigas que praticava a arte dos partos por experiência (Barreto, 2000; Mott, 1994:101-116).

---
[6] O Marumbi é uma montanha que fica na serra do Mar no estado do Paraná. Trata-se de um conjunto de oito cumes de alturas diferentes, e a montanha mais alta tem 1.539 m.

Conforme a obstetrícia foi-se consolidando nas faculdades de medicina e na clínica, os médicos brasileiros passaram a defender a organização de serviços de atendimento médico e social em espaços hospitalares apropriados para receber grávidas e puérperas e prestar os cuidados médicos também aos recém-nascidos. Esses espaços eram então denominados "maternidades", como o são até os dias de hoje, ou seja, hospitais para dar à luz. Tais espaços hospitalares já existiam na maioria dos países europeus, nos Estados Unidos e também em alguns países sul-americanos que estiveram na vanguarda da medicina obstétrica, pediátrica e da assistência materno-infantil, como Argentina, Uruguai e Chile (Birn, 2005:1506-1517; Nari, 2004; Zárate, 2007). Na virada do século XIX o Brasil estava dando os primeiros passos em direção a esse movimento de organização das maternidades e da assistência médico-social às mulheres pobres que necessitavam de cuidados médicos e amparo material no momento de dar à luz, especialmente aquelas que não contavam com o apoio familiar.

Na Curitiba do começo do século XX, as mulheres pobres em apuros no momento de partejar só podiam se socorrer nas enfermarias do Hospital da Misericórdia. As condições não eram as melhores, pois o hospital não tinha enfermaria obstétrica, mas tão somente alguns leitos para abrigar as mulheres. O atendimento médico era realizado por Amaral desde que ele começou a trabalhar no hospital. Em 1908 ele escreveu um ofício dirigido ao secretário do Interior solicitando apoio para a criação de uma enfermaria: "Assim eu tomaria a liberdade de pedir a V.Exa. que solicitasse do Governo do Estado a dádiva de 4:000$000 (quatro contos de réis) em auxílio à secção maternidade que necessita-se crear no Hospital de Misericórdia de Curitiba" (Amaral apud Lima, 1982:11).

Mas o modesto pedido de Amaral não era suficiente para transformar a Misericórdia num modelo de atendimento médico obstétrico, muito menos para atender a outra face das maternidades, indissociável da clínica obstétrica e pediátrica, que era a assistência social. Como obstetra, Amaral conhecia o debate em torno da dimensão social da experiência da maternidade vivida por mulheres pobres, e particularmente por aquelas que eram solteiras. Além da penúria, havia uma questão urgente contra a qual os médicos militavam — o aborto ou o abandono dos recém-nascidos. Dessa forma, a maternidade não serviria somente para prestar atendimento médico, mas também para prevenir o aborto (com o atendimento pré-natal) e o abandono dos recém-nascidos, através de apoio material, incentivo ao aleitamento materno e apoio moral.

O que então era divulgado como ação humanitária e exercício de caridade, como bem demonstra a poesia de Stockler acima transcrita, não era assim entendido pela maioria das pessoas, avessas aos comportamentos femininos que demonstrassem desrespeito aos bons costumes e atentassem contra a moral vigente, que restringia a sexualidade e a maternidade ao casamento. Muitos médicos obstetras contemporâneos de Amaral conheciam esse dilema e o peso dos preconceitos, sendo que alguns deles tiveram de vir a público para defender as maternidades contra as suspeitas de que sua existência poderia incentivar, e ao mesmo tempo ocultar, as mulheres desencaminhadas. Para tanto apelavam para os sentimentos de caridade e de piedade, mas fundamentalmente lembravam que a criação das maternidades era um passo importante na tarefa urgente de proteger as crianças das doenças, do abandono e da morte. Médicos como Climério de Oliveira, em Salvador, Fernando Magalhães, no Rio de Janeiro, e Vitor Ferreira do Amaral, em Curitiba, estiveram envolvidos com a criação de maternidades, e nessa iniciativa enfrentaram não só as suspeitas morais que sobre elas recaíam, mas também as dificuldades financeiras num país que dava os primeiros passos na organização da saúde e da assistência públicas (Martins, 2004).

Com a criação da Universidade do Paraná e do curso de obstetrícia em 1912, Amaral e seus colegas consideraram que aquela era a oportunidade certa para criar uma maternidade. Ela deveria servir para as aulas práticas dos estudantes e das parteiras que buscavam certificação, mas igualmente para atender às urgências da assistência social e moral às mulheres pobres e, em especial, às mães solteiras. Dessa forma, deu-se o encontro entre Amaral e as mulheres da elite curitibana, convergindo seus interesses em favor de uma ação benemerente representada pela criação da Maternidade do Paraná, em 1914.

A prática da caridade através de esmolas e da arrecadação de fundos para atender pessoas pobres era algo que estava de acordo com a moralidade cristã e das elites. O exercício da caridade era esperado das pessoas mais ricas e das famílias poderosas. Com a maior visibilidade e mobilidade das mulheres das elites brasileiras no começo do século XX, estavam dadas as condições para que elas atuassem de maneira mais organizada num sistema caritativo-filantrópico que começava a se instituir em diferentes cidades do país (Trindade, 1996). Casadas ou solteiras, elas representavam certamente o nome e o poder de seus maridos e pais, mas, a partir do momento em que se envolviam com as ações benemerentes, fosse junto à Igreja Católica, fosse independentemente da religião, passavam a adquirir capital simbólico associado tanto aos seus nomes de família quanto ao poder de fazer o bem.

Vitor Ferreira do Amaral procurou as pessoas certas para apoiar sua iniciativa e a de seus colegas Reinaldo Machado, Nilo Cairo e Assis Gonçalves. As dignas senhoras da elite curitibana eram suas conhecidas; afinal, pertenciam à mesma classe e Amaral era, na época, médico reconhecido e homem público frequentador dos espaços de sociabilidade da mesma forma que elas e seus maridos. Portanto, compartilhavam de muitos valores caros à distinção social das elites. Ele apelou para "a magnanimidade dos corações femininos, sempre abertos às obras de altruísmo" (Associação das Damas de Assistência à Maternidade e à Infância, 1914:17) e foi bem-sucedido.

No dia 16 de fevereiro de 1914, nas dependências do seleto Clube Curitibano, foi realizada a assembleia geral de instalação da maternidade e da Associação das Damas de Assistência à Maternidade e à Infância. A presidente, Alcina Camargo, dirigiu-se às outras damas nos seguintes termos:

> Ideia mais louvável e benemérita, escopo mais digno e humanitário não poderia existir, merecendo o apoio franco e decidido da mulher paranaense, qual esse que hoje nos agremia esta assembleia, que há de se tornar memorável pela sua significação humanitária e pelos serviços inestimáveis que virá prestar a nossa sociedade e especialmente aos desvalidos da fortuna. O coração das nossas patrícias, sempre aberto aos sentimentos mais nobres e caridosos, não poderia deixar de acolher, com todo o entusiasmo e simpathia, a ideia generosa e bela, brotada no seio dessa illustre e notável corporação que é a Universidade do Paraná. As senhoras curitibanas correram pressurosas ao encontro da magnânima ideia, correspondendo ao appello que se lhes faria e hoje, diante do testemunho desta seleta reunião, podemos asseverar que não mais morrerão a míngua e desamparadas no meio dos mais cruciantes padecimentos, as mães a quem a sorte e a fortuna não foram propícias e que não mais sofrerão fome e frio os pequeninos entes que não tiveram a illuminar-lhes o berço a estrela da felicidade.[7]

A partir de então, as relações entre Vitor Ferreira do Amaral e a diretoria da Associação das Damas de Assistência se tornaram mais sólidas e frequentes. A leitura das atas dos 10 primeiros anos de existência da maternidade e da associação revela essa parceria, bem como a insistência de ambos, médicos e damas benemerentes, em levar à frente a instituição e seu objetivo assistencial, apesar das imensas dificuldades financeiras. Amaral frequentava as reuniões para apresentar anualmente o relatório demonstrativo do emprego dos recursos financeiros arrecadados pela Associação. Além disso, a diretoria que tomou posse em fevereiro de 1915 contava com participação de Anna Messias do Amaral,

---

[7] Acta da sessão de assemblea geral de instalação da Maternidade do Paraná. Associação das Damas de Assistência à Maternidade e à Infância, 16/2/1914. Acervo da Associação Feminina de Proteção à Maternidade e à Infância de Curitiba.

esposa de Vitor Ferreira do Amaral, no cargo de primeira vice-provedora, algo semelhante a vice-presidente.

Em 1915, no primeiro relatório sobre a maternidade, o secretário da Universidade do Paraná, Nilo Cairo, comentava que, apesar dos esforços para mantê-la, o movimento clínico era ainda pequeno devido "às prevenções injustificadas que, em toda parte, existem contra os estabelecimentos deste gênero" e também pela falta de recursos das pacientes para comprar os medicamentos receitados, já que estes não eram distribuídos gratuitamente pela instituição (Cairo, 1915:39). Apesar das dificuldades e das instalações precárias, a associação procurou sempre atender aos apelos do diretor da Faculdade de Medicina, Vitor Ferreira do Amaral, e do diretor clínico da maternidade, Reinaldo Machado, que veio a falecer precocemente em 1918. Em seu lugar Amaral assumiu a direção da maternidade.

Amaral solicitou à Câmara Municipal que aprovasse uma lei de dotação de fundos para a maternidade, que foi aprovada, mas dificilmente cumprida. Os primeiros 20 anos da instituição foram de grande dificuldade para manter os serviços, pagar os funcionários e, especialmente, atender às necessidades das mulheres internadas. Portanto, o papel desempenhado pela associação foi de fundamental importância, e certamente a iniciativa teria fracassado se não fosse pela ação benemerente daquelas mulheres. Elas recorriam aos gabinetes dos políticos, que eram seus parentes ou amigos, às companhias de comércio da cidade, muitas de suas famílias e de suas relações de amizade, organizavam eventos culturais de cunho filantrópico e não descuidavam da manutenção do quadro de sócias, que contribuíam com mensalidades pagas. Essas eram suas fontes de recursos, mas também contavam com doações mais vultosas de sócias ricas e beneméritas, como Zulmira Leal Marcondes, que doou dois contos de réis para que a maternidade iniciasse suas atividades, e Lily Santerre Guimarães, doadora do terreno no qual foi construída a sede definitiva da maternidade, inaugurada em 1930.

Apesar das dificuldades, o movimento da maternidade foi crescendo, passando de 20 atendimentos em 1914 para 61 em 1919.[8] Além disso, Amaral abriu vagas para as chamadas pensionistas, mulheres que tinham como pagar para serem atendidas na instituição, o que demonstra que, passadas as primeiras reações contrárias, a instituição veio a ser reconhecida e procurada pelas mais favorecidas pela *sorte e fortuna*. No entanto, é preciso considerar também que a boa

---

[8] Ata da Assembleia Geral da Associação das Damas de Assistência à Maternidade e à Infância, 11/1/1920, p. 11. Dados apresentados por Vitor Ferreira do Amaral.

fama da maternidade se devia às suas madrinhas, mulheres da elite sobre quem não pesava a menor suspeita, bem como à ideia inteligente de Amaral, que logo se uniu a elas associando a instituição a uma ação benemerente, ao ideário cristão da caridade e ao humanitarismo, apelando aos corações da elite curitibana para que o projeto fosse bem-sucedido. E ele foi.

Em 1930, a Maternidade do Paraná teve sua sede própria inaugurada graças ao trabalho benemerente das damas da associação e do seu diretor, Vitor Ferreira do Amaral. A partir de então, a maternidade mudou de nome e adotou o nome de seu diretor. Em artigo publicado na *Revista Médica do Paraná*, em 1932, Amaral fez uma espécie de balanço da iniciativa do já distante ano de 1914:

> A Maternidade para aqui transferida em 3 de maio de 1930 e montada sob a moderna orientação científica pela Faculdade de Medicina do Paraná, de cujo patrimônio é parte integrante, vai procurando corresponder às esperanças de seus idealizadores. Desde aquela data até hoje o seu livro de registro consigna a entrada de 420 gestantes. A assistência a gestantes pobres vai aumentando de dia para dia, constituindo um manancial precioso de ensinamentos para a prática dos estudantes do curso médico e para as enfermeiras especializadas em obstetrícia, que para aqui têm afluído, ávidas de habilitação profissional. [...] Esta Maternidade, fundada especialmente com intuitos didáticos, não podia de deixar esculpir em seu lema a obra humanitária da assistência médico-social às mulheres grávidas, inclusive as mães solteiras, vítimas da fragilidade humana, mais dignas de comiseração do que do impiedoso ferrete com que as convenções sociais lhes acostumam estigmatizar [Amaral, 1932:187].

Comentários finais

Vitor Ferreira do Amaral e seus colegas de outras cidades brasileiras que como ele foram incansáveis defensores da assistência à maternidade tiveram seus nomes ligados definitivamente ao que podemos denominar medicina benemerente. Apesar de terem escrito livros e artigos em publicações médicas, de atuarem como professores e, no caso de Amaral, de ter sido reitor da Universidade do Paraná por duas vezes, foi sua ação benemerente em favor das mães pobres e de seus filhos que lhes granjeou fama e reconhecimento como homens de ciência e de coração. Certamente que outros médicos brasileiros também aparecem como ilustres representantes da caridade e da filantropia por terem criado hospitais e atendido gratuitamente homens, mulheres e crianças pobres, o que é bastante revelador dessa dimensão da profissão médica, pelo menos até a metade do século XX.

Médicos benfeitores são muito conhecidos e integram a memória da benemerência não só no Brasil, mas de maneira geral em lugares onde o saber médico se fez acompanhar de um *ethos* elitário e profissional, ou seja, a benemerência era uma ação esperada dos médicos, e muitos deles se dedicaram a cumprir tal expectativa. Esse foi, sem dúvida alguma, o caso de Vitor Ferreira do Amaral, um representante da elite local, cuja formação profissional o preparou não só para exercer a medicina e cuidar daqueles que o procuravam. Ser médico obstetra o preparou para a clínica e para o magistério, ao mesmo tempo que o levou a exercitar o poder de fazer o bem, de proteger e amparar as mulheres pobres e seus filhos, construindo não só a maternidade, mas também a imagem do homem de ciência e de coração humanitário.

Referências

AMARAL, Vitor Ferreira do. Minha infância escolar In: LIMA, Eduardo Correa (Org.). *Victor Ferreira do Amaral e Silva*: o reitor de sempre. Curitiba: Editora da UFPR, 1982. Coleção Mestres da Universidade Federal do Paraná.

_____. Maternidade Vitor do Amaral. *Revista Médica do Paraná*, Curitiba, ano 1, n. 4, p. 187, março de 1932.

ANDREAZZA, Maria Luiza. Elite e caridade nos sertões de Curitiba. In: CRUZ, Ana Lúcia Barbalho da; PEREIRA, Magnus Roberto de Mello (Org.). *Curitiba e seus homens bons*: espaço e sociedade na Vila de Nossa Senhora da Luz dos Pinhais. Curitiba: Fundação Cultural de Curitiba, 2011.

ASSOCIAÇÃO DAS DAMAS DE ASSISTÊNCIA À MATERNIDADE E À INFÂNCIA. *Relatório geral da provedora*. Curitiba: Typographia Alberto Hoffmann, 1914.

BARANOW, Ulf G.; SIQUEIRA, Márcia Dalledone (Org.). *Universidade Federal do Paraná*: histórias e estórias. Curitiba: Editora da UFPR, 2007.

BARRETO, Maria Renilda N. *Nascer na Bahia do século XIX*: Salvador (1832-1889). Dissertação (mestrado em História) — Programa de Pós-Graduação em História, Universidade Federal da Bahia. Salvador, 2000.

BIRN, Anne-Emanuelle. Uruguay on the world stage: how child health became an international priority. *American Journal of Public Health*, v. 95, n. 9, p. 1506-1517, set. 2005.

CAIRO, Nilo. *Relatório didactico e administrativo*. Curitiba: Universidade do Paraná, 1915.

CAMPOS, Névio. *Intelectuais paranaenses e as concepções de universidade*: 1892-1950. Curitiba: Editora da UFPR, 2008.

CANGUILHEM, Georges. *O normal e o patológico*. Rio de Janeiro: Forense Universitária, 1995.

COELHO, Mariana. *Diário da Tarde*, p. 3, 7 nov. 1931.

DICIONÁRIO histórico-biográfico do estado do Paraná. Curitiba: Chain/Banco do Estado do Paraná, 1991.

DONZELOT, Jacques. *A polícia das famílias*. Rio de Janeiro: Graal, 1986.

LIMA, Eduardo Correa (Org.). *Victor Ferreira do Amaral e Silva*: o reitor de sempre. Curitiba: Editora da UFPR, 1982. Coleção Mestres da Universidade Federal do Paraná.

LUZ, Madel. *Medicina e ordem política brasileira*: políticas e instituições de saúde (1850-1930). Rio de Janeiro: Graal, 1982.

MARTINS, Ana Paula Vosne. *Visões do feminino*: a medicina da mulher nos séculos XIX e XX. Rio de Janeiro: Editora Fiocruz, 2004.

MOTT, Maria Lúcia. Mme. Durocher: modista e parteira. *Revista de Estudos Feministas*, v. 2, n. 3, p. 101-116, 1994.

NARI, Marcela. *Políticas de maternidad y maternalismo político*: Buenos Aires, 1890-1940. Buenos Aires: Biblos, 2004.

STOCKLER, Heitor. *Perfil de Victor do Amaral*. In: LIMA, Eduardo Correa (Org.). *Victor Ferreira do Amaral e Silva*: o reitor de sempre. Curitiba: Editora da UFPR, 1982. Coleção Mestres da Universidade Federal do Paraná. Poema escrito e lido em homenagem ao aniversário de Vitor Ferreira do Amaral.

TRINDADE, Etelvina de Castro. *Clotildes ou Marias*: mulheres de Curitiba na Primeira República. Curitiba: Fundação Cultural, 1996.

ZÁRATE, Maria Soledad. *Dar a luz en Chile, siglo XIX*: de la "ciência de hembra" a la ciência obstétrica. Santiago: La Direción de Bibliotecas, Archivos y Museos, 2007.

CAPÍTULO 9   **Mens sana in corpore sano:**
a religião da higiene e da profilaxia
em Fernando Bissaya Barreto

Sandra Xavier

Ao seguirmos o percurso político do médico-cirurgião Fernando Baeta Bissaya Barreto Rosa (1886-1974), procuraremos compreender o Programa Regional de Medicina Social e Preventiva por ele promovido enquanto presidente, desde 1927, da Junta Geral do Distrito Coimbra e, de 1936 a 1974, da Junta Provincial da Beira Litoral. Embora Bissaya Barreto nunca tenha abandonado sua carreira acadêmica na Faculdade de Medicina da Universidade de Coimbra, foi fora dessa faculdade e frequentemente em conflito com ela e através do seu envolvimento político com o Partido Republicano Evolucionista, com forte implantação em Coimbra, e, posteriormente, com o Estado Novo, que adquiriu no nível autárquico o poder e a influência necessários à implantação de uma vasta rede de estabelecimentos de saúde, assistência e educação, como hospitais, sanatórios, dispensários, preventório, maternidade, colônias de férias, escolas profissionais e casas da criança dedicadas ao ensino pré-escolar. De acordo com seu ideário republicano e tendo como referência as teorias evolucionistas de Herbert Spencer e Gustave Le Bon, todos esses estabelecimentos deveriam ter um papel central na transformação da sociedade portuguesa, na remodelação dos costumes e mentalidades das classes trabalhadoras, na regeneração moral e no ressurgimento da nação. Bissaya Barreto atribuiu à medicina uma função educativa e, através da organização de um "armamento completo médico-higiênico", procurou controlar e modificar as condições materiais e sociais de existência das populações carenciadas com o propósito de prevenir a propagação das doenças e defender a saúde, mas também educar o gosto, a sensibilidade e a inteligência do povo português no caminho do progresso e da reconstrução nacional. Os diversos estabelecimentos de saúde promovidos por Bissaya Barreto não eram, portanto, apenas lugares de tratamento e assistência médica, mas eram também lugares de educação, acompanhamento social e transformação moral. Os primeiros estabelecimentos criados por Bissaya Barreto no âmbito da luta contra a tuberculose do distrito de Coimbra foram desde logo articulados com um programa de assistência materno-infantil, tendo em vista a educação higiênica, profilática e social do povo português desde as mais tenras idades. Diversas outras doenças e problemas sociais, como a lepra, a loucura, a sífilis, o paludismo, o cancro, o alcoolismo, o tabagismo e a mortalidade infantil, mereceram a atenção de Bissaya Barreto, mas aqui iremos apenas seguir os dois eixos estruturantes da sua ação: a Obra Antituberculosa e a Obra de Assistência à Grávida e Defesa da Criança.

O percurso político de Bissaya Barreto

Fernando Baeta Bissaya Barreto Rosa nasceu em 1886 em Castanheira de Pera e em 1903 ingressou, com 16 anos, na Faculdade de Filosofia da Universidade de Coimbra, à data a única no país, iniciando, no ano letivo de 1906-1907, o curso de medicina.[1] Em 1905, fora eleito membro da Assembleia Geral da Associação Acadêmica, e é como dirigente associativo estudantil que começa seu envolvimento com o movimento republicano, participando na criação e integrando a primeira direção do Centro Republicano Acadêmico, em 1906. Fernando Bissaya Barreto dirigiu o jornal desse centro acadêmico, intitulado *Pátria*, e, tal como a maioria dos estudantes dirigentes do Centro Republicano, participou na greve acadêmica de 1907, integrando o grupo dos *intransigentes*.[2] Em 1908, Bissaya Barreto colabora com o movimento republicano em tarefas educativas e de formação ideológica, participando no trabalho de extensão universitária promovido pela Liga de Educação Nacional, e dirige, enquanto estudante de medicina, um curso elementar de anatomia humana, preparatório de um curso de higiene geral e profissional (Sousa, 1999:96-97), dando continuidade à sua anterior participação nos cursos noturnos para operários, organizados pelo Grupo do Livre Pensamento, que ajudara a criar (Sousa, 1999:30-31).

Com a implantação da República, Bissaya Barreto, ainda estudante, é eleito deputado à Assembleia Nacional Constituinte de 1911 e, em julho do mesmo ano, termina o curso de medicina, sendo, em dezembro, nomeado assistente da Faculdade de Medicina de Coimbra. Entre 1911 e 1914, procura conciliar seu percurso acadêmico e seu trabalho como cirurgião no Hospital da Universidade de Coimbra com a atividade de deputado em Lisboa, integrando, nas sessões le-

---

[1] Sobre o percurso acadêmico e político de Bissaya Barreto, ver: Sousa (1999).
[2] Os 160 *intransigentes*, ao contrário da maioria dos estudantes, só solicitaram admissão a exame quando os sete alunos expulsos da universidade foram anistiados e a greve terminou em agosto de 1907. Muitos dos *intransigentes* vieram a ocupar lugares de poder durante a Primeira República.

gislativas de 1912-1913 e de 1914, não apenas a Comissão Parlamentar de Saúde e Assistência Pública mas também a de Instrução Superior (Sousa, 1999:78-85). No entanto, ao longo do seu mandato de três anos, sua presença na Câmara dos Deputados vai-se tornando progressivamente mais discreta, à medida que vai aumentando sua influência em Coimbra, quer como cirurgião, quer pela sua integração na comissão política local do Partido Republicano Evolucionista, criado quando da cisão do Partido Republicano Português, em 1912 (Sousa, 1999:80-82). Entre junho e agosto de 1913, Bissaya Barreto assume a direção do jornal *A Província*, dos republicanos evolucionistas de Coimbra, que, em 1912, publicou um manifesto oriundo do diretório do partido.

Nesse manifesto, o Partido Evolucionista reclamava a influência de Auguste Comte e mostrava-se descontente com o rumo que a República estava tomando nas mãos do Partido Democrático, defendendo que a organização da República e o progresso da nação não dependiam apenas de uma transformação legislativa, de decretos e portarias, mas exigiam uma profunda reconstrução das opiniões e dos costumes, sendo para tal necessário combater a instabilidade política e restabelecer a ordem (Sousa, 1999:80-81). Porém, não eram apenas os republicanos evolucionistas que viam a República como decorrente da própria evolução da sociedade. Todos os republicanos sonharam com as mais radicais transformações da sociedade portuguesa. O próprio Afonso Costa, um dos dirigentes do Partido Republicano Português e posterior líder do Partido Democrático, defendia, em 1900, que a República dependia de uma "lenta evolução social", e também o Partido Republicano foi marcado pelo positivismo de Auguste Comte.[3] Como refere Rui Ramos (1994:401-403), os republicanos eram os homens da evolução e do progresso social, de todas as campanhas que implicassem reforma de costumes, e a República era, sobretudo, pensada como a regeneração moral da nação portuguesa. Remodelar os costumes e as opiniões significava, para os republicanos, fazer renascer a pátria e retirá-la do estado de decadência em que a tinha deixado o regime monárquico, sendo que a grandeza da pátria deveria ser, segundo o ideário republicano, a principal preocupação e o primeiro dever de um cidadão português, deveria estar acima de qualquer outro interesse particular ou individual, daí a defesa de um Estado laico, cujo único objeto de culto deveria ser a nação republicana, celebrada em hinos, canções e festas cívicas (Ramos, 1994:412-413, 416-419).

Para remodelar os costumes e as opiniões, regenerar a nação e construir a República era necessário educar todas as crianças, esses homens de amanhã. Por

---

[3] Ver: Ramos (1994).

isso, durante o governo provisório foram criadas cerca de mil escolas primárias e, em 1913, o governo de Afonso Costa, para mostrar o investimento da República na educação, restabeleceu o Ministério da Instrução Pública, tornando-se a instrução primária, de acordo com Rui Ramos, na religião da República (Ramos, 1994:420). Mas, para os republicanos, a escola não se deveria limitar a ensinar a ler e a escrever, a transmitir um conjunto de saberes, isso era "instrução"; o que era necessário era "educar", formar "caracteres", mentalidades, criar vontades (Ramos,1994:414). Os republicanos apoiaram a pedagogia científica, conhecida por "movimento da escola nova", que combatia os métodos livrescos e abstratos, a memorização de erudições inúteis (Ramos, 1994:414-415, 420-421). Para João de Barros, secretário-geral do novo Ministério da Instrução Pública, a escola, mais do que ensinar, deveria formar cidadãos, integrar os alunos na pátria republicana, dando-lhes a conhecer Portugal, suas paisagens, seus produtos, suas artes e tradições, através de visitas a fábricas e museus, promovendo o contato com o ambiente nacional no exterior das escolas, que deveriam ser ao ar livre e construídas segundo o modelo português proposto pelo arquiteto Raúl Lino (Ramos, 1994:420).

A educação era também uma prioridade para o Partido Evolucionista. No programa do partido, aprovado no I Congresso Evolucionista, em agosto de 2013, é atribuído um relevo especial aos problemas da instrução e educação nacional, mas também aos problemas da assistência pública (Sousa, 1999:83). No nível da educação, é dada uma atenção particular à educação feminina e ao ensino artístico, e em relação à assistência pública é proposta a criação de uma série de estabelecimentos para crianças, mulheres, doentes e inválidos: lactários, creches, maternidades (com assistência médica para as grávidas), dispensários, hospitais, sanatórios, escolas para alienados, casas de trabalho, colônias agrícolas (Sousa, 1999:83-84). Importa também ressaltar, no programa dos evolucionistas, a proposta de descentralização administrativa e de revisão da Lei de Separação do Estado das Igrejas, de modo a apaziguar o conflito com a Igreja Católica.

Nas eleições de 1913, num contexto nacional em que os democratas esmagam os partidos da oposição, o Partido Republicano Evolucionista vence em Coimbra e na Figueira da Foz (Sousa, 1999:84). Bissaya Barreto, crítico do governo democrata, regressa em 1914 a Coimbra e faz provas para professor agregado da Faculdade de Medicina, regendo a cadeira "técnica cirúrgica". Em 1915, apresenta sua tese de doutoramento, *O Sol: em cirurgia*, acedendo ao lugar de primeiro assistente em cirurgia. Em 1919, o Partido Evolucionista, embora continue a perder as eleições no nível nacional, conquista a Junta Geral do Distrito de Coimbra, tendo como vice-presidente de mesa Bissaya Barreto.

Com o golpe de 28 de maio de 1926, termina a Primeira República e começa a ditadura militar que, com a aprovação da Constituição em 1933, dá origem ao Estado Novo. Mas, como defendem Rui Ramos (Sousa, 1999:628-633) e Jorge Pais de Sousa (1999:117-133), a República não foi derrubada do exterior. Muitos republicanos, que posteriormente passaram à oposição contra Salazar, se associaram a monárquicos e católicos para retirar pela força o monopólio eleitoral, a administração pública e o aparelho judicial ao Partido Democrático, e apoiaram o golpe militar ou dele participaram.

Bissaya Barreto era, após o 28 de Maio, um destacado dirigente nacional da União Liberal Republicana de Cunha Leal, mas em nível local aproximava-se da ditadura, como seu próprio partido defendia (Sousa, 1999:120). Por isso, e tendo em conta o tradicional peso político dos republicanos em Coimbra, é convidado a integrar a comissão administrativa da Junta Geral do Distrito de Coimbra, em 1927. No discurso de tomada de posse, após a qual Bissaya Barreto é eleito presidente da Junta Geral pela sua comissão administrativa, explica que aceitara o convite porque havia chegado a altura "de todos os republicanos se acercarem das pessoas que podiam levar a República por bom caminho [...] pois era chegado o momento de se fazer obra de reconstrução nacional que nos desse estabilidade, paz e sossego para trabalhar, de que o país tanto carecia" (Bissaya Barreto apud Sousa, 1999:121). Para proceder à obra de reconstrução nacional, Bissaya Barreto, enquanto presidente da Junta Geral do Distrito de Coimbra, irá privilegiar, tal como o programa do Partido Evolucionista aprovado em 1913, a educação e a assistência pública. A Junta Distrital, que até então se limitava a aprovar pequenos orçamentos de confrarias e irmandades, vai então realizar todo um novo programa assistencial.[4]

Ainda em 1927, Bissaya Barreto decide criar uma escola agrícola para rapazes em situação de risco, para a qual o governo cede parte das instalações do extinto Convento de Semide. Em 1928, a junta cria o Dispensário Central Antituberculoso de Coimbra, e desde então defende o papel central de uma rede de dispensários no combate à tuberculose. Em 1930, o presidente da junta dirige uma carta a todos os médicos do distrito, misericórdias, associações de beneficência e pessoas de caridade, no sentido de colaborarem na criação de uma rede distrital de dispensários antituberculosos, na sequência da qual se virão a juntar ao Dispensário Central de Coimbra os dispensários da Lousã, Arganil, Condeixa-a-Nova, Penela, Figueira da Foz, Montemor-o-Velho e,

---

[4] Sobre os diferentes estabelecimentos assistenciais e de saúde criados pela Junta Geral do Distrito de Coimbra e que eu aqui irei referir, ver: Sousa (1999).

posteriormente, Cantanhede, Penacova e Poiares. Nesse mesmo ano, a Junta Distrital instala também um hospital sanatório feminino no antigo Convento de Celas, e nas instalações de um hospital cedidas pela Misericórdia de Penacova cria um preventório para acolher crianças provenientes de um meio infectado pela tuberculose. No âmbito da então designada "Obra de Protecção à Gravida e Defesa da Criança", a junta requer ainda a devolução das antigas instalações do Hospício Distrital para nelas instalar o chamado "Ninho dos Pequenitos", destinado a recolher e a educar crianças de zero a quatro anos, com o objetivo de combater a mortalidade infantil, sobretudo entre os filhos de pais tuberculosos. Começa-se então a desenhar o "arsenal antituberculoso completo" a se montar pela Junta Geral de Coimbra, com base num programa profilático de educação e proteção da saúde das crianças, tendo em vista o progresso social e a reconstrução da nação.

Importa aqui destacar que Fernando Bissaya Barreto, apesar de manter uma estreita amizade com o então ministro das Finanças, Antônio de Oliveira de Salazar, só aderiu à União Nacional, partido único de suporte à ditadura nacional e depois ao Estado Novo, no final do ano de 1931. Preferiu, até então, e já depois de neutralizada a União Liberal Republicana e de muitos outros republicanos terem integrado a União Nacional, conquistar poder político em nível regional, através do prestígio que tinha entre os republicanos que serviram de oposição aos democratas e que adquiria pelo seu trabalho assistencial como presidente da Junta Geral, sendo conhecido e homenageado na cidade e no distrito pelo seu altruísmo humanitário. Poderemos então dizer que o programa assistencial de Bissaya Barreto enquanto presidente da Junta Distrital e, depois, da Junta Provincial, entre 1927 e 1974, encontrou apoio, no plano nacional, na ditadura militar e no Estado Novo e, no âmbito regional, entre os republicanos herdeiros do Partido Evolucionista.

A medicina social e a regeneração moral da nação

Em maio de 1934, Bissaya Barreto presidiu a quinta subseção dedicada à "Saúde e Assistência" do I Congresso da União Nacional. Embora possa existir, nas várias comunicações apresentadas, uma diferença quanto ao maior ou menor apelo à intervenção do Estado no domínio da saúde e da assistência,[5] a proposta

---

[5] Por exemplo, Francisco Nunes Blanco propõe a criação de serviços médicos gratuitos nos bairros pobres de Lisboa e Porto, garantidos pelas juntas gerais do distrito e governos civis, terminando com a citação: "Que ao Estado deva cumprir primacialmente a defesa da saúde do Povo contido em suas

geral, consagrada no relatório e nas conclusões dessa subseção do congresso, prendia-se à necessidade de reorganizar os serviços de assistência médico-social do país, através de um plano conjunto, orientado, regulado e fiscalizado pelo Estado, de cooperação entre as instituições de iniciativa pública e particular, sendo o papel destas reconhecido e promovido, tal como havia sido estipulado na nova Constituição.[6] Sem deixar de reconhecer o papel das iniciativas particulares, Bissaya Barreto defendeu, numa comunicação sobre medicina social e preventiva, que para conservar e proteger a saúde integral da população portuguesa era indispensável coordenar os diferentes organismos públicos e privados num plano conjunto de organização de um "armento completo médico-higiênico" (Barreto, 1935a:137). Esse plano, acrescentou, deveria ser imposto e executado "com mão forte de forte ditadura", com ordem, com método, com disciplina, de modo a "criar a religião da Higiene e da Profilaxia", sendo para tal necessário um trabalho de instrução e educação profilática e sanitária do povo português desde as mais tenras idades (Barreto, 1935a:138-139).

A higiene fora um tema caro ao discurso pedagógico republicano, nomeadamente, para João de Barros.[7] Michel Foucault mostrou como, no século XVIII, no momento em que a preservação da saúde das populações se tornou num dos objetivos principais do poder político, a medicina, enquanto técnica geral de saúde e não como arte de cura, adquiriu súbita importância no controle e administração da sociedade, definindo um conjunto de prescrições e medidas autoritárias sobre as regras e os hábitos de higiene a seguir em todos os atos da vida do dia a dia (Foucault, 1997a:193-207). Começou-se então a formar, disse-nos ainda Foucault, um saber médico-administrativo sobre a sociedade, sobre sua saúde e doenças, mas também sobre suas condições de vida, alimentação, vestuário e habitação, que, segundo Foucault, esteve na origem da economia social e da sociologia do século XIX, e os médicos tornaram-se, enquanto higienistas, nos especialistas na arte de observar, corrigir e melhorar o corpo social no seu conjunto, com o objetivo de o manter

---

fronteiras — é lema que racionalmente não pode oferecer ligeira discussão" (Blanco, 1935:304). Já o médico A. Lopes Rodrigues defendeu: "A ideia de oficializar toda a Assistência, convertendo-a em serviço do Estado — de acordo com as ideias socialistas e comunistas — deverá, pois, ser substituída pela ideia oposta de entregar a Assistência pública aos organismos de iniciativa particular, conforme determina a própria constituição política do Estado Novo. [...] Inteira Liberdade de iniciativa e acção para as Instituições de caracter particular, apenas com subordinação a um plano geral de conjunto apresentado por entidades oficializadas" (Rodrigues, 1935:189).
[6] Ver relatório e conclusões da quinta subseção "Saúde e Assistência" do I Congresso da União Nacional (União Nacional, 1935:397-398).
[7] Ver: Sousa (1999:137).

em permanente estado de saúde (Foucault, 1997a:202-203). Tendo a preocupação com a higiene marcado a pedagogia republicana, não será, por isso, por acaso que muitos médicos ocuparam lugares de poder durante a Primeira República,[8] se dedicaram à reforma da educação,[9] procuraram instruir o povo através de um programa de extensão universitária, realizaram inquéritos sociais sobre as condições de vida da população portuguesa[10] e se aproximaram das ciências sociais e de nomes como Auguste Comte e Herbert Spencer para projetar a evolução social e política da nação.

Aos médicos cabia a tarefa de não apenas tratar o maior número de doentes mas também de prevenir e impedir que as doenças surgissem ou se desenvolvessem, e, para tal, era necessário remodelar os costumes pela educação, conhecer e transformar a sociedade. Não era possível, na medicina preventiva e higienista, separar os problemas da saúde e da doença dos problemas sociais, e, desse modo, assistência médica e social surgiam articuladas. Por isso, Bissaya Barreto defendeu na primeira comunicação apresentada no referido congresso:

> O médico de hoje tem [...] de pensar socialmente, conceber o doente em função do meio no qual vive e sofre [...].
> Quere Dizer [sic], o médico social não póde [sic] deixar de pensar no valor social dos seus assistidos e proceder como educador.
> É necessário, pois, fazer assistência física, intelectual e moral, isto é, *assistir educando, educar tratando* [Barreto, 1935a:141, grifos no original].

Ao procurar modificar, corrigir, melhorar a sociedade, a medicina tornou-se social e, segundo o ideário republicano de Bissaya Barreto, poderia contribuir

---

[8] Como refere Rui Ramos (1994:415): "Só no Governo Provisório havia dois médicos e para a Assembleia Constituinte foram eleitos 44 médicos e um estudante de Medicina. Costumava então dizer-se que, se a monarquia fora o império dos bacharéis em Direito, a República representava o advento do império dos médicos".

[9] Depois de o médico António José de Almeida ter reorganizado o ensino primário e universitário durante o governo provisório, o Ministério da Instrução Pública foi entregue, em 1914, ao médico José Sobral Cid, que em 1908 havia participado no trabalho de extensão universitária em Coimbra. Como vimos, também Bissaya Barreto integrou, enquanto deputado, a Comissão Parlamentar de Instrução Superior.

[10] No contexto do trabalho de extensão universitária, o médico Serras e Silva organizou, com a colaboração de outros universitários republicanos, entre os quais Bissaya Barreto, a visita a Coimbra do sociólogo Leon Poinsard, tendo em vista a realização não apenas de um ciclo de conferências sobre sociologia e educação mas também de um inquérito social sobre as condições de vida do povo português, conduzido em Coimbra pelo próprio médico Serras e Silva. Ver: Sousa (1999:96-98); Ramos (1994:582).

de um modo significativo para o progresso e ressurgimento da nação. Defendeu por isso Bissaya Barreto no I Congresso da União Nacional:

> Faremos assim *Medicina Social*, base de toda a organização sanitária, [...] cujo progresso [...] está estreitamente ligado aos progressos do estado social, ao desenvolvimento moral e científico dos Povos [...].
>
> Sendo assim, e é assim, será para todos os nacionalistas do maior valor que no momento de ressurgimento, que Portugal atravessa, nasçam também [...] as bases sólidas da organização no nosso País da Medicina Social que urge possuir e que promova:
> 1. A despistagem do doente;
> 2. Medidas de Saneamento, que defendam o indivíduo são do contagioso, que deem habitações salubres e higiênicas, que promovam desinfecções etc.;
> 3. A educação das famílias;
> 4. A assistência sob todos os aspectos aos doentes, às famílias e aos filhos [Barreto, 1935a:141, grifos no original].

Para o presidente da Junta Geral do Distrito de Coimbra, o progresso social e o renascimento de Portugal dependiam de políticas de educação e assistência, não apenas física, mas também moral e social dos doentes e suas famílias e da observação e registro constante e centralizado da população num programa profilático de despistagem da doença.

Os diversos estabelecimentos promovidos por Bissaya Barreto no âmbito da luta contra a tuberculose no distrito de Coimbra foram, por isso, sobretudo pensados como instituições de educação higiênica, profilática e social. Numa outra comunicação para o I Congresso da União Nacional, em que Bissaya Barreto apresenta a obra de assistência da Junta Geral de Coimbra e afirma que "o 1º dever do homem do Estado é assegurar e proteger a Saúde dos Povos", os dispensários concelhios "antituberculoso", dirigidos e orientados pelo Dispensário Central de Coimbra, são descritos como

> centros de despistagem, de descoberta, formações científicas onde se descortina o mal ainda em início [...] e ainda onde, por educação do doente e suas famílias, se abrigam os sãos dum contágio certo quando não compridas as regras mais banais da mais banal higiene [Barreto, 1935b:158].

Também o sanatório feminino de Celas e o sanatório masculino da Colônia Portuguesa do Brasil, criados pela Junta Geral, tinham, sobretudo, propósitos profiláticos e educativos, sendo na mesma comunicação apresentados como obras sociais, absolutamente necessárias á profilaxía antibacilar, já pelas ideias que espalham no público por meio dos seus antigos doentes, outros tantos missionários dos princípios de Higiene, já porque, disciplinam os tuberculosos a respeito das regras da Profilaxia, já porque, recolhendo os tuberculosos e tratando-os, defendem do contágio um grande número de famílias [Barreto, 1935b:159].

Com o mesmo intuito de educar e higienizar os costumes do povo português, a Junta Geral de Coimbra lançou em 1931 o jornal *A Saúde: jornal popular, bimensal, de higiene e profilaxia sociais*, dirigido pelo médico responsável pelo dispensário "antituberculoso" central de Coimbra. Com uma tiragem média de 20 mil exemplares e distribuição gratuita pelo distrito e província, esse jornal pretendia contribuir, como se explicita no texto de apresentação do seu primeiro número, para "a remodelação dos usos e costumes do povo", a criação de hábitos de higiene e a educação dos trabalhadores, considerada como "a principal arma a manobrar na luta contra a tuberculose".[11]

Bissaya Barreto destacou também o papel central que a mulher deveria ocupar na assistência médico-social e na educação higiênica da população portuguesa, através da sua presença nas escolas, junto das crianças, nos dispensários e hospitais e enquanto enfermeira visitadora.[12] Por isso, em 1937, promoveu a criação, pela Congregação Franciscanas Missionárias de Maria, da Escola Normal Social em Coimbra, que formava assistentes sociais e enfermeiras visitadoras que viriam a colaborar no programa assistencial da então (após a reforma administrativa de 1936) denominada Junta de Província da Beira Litoral. De acordo com o método francês de combate à tuberculose, proposto por Calmette e Grancher, este último frequentemente citado por Bissaya Barreto, as enfermeiras visitadoras não apenas acompanhavam os doentes no dispensário, mas também em suas casas,[13] surgindo para Bissaya Barreto como uma oportunidade de conhecer e agir sobre a família e as condições de vida do doente. As enfermeiras visitadoras teriam também diversas outras funções de acordo com o modelo francês de serviço social, seguido pelas irmãs da Congregação Franciscanas Missionárias de Maria, convidadas por Bissaya Barreto, em 1936, para dirigirem a Obra de Protecção à Gravida e Defesa da Criança, em Coimbra (Sousa, 1999:165-170). A enfermeira visitadora era uma figura cara ao movimento higienista de entre guerras e ocupou um papel importante em dispensários po-

---

[11] Ver: Sousa (1999:136).
[12] Ver: Barreto (1935a:140).
[13] Ver: Sousa (1999:165-167).

livalentes, na assistência materno-infantil e na avaliação da situação material, profissional e moral das famílias carenciadas, na sua educação e moralização, sugerindo-lhes um novo modo de vida. Tal como propunha Bissaya Barreto, a enfermeira visitadora fazia assistência física, intelectual e moral, assistia educando, educava tratando.

Constance Davon, uma das religiosas da congregação que veio para Coimbra em 1936 para inaugurar o Ninho dos Pequenitos, acabou por assumir a direção da Escola Normal Social e, em simultâneo, da Obra de Proteção à Grávida e Defesa da Criança. Como referiu Bissaya Barreto durante o I Congresso da União Nacional, essa iniciativa da Junta Geral de Coimbra tinha como propósito evitar "taras físicas e intelectuais" e defender a saúde dos bebés e crianças "que hão de fazer o futuro de Portugal", destacando o papel do dispensário na vigilância dos bebés e suas mães e, sobretudo, na educação e preparação destas "para que possam ter bons filhos" (Barreto, 1935b:162).

> A assistência à criança começa a fazer-se no ventre da mãe; faz-se uma assistência anto-natal, examinando as grávidas, aconselhando-as, educando-as, tratando-as quando é necessário e mantendo a sua gravidez sob uma fiscalização sempre útil e muitas vezes indispensável.
> [...] O Dispensário procura *educar* as mães, mostrando-lhes as vantagens no cumprimento rigoroso dos conselhos e prescrições médicas [...].
> O Dispensário rouba à morte os pequeninos, examinado-os, registando em fichas próprias todos os dados que possam interessar à sua história clínica e instituindo o regime alimentar que mais lhes convenha. Ali se dão conselhos às mães, ensinamentos sobre a maneira e horas de serem feitas e serem dadas as refeições, enfim, tudo quanto possa ser útil aos nossos pequenos consulentes [Barreto, 1935b:163, grifo no original].

A Obra de Proteção à Grávida e Defesa da Criança, criada pela Junta Geral no âmbito da luta contra a tuberculose e orientada por Constance Davon para a assistência materno-infantil, prolongar-se-ia, a partir de 1938, por uma rede de casas da criança, destinadas ao ensino infantil ou pré-escolar. As casas da criança recebiam crianças carenciadas até aos 6 anos de idade, sendo estas acompanhadas por enfermeiras puericultoras visitadoras de infância, formadas na Escola Normal Social por iniciativa de Constance Davon e, por esta, consideradas as primeiras educadoras de infância diplomadas em Portugal.[14] A formação de educadoras de infância na Escola Normal Social surgiu em resposta ao

---

[14] Ver: Sousa (1999:172).

programa assistencial e de saúde da Junta Provincial, assente numa política de educação higiênica, profilática e social da população e, sobretudo, das crianças. Por outro lado, tal como as outras enfermeiras visitadoras formadas na Escola Normal Social, essas educadoras procuravam estender a educação e assistência às crianças às suas famílias e, assim, transformar as condições materiais e morais do meio onde aquelas viviam.[15]

No seu programa médico-social de remodelação dos usos e costumes da população carenciada, Bissaya Barreto contou então com a colaboração das enfermeiras, assistentes sociais e educadoras formadas na Escola Normal Social, que funcionava nas instalações da Junta de Província da Beira Litoral. Mas sua preocupação com a higiene levou-o também, como vimos, a interessar-se pela salubridade dos espaços e habitações e, assim, pela arquitetura. De acordo com seus pressupostos higienistas,[16] a arquitetura surgiu, para Bissaya Barreto, como um instrumento de intervenção sobre as coisas, água, ar e luz, e outros elementos materiais do meio capazes de favorecer a saúde física, moral e espiritual das populações. Essa preocupação em agir sobre o corpo e o espírito dos doentes através da arquitetura está claramente expressa na sua descrição da rede de equipamentos criados pela Junta Geral. Escreveu Bissaya Barreto que no Sanatório de Celas "[h]ouve, na verdade, o propósito de romper com a rotina, de dar aos doentes conforto, cor, alegria, rodeando-os do simpático ambiente que alivie o seu espírito das negras preocupações da sua cruel doença" (Barreto, 1935b:160). Segundo ele, também o Sanatório da Colônia Portuguesa do Brasil tinha um

> ambiente acolhedor de grande simpatia; situação privilegiada, exposição soberba, rodeada de uma paisagem calmante [...]. Muito ar e belo ar, muito luz, muito sol, o Sanatório de pelangónios [sic] vermelhos, é uma nota alegre que ri e sorri para os tuberculosos pobres [Barreto, 1935b:162].

Também o Ninho dos Pequenitos não poderia deixar de ter "uma formosíssima varanda de pavimentos de cortiça, cheia de luz, ar e sol, onde as crianças podem brincar e passar o dia. Houve toda a preocupação de dar aos bebês conforto e alegria, para os tornar fortes, robustos e risonhos" (Barreto, 1935b:164).

Segundo Bissaya Barreto, uma vida saudável tanto em termos físicos como morais dependia do contato com a paisagem, com o ar livre e a luz do sol, con-

---

[15] Sobre o trabalho desenvolvido por Constance Davon nas casas da criança, ver: Sousa (1999:172).
[16] Sobre a higiene como uma técnica político-científica de controle e modificação do meio material, ver: Foucault, (1997b:79-98).

forme proposto pela medicina higienista desde o século XVIII, mas também de um ambiente simpático, cheio de cor, alegria e beleza. Bissaya Barreto atribuiu ainda uma função educativa ao ambiente estético e arquitetônico dos estabelecimentos por ele promovidos. Por ser frequentemente acusado de investir excessivamente na arquitetura e decoração dos edifícios, Bissaya Barreto respondeu:

> Lamentavelmente confunde-se bom gosto, preocupação estética, cuidado, com luxo!... [...] na verdade, o aspecto das coisas nos preocupa sempre [...], vivemos muito pelos olhos [...], pretendemos sempre educar o gosto da nossa gente e despertar-lhe um pouco a sensibilidade [Barreto, 1942:2-17].

Lembramos que o ensino artístico era uma das prioridades do programa educativo do Partido Republicano Evolucionista. Os propósitos educativos dos elementos naturais, arquitetônicos e materiais do meio tornam-se ainda mais explícitos na rede de casas da criança fundada pela Junta de Província da Beira Litoral, pois nelas eram seguidos os princípios e métodos pedagógicos da Escola Nova, dominantes na Primeira República, que promoviam um ensino empírico e lúdico, centrado nas coisas e nos objetos, na prática, na experiência e na observação.[17] No discurso de inauguração da Casa da Criança de Condeixa, Bissaya Barreto chamou a atenção para a importância dos espaços no desenvolvimento físico e intelectual das crianças:

> Rodeiam a casa grandes espaços, cuidadosamente tratados, onde as crianças podem correr, saltar, fazer ginástica, brincar e pôr em exercício a sua atividade lúdica, fonte de conhecimento e disciplina, fator de desenvolvimento do sistema nervoso, meio de correção dos instintos, estímulo contra a preguiça e a indolência, vícios tão naturais nas crianças. Para as salvar fisicamente e intelectualmente, havemos de as habituar a amar a vida ao ar livre, o sol, o campo e as flores do campo, a natureza simples [Sousa, 1999:73].

Bissaya Barreto pretendia criar, como vimos, um ambiente acolhedor, cheio de cor e alegria; daí a importância da ornamentação e pormenores decorativos nas construções por ele promovidas, rejeitando, como refere José António Bandeirinha, a arquitetura moderna, por ser "chata, *chatíssima*, com grandes buracos, com uma ornamentação bidimensional, uniforme em toda a sua extensão" (Bandeirinha, 1996:34). O arquiteto Raúl Lino, um dos principais protagonistas

---

[17] Ver: Sousa (1999:173-189).

do movimento da Casa Portuguesa,[18] presente, como já referimos, nas políticas educativas de João de Barros durante o período republicano, também rejeitou a arquitetura moderna pelo seu despojamento e orientação antiornamental, já que seriam precisamente os pormenores e elementos decorativos que confeririam um caráter especificamente português à casa. As propostas arquitetônicas e ornamentais de Bissaya Barreto, marcadas pela estética republicana, *beaux--arts* e naturalista, e pela representação figurativa da mulher e da criança, não podem ser inteiramente reduzidas ao formulário arquitetônico da Casa Portuguesa, adotado oficialmente pela política do espírito do Estado Novo, sobretudo na década de 1940, embora Raul Lino fosse do seu agrado e sem dúvida uma influência.[19] No entanto, também Bissaya Barreto introduziu nos diferentes equipamentos por ele promovidos, e através do "seu dedo de decorador" (Bandeirinha, 1996:37), todo um conjunto de detalhes e ornamentos considerados especificamente portugueses e, assim, representativos de Portugal. Um ambiente dito português, dotado de beleza, cor, variedade e alegria, tornar-se-ia para Bissaya Barreto num instrumento fundamental de educação e regeneração moral da nação. Por isso, ao inaugurar a Casa da Criança Rainha Santa Isabel, com um parque anexo denominado Portugal dos Pequenitos que segue o formulário arquitetónico proposto por Raul Lino, disse o seguinte:

> "Os nossos primeiros mestres da Filosofia são os nossos pés, as nossas mãos, os nossos olhos..." dizia Rousseau; por isso quisemos por as nossas crianças em contacto com o Portugal inteiro, num mundo de realidades onde tudo é verdadeiro; quisemos que elas aprendessem a conhecer e a amar a nossa Terra; quisemos pôr-lhes diante motivos nossos, que eduquem a sua sensibilidade, apurem o seu gosto, fortifiquem a sua inteligência [Sousa, 1999:176].

Considerações finais

Como presidente da Junta Geral de Coimbra e da Junta Provincial da Beira Litoral, Bissaya Barreto promoveu todo um programa profilático e higienista de defesa da saúde integral da população assente na transformação das suas condições materiais e sociais de existência. A medicina estava profundamente articu-

---

[18] Sobre o movimento da Casa Portuguesa, ver: Leal (2000:107-143).
[19] Ver: Bandeirinha (1996).

lada com a assistência social e a educação, sendo utilizada por Bissaya Barreto, de acordo com um antigo programa republicano adaptado a um novo contexto político, como um instrumento de transformação da sociedade, de remodelação dos usos e costumes do povo, de progresso social e científico, de regeneração moral da nação. Enquanto as políticas de saúde e assistência do Estado Novo conferiam ao Estado um papel supletivo relativamente às iniciativas particulares, nomeadamente da Igreja Católica, no projeto higienista de Bissaya Barreto todos os atos da vida do dia a dia dos indivíduos adquiriam interesse público, devendo estar subordinados ao dever coletivo de proteção da saúde da sociedade como um todo, para o qual todos os organismos públicos e particulares deveriam contribuir.[20]

Segundo Bissaya Barreto, o bem-estar e a saúde das populações exigiam que os homens vivessem permanentemente escravizados às regras de higiene,[21] e a melhor forma de o conseguir seria, como vimos, pela educação. Além de atribuir aos médicos, às enfermeiras visitadoras, aos dispensários e outros estabelecimentos assistenciais e de saúde e à própria arquitetura dos edifícios um papel educativo, Bissaya Barreto utilizou ainda, com esse propósito, a imprensa e modernas técnicas visuais de propaganda, como pôsteres, cartazes, postais, ilustrações, fotografia e cinema. Um desses filmes de propaganda, intitulado *Rumo à vida: a obra de assistência na Beira Litoral*, realizado por João Mendes sem o apoio do Secretariado Nacional de Informação, órgão máximo de propaganda do Estado Novo, estreado em 1950, com texto de Henrique Galvão, constrói uma narrativa visual sobre o trabalho de assistência física, intelectual e moral promovido pela Junta Provincial da Beira Litoral.

Esse filme convida explicitamente o expectador a acompanhar "no tempo e no espaço um exemplo típico" de uma família pobre afetada pela tuberculose no seu percurso pela "densa rede de Dispensários, Sanatórios, Instituto Maternal, Jardins de Infância, Parques Infantis, Casas da Criança, Colônias Balneares, Preventório, Casas de Educação e Trabalho e Asilo de Velhos" da Junta Provincial da Beira Litoral. Esse percurso começa "nos bairros de miséria" (Rumo à vida, 1950), mais especificamente num bairro da Conchada, situado nos arredores de Coimbra, onde uma visitadora, formada pela Escola Normal Social, procura um caso de "doença social especialmente doloroso que lhe foi assinalado". A "desgraça social" das "vidas sem rumo" dessa família é

---

[20] Sobre a diferença entre assistência pública, Estado providência e Estado higienista, ver: Pereira (1999:45-61). Sobre assistência social no Estado Novo, ver: Pimentel (2000:477-508).
[21] Ver: Barreto (1935a).

apresentada no filme como um "*espetáculo* doloroso", "um *cenário* dramático",[22] através de imagens sombrias do interior da "choupana", construída por tábuas de madeira desalinhadas, e do bairro desordenado, desprovido de arruamentos, pavimentação e saneamento básico. A ausência de saúde física, moral e social dessa família é atribuída a um meio infectado configurado por um idioma visual. Mas ao ser acolhida nos diferentes estabelecimentos da Junta Provincial, toda a família recupera a saúde, a "alegria" e seu "valor social" através de imagens de "um ambiente doce", com "encantos decorativos" e "maravilhas naturais", abençoado pela "luz do sol" e "a pureza do ar". Como se destaca no filme por referência ao Sanatório da Colônia Portuguesa do Brasil: "Estas imagens do magnífico estabelecimento dizem melhor que todas as palavras. Como são aqui considerados os direitos à vida, à luz e à beleza de todos aqueles que recolhe" (Rumo à vida, 1950). Numa narrativa eminentemente moderna,[23] a progressiva iluminação dos espaços está associada ao progresso científico e social, ao seu embelezamento e decoração e a um rumo para uma vida saudável e socialmente organizada. É uma narrativa simultaneamente organizada pelo espaço e pelo tempo. Depois de todos os membros da família terem sido instalados nos estabelecimentos de saúde e assistência da Junta Provincial, sobrepõem-se e sucedem-se ao ritmo de um pêndulo de relógio várias imagens dos seus ambientes e cotidianos de saúde e alegria. Como se diz em voz *off*:

> O tempo passa e no tempo [...] o rumo destas vidas vai encontrando o sentido da saúde e a nação recuperando valores que a desgraça se preparava para [...] aniquilar.
>
> Enquanto a saúde se instala nos corpos, desperta nas almas a alegria de viver. É entre motivos de beleza e de ternura, que essa alegria renasce na tranquilidade dos dias que passam.

Os estabelecimentos da junta tornam-se atores nessa "campanha pela saúde", "contada em algumas imagens", pois é dito que neles "a formação do espírito pela beleza e encanto do ambiente acompanha a formação do corpo", sendo então referido que "em parte alguma de Portugal se realiza prática e extensivamente, como nos órgãos desta obra, a velha sentença latina, *mens sana in copore sano*, mente sã em corpo são". Os equipamentos de saúde, educação e assistência

---

[22] Grifo meu.
[23] Sobre a construção da modernidade através de representações visuais que criam uma oposição entre espaços insalubres, pobres, antigos e escuros e espaços iluminados, ricos, saudáveis, embelezados e modernos, ver: Green (1990).

da Junta da Beira Litoral são assim associados pela narrativa do filme ao ressurgimento da nação. E o filme termina com "esta verdade tão simples: as crianças de hoje são os homens de amanhã e Portugal será o que elas forem".

Referências

BANDEIRINHA, J. A. Oliveira. *Quinas vivas*: memória descritiva de alguns episódios significativos do conflito entre fazer moderno e fazer nacional na arquitectura portuguesa dos anos 40. Porto: Faup, 1996.

BARRETO, Bissaya. Medicina social: necessidade e urgência da sua organização em Portugal. In: UNIÃO NACIONAL. *I Congresso da União Nacional*: discursos, teses e comunicações. Lisboa: União Nacional, 1935a. v. II, p. 135-142.

_____. A obra de assistência da Junta Geral de Coimbra. In: UNIÃO NACIONAL. *I Congresso da União Nacional*: discursos, teses e comunicações. Lisboa: União Nacional, 1935b. v. II, p. 153-165.

_____. Notas do relatório que no dia 2 de Dezembro de 1941 a Junta da Província da Beira Litoral, em obediência ao art. 320 do código administrativo, houve por bem apresentar ao Conselho Provincial. *A Saúde*, Coimbra, n. 266-272 p. 2-17, jan./fev./mar./abr. 1942.

BLANCO, Francisco Nunes. Assistência médica gratuita nos grandes centros. In: UNIÃO NACIONAL. *I Congresso da União Nacional*: discursos, teses e comunicações. Lisboa: União Nacional, 1935b. v. II, p. 303-304.

FOUCAULT, Michel. As políticas da saúde no século XVIII. In: _____. *Microfísica do poder*. Rio de Janeiro: Graal, 1997a. p. 193-207.

_____. O nascimento da medicina social. _____. *Microfísica do poder*. Rio de Janeiro: Graal, 1997b. p. 79-98.

GREEN, Nicholas. *The spectacle of nature*: landscape and bourgeois culture in nineteenth-century France. Manchester: Manchester University Press, 1990.

LEAL, João. Uma casa amena no campo: a Casa Portuguesa. In: _____. *Etnografias Portuguesas (1879-1970)*: cultura popular e identidade nacional. Lisboa: Dom Quixote, 2000. p. 107-143.

PEREIRA, Miriam Halpern. As origens do Estado providência em Portugal: as novas fronteiras entre o público e o privado. *Ler História*, Lisboa, n. 37, p. 45-61, 1999.

PIMENTEL, Irene Flunser. A assistência social e familiar do Estado Novo (anos 30 e 40). *Análise Social*, Lisboa, v. XXXIV, n. 151-152, p. 477-508, 2000.

RAMOS, Rui. História de Portugal: a segunda fundação (1890-1926): Lisboa: Estampa, 1994. v. 6: *História de Portugal*, de José Mattoso.

RODRIGUES, A. Lopes. Assistência pública e assistência particular. In: UNIÃO NACIONAL. *I Congresso da União Nacional*: discursos, teses e comunicações. Lisboa: União Nacional, 1935b. v. II, p. 187-191.

RUMO à vida: a obra de assistência na Beira Litoral. Realização: João Mendes. Texto: Henrique Galvão. Lisboa, 1950, 1 bobina cinematográfica.

SOUSA, Jorge Pais. *Bissaya Barreto*: ordem e progresso. Coimbra: Minerva, 1999.

UNIÃO NACIONAL. *I Congresso da União Nacional*: discursos, teses e comunicações. Lisboa: Edição da União Nacional, 1935, v. II.

FILANTROPIA EM AÇÃO:
LIGAS, ASILOS E MATERNIDADES

CAPÍTULO 10 **Dar à luz no Rio de Janeiro da belle époque:**
o nascimento das maternidades (1870-1920)*

Maria Renilda Nery Barreto

No raiar do século XX, a cidade do Rio de Janeiro, capital da República brasileira, passou por grandes transformações: política, urbana, sanitária, científica e cultural. Foi nesse contexto que a ciência médica, representada por especialidades, tais como ginecologia, obstetrícia, pediatria e puericultura, intensificou o discurso em defesa da criação de maternidades, entendidas como espaços hospitalares destinados, exclusivamente, ao parto, ao puerpério e ao cuidado com as crianças. Desse movimento resultou a criação de três maternidades, entre 1877 e 1920: A Maternidade Santa Isabel, a Maternidade de Laranjeiras e a Maternidade Pro Matre. Elas tiveram por objetivo prestar assistência às mulheres pobres e "necessitadas", assim como dotar a Faculdade de Medicina do Rio de Janeiro de um ambiente adequado às aulas da clínica de partos. Este capítulo tem por objetivo apresentar o contexto de criação dessas maternidades e os sujeitos históricos envolvidos, articulando-os ao projeto de modernização da cidade do Rio de Janeiro e ao discurso de construção da nação.

Esse movimento materno-infantil, além das especialidades médicas, envolveu a articulação das mulheres em torno de um projeto médico-social, de cariz filantrópico.[1] O palco desse movimento foi a cidade do Rio de Janeiro, então capital da República brasileira, há muito criticada como uma urbe insalubre que precisava sofrer intervenções urbanas e sociais para se adequar às necessidades econômicas do século XX. O cenário era de "desordem urbana" — traduzida em crise habitacional, movimentos sociais, epidemias, dificuldade de circulação de pessoas e de

---

* Esta pesquisa conta com o apoio da Fundação de Amparo à Pesquisa do Estado do Rio de Janeiro (Faperj) e faz parte dos resultados parciais do projeto "O Rio de Janeiro da *Belle Époque*: Ciência, Lazer e Educação". Este texto foi apresentado no Congress of the Latin American Studies Association, Washington, DC, maio/jun. 2013.

[1] Sobre essa questão, ver: Mott (2001:199-234); Mott, Byington e Alves (2005); Mott (2005:41-67); Freire e Ferreira (2011); Martins (2008:135-154); Martins (2011:15-34); Sanglard e Ferreira (2010:437-459).

mercadorias — somado ao desejo da nossa elite financeira e intelectual de "civilizar" o Rio de Janeiro nos moldes das principais capitais europeias.

Alguns segmentos urbanos demonstraram preocupação com a mortalidade materno-infantil e começaram a organizar entidades de assistência nessa área. Esse movimento visava, entre outros objetivos, à conformação de rede de assistência focada na construção de instituições hospitalares especializadas em obstetrícia e pediatria, e de espaços de educação feminina voltados para o cuidado da infância. Os médicos e a filantropia laica foram os pioneiros na defesa da assistência materno-infantil. Em seguida, o movimento ganhou o apoio das camadas urbanas, média e alta.

Os médicos eram os principais defensores de um espaço hospitalar reservado às gestantes e aos cuidados com os recém-nascidos. As comunidades médicas das cidades do Rio de Janeiro e de Salvador – identificadas com o ambiente acadêmico, uma vez que eram sede do ensino médico desde 1808 – foram as primeiras a se manifestar oficialmente em prol da construção das maternidades. O empenho desses médicos foi fortemente determinado pelo acanhado espaço das aulas de ginecologia e obstetrícia na enfermaria de partos do Hospital da Misericórdia de ambas as cidades – o qual também absorvia a função de hospital universitário, além de hospital público e espaço da caridade. Essas ideias eram difundidas nas páginas dos periódicos leigos e especializados, nas sessões da Academia Nacional de Medicina e da Câmara Municipal, nos congressos médicos, nas aulas e nas teses produzidas no espaço das faculdades de medicina.

Nesse período, a ginecologia, a obstetrícia, a pediatria e a puericultura se constituíram em especialidades médicas e forneceram a justificativa científica para o discurso em defesa da criação de maternidades, entendidas como um espaço hospitalar destinado exclusivamente ao parto e ao cuidado com as puérperas e as crianças.[2] Atrelada ao discurso científico estava a defesa de amparo à mulher pobre — branca, negra ou mestiça —, escrava, ex-escrava, camponesa, operária ou imigrante.

Essas maternidades, a despeito das suas particularidades, tiveram vários traços em comum: o envolvimento de médicos nos projetos de fundação, a articulação entre o espaço hospitalar e o curso de medicina, a participação de mulheres na condição de filantropas e de administradoras desses espaços, o dis-

---

[2] O termo maternidade é polissêmico, como nos lembra Françoise Thébaud. Ele pode significar quatro coisas distintas: (a) um estado referente a qualidade de mãe; (b) uma função reprodutiva; (c) uma obra de arte representando a mãe e o filho; e finalmente (d) o estabelecimento hospitalar (Thébaud, 1986). Neste trabalho, trataremos da maternidade como espaço hospitalar.

curso de assistência ao pobre, bem como a correlação entre ciência, assistência e construção da nação.

A Maternidade Municipal de Santa Isabel: entre o privado e o público

A primeira experiência de fundação de uma maternidade pública ocorreu nas últimas décadas do século XIX, durante o período monárquico, na cidade do Rio de Janeiro, capital do Império. A necessidade de fundação de uma maternidade foi pauta nas Conferências Populares da Glória, nos artigos circulantes na imprensa leiga, nas sessões da Academia de Medicina, da Câmara Municipal e da Faculdade de Medicina.

As diversas casas de partos pertencentes a médicos e a parteiras não eram suficientes para atender às necessidades das mulheres grávidas, principalmente das que não podiam pagar por serviços particulares. Esse discurso — de assistência à mulher pobre — foi recorrente nas exposições dirigidas à Câmara Municipal do Rio de Janeiro, nas conferências públicas e nos jornais especializados (medicina) e leigos.

Podemos localizar ações efetivas de criação da primeira maternidade no Rio de Janeiro na década de 1870. Trata-se da campanha deflagrada pelo médico José Rodrigues dos Santos (1852-1905),[3] assistente da clínica de partos da Faculdade de Medicina e membro da Academia Imperial de Medicina. Ele empreendeu esforços junto à comunidade religiosa e aos representantes legislativos para angariar recursos destinados à construção de um prédio que abrigasse uma maternidade pública.

Em 1876, José Rodrigues dos Santos criou uma casa de partos e maternidade e, um ano depois, a instalou no bairro de Vila Isabel, no então Boulevard Vinte e Oito de Setembro, nº 12, para a qual deu o nome de "Casa de Saúde e Maternidade Santa Isabel".[4] Nos anos seguintes Santos iniciou uma campanha

---

[3] José Rodrigues dos Santos nasceu no Rio de Janeiro, em 10 de abril de 1852, e faleceu em 1905. Estudou medicina nessa mesma cidade, diplomou-se em 1873, especializou-se em obstetrícia e ginecologia. Após a conclusão do curso, foi para a Europa, esteve na Maternidade de Port Royal, manteve contato com Adolpho Pinard, deixou uma grande quantidade de obras sobre obstetrícia, destacando-se *Clinique obstetricale*, prefaciada por Pinard. Foi membro de destacadas academias científicas internacionais, entre elas a Sociedade de Higiene e a Sociedade Química de Paris, as sociedades de obstetrícia de Paris e da Filadélfia. No Brasil, foi membro da Academia Imperial de Medicina, da Sociedade Médico-Cirúrgica e do Instituto Farmacêutico. Também angariou títulos e honras: foi cavaleiro da Ordem de Nossa Senhora da Conceição de Villa Viçosa, em Portugal (Blake, 1970).

[4] Arquivo Geral da Cidade do Rio de Janeiro, códice 46-2-32. Ver, também: Araújo (1982:197-198).

de transferência dessa maternidade da esfera privada para o poder público. A campanha logrou êxito no Rio de Janeiro imperial e, em 1881, a Câmara Municipal, presidida por Bezerra de Menezes[5] — também médico e defensor da assistência aos pobres — criou provisoriamente a Maternidade Municipal de Santa Isabel, encarregando o dr. José Rodrigues dos Santos de dirigi-la.[6]

José Rodrigues dos Santos, ao que tudo indica, ocupava um lugar bem demarcado no seio da aristocracia carioca. Na realização de seu projeto, ele contou com o apoio do barão de Lavradio — então presidente da Junta Central de Higiene Pública —, de membros da Câmara Municipal, bem como do clero.

A exposição de motivos que Rodrigues dos Santos enviou para a Câmara Municipal do Rio de Janeiro apoiou-se no ideário caritativo, eurocêntrico e reducionista. Ele apelou à compaixão dos vereadores para com as mulheres pobres e infelizes, desprotegidas e desabrigadas no momento do parto, mostrou o descompasso entre o Brasil e a "velha Europa", onde localidades como Paris e Reino da Áustria possuíam "abrigos" para mulheres pobres, custeados pela municipalidade. Acrescentou, ainda, que a criação das maternidades refletia as ações de uma sociedade que valorizava a mulher enquanto reprodutora da espécie.[7]

O projeto de Rodrigues dos Santos não desejava somente amparar a grávida desvalida. A maternidade proporcionaria um núcleo de amas de leite para o serviço particular, "sendo elas sujeitas a um exame apurado e portadoras de uma guia que garantiria boa saúde e qualidade do leite".[8] Apesar das controvérsias existentes sobre os benefícios/malefícios das amas de leite, o médico propunha-se a selecionar mulheres aptas a prestar esse serviço. Essa proposta de Rodrigues dos Santos nos remete a outra questão que, infelizmente, os documentos não respondem. Como as pacientes que frequentaram a maternidade eram mulheres pobres, sendo a maioria escrava — conforme mostraremos adiante —, quem administraria o pagamento desse serviço? A maternidade teria algum rendimento pelo controle das amas de leite?

Em 1880, a Maternidade Municipal de Santa Isabel começou a funcionar provisoriamente na Casa de Saúde Nossa Senhora da Ajuda, fundada pelo mé-

---

[5] Adolfo Bezerra de Menezes Cavalcanti (1831-1900) nasceu no Ceará, estudou medicina no Rio de Janeiro, foi médico, escritor, militar e político — vereador, prefeito, deputado e senador (Blake, 1970).
[6] Arquivo Geral da Cidade do Rio de Janeiro, códice 46-2-32.
[7] Ibrid.
[8] Ibid., p. 5 — frente.

dico Manuel Joaquim Fernandes Eiras, situada na rua da Ajuda, nᵒˢ 66 e 68, bem no coração da cidade.

Pelos relatórios enviados à Câmara Municipal pelo diretor da maternidade, dr. José Rodrigues dos Santos, pode-se depreender que a Maternidade Municipal de Santa Isabel atendeu mulheres que viviam na cidade do Rio de Janeiro, todas muito jovens, sendo mais da metade das parturientes, escrava. Esse espaço hospitalar foi um local de assistência à mulher negra, escrava, sem recursos para custear o internamento em uma casa de saúde privada ou sem nenhuma rede de apoio, sendo a maternidade pública sua única opção.[9]

Enquanto a Maternidade Municipal de Santa Isabel era instalada, precariamente, nas dependências da Casa de Saúde Nossa Senhora da Ajuda, Rodrigues Santos movia esforços para encontrar um terreno onde pudesse construir um edifício para a maternidade. Como homem de boas relações sociais, não foi difícil alcançar seu objetivo. A Ordem Carmelitana Fluminense cedeu, em 1880, um terreno na praia da Lapa, adjacente ao Convento do Carmo, para construção da maternidade.[10] Às vésperas da proclamação da República, o cônego da Ordem Carmelita Fluminense, Eduardo Duarte Silva, enviou para o conselheiro Antônio Ferreira Vianna,[11] ministro do Império, uma correspondência em que afirmava ter a ordem religiosa cedido o terreno adjacente ao quintal do Convento do Carmo para construção de uma maternidade.[12]

A essa doação oficial coube uma resposta de agradecimento do próprio imperador, o qual afirma os relevantes serviços prestados à humanidade pela Ordem Religiosa Carmelitana Fluminense, cedendo terreno para construção da maternidade e também de um hospital para crianças.[13] A fundação de um hospital para crianças ao lado de uma maternidade reforça o mencionado movimento em favor do binômio "mãe-filho".

Curiosamente, esse projeto de construção do prédio da maternidade tramitou em vários setores: Câmara Municipal (1882), gabinete do ministro do Império (1889) e gabinete do diretor da Faculdade de Medicina. Em julho de

---

[9] Arquivo Geral da Cidade do Rio de Janeiro, códice 46-2-32.
[10] Ibid.
[11] Antonio Ferreira Vianna foi político, jornalista, jurista, promotor público na Corte (1857), deputado em cinco legislaturas (1869-1877; 1881-14; 1886-1889); ministro da Justiça (1888) e do Império (1889) (IHGB. Informações disponíveis no site: <www.ihgb.org.br/acervo311.php?f=ACP0000130>. Acesso em: 27 jun. 2014).
[12] Cônego Eduardo Duarte Silva. Convento do Carmo da Corte, 30 de abril de 1889 (Arquivo Geral da Cidade do Rio de Janeiro, códice 46-2-32).
[13] Arquivo Geral da Cidade do Rio de Janeiro, códice 46-2-32.

1889 — poucos meses antes de o regime monárquico brasileiro chegar ao fim — a planta do prédio da maternidade foi aprovada e autorizado o início das obras. Em 1897, já no período republicano, encontramos documentação relativa à construção da maternidade na correspondência trocada entre o ministro da Justiça e Negócios Interiores, Amaro Cavalcanti (1849-1922), e o prefeito do Distrito Federal, cidade do Rio de Janeiro, Francisco Furquim Werneck de Almeida (1846-1908) — republicano, político e médico especializado em ginecologia.

Temos, em 1897, o parecer da comissão da Diretoria de Higiene, assinado pelos médicos Lourenço de Assis Pereira da Cunha, Alfredo da Graça Couto e Luiz Barbosa,[14] a qual julgava que o projeto arquitetônico satisfazia aos preceitos principais relativos à higiene.

O projeto da Maternidade Santa Isabel, assinado pelo engenheiro Antônio de Paula Freitas, procurou fornecer um espaço privilegiado para as aulas da cátedra de obstetrícia da Faculdade de Medicina. Sua planta seguiu o modelo pavilhonar vigente na Europa em fins do século XIX.[15] Paula Freitas aproveitou ao máximo as vantagens do terreno — de esquina — para criar dois blocos bem isolados um do outro. A questão da aeração e da insolação foi resolvida com a presença de janelas que davam para a rua e de uma varanda voltada para o pátio interno, que garantia circulação de ar nas dependências da maternidade.[16]

Como dito, o Distrito Federal retomou o orçamento para dar continuidade à construção da maternidade, em 1898, agora sob responsabilidade de Tobias Corrêa do Amaral, subdiretor da Diretoria Geral de Obras e Viação da Prefeitura Municipal. Seriam necessários 256:723$192 (duzentos e cinquenta e seis contos, setecentos e vinte e três mil, cento e noventa e dois réis) para concluir as obras. A municipalidade recusou-se a gastar tal soma com o projeto, alegando que se encontrava em grave crise financeira e que não interessava ao município manter a maternidade. Achava mais conveniente que ela ficasse a cargo da União, que já mantinha a Faculdade de Medicina, grande interessada no empreendimento. Outra opção seria vender a obra inacabada para a Santa

---

[14] Sobre a participação de Luiz Barbosa na fundação da Policlínica de Botafogo, ver: Sanglard e Ferreira (2010:437-459).
[15] Surgido da França, graças aos estudos do engenheiro militar Casemir Tollet, o sistema pavilhonar ou Tollet, como ficou conhecido, logo ganhou toda a Europa, tornando-se referência, sobretudo na Alemanha. Era caracterizado por edifícios de no máximo dois andares, que ocupavam uma grande área e nele imperava o princípio do isolamento, em que cada doença e cada doente eram isolados no interior do pavilhão.
[16] Arquivo Geral da Cidade do Rio de Janeiro, códice 46-2-32.

Casa da Misericórdia, que concluiria o projeto e se tornaria proprietária da maternidade.

O projeto da Maternidade Municipal de Santa Isabel — ou da Maternidade da Lapa, como passou a ser chamada no período republicano — foi arquivado. Apesar de a Diretoria de Higiene ter aprovado a planta, considerando-a satisfatória, essa opinião não era unanimidade entre os médicos. Abreu Fialho considerava que

> o primitivo edifício destinado àquele fim e construído no meio da praia da Lapa já não satisfazia, decorridos tantos anos do plano de então, às exigências da atualidade. Era central, próximo de um ponto movimentado e tinha sido idealizado ainda num tempo em que dominava um falso preceito científico. Reinava o horror à infecção puerperal, e o hospital era dividido em pequenos cômodos, consoante a regra da época [Fialho, 1904:25].

Outros aspectos devem ser considerados quando se analisa o naufrágio do projeto da primeira maternidade pública no Rio de Janeiro. Além das divergências de interesses entre o Poder Executivo central e o Distrito Federal, e da crise econômica que o país atravessava, temos de considerar as disputas acadêmicas e pessoais entre os professores de ginecologia e obstetrícia, bem como a orientação política e científica desses homens.

A primeira maternidade pública foi um projeto encampado por um professor defensor da monarquia — José Rodrigues dos Santos — também ligado à Igreja e apoiado por d. Pedro II. O movimento republicano e a posterior implantação da República no Brasil destacaram outros personagens nos cenários político e acadêmico, como os obstetras e ginecologistas Francisco Furquim Werneck de Almeida, Antonio Rodrigues Lima e Érico Marinho da Gama Coelho. Esse grupo, republicano e anticlerical, fez uso do seu capital político e intelectual e trabalhou em prol da fundação de uma maternidade que os lançasse na história e na memória do movimento em prol da assistência às mulheres pobres e desassistidas.

Entre idas e vindas dos projetos de assistência materno-infantil e de construção da nação, a cidade do Rio de Janeiro teve de esperar até 1904 para ter um hospital especializado em partos: a Maternidade de Laranjeiras. Vale ressaltar que José Rodrigues dos Santos transferiu-se com seu projeto pessoal e profissional para outra cidade, e seu nome está ligado à fundação da primeira maternidade paulista, a Maternidade de São Paulo.

As maternidades republicanas:[17] Laranjeiras e Pro Matre

No cenário republicano, dois médicos — professores e políticos — se destacaram na campanha pela fundação de uma maternidade pública e de um espaço para as aulas de ginecologia e obstetrícia da Faculdade de Medicina do Rio de Janeiro: Antonio Rodrigues Lima (1854-1923)[18] e Érico Marinho da Gama Coelho (1849-1922).[19] Suas trajetórias se entrelaçam na vida política, na Faculdade de Medicina, na Academia de Medicina e na Maternidade de Laranjeiras.

Érico Coelho, republicano, anticlerical e antimonarquista, proferiu e publicou inúmeros discursos polêmicos, entre eles a defesa do divórcio, as críticas ao "apostolado positivista" e a necessidade de assistência e proteção à mulher grávida (Coelho, 1909, 1887). Mas, entre todos, vamos nos deter aos pronunciamentos em defesa da criação de uma maternidade.

Na seção de 3 de agosto de 1886, Érico Coelho apresentou à Academia de Medicina do Rio de Janeiro duas propostas a serem levadas à Assembleia Geral Legislativa: a primeira tratava da criação de uma "casa de maternidade" no Rio de Janeiro; a segunda solicitava a intervenção do governo imperial na administração da Santa Casa da Misericórdia em relação à assistência aos partos e às doenças de mulheres.

---

[17] Entre 1822 e 1889 a monarquia constitucional foi a forma de organização política adotada no Brasil. Em 1889 houve uma mudança de regime político e a monarquia constitucional foi substituída pela República federativa.

[18] Antonio Rodrigues Lima nasceu em Caetité, interior da Bahia, filho de Joaquim Manoel Rodrigues e Rita Sophia Gomes de Lima. Diplomou-se pela Faculdade de Medicina da Bahia, em 1875, quando escreveu a tese *Haverá semelhança entre a septicemia, a infecção purulenta e a febre puerperal?* Nessa mesma faculdade prestou concurso em 1885, quando defendeu a tese *Extirpação total do útero nos casos de carcinoma*. Ocupou a cadeira de obstetrícia, em 1890, por ocasião da aposentadoria do professor Luis Adriano Alves de Lima Gordilho. Em 1896, pediu transferência para a Faculdade de Medicina do Rio de Janeiro, onde ocupou a cadeira de patologia geral. Quando acadêmico, serviu na Guerra do Paraguai. Foi deputado federal pela Bahia (Santos Filho, 1991; Magalhães, 1922).

[19] Érico Coelho nasceu no interior do Rio de Janeiro (Cabo Frio), era filho do médico Jacintho José Coelho e de d. Engrácia da Gama Coelho. Formou-se na Faculdade de Medicina do Rio de Janeiro, em 1879, onde, anos mais tarde, se tornou professor de clínica obstétrica e ginecologia. Começou a vida política como vereador e presidente da Câmara Municipal de São Fidélis e, depois, se elegeu deputado federal, com vários mandatos consecutivos em 1890-1899, 1903-1906. Foi senador da República em 1906-1909 e 1914-1918. Participou ativamente das Conferências Populares da Glória. Tornou-se membro da Academia Imperial de Medicina em 25 de maio de 1886 (Blake, 1970:280-281, v. 2; Senado Federal. Disponível em: <www.senado.gov.br/senadores/senadores_biografia.asp?codparl=1601&li=28&lcab=1909-1911&lf=28>. Acesso em: 27 jun. 2014).

Antes de prosseguirmos nesse embate envolvendo a criação de uma maternidade pública no início do período republicano, convém lembrar que a cadeira de clínica obstétrica e ginecológica foi criada na Reforma Saboia, e, para o Rio de Janeiro, esta foi ocupada por Érico Marinho, iniciando os trabalhos em abril de 1883 (Coelho, 1887:380). As aulas aconteceram na antiga secretaria da Santa Casa, em dependência adaptada. Essa situação levou Érico Marinho a reclamar publicamente das condições de ensino da Faculdade de Medicina do Rio de Janeiro.

Ainda tratando da Reforma Saboia, a implantação da cadeira de clínica obstétrica e ginecológica na Faculdade de Medicina da Bahia também foi polêmica e envolveu Antonio Rodrigues Lima, que a essa altura era um médico bem estabelecido em Salvador. Em agosto de 1885, ele, Climério de Oliveira e Deocleciano Ramos concorreram, na Bahia, à cadeira de clínica obstétrica. Rodrigues Lima foi o primeiro colocado, mas o governo imperial nomeou o segundo aprovado, Climério de Oliveira. O resultado do concurso e a nomeação foram noticiados na imprensa de Salvador, o que mobilizou os estudantes, que chegaram a passar um telegrama de pesar para o imperador. Algum tempo depois, Rodrigues Lima transferiu-se para o Rio de Janeiro e tornou-se professor de patologia geral e de fisiologia na Faculdade de Medicina do Rio de Janeiro. Na capital da República, ele se empenhou profundamente no projeto de criação de uma maternidade, assunto a que voltaremos adiante.

Retornando a Érico Coelho, ele ingressou na Faculdade de Medicina mediante um concurso muito tenso, uma vez que ele era um antimonarquista convicto, editor do jornal *O Povo* (1876), de caráter republicano. Seu primeiro ano letivo — 1883 — aconteceu "debaixo de mau auspício", como relatou o diretor da Faculdade de Medicina, Vicente Cândido Figueira de Saboia (visconde de Saboia). As aulas práticas aconteciam no Hospital da Santa Casa da Misericórdia. Contudo, o provedor, na época o barão de Cotegipe, proibiu a entrada de alunos no hospital. A querela foi intensamente debatida no *Jornal do Commercio* até que, em 1884, a Santa Casa permitiu as aulas práticas da cadeira de clínica obstétrica e ginecológica em uma sala improvisada e sem condições higiênicas. A situação estava parcialmente resolvida entre o visconde de Saboia e o barão de Cotegipe quando Érico Coelho foi às Conferências Populares da Glória e reacendeu a polêmica. Ele teceu duras críticas ao ensino médico no Rio de Janeiro, em particular às aulas da cadeira pela qual era responsável, e denunciou os abusos do Hospital Geral da Santa Casa em relação à assistência ao parto e às doenças de mulheres (Coelho, 1887; Saboia, 1885).

Érico Coelho não se prendeu apenas às Conferências Populares da Glória. Em 1886, levou uma proposta à Academia Imperial de Medicina — da qual era membro — sobre a conveniência de a referida academia solicitar do Poder Legislativo a criação de uma maternidade pública no Rio de Janeiro, conforme exposto anteriormente. No período em que Érico Coelho fez o movimento político para fundação de uma maternidade, o poder público já estava construindo a Maternidade Municipal de Santa Isabel, com as mesmas funções pleiteadas por Érico Coelho, ou seja, atender as mulheres pobres do Rio de Janeiro e prover a Faculdade de Medicina de um local específico para as aulas de obstetrícia. Dessa forma, o projeto monarquista, idealizado por José Rodrigues dos Santos, também médico e professor da Faculdade de Medicina, era propositadamente posto de lado, apagado.

Em 1890, Érico Coelho elegeu-se pela primeira vez deputado federal. Exerceu vários mandatos.[20] Durante um deles, o Congresso Nacional votou a autorização de fundos para a compra do imóvel da rua das Laranjeiras, nº 66, onde seria instalada a Maternidade de Laranjeiras. Vale ressaltar que Érico Coelho foi diretor da maternidade entre 1918 e 1922.

A Maternidade de Laranjeiras, como era popularmente conhecida a atual Maternidade-Escola da Universidade Federal do Rio de Janeiro, foi criada através do Decreto nº 5.117, de 18 de janeiro de 1904, durante a gestão de Francisco de Paula Rodrigues Alves à frente da Presidência da República, José Joaquim Seabra no posto de ministro da Justiça e Negócios Interiores e Francisco Pereira Passos como prefeito da cidade. À frente da campanha pró-maternidade pública, além de Érico Coelho, estava o médico baiano Antônio Rodrigues Lima, professor, membro da Academia Nacional de Medicina, clínico de grande clientela e também deputado.

O quinteto estava alinhado com o projeto de construção da República, de modernização da cidade do Rio de Janeiro, o que incluía, além das intervenções urbanas realizadas por Pereira Passos,[21] a criação de instituições de assistência à saúde. Vale lembrar que as medidas de saúde pública estiveram em alta nesse período inicial da República, haja vista a já conhecida ação higienista do médico Oswaldo Cruz.[22] A concretização do projeto de assistência maternal através de um hospital específico para partos não pode ser dissociada do projeto de saneamento e embelezamento da capital da República no início do século XX. A Maternidade de Laranjeiras foi fundada em 1904, concomitantemente ao início da

---

[20] Como deputado federal nos anos de 1890-3, 1894-6, 1897-9, 1903-5, 1906. Como senador entre 1906-9, 1914-8 (Senado Federal. Dados disponíveis em: <www.senado.gov.br/senadores/senadores_biografia.asp?codparl=1601&li=28&lcab=1909-1911&lf=28>. Acesso em: 27 jun. 2014).
[21] Sobre a reforma urbana no Rio de Janeiro, ver: Benchimol (1992).
[22] Sobre a questão, ver: Benchimol et al. (1990); Azevedo (1995).

reforma urbana e higienista do Rio de Janeiro, uma vez que "civilizar" a capital da República também significou combater a mortalidade, fosse causada pelos mosquitos e ratos ou pela deficiente assistência médico-hospitalar à gestante e à criança, principalmente as de baixa renda.

A participação das mulheres de elite foi crucial para o sucesso das instituições voltadas à assistência pública. Inúmeros trabalhos da historiografia brasileira vêm revelando o papel feminino na criação e manutenção de instituições filantrópicas, na luta por direitos políticos e acesso à educação.[23] Por motivos que não podemos precisar, o componente feminino esteve ausente do projeto da Maternidade Municipal de Santa Isabel, no final do século XIX, e quiçá seja um elemento explicativo para o insucesso do movimento. Pesquisas recentes vêm revelando que, em fins do século XIX, as mulheres residentes em importantes cidades do Brasil, a exemplo de Recife, São Paulo, Rio de Janeiro, Fortaleza, Manaus e Natal, participaram ativamente da campanha abolicionista, arrecadando fundos para libertação dos escravos, proferindo palestras em prol da abolição,[24] promovendo eventos (recitais, jantares e encenações teatrais) e assinado matérias em jornais.[25] Encontraremos esse perfil de participação feminina em prol de causas sociais plenamente consolidado na Primeira República.

O médico Antônio Rodrigues Lima soube articular o contexto político republicano, o projeto de modernização da cidade e o alcance das ações filantrópicas femininas em prol de um projeto pessoal e profissional. Ele foi o principal protagonista na campanha pela maternidade republicana e seu primeiro diretor, entre 1904 e 1914.

Rodrigues Lima, no editorial de *O Paiz* (26/9/1903), conclamou as mulheres de elite a apoiar o projeto de proteção à mulher e à criança. Ele apostava no "sentimento de altruísmo das senhoras brasileiras" e citava outros países que puseram em prática a ação combinada dos poderes públicos e da caridade privada em prol da proteção maternal.

Em discurso na Câmara dos Deputados, Rodrigues Lima defendeu a justaposição da benemerência pública e da ciência. A campanha foi bem orquestrada e surtiu o efeito desejado. O projeto foi apoiado pelo poder público e pela ala feminina da sociedade carioca, a qual fundou a "Associação Auxiliadora da Maternidade", em 26 de novembro de 1903, com sede na própria maternidade,

---

[23] Sobre essa questão, ver: Mott (2005a); Lopes, Sousa e Sombrio (2005:315-325); Magaldi (2007).
[24] Refiro-me ao discurso da médica Augusta Generoso Estrella na abertura da sessão do Clube Abolicionista do Recife, em 28 de setembro de 1872.
[25] Esses dados foram levantados pelo pesquisador Wladimir Barbosa, aluno do Programa de Pós-Graduação em Relações Étnico-Raciais (Cefet-RJ) e fazem parte de sua dissertação de mestrado.

com a função de auxiliar a diretoria médica na manutenção do estabelecimento e na fundação do patrimônio. Participaram desse projeto, entre outras pessoas, as sras. Gudin, Índio do Brasil,[26] Thomaz Alves, Carmen Bandeira, Moreira de Campos, J. C. de Figueiredo, Carvalho Guimarães, Heitor Cordeiro, Level e Josephina Bulhões.[27]

A Maternidade de Laranjeiras nasceu com duas funções bem definidas: prestar assistência maternal às populações menos favorecidas e formar mão de obra especializada. As instalações da maternidade deveriam estar preparadas para prestar exames às gestantes, acolher grávidas ou parturientes que necessitassem de auxílio, realizar operações ginecológicas, abrigar crianças órfãs, distribuir leite aos recém-nascidos cujas mães estivessem impossibilitadas de amamentar e, por fim, ser o *locus* de formação de enfermeiras, parteiras e médicos.

O público feminino atendido nas primeiras décadas do século XX foi de mulheres pobres, segundo se pode perceber nas entrelinhas das narrativas médicas. O registro das 788 pacientes que frequentaram a Maternidade de Laranjeiras, em 1915, não fornece nenhum indicativo da idade, estado civil, condição social, cor e profissão. As anotações se referem às pacientes por um número, trazem informações sobre o parto, as técnicas e os medicamentos aplicados, assim como o estado da criança e da mãe após o parto. A única informação mais pessoal refere-se à experiência da gravidez e do parto: se primípara ou multípara.[28]

A criação desse hospital, exclusivo para gestantes e puérperas, independente da tutela da Santa Casa da Misericórdia, evidenciou a busca por um espaço próprio, independente do crivo da irmandade e das restrições impostas à presença dos alunos nas enfermarias femininas. A Maternidade de Laranjeiras, além de espaço de afirmação da medicina, dos médicos e das mulheres filantropas, foi palco de muitas disputas profissionais, entre as quais vale citar aquela que envolveu o médico Fernando Magalhães (1878-1944), uma vez que a dissidência entre os catedráticos ocasionou a criação da segunda maternidade republicana: a Pro Matre.

Fernando Augusto Ribeiro Magalhães (1878-1944) nasceu no Rio de Janeiro, foi aluno do Colégio Pedro II, onde concluiu o bacharelato em ciências e letras, continuando sua formação na Faculdade de Medicina do Rio de Janeiro, onde se diplomou em 1899. Nessa mesma faculdade iniciou sua carreira

---

[26] Acredito tratar-se da sra. Clarice Lage Índio do Brasil.
[27] Filha do advogado e político José Leopoldo de Bulhões Jardim — ministro da Fazenda no governo Rodrigues Alves (1902-1906, período em que a Maternidade de Laranjeiras foi fundada). Dados disponíveis em: <www.assembleia.go.gov.br/deputado/perfil/deputado/2028>. Acesso em: 27 jun. 2014.
[28] Registro da Maternidade do Rio de Janeiro, 1915.

docente como professor da cadeira de clínica obstétrica (1900-1901). Entre os anos de 1915-1981 e 1922-1944 foi diretor da Maternidade de Laranjeiras. Também seguiu a carreira política, em maio de 1933, quando foi eleito deputado pelo Estado do Rio de Janeiro para a Assembleia Nacional Constituinte. Envolveu-se ativamente com o movimento educacional na década de 1920-1930, como membro da Associação Brasileira de Educação (ABE), em prol da criação da universidade. Foi membro da Academia Nacional de Medicina, do Instituto Histórico Brasileiro, do Conselho Nacional de Educação e da Academia Brasileira de Letras.[29]

Desde que a Maternidade de Laranjeiras foi criada, as aulas de ginecologia e obstetrícia passaram a ser ministradas naquele espaço. Assim, Fernando Magalhães foi um dos médicos a trilhar o caminho da afirmação profissional e pessoal nessa instituição. Nessa trajetória encontrou opositores e fez oposição a figuras de destaque no cenário profissional, como Érico Coelho, afirmando que o curso de clínica obstétrica administrado por este estava completamente desatualizado e que o mesmo não dava aulas (Fernando Magalhães apud Rezende, 1983).

Magalhães também foi alvo de duras críticas veiculadas na imprensa, a exemplo do "Caso da maternidade". Tal episódio envolveu a morte de "Lucinda", mulher do jardineiro Francisco do Santos, na Maternidade de Laranjeiras, e pôs em xeque a competência de Fernando Magalhães na condução do parto. Houve uma denúncia anônima e o caso foi apurado na Justiça e acompanhado pelos jornais *A Noite* e *O Imparcial*, bem como foi discutido na Academia de Medicina. Nesse período (1915), Fernando Magalhães era o diretor da Maternidade de Laranjeiras. Seu maior opositor nessa controvérsia foi o médico Arnaldo Quintella, especialista em ginecologia e obstetrícia, também médico da mesma maternidade.

A Associação Pro Matre foi criada em abril de 1918, com a finalidade de "dispensar proteção à mulher desvalida, sem distinção de credos religiosos ou posição social", exercendo a mutualidade, fundando maternidades, policlínicas, creches, cantinas, refúgios, oficinas e asilos maternais (Pro Matre, 1918:3-4).

As disputas profissionais e pessoais podem ter levado Fernando Magalhães a apoiar o movimento feminino, de caráter filantrópico, com objetivo social mais amplo do que aquele que resultou na Maternidade de Laranjeiras. A aliança entre Magalhães e o grupo de mulheres liderado por Stella de Carvalho Guerra

---

[29] *Dicionário histórico biográfico brasileiro* (Beloch e Abreu, 1983:2022-2023). Sobre a trajetória de vida de Fernando Magalhães, ver: Carneiro (2013).

Duval (1879-1971)[30] resultou, em 1918, na criação da Associação de Caridade e Auxílio Mútuo, designada Pro Matre, a qual fundou e manteve instituições de cuidados materno-infantis, entre elas uma maternidade. A Maternidade Pro Matre teve tamanha ressonância que passou a ser confundida com a Associação Pro Matre e até mesmo colocá-la na sombra.

Fernando Magalhães foi um homem que, por relações familiares e profissionais, circulou e atuou em meio à elite médica e política. Seu sogro — Nuno de Andrade — foi diretor de Saúde Pública entre 1897 e 1903, catedrático da Faculdade de Medicina do Rio de Janeiro, diretor do serviço sanitário do Hospício de Pedro II, em 1882, e inspetor-geral de Saúde dos Portos. Nuno de Andrade foi um fidalgo por nascimento e talento, segundo Pedro Nava (2005:211). Durante a epidemia de gripe espanhola, Fernando Magalhães e Carlos Chagas assumiram o controle médico da cidade, instalando postos de hospitalização para os doentes da gripe. Magalhães era amigo do então presidente Wenceslau Braz, que o recompensou pelos serviços prestados em tempo de epidemia ao permitir que a maternidade Pro Matre fosse instalada no velho casarão da avenida Venezuela, até então ocupado por repartição alfandegária (Magalhães, 1944:21).

Fernando Magalhães não esteve sozinho na execução desse projeto maternal, conforme já sinalizamos. Além da aliança com a feminista Stella de Carvalho Guerra Duval, lembramos da participação das "Damas da Cruz Verde",[31] grupo de 14 senhoras que desempenhou importante papel na viabilização do projeto através da busca de recursos para construção e aparelhamento da maternidade, bem como em sua administração. A Maternidade Pro Matre foi inaugurada em fevereiro de 1919, com a finalidade de prestar assistência às mães e às crianças dos grupos sociais menos favorecidos.

O papel social e administrativo das mulheres na Pro Matre cresceu ao longo da primeira década do século XX e chegou a causar desconforto na classe médica, como podemos perceber nas memórias escritas pela d. Lúcia Magalhães, filha de Fernando Magalhães:

> Ela [a maternidade Pro Matre] nasceu da ideia do meu Pai em casa que ele conseguiu do Presidente Wenceslau, com nome que ele imaginou um conhecimento da declinação da palavra latina que por certo não teria quem hoje se

---

[30] Stela Duval, além de filantropa e assistencialista, participou ativamente, ao lado de Berta Lutz, da campanha política que estimulava as mulheres a exercerem seu direito de voto. Ela dirigiu a Pro Matre entre 1918 e 1971 (Shumaher e Brazil, 2001:502).

[31] A criação dessa e de outras associações femininas em torno da filantropia foi prática recorrente entre as mulheres de elite em cidades como Rio de Janeiro, São Paulo (Mott, 2005b) e Salvador (Freire e Ferreira, 2011).

diz "fundadora". Quando se escrever a história da Pro Matre — se é que tal aconteça —, não poderá ser esquecido que meu Pai achou necessário à obra nascente um grupo de Senhoras "patronesses", convidando então algumas que se interessavam em outras obras sociais. O certo, porém é que as "patronesses" se converteram em donas absolutas da ideia da casa e os médicos ficaram ali num segundo plano, que a morte de meu Pai mais acentuou [Magalhães, 1982:67].

Os programas de assistência médica e proteção social materno-infantil que começaram a se esboçar no início do século XX, em especial nas grandes cidades brasileiras, tinham objetivos amplos, conforme se pode depreender dos estatutos do Instituto de Proteção e Assistência à Infância (Ipai).[32] Na matriz carioca ou em sua congênere baiana, o Ipai preconizava, entre outras ações, proteção às "crianças pobres, doentes, defeituosas, maltratadas e abandonadas moralmente", acompanhamento das mulheres grávidas, difusão das noções de higiene infantil entre as famílias de baixa renda, regulamentação do trabalho da mulher na indústria e criação de asilos maternais, de creches e de jardins de infância.[33] A Associação Pro Matre percorreu uma trajetória muito semelhante à dos institutos de proteção e assistência à infância, no intuito de realizar o que a historiografia hoje chama de projeto maternalista, com base na mesma ideia de que mãe e filho são culturalmente indissociáveis.[34]

Considerações finais

O movimento em defesa da mulher e da criança inscreve-se no contexto de organização da assistência pública e redefinição das ações privadas no Brasil, na virada do século XIX para o XX, especialmente na capital federal: o Rio de Janeiro. Juristas, intelectuais e médicos, a exemplo de Érico Coelho, Antonio Rodrigues Lima, Fernando Magalhães e Ataulfo de Paiva (1867-1955), defenderam a necessidade de salvar o filho, amparar a mãe e, depois, formar o cidadão. Dessa forma, a assistência maternal englobava cuidados médicos, amparo e recolhimento para a parturiente, bem como a educação das mães. A

---

[32] Sobre o Ipai, ver os trabalhos de Freire e Leony (2011); Freire e Ferreira (2011). Ainda neste livro, ver o capítulo de Martha Freire — "Quando a caridade encontra a ciência: um olhar sobre a trajetória do dr. Arthur Moncorvo Filho".
[33] Registro do Instituto de Proteção e Assistência à Infância da Bahia, 1911.
[34] Para uma leitura ampliada da aliança entre médicos e mulheres, ver: Freire (2009).

execução desse projeto se daria em várias frentes de trabalho, sendo uma delas a criação de maternidades, compreendidas como espaços a serem organizados nos moldes higiênicos e assépticos, capazes de disseminar medidas preventivas entre as mães, quer no espaço hospitalar, quer na assistência em domicílio. Além disso, o aleitamento também era fator de preocupação do poder público e dos assistencialistas, bem como a fundação das creches para abrigar as crianças durante a jornada de trabalho das mães, especialmente as operárias.

Esse foi o período de redefinição entre as ações da assistência pública e privada em que membros da sociedade se tornam parceiros do Estado e empreendem ações afinadas com as demandas oficiais. As entidades filantrópicas criadas no início do século XX se apresentam como outro modelo de serviço social substitutivo das tradicionais práticas de caridade.

Diante do crescimento da demanda por serviços de saúde e assistência, e da limitada capacidade do poder público em responder a tais necessidades, observa-se a associação entre medicina, filantropia e Estado (Freire e Ferreira, 2011; Sanglard, 2008; Mott, 2001; Martins, 2008:135-154; Otovo, 2009).

Apesar de levarmos em conta as justificativas científicas e filantrópicas e as demandas nacionais por uma República em construção, é fundamental perceber que essas maternidades também são interpretadas como arenas de luta social, profissional, política, financeira e de gênero. A fundação da instituição hospitalar era uma oportunidade de afirmação das especialidades — ginecologia e obstetrícia — e dos especialistas, de visibilidade social, de projeção no cenário político, e também manifestava as intenções de negócios, uma vez que a fama e o sucesso rendiam aos médicos o crescimento da clientela privada. Foi também o espaço de afirmação das mulheres que se posicionaram na liderança, fundação e administração de um projeto social.

Referências

ARAÚJO, Achilles Ribeiro de. *A assistência médica hospitalar no Rio de Janeiro no século XIX*. Rio de Janeiro: MEC, 1982.

AZEVEDO, Nara. *Oswaldo Cruz*: a construção de um mito da ciência brasileira. Rio de Janeiro: Editora Fiocruz, 1995.

BELOCH, Israel; ABREU, Alzira Alves de (Ed.). *Dicionário histórico-biográfico brasileiro, 1930-1983*. Rio de Janeiro: Forense, 1984. v. 3, p. 2022-2023.

BENCHIMOL, Jaime Larry. *Pereira Passos*: um Haussmann tropical. A renovação urbana da cidade do Rio de Janeiro no início do século XX. Rio de Janeiro: Biblioteca Carioca, 1992.

_____ et al. *Manguinhos do sonho à vida*: a ciência na *belle époque*. Rio de Janeiro: Casa de Oswaldo Cruz/Fiocruz, 1990.
BLAKE, Augusto Victorino Alves Sacramento. *Diccionario Bibliographico Brasileiro*. Rio de Janeiro: Conselho Federal de Cultura, 1970.
CARNEIRO, Márcia Regina da Silva Ramos. Moral e ciência, família e nação: o romper republicano através das convivências, observações e intervenções de Fernando Magalhães. In: CARULA, Karoline; ENGEL, Magali Gouveia; CORRÊA, Maria Letícia (Org.). *Os intelectuais e a nação*: educação, saúde e a construção de um Brasil moderno. Rio de Janeiro: Contracapa, 2013.
COELHO, Érico Matinho da Gama. *Annaes da Academia de Medicina do Rio de Janeiro*. Rio de Janeiro: Laemmert, 1887.
_____. Assistência e proteção à mulher grávida. In: CONGRESSO MÉDICO LATINO AMERICANO, 4., 1909, Rio de Janeiro. *Anais...* Rio de Janeiro: Imprensa Nacional, 1909.
FIALHO, Abreu. A Maternidade do Rio de Janeiro. *Renascença*, Rio de Janeiro, ano I, n. 1, p. 24-28, mar. 1904.
FREIRE, Maria Martha de Luna. *Mulheres, mães e médicos*: discurso maternalista no Brasil. Rio de Janeiro: Editora FGV, 2009.
_____; FERREIRA, Luiz Otávio. Medicina, filantropia, assistência à infância e a fundação do Hospital de Crianças da Bahia, 1920-1930. In: BARRETO, Maria Renilda Nery; SOUZA, Christiane Maria Cruz de (Org.). *História da saúde na Bahia*: instituições e patrimônio arquitetônico (1808-1958). Rio de Janeiro: Editora Fiocruz; São Paulo: Manole. 2011. p. 74-100.
_____; LEONY, Vinícius da Silva. A caridade científica: Moncorvo Filho e o Instituto de Proteção e Assistência à Infância do Rio de Janeiro (1899-1930). *História, Ciências, Saúde — Manguinhos*, Rio de Janeiro, v. 18, p. 199-225, 2011.
LOPES, Maria Margaret; SOUSA, Lia Gomes Pinto de; SOMBRIO, Mariana Moraes de Oliveira. Para ler Bertha Lutz. *Cadernos Pagu*, Campinas, n. 24, p. 315-325, jun. 2005.
MAGALDI, Ana Maria Bandeira de Mello. *Lições de casa*: discursos pedagógicos destinados à família no Brasil. Belo Horizonte: Argumentum, 2007.
MAGALHÃES, Fernando. *A obstetrícia no Brasil*. Rio de Janeiro: Leite Ribeiro, 1922.
_____. *Resumo biográfico coligido por sua filha Lúcia Magalhães*. Rio de Janeiro: Jornal do Commercio, 1944.
MAGALHÃES, Lúcia. *Gente do mesmo caminho*. Rio de Janeiro: Achiamé, 1982.
MARTINS, Ana Paula Vosne. Vamos criar seu filho: os médicos puericultores e a pedagogia materna no século XX. *História, Ciências, Saúde — Manguinhos*, Rio de Janeiro, v. 1, p. 135-154, 2008.
_____. Gênero e assistência: considerações histórico-conceituais sobre práticas e políticas assistenciais. *História, Ciências, Saúde — Manguinhos*, Rio de Janeiro, v. 18, p. 15-34, 2011.
MOTT, Maria Lúcia B. Maternalismo, políticas públicas e benemerência no Brasil (1930-1945). *Cadernos Pagu*, Campinas, v. 16, p. 199-234, 2001.
_____. Gênero, medicina e filantropia: Maria Rennotte e as mulheres na construção da nação. *Cadernos Pagu*, Campinas, n. 24, p. 41-67, jan./jun. 2005.

_____; BYINGTON, Maria Elisa Botelho; ALVES, Olga Sofia Fabergé. *O gesto que salva*: Pérola Byington e a cruzada pró-infância. São Paulo: Grifo, 2005.

NAVA, Pedro. *Baú de ossos*. Cotia: São Paulo, 2005.

OTOVO, T. Okezi. *To form a strong and populous nation*: race, motherhood, and the State in Republican Brazil. Dissertação (PhD) — Georgetown University, Washington, D.C., 2009.

PRO MATRE. *Estatutos da Associação Pro Matre*. [S.l.]:[s.n.], 1918.

REZENDE, Jorge de; BELFORT, Paulo. *Enciclopédia Médica Brasileira*. Rio de Janeiro: Manole, 1983.

SABOIA, Vicente Cândido Figueira de. *Relatório do diretor da Faculdade de Medicina do Rio de Janeiro acerca dos trabalhos realizados e dos fatos ocorridos durante o ano de 1884*. Rio de Janeiro: Imprensa Nacional, 1885.

SANGLARD, Gisele Porto. *Entre os salões e o laboratório*: Guilherme Guinle, a saúde e a ciência no Rio de Janeiro, 1920-1940. Rio de Janeiro: Editora Fiocruz, 2008.

_____; FERREIRA, Luiz Otávio. Médicos, filantropos: a institucionalização do ensino da pediatria e da assistência à infância no Rio de Janeiro da Primeira República. *Varia História*, Belo Horizonte, v. 26, p. 437-459, 2010.

SANTOS FILHO, Lycurgo de Castro. *História geral da medicina brasileira*. São Paulo: Hucitec, 1991. v. 1.

SHUMAHER, Schuma; BRAZIL, Érico Vital. *Dicionário de mulheres do Brasil*. Rio de Janeiro: Jorge Zahar, 2001.

THÉBAUD, Françoise. *Quand nos grand-mères donnaient la vie*: la maternité en France dans l'entre-deux-guerres. Lyon: PUL, 1986

CAPÍTULO 11 **Fernandes Figueira:**
ciência e assistência médico-psiquiátrica
para a infância no início do século XX*

Renata Prudencio da Silva
Ana Teresa A. Venancio

Este capítulo tem por objetivo analisar o modo como, no inicio do século XX, Antonio Fernandes Figueira (1863-1928) liderou a implantação de um espaço que se ocupou exclusivamente das chamadas crianças "anormais", no interior de uma instituição assistencial que, ao mesmo tempo, servia à produção de um conhecimento especializado médico-psiquiátrico: o Pavilhão-Escola Bourneville do então Hospício Nacional de Alienados (HNA).[1]

Quando da criação desse pavilhão, por volta de 1903, Fernandes Figueira era então um médico atuante e claramente reconhecido por seus pares. Havia se formado, em 1887, pela Faculdade de Medicina do Rio de Janeiro, defendendo a tese *Condições patogênicas e modalidades clínicas da histeria*. De algum modo, portanto, interessava-se pela matéria psiquiátrica, ainda que durante a faculdade de medicina também estivesse envolvido com um trabalho voltado para as crianças, frequentando o curso informal de pediatria da Policlínica Geral do Rio de Janeiro, organizado por Carlos Augusto Moncorvo de Figueiredo (1846-1901).[2] Após sete anos de formado, em 1895, Figueira tinha sido agraciado com um prêmio da Academia Nacional de Medicina

---

* Este texto parte da análise apresentada na dissertação de mestrado *Medicina, educação e psiquiatria para a infância: o Pavilhão-Escola Bourneville no inicio do século XX*, de autoria de Renata Prudencio da Silva sob orientação de Ana Teresa A. Venancio, defendida em 2008 no Programa de Pós-Graduação em História das Ciências e da Saúde da Casa de Oswaldo Cruz/Fiocruz, dedicando-se especificamente à analise da atuação de Fernandes Figueira no referido pavilhão e de suas concepções sobre a criança anormal.

[1] Ao menos nos primeiros anos do século XX, o conhecimento especializado em psiquiatria era produzido em grande medida no interior do Hospício Nacional de Alienados, por intermédio dos médicos que ali atuavam e que utilizavam os casos clínicos e sua prática assistencial para elaborar artigos científicos, apresentá-los em congressos e divulgá-los no primeiro periódico científico psiquiátrico, criado em 1905. Não por acaso, esse periódico era editado na gráfica da referida instituição. Ver: Amarante (2001); Facchinetti, Cupello e Evangelista (2010:528-529).

[2] Cf.: Carneiro (2000:97, 132).

pelo trabalho intitulado "Diagnósticos das cardiopatias infantis". Em 1903, foi eleito titular na Academia Nacional de Medicina e logo ingressou no serviço público, quando Oswaldo Cruz estava à frente da Diretoria Geral de Saúde Pública (1902-1906),[3] passando a ser responsável pela direção da enfermaria de doenças infecciosas de crianças do Hospital São Sebastião, inaugurado em 1889 pelo imperador Pedro II "como uma das ferramentas da saúde pública para o isolamento dos acometidos por doenças infecto-contagiosas" (Porto, Sanglard, Fonseca e Costa, 2008:53). Assim, o convite para Fernandes Figueira chefiar a seção do Hospício Nacional de Alienados dedicada à infância[4] corroborava seus méritos profissionais, colocando-o, mais uma vez, numa posição não só de liderança, mas também de inovação frente à assistência e aos conhecimentos psiquiátricos da época que circulavam no contexto brasileiro, os quais não haviam sido explorados no que diz respeito à infância. A preocupação com a assistência à criança anormal fora objeto de investimentos no tempo do Império quando da instalação do primeiro hospício de alienados no Brasil, como apresentado por Antonio Jose Pereira das Neves em relatório sobre sua visita aos hospitais franceses, publicado nos *Anais de Medicina Brasiliense* em 1844. Em seu texto, Neves registrava o trabalho de Edouard Seguin (1812-1880) com relação às crianças internadas em Bicêtre (Paris), instituição também enaltecida por Figueira, como veremos. Entretanto, à época, não foi constituída nenhuma instituição brasileira para a assistência às crianças anormais.[5]

As análises já existentes sobre o Pavilhão-Escola Bourneville do HNA,[6] inspiradas em grande medida nos aportes analíticos de Michel Foucault, enfatizam o papel disciplinador que esse serviço assumiu ao internar crianças que muito claramente não seguiriam o desenvolvimento "normal" da infância e não poderiam desempenhar, quando adultas, as funções sociais necessárias ao progresso da nação: constituição de família, geração de filhos, participação na produção, entre outras. Para esses trabalhos, o exercício do poder disciplinar, que teria sido levado a efeito nessa instituição, tinha como

---

[3] Cf.: Carneiro (2000:134).
[4] Embora não tenhamos a informação precisa sobre o período que Fernandes Figueira ficou chefiando a referida seção, uma receita médica de Figueira datada de 11 de janeiro de 1924 traz o timbre de "pediatra do Hospital Nacional de Alienados" (Acervo Biblioteca de Manguinhos/ Fiocruz).
[5] A esse respeito, ver: Lobo (2008). Esse livro é originado de tese de doutorado em Psicologia (psicologia clínica) pela Pontifícia Universidade Católica do Rio de Janeiro, defendida pela autora em 1997. Ver também: Muller (1998); Silva (2009:195-208).
[6] Ver: Lobo (2008); Muller (1998).

principal objetivo a docilização dos corpos infantis com o intuito de controle e exclusão social.

Apesar da importância desses primeiros trabalhos, a análise que realizamos das fontes primárias procura demonstrar que a atuação de Fernandes Figueira e a terapêutica oferecida no Pavilhão-Escola Bourneville no HNA tinham outras intenções, voltadas para a criação de uma assistência cientificamente fundamentada e orientada para um objeto ainda inédito no contexto psiquiátrico brasileiro da época — a criança anormal. Segundo nossa pesquisa, tratava-se da produção e consolidação de uma ciência médico-psiquiátrica que, aliada à prática assistencial, passava a vislumbrar uma luz no fim do túnel para uma infância marcada pela monstruosidade, mantida enclausurada em casa, muitas vezes sem cuidados médicos ou estímulos que ajudassem sua educação, dada a inexorabilidade do mal, considerado incurável do ponto de vista da medicina. O que Fernandes Figueira divulgava em nosso contexto no início do século XX, portanto, era um novo olhar da medicina sobre as "crianças anormais", as quais passaram então a ser consideradas não apenas pela perspectiva de seu "atraso", mas também do seu "desenvolvimento", de suas possibilidades.

Seguindo essa orientação analítica, consideramos que os médicos da época acreditavam naquilo que estavam escrevendo, ao mesmo tempo que construíam um espaço social para a ciência médica em nosso contexto — espaço esse entendido por eles como voltado para desvendar os mistérios da ciência da vida e para sanar os males da nação. Parece ter sido esse o olhar de Fernandes Figueira em relação às crianças "anormais". Em seus trabalhos ele deixa claro que, mobilizando recursos, teorias e terapêuticas complexas e refinadas, era possível dar um destino bem mais salutar a essas crianças, ainda que considerasse a existência de limites em suas potencialidades.

Procuraremos demonstrar que, apesar do fracasso posterior desse projeto médico-psiquiátrico assistencial, como de tantos outros, naquele início do século XX Fernandes Figueira trazia para a área médico-psiquiátrica brasileira novas teorias e ideias científico-terapêuticas em relação aos diagnósticos psiquiátricos relativos à infância e ao tratamento sintetizado no método médico-pedagógico e seus instrumentos, como os aparelhos de ginástica, aparelho para ensino de marcha, entre outros. Observa-se assim que, por meio desses aportes vistos como inovadores, constituía-se uma assistência cientificamente orientada para a criança anormal; uma clientela que, sob o olhar e as propostas de Fernandes Figueira, era vista como passível de ser incluída no projeto civilizatório nacional do qual a psiquiatria então participava.

Figura 1
Aparelhos de ginástica

Fonte: Figueira (1905:28).

Figura 2
Aparelho para ensino da marcha

Fonte: Figueira (1905:23).

Novos doentes para a psiquiatria: a assistência à infância de Fernandes Figueira

A criação do Pavilhão-Escola Bourneville se insere em um período da história do Hospício Nacional de Alienados, de 1897 até 1902, que desembocaria em transformações institucionais, iniciado na direção de Pedro Dias Carneiro, que no último relatório anual de sua administração afirmava a necessidade de muitas reformas para que o hospício se enquadrasse nos métodos modernos de tratamento da alienação mental.[7] Foi em função desse contexto — o qual incluía a situação de "promiscuidade" entre adultos e crianças, já que estas viviam misturadas àqueles — que entre 1903 e 1905 teria ocorrido o processo de implantação do referido pavilhão.[8]

A mudança do quadro da assistência psiquiátrica no Brasil valia-se do empenho de Juliano Moreira (1873-1933),[9] que em muito defendia a construção de uma ciência e de uma política assistencial psiquiátrica, nomeado então diretor do hospício em 1903, e defensor de uma legislação que reorganizasse a assistência prestada.[10] Nesses termos, o Decreto nº 1.132 então aprovado em 22 de dezembro de 1903, entre outras providências, contemplava a criação do cargo de pediatra no HNA. Já o relatório de 1904-1905 do antigo hospício, apresentado por Afrânio Peixoto (1876-1947), diretor interino do HNA, ao ministro de Negócio e Interiores, dr. J. J. Seabra, ao qual essa instituição estava subordinada, aborda as reformas do hospital e as mudanças efetuadas com relação às crianças, afirmando que a diretoria do hospital "tornou em 1904 um serviço instalado esse de assistência e educação a atrasados e débeis, bem melhor chamado agora Pavilhão-Escola Bourneville" (Maia, 1905:28).[11]

---

[7] Esse período da história do Hospício Nacional de Alienados, que vai de 1897 a 1902, está analisado em Muller (1998:70 e segs.); Lobo (2008:534); Silva (2008:30 e segs.) e, mais recentemente, em Azevedo (2012).

[8] As fontes secundárias e primárias consultadas não são unânimes quanto à data de criação do Pavilhão-Escola Bourneville para crianças anormais. Sobre as informações contidas nessas diferentes fontes, ver: Silva (2008:27).

[9] Segundo biógrafos de Juliano Moreira, ele nasceu em Salvador a 6 de janeiro de 1873. Em sua provável certidão de batismo, teria nascido em 1872, filho natural de Galdina Joaquim do Amaral, doméstica na casa de conhecido médico baiano, Adriano Gordilho ou barão de Itapuã, o qual se tornou padrinho e incentivador dos estudos de Juliano. Ver a biografia de Juliano Moreira no site do Hospital Juliano Moreira, Memorial JM. Disponível em: <www.saude.ba.gov.br/hjm/index.php?option=com_content&view=article&id=252&catid=118&Itemid=195>. Acesso em: 28 jun. 2014.

[10] Sobre o trabalho de Juliano Moreira na área psiquiátrica em prol de um projeto civilizador para a nação brasileira, ver: Venancio e Carvalhal (2001, 2005).

[11] Relatório do Hospital Nacional de Alienados relativo ao ano de 1904-1905. Os relatórios do HNA eram volumes que continham registros de três instâncias, do diretor ou diretor interino do hospício,

Nesse mesmo relatório, é destacada a influência francesa nas ideias e práticas voltadas para as crianças anormais, com a importação de todo o material escolar usado em Bicêtre pelo médico francês dr. Desiré Magloire Bourneville (1840-1909)[12] e "completado por numerosos outros utensis que o Dr. Fernandes Figueira fez aqui construir. Um jardim geométrico, aos fundos do edifício, dá uma vez mais aos pequenos enfermos a noção da forma, relevo, etc." (Maia, 1905:28).

Figura 3
Jardim geométrico

Fonte: Figueira (1905:26).

---

do diretor de cada seção e do administrador do hospital. No caso em pauta trata-se do texto de autoria deste último personagem: Eusébio de Queirós Matos Maia.

[12] Bourneville se tornou médico alienista ocupando-se, durante toda a sua vida, de tratar e estudar doenças mentais e nervosas infantis. Foi médico interno em Salpetrière e Bicêtre, sendo nomeado médico chefe do serviço médico infantil deste último hospital. Atuou em prol da laicização dos hospitais de Paris, o que ocorreu em 1878. Fundou a escola para enfermeiros que logo substituíram as comunidades religiosas nos hospitais de Salpetrière e Bicêtre. Quando eleito deputado de Paris, no período de 1883-1889, conseguiu a aprovação de um fundo para a criação de um serviço especial para crianças anormais, aperfeiçoando o processo pedagógico defendido por Edouard Séguin (1812-1880). Posteriormente, lutou e conseguiu regulamentar a implantação de classes especiais para crianças anormais nas escolas francesas. Morreu em Paris, em 1909. Ver: Müller (1998:97).

A contratação dos funcionários para o Pavilhão Bourneville também era referenciada na instituição de Bicêtre:

> Para a escola de asseio que desejou o Dr. Fernandes Figueira instituir, procuro no momento contratar uma enfermeira perita, do serviço mesmo do Dr. Bourneville: o Sr. Cônsul do Brasil em Paris já recebeu instruções para o contrato e importe de passagem para a realização do cometimento [Maia, 1905:28].

A direção do Pavilhão-Escola Bourneville por Fernandes Figueira parece bastante significativa, considerando-se dois níveis articulados entre si. Em primeiro lugar, revela a importância da indicação de um nome que aparecia como consagrado no campo de estudos sobre a criança, conferindo legitimidade à necessidade assistencial de criação de um espaço específico para a alienação dos menores internados. Em segundo lugar, consequentemente, revela a autoridade da especialidade médica voltada para a infância fundamentada na percepção da criança como um ser distinto dos adultos, com necessidades próprias da idade e, por isso, merecedoras de um tratamento/educação, mesmo aquelas consideradas *creanças anormaes*.

A novidade da orientação assistencial de Fernandes Figueira no HNA era ressaltada tendo-se em vista os resultados obtidos, como demonstra o empolgado relato sobre os progressos das crianças que estavam em tratamento:

> De 13 imundos só quatro ainda não foram sanados desse defeito. Já sabem vestir-se 26 deles e apenas 10 restam por fazer essa aprendizagem. A educação da mesa é cuidada agora. A utilização para o trabalho prestado já começa: seis meninas já cozem, embainhando e alinhando roupa, e muitos meninos já se podem prestar à oficina de empalhador que ai vai ser criada [Maia, 1905:29].

O tom do relatório é de entusiasmo e de reverência àqueles que eram considerados os responsáveis por abrir o caminho para o tratamento das crianças anormais. É nesse sentido que vemos o relatório ser encerrado com o seguinte tributo:

> Eis como de um rebutalho humano, oneroso e difícil de ser mantido, segundo prática obsoleta, se fazem seres menos degradados e úteis até pelo seu trabalho a si e aos outros: é a obra benemérita de Seguin, e Bourneville, de que nestas regiões da América meridional o Dr. Fernandes Figueira é o próprio apóstolo [Maia, 1905:29].

Figura 4
Meninos empalhando cadeiras

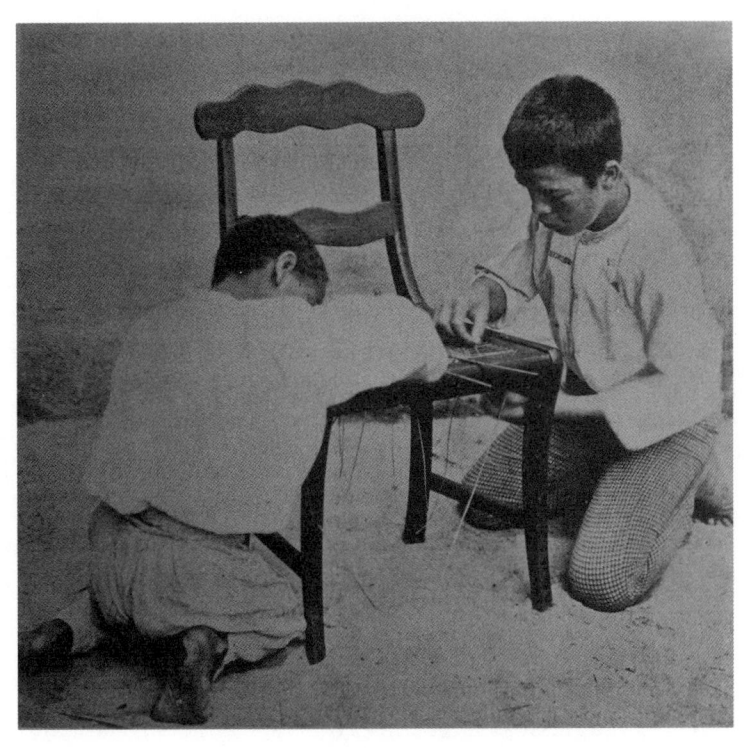

Fonte: Figueira (1905:22).

Entretanto, a consolidação de um projeto terapêutico para essa nova clientela não era fácil de ser realizada, como informa o próprio Fernandes Figueira. As grandes ideias se confrontavam com o mundo real e suas práticas possíveis. Em relatório referente ao ano de 1905 e publicado em 1906, Figueira faz referência à insuficiência de espaço, influenciando mesmo no tratamento dos pacientes e nas decisões tomadas pelo médico. Assim é que, no decurso de 1905, Fernandes Figueira se viu constrangido a tomar decisões que contrariavam seu pensamento, tal como conta: "fui obrigado a remover para seções de adultos doentes já puberes, é certo, mas que, pela feição de suas mentalidades, melhor se adaptariam á enfermaria de que cuido" (Figueira, 1906:20). O problema da falta de espaço também impossibilitava a admissão de pensionistas, visto que admitir tais pacientes implicaria despender mais espaço por indivíduo, pois o pensionista deveria ficar em quarto próprio, separado dos outros pacientes. Desse modo, no ano de 1905, no Pavilhão Bourneville, segundo seu diretor:

[...] a custo, foram admitidos dois pensionistas, alguns outros recusados por falta de lugar, e de dois, sei eu que esperam a oportunidade para entrar. São de relevância os prejuízos decorrentes dessas condições do Pavilhão, por isso que, a renda dos internados contribuintes ajudaria, sobremaneira, a assistência aos indigentes [Figueira, 1906:20].

Ainda no mesmo relatório, Figueira também conta sobre os resultados das atividades das meninas em 1905 e aproveita para registrar as dificuldades cotidianas relativas à falta de material necessário para o trabalho, como tecido. Além das dificuldades com as aulas de costura, a oficina de empalhador também foi citada: "Há um pobre velho incumbido de ensinar aos meninos o ofício de empalhador. Também não pode cumprir seus deveres com a necessária continuidade, porque é não raro interrompido pela carência de material" (Figueira, 1906:20). E termina afirmando seu desejo de funcionamento regular das lições de costura, empalhamento e jardinagem, bem como seu anseio por instalar novas oficinas e realizar melhorias no funcionamento do pavilhão (Figueira, 1906:20).

O relatório relativo ao ano seguinte, 1906, publicado em 1907, também ressalta as condições críticas do Pavilhão Bourneville, caracterizando o ano findo como uma época de "dias menos felizes" (Figueira, 1907:30). Entre as más notícias, mantinha-se o mau funcionamento das oficinas, essenciais no tratamento médico-pedagógico por constituir uma de suas principais ferramentas. Assim, segue reafirmando a dupla importância das atividades desenvolvidas no pavilhão: "imagine-se o que se tem desaproveitado dos meninos, violando-se a base do tratamento médico-pedagógico, que consiste em educar o retardatário para que ele proveja, sem encargo para o Estado, a própria manutenção" (Figueira, 1907:30).

Dessa situação Fernandes Figueira chega à conclusão de que "o aumento do Pavilhão Bourneville é indispensável: não se recebe[m] pensionistas (no que há grave prejuízos de rendas) por falta de local, e nele os indigentes já foram atacados de escorbuto" (Figueira, 1907:30). Dadas tais circunstâncias, o médico se vê forçado, mais uma vez, a tomar atitudes que não consideraria ideais para o tratamento daquelas crianças: "vi-me forçado a remover para seções de adultos internados que atingiram a puberdade, mas que pelas suas condições do estado mental infantil deveriam continuar no Pavilhão" (Figueira, 1907:31).

Fernandes Figueira termina seu relatório confiando e, mais ainda, em uma última frase responsabilizando as instâncias financiadoras pelo tratamento possível de ser oferecido e destacando a necessidade de melhoria da assistência às crianças:

Conto que o orçamento de 1907 me permita acrescer o total de empregados, confiando-se à professora especial o ensino, instalando a oficina de carpintaria, alargando-se os dormitórios. *Sem essas medidas pouco há a esperar do meu esforço* [Figueira, 1907:31, grifos nossos].

O pavilhão instalado de fato em 1904, durante seus primeiros anos, manteve os números de pacientes informados no quadro que se segue.

Quadro 1
Movimentos de pacientes no Pavilhão-Escola Bourneville (1904 e 1906)[13]

Período	Pacientes existentes	Entradas	Transferência seção adultos	Altas	Morte	Total pacientes
1/1/1904 a 31/12/1904	20 (masc.) 15 (fem.)	10 (masc.) 2 (fem.)	5 (masc.) 1 (fem.)	2 (masc.) 1 (fem.)	2 (masc.) 3 (fem.)	21 (masc.) 12 (fem.)
1/1/1906 a 31/12/1906	30 (masc.) 21 (fem.)	9 (masc.) 10 (fem.)	4 (masc.) 1 (fem.)	5 (masc.) 1 (fem.)	2 (masc.) 3 (fem.)	28 (masc.) 26 (fem.)

Nesses anos iniciais observa-se um aumento do número de entradas e de altas, mantendo-se o número de óbitos e de transferências, as quais serão relatadas adiante por Fernandes Figueira. Muitos desses casos, entretanto, talvez nunca sejam conhecidos por nós, dada a pouca documentação clínica até agora encontrada.[14] No total de 13 prontuários relativos à entrada entre 1903 e 1909, temos informações sobre 10 meninos e três meninas, com idades variáveis de 6 a 16 anos. A maior parte foi declarada branca (oito), seguida dos declarados pardos (três) e de dois que não tiveram sua cor declarada.[15]

---

[13] Quadro elaborado com base nos dados contidos em Maia (1905:28) e Figueira (1907:31).
[14] Os dados descritos a seguir dizem respeito ao quantitativo de prontuários dos internos do Pavilhão Escola Bourneville, encontrados por Renata Prudencio da Silva no acervo do Núcleo de Documentação do Instituto Municipal de Assistência à Saúde Juliano Moreira, da Secretaria Municipal de Saúde da Prefeitura da Cidade do Rio de Janeiro (IMASJM/SMS-RJ), tendo em vista a pesquisa para sua dissertação de mestrado. Para essa pesquisa a autora partiu da listagem de documentos clínicos levantados pelo projeto "Devir Criança: Pesquisa de Fontes para uma Genealogia da Criança Anormal no Brasil", desenvolvido pela professora Lília Ferreira Lobo, do Departamento de Psicologia da Universidade Federal Fluminense (UFF). Em seguida, realizou consulta direta ao arquivo do IMASJM/SMS-RJ, a qual revelou também a existência de outros prontuários não citados pelo banco de dados do projeto Devir Criança. A listagem dos prontuários consultados e analisados para a pesquisa de mestrado encontra-se em Silva (2008:178-180). Do total de 84 prontuários encontrados e consultados, 13 eram relativos a crianças que ingressaram na instituição entre 1903 e 1909.
[15] A questão da predominância de pacientes brancos em relação aos negros não é relativa apenas ao Pavilhão Bourneville, e é discutida em outros trabalhos que se dedicam ao estudo da clientela

A grande maioria dessas crianças tinha sua "classe" registrada como Distrito Federal (DF), isto é: não possuíam um responsável por pagar suas despesas no Hospício Nacional de Alienados, e sua internação era então custeada pelo Estado, tal como facultado pelo art. 94 do Decreto nº 3.244, de 29 de março de 1899. A administração do Distrito Federal pagaria pelos indigentes que ali residissem e "cuja internação for requisitada pela Prefeitura, ou pela Polícia da Capital Federal".[16] Embora a maior parte dessas crianças fosse registrada ora sob responsabilidade do Distrito Federal, ora como indigente, observamos a permanência de vínculos familiares, já que por vezes a requisição da internação feita pelo chefe de polícia era levada a efeito devido ao pedido de algum familiar da criança. Além disso, observa-se na documentação consultada certa movimentação da criança na instituição — saídas de licença, alta a pedido, eventuais transferências entre pavilhões — indo de encontro à ideia de existência apenas de abandono familiar após a internação; ao contrário, encontramos pedidos de licença periódicos, de até seis meses, para continuar o tratamento em casa, ainda que com eventuais retornos à instituição.

Os dados mais gerais da pesquisa indicam haver um maior número de casos com diagnósticos de idiotia.[17] Para a década de 1900 a 1909, encontramos o registro de casos de idiotia (cinco), epilepsia (quatro), imbecilidade (três), debilidade mental (um), hidrocefalia (um), esclerose cerebral (um), e esclerose cerebral infantil (um).[18] A maior incidência de casos de idiotia é reveladora do que se processava, tendo em vista que a "criança idiota" era a população por excelência do tratamento médico-pedagógico que viria a ser utilizado por Fernandes Figueira: foi com a afirmação da possibilidade de um tratamento/educação das crianças idiotas que se asseverou a distinção entre o cuidado delas e o tratamento dispensado aos adultos, possuidores de diagnósticos diferenciados.

---

do Hospício Nacional de Alienados. Ver, por exemplo: Teixeira (1998); Engel (1998/1999: 553); Facchinetti, Ribeiro e Munoz (2008:235); Edler e Siqueira (2009:393-410).

[16] Brasil (1899). Ver em especial os arts. 91 e 94 do Decreto nº 3.244. Disponível em: <www.planalto.gov.br>. Acesso em: 28 jun. 2014.

[17] Conforme já mencionado, a pesquisa de prontuários das crianças internadas no HNA conseguiu levantar a documentação de 84 pacientes que ali ingressaram ao longo de quatro décadas. Essa documentação médica revela que, nesse período, os diagnósticos variaram em torno de aproximadamente 20 categorias diagnósticas, sendo os mais recorrentes os de idiotia, que aparece como diagnóstico para 21 pacientes; imbecilidade, registrada para 18 crianças; e epilepsia, tida como diagnóstico em 17 documentos. Ver: Silva (2008).

[18] Em muitos casos esses diagnósticos apareciam conjugados, como o caso de uma criança diagnosticada com esclerose cerebral, imbecilidade e epilepsia.

Conforme Lobo (1997), na Europa, durante o século XIX a noção de loucura era restrita aos adultos. As questões associadas à loucura nem mesmo remontavam a acontecimentos da infância, como possíveis perdas e sofrimentos, de tal modo que a loucura não era concebida como um desvio da infância. A figura da criança anormal teria surgido não da infância louca, mas sim de outro personagem, que para a autora, o alienismo do século XIX havia ajudado a construir: a figura do idiota. Segundo sua tese, mais do que louco, o idiota teria sido identificado como um *monstro completo* no mesmo momento em que todos os desvios da infância se articulavam à idiotia ou estavam referidas às suas gradações, isto é, as imbecilidades e a debilidade mental. O idiota era definido como aquele que sofreria de um atraso do desenvolvimento, e a diferença é que tal atraso não incidiria somente na inteligência, mas também na "vontade moral". As concepções de Philippe Pinel (1745-1826) são expressão dessa perspectiva ao considerar o idiotismo como a "falta absoluta das funções do entendimento e das afecções do coração", constituindo-se em um estado muito mais irredutível do sujeito do que o dos imbecis (Lobo, 1997:462).

Segundo Lobo (1997), ainda no século XIX, as teses médicas produzidas no Brasil que versavam sobre a idiotia tinham a figura do alienista francês Etienne Esquirol (1772-1840) como uma referência importante. Na concepção esquiroliana, o diagnóstico de imbecilidade permitiria a aplicação de algum tipo de tratamento voltado ao trabalho mecânico, à formação de hábitos, ao passo que no caso do idiota não restaria nada a ser feito para alterar sua condição. Esquirol tomaria a idiotia não como uma doença, mas como um estado irredutível do sujeito:

> A idiotia começa com a vida ou na idade que precede o desenvolvimento completo das faculdades intelectuais e afetivas; os idiotas são aqueles que o serão durante todo o curso de sua vida, e neles tudo revela uma organização imperfeita ou uma parada no seu desenvolvimento. Não se concebe a possibilidade de mudar tal estado [Lobo, 1997:465].

A teoria de Bénedict-Augustin Morel (1809-1873) sobre as degenerescências, publicada em 1857, também teria oferecido subsídios para as concepções fortemente organicistas do diagnóstico de idiotia, sendo responsável por acrescentar à descrição dos sintomas uma causa oculta, "uma etiologia hereditária de base orgânica" (Lobo, 1997:479). De tal modo que a origem da doença poderia ser creditada a vários fatores ambientais (o clima e a alimentação), morais (o alcoolismo e a miscigenação) ou a outras doenças, como a sífilis ou a tuberculose. Nesse sentido, doenças do tipo moral tiveram estabelecida sua base orgânica no sistema nervoso, cuja lesão original, ao se expandir, degeneraria todo o organismo. O idiota seria, desse modo, o portador do maior grau de degeneração, constituindo-se na "ameaça da deterioração completa das características da espécie" (Lobo, 1997:479).

Tais concepções a respeito da idiotia permaneceram até meados do século XIX, quando o trabalho do médico francês Edouard Séguin (1812-1880) — uma das personagens importantes para a construção do método médico-pedagógico no Pavilhão-Escola Bourneville — faria emergir outra perspectiva sobre a criança idiota. Degenerado e incurável, o idiota foi tomado como objeto por Séguin, que, contrariando a posição dominante, iniciou uma discussão sobre a possibilidade de educá-lo. A partir de suas pesquisas, concluía que o idiotismo não era resultado de uma má-formação do sistema nervoso, mas de um problema causado pelo "desenvolvimento" mental, concentrando assim seus esforços na educação de crianças com necessidades mentais especiais, na formação de professores e na criação de instrumentos que viabilizassem a educação, principalmente dos sentidos, das crianças idiotas (Saint-Yves, 1914).

Figura 5
Instrumental para educação do tato

Fonte: Figueira (1905:25).

O método médico-pedagógico por Fernandes Figueira

Segundo Figueira, a educação das crianças idiotas se iniciara com Séguin, cujo método fisiológico associado a uma perspectiva sensualista se traduzia na máxima de que nada sobe à inteligência sem que passe pelos sentidos. Assim, "educar o idiota é educar-lhe os sentidos, convertendo um hábito em uma noção" (Figueira, 1905:21).[19] Certamente Figueira não propagava a cura de todos, mas sim que a quase todos se tornasse possível diminuir o peso do infortúnio.

O texto de Figueira se inseria no contexto das discussões psiquiátricas incipientes sobre a infância que buscavam abordar o tema da criança idiota comparativamente à criança sã e a outras patologias. A comparação é feita a partir de uma noção de desenvolvimento normal, sendo o padrão de desenvolvimento dado, a princípio, a partir das crianças sãs e, no extremo, com base no adulto são, que já teria completado todo o processo de desenvolvimento. A concepção de imitação era tomada, assim, como parâmetro de desenvolvimento, como podemos observar em texto do dr. Antônio Austregésilo (1876-1960) sobre o mimetismo infantil:

> Sabemos que na criança, na primeira e na segunda infância, a tendência imitatória é flagrante. Sendo a ontogenia o resumo da filogenia, a criança representa, por isso, a fase inicial da humanidade. A função da criança é quase mimética. Esta propriedade, como bem refere Bewan Lewis [1890:347], vai pouco a pouco se apagando e desaparece na puberdade 'para surgirem as tendências originais dos adolescentes' [Austregésilo, 1906:11].

O que se observa é que a imitação era considerada um processo normal no desenvolvimento da criança, mas que, presente na infância, deveria ir desaparecendo aos poucos até chegar a adolescência. A criança anormal, um tipo de degenerado inferior segundo Antônio Austregésilo, seria diferente justamente por escapar a essa trajetória esperada, seja por falta ou por excesso da capacidade imitativa.

Opiniões mais pessimistas cercavam o tema da criança anormal, como a de Henrique Roxo (1906), que considerava a melhor classificação de idiotia a do dr. Bourneville, já que referida ao critério das lesões anátomo-patológicas, em que as explicações sobre a idiotia eram articuladas às lesões cerebrais, fossem elas congênitas, fossem elas adquiridas, como as ocasionadas em traumatismos ocorridos no momento do parto. Apesar de uma breve referência ao método

---

[19] A *Revista de Letras, Artes e Sciencias* surgiu em 1905, e seus editores-proprietários eram Max Fleiuss e Widman Laemmert. De tendência "artística", seguia outras revistas lançadas à época, como a *Renascença* e a *Fon-Fon*, esta última também editada pela Kosmos. Ver: Dantas (2007:45).

médico-pedagógico do dr. Bourneville, Roxo destacava como consequências frequentes da idiotia os estigmas físicos de degeneração, alteração dos órgãos dos sentidos, traços fisionômicos grosseiros. Para esse psiquiatra brasileiro, as previsões do futuro dessa criança eram desanimadoras:

> A sorte do idiota está sempre presa à sua condição orgânica. Daí sua inutilidade. Não consegue por si fazer coisa alguma. Se instruídos longamente, conseguem depois de longo tempo realizar alguns trabalhos manuais muito simples que sempre repetirão de modo maquinal, como um papagaio. O idiota é normalmente um pária da sociedade [Roxo, 1906:169].

Nessa direção podemos perceber como Figueira se afastava de tal prognóstico negativo, fundamentando seu trabalho em referências científicas produzidas no contexto francês, expressas no uso que o dr. Desiré Magloire Bourneville (1840-1909) fizera do processo pedagógico de Séguin: tratava-se de uma educação médico-pedagógica que visava à intervenção do mais simples para o mais complexo,

> começando pela educação do andar, depois das mãos, da vista, da audição, do olfato, do paladar, da palavra, da higiene pessoal, todos com uso de aparelhos especiais ou objetos diversos. O ensino primário também era ministrado para aqueles "menos comprometidos" e o ensino profissional para os adolescentes [Müller, 1998:98].[20]

Partindo da premissa filosófica atribuída a Séguin, "de que o homem é uma organização inteligente subordinada aos sentidos" (Figueira, 1905:22), Figueira divulgava os diferentes modos de educação. Os exercícios físicos e motores, por meio de aparelhos, eram para aqueles que não falavam nem andavam: visavam ao fortalecimento dos membros, braços e pernas, para que pudesse ser ensinado à criança ficar em pé e andar. Havia também exercícios relativos a outras funções simples, como realização das baixas funções orgânicas, ou a abotoar — "dias e dias se perdem a abotoar por meio de uns grandíssimos botões em grandíssimas casas..." (Figueira, 1905:24). Havia os exercícios para as funções do tato, desenvolvidas por meio da experimentação de sensações de calor e frio, de forma, de

---

[20] A análise de Müller cita vários escritos do dr. Bourneville, destacando que utilizou basicamente dois desses trabalhos para a descrição do método criado pelo médico francês. Um deles foi *Recueil de mémoires, notes et observations sur l'idiot* (1891), que continha textos originais de Pinel, Esquirol, Voisin, Daquin, Foldéré, Belhome, Ferrus, entre outros. O outro trabalho foi *Recherches cliniques et therapeutiques sur l'epilepsie, l'hystérie et l'idiotie* (1900).

textura: "vem mais tarde a percepção do que é rugoso ou macio e a inteligência do infeliz vai pouco a pouco desabrochando" (Figueira, 1905:24).

Figura 6
Letras e algarismos de madeira: aritmômetro

Figura 7
Casa esquemática: aparelhos para adaptação de superfícies

Fonte: Figueira (1905:27).

Fonte: Figueira (1905:24).

As atividades aumentariam de complexidade gradualmente, de modo a contemplar também a educação da visão e da atenção em geral, até o treino da fala, da leitura, do desenho e da aprendizagem de uma atividade laborativa. Mas Figueira era afirmativo quanto às possibilidades da vida dessas crianças fora da instituição:

> Uns realizam apenas a perfeição do alinho próprio, outros se incumbem da limpeza dos assoalhos, aqueles empalham cadeiras, meninas cosem como podem e um pequeno grupo esflora o nível comum da mediocridade. É, como se vê, um trabalho salutar e reprodutivo. De cargas imundas ou perigosas para as famílias, os idiotas passam a pesar menos e alguns serviços produzem. Mas devem ser lançados à coletividade? Cumpre abandoná-los a uma regressão possível? [Figueira, 1905:27-28].

Cinco anos mais tarde, em trabalho apresentado no IV Congresso Médico Latino-Americano e publicado em periódico especializado em psiquiatria, com o título *Educação médico pedagógica dos atrasados*, Fernandes Figueira continuava defendendo a educação médico-pedagógica para o atendimento da criança anormal, reconhecendo o trabalho árduo, acreditando ser possível alcançar melhoras significativas na vida dessas crianças, mas estabelecendo uma diferença em relação ao método Bourneville, que tinha como finalidade "remodelar o indivíduo e, depois da obra terminada, entregá-lo, na reintegração da espécie, ao convívio social" (Figueira, 1910:321). Mesmo saudando tal método como a possível redenção daquelas crianças, Figueira tinha uma visão bastante cética com relação à devolução de seus pequenos pacientes à sociedade. Segundo dizia com relação ao cuidado das crianças:

> Se cumprimos um dever imprescritível [sic] aperfeiçoando o idiota, erramos restituindo-o à sociedade. Antes de tudo mal se compreende a necessidade de uma instrução que exceda os mais modestos limites, instrução que se enfraquece, se baralha e perverte desde que o indivíduo [por] algum tempo, as vezes curto, deixa de recordar-lhe as noções. O que se precisa acima de tudo é educar [Figueira, 1910:322].

Fernandes Figueira era otimista quanto à possibilidade de tais crianças aprenderem e exercerem uma profissão, ainda que a mais simples e a mais material, e com essa atividade suprirem as despesas que o Estado teria para com elas. E por isso mesmo era enfático quanto à sua posição acerca da interação social desses pacientes, deixando claro que acreditava ser o afastamento completo desses indivíduos do meio social o melhor caminho a seguir. Assim, defendia que o indivíduo

> perpetuamente internado não se reproduz, e embora a sua descendência possa se extinguir na quarta geração — como foi verificado — poupamos à espécie essa odisseia da degradação. Eduquemos o deficiente e conservemo-lo à parte, e isso para a sua e para a nossa tranquilidade social [Figueira, 1910:322].

No relatório das atividades do pavilhão relativas ao ano de 1905, Fernandes Figueira também afirmava a necessidade de as crianças permanecerem internadas mesmo após apresentarem evolução em seu desenvolvimento, invocando mesmo os benefícios da transferência do pátrio poder para o Estado: "Só as verdadeiras leis de assistência pública, vigentes nos países cultos, e que ao Estado transferem os direitos paternos, serão capazes de corrigir as anomalias atuais" (Figueira, 1906:20). No entanto, naquele momento, o que tinha em seu pensamento não era algo da ordem da proteção da sociedade contra a degeneração, mas sim da proteção da própria criança internada. É assim que expõe o que verificava no cotidiano do funcionamento do pavilhão que dirigia:

> A criança atrasada, desde que um pouco erguida da sua desgraça, a família requisita-a para explorar-lhe os serviços e de novamente atrasá-la. Um microcéfalo, que encontrei constantemente se atirando ao solo, correndo em corrupio, indiferente ao meio circulante, hoje oferece aperfeiçoamento visível. Os pais, de vez em quando procuram levá-lo consigo, e se justificam alegando que "já pode encher e vazar as tinas de lavagem de roupas", quer dizer que, mais dia menos dia, o infeliz irá regredir, entregue a um ambiente impróprio a sua educação [Figueira, 1906:20].

O método médico-pedagógico, entretanto, foi recepcionado de diferentes maneiras por outros autores, como se observa no artigo escrito pelo médico escolar uruguaio, Sebastian B. Rodrigues, publicado no mesmo ano e periódico psiquiátrico brasileiro que o artigo de Fernandes Figueira (1910). Para Rodrigues, o espaço apropriado para a criança anormal era a escola, tal como demonstra na conclusão de seu trabalho:

> los niños retardados constituyen una agrupación especial que no se encuentra bíen ni los conviene la escuela común y que tampoco en su inmensa mayoria no los conviene un asilo, é un hospital, pues son susceptibles de una cierta educación, correspondiéndoles entonces su ingreso á escuelas ó classes especiales [Rodrigues, 1910:335].

Para Rodrigues, as classes especiais seriam benéficas não somente para as crianças retardadas, despreparadas para as escolas comuns, mas também para as crianças em geral, pois a separação entre as crianças produziria o que o autor chamou de higienização intelectual do meio escolar, alijando desse meio os elementos nocivos ao seu bom andamento. Rodrigues tinha a escola como base de intervenção institucional, enquanto Fernandes Figueira pensava o método médico-pedagógico a partir da hospitalização.

Comentários finais

Procuramos mostrar neste trabalho como, nos primeiros anos do século XX, Fernandes Figueira participou ativamente da implantação de uma instituição médico-psiquiátrica — o Pavilhão-Escola Bourneville do então Hospício Nacional de Alienados (HNA) — destinada exclusivamente às chamadas crianças "anormais", incentivando tanto a oferta de uma assistência a essas crianças quanto a divulgação de novos conhecimentos especializados acerca dessa matéria, relativos aos diagnósticos — em especial o de idiotia — e ao tratamento médico-pedagógico então privilegiado. Atuando na assistência prestada pelo Estado, apresentando suas novas ideias científicas no primeiro periódico psiquiátrico brasileiro, bem como divulgando-as no mundo mais amplo das artes e das letras, Figueira incrementou a área da psiquiatria, à época em processo de institucionalização.

Nesse sentido, o presente trabalho procurou demonstrar que a instituição assistencial liderada por Fernandes Figueira no contexto do início do século XX no Brasil e saberes correlatos dirigidos à criança anormal não tiveram como principal objetivo a produção de um dispositivo disciplinar de controle e exclusão social, mas acreditavam trazer a boa nova da possibilidade de curabilidade dessa infância até então considerada monstruosa e incurável. O investimento no desenvolvimento das crianças anormais pela via do treinamento dos sentidos é apresentado como a grande novidade para a área psiquiátrica.

É verdade que, nos termos de Fernandes Figueira, a possibilidade de cura não estava inscrita para todos os casos, e mesmo aqueles que apresentavam melhoras e progressos em seus desenvolvimentos deveriam, do ponto de vista desse médico, permanecer sob a responsabilidade da instituição, sendo esta uma tarefa própria da assistência que o Estado devia prover a esses necessitados e às suas famílias. Assim, Figueira acreditava no papel atuante do Estado na prestação de uma assistência pública digna, embora sua própria experiência na direção do Pavilhão-Escola Bourneville muitas vezes o confrontasse com um quadro institucional mais complexo e difícil, pouco eficiente na aplicação dos preceitos científicos necessários ao que considerava como progressos da assistência de sua época.

Referências

AMARANTE, Paulo (Coord.). *Memória da psiquiatria no Brasil*. In: CATÁLOGO de periódicos não correntes em psiquiatria da biblioteca de Manguinhos. Rio de Janeiro: Editora Fiocruz, 2001. CD-ROM.

AUSTREGÉSILO, Antonio. Mimetismo nos imbecis e nos idiotas. *Arquivos Brasileiros de Psiquiatria, Neurologia e Ciências Afins*. [s.l.], ano II, n.1, p. 3-13, 1906.

AZEVEDO, Roberto Cesar Silva de. *O desfalque, o inquérito e as comissões de inspeção*: a assistência a alienados no Brasil (1902-1925). Dissertação (mestrado em História Social da Cultura) — Pontifícia Universidade Católica do Rio de Janeiro, Rio de Janeiro, 2012.

BRASIL. Decreto nº 3.244, de 29 de março de 1899: reorganiza a assistência a alienados. Rio de Janeiro: *Imprensa Nacional*, 1899. Coleção de Leis do Brasil — 1899, v. 1, p. 281. (Publicação original.)

CARNEIRO, Glauco. *Um compromisso com a esperança*: história da Sociedade Brasileira de Pediatria, 1910-2000. Rio de Janeiro: Expressão e Cultura, 2000.

DANTAS, C. V. *Brasil "café com leite"*: história, folclore, mestiçagem e identidade nacional em periódicos (Rio de Janeiro, 1903-1914). Tese (doutorado em História) — Universidade Federal Fluminense, Niterói, 2007.

EDLER, Flavio C.; SIQUEIRA, Monique G. Os caminhos da loucura na Corte imperial: um embate historiográfico acerca do funcionamento do Hospício Pedro II de 1850 a 1889. *Revista Latinoamericana de Psicopatologia Fundamental*, São Paulo, v. 12, p. 393-410, 2009.

ENGEL, M. G. As fronteiras da "anormalidade": psiquiatria e controle social. *História, Ciências, Saúde — Manguinhos*, Rio de Janeiro, v. 5, n. 3, p. 547-553, nov. 1998/fev. 1999.

FACCHINETTI, Cristiana; CUPELLO, Priscila; EVANGELISTA, Danielle Ferreira. Arquivos brasileiros de psiquiatria, neurologia e ciências afins: uma fonte com muita história. *História, Ciências, Saúde — Manguinhos*, Rio de Janeiro, v. 17, p. 528-529, dez. 2010. Supl. 2.

_____; RIBEIRO, Andréa; MUNOZ, Pedro F. de. As insanas do Hospício Nacional de Alienados (1900-1939). *História, Ciências, Saúde — Manguinhos*, Rio de Janeiro, v. 15, p. 231-242, 2008. Supl.

FIGUEIRA, Antonio Fernandes. Educação das crianças idiotas: século XX. *Revista de Letras, Artes e Sciencias*, Rio de Janeiro, ano I, n. 2, p. 21-28, nov. 1905.

_____. *Relatório do Hospício Nacional de Alienados relativo ao anno de 1905*. Rio de Janeiro: Imprensa Nacional, 1906.

_____. *Relatório do Hospício Nacional de Alienados relativo ao ano de 1906*. Rio de Janeiro: Typographia do HNA, 1907.

_____. Educação médico-pedagógica dos atrazados. *Archivos Brasileiros de Psiquiatria, Neurologia e Medicina Legal*, [s.l.], ano VI, n. 1-2, p. 320-331, 1910.

LEWIS, William Bevan. *A text book of mental diseases*. Londres: [s.n.], 1890.

LOBO, Lilia Ferreira. *Os infames da história*: pobres, escravos e deficientes no Brasil. Tese (doutorado em Psicologia Clínica) — Pontifícia Universidade Católica do Rio de Janeiro, Rio de Janeiro, 1997.

_____. *Os infames da história*: pobres, escravos e deficientes no Brasil. Rio de Janeiro: Lamparina, 2008.

MAIA, E. Q. M. *Relatório apresentado ao Exmo. Sr. Dr. J. J. Seabra, ministro da Justiça e Negócios Interiores pelo Dr. Afrânio Peixoto, diretor interino do Hospício Nacional de Alienados, 1904-1905*. Rio de Janeiro:[s.n.], 1905.

MÜLLER, Tania M. P. *A primeira escola especial para creanças anormaes no Distrito Federal*: o Pavilhão Bourneville do Hospício Nacional de Alienados (1903-1902). Dissertação (mestrado em Educação) — Universidade do Estado do Rio de Janeiro, Rio de Janeiro, 1998.

PORTO, Ângela; SANGLARD, Gisele; FONSECA, Maria Rachel Fróes da; COSTA, Renato da Gama-Rosa (Org.). *História da Saúde no Rio de Janeiro*: instituições e patrimônio arquitetônico (1808-1958). Rio de Janeiro, Editora Fiocruz, 2008.

RODRIGUES, Sebastian B. Educación medico pedagogica de los retardados. *Arquivos Brasileiros de Psiquiatria, Neurologia e Medicina Legal*, [s.l.], ano VI, n. 1-2, p. 32-341, 1910.

ROXO, Henrique. *Molestias mentaes e nervosas*: aulas professadas durante o anno lectivo de 1905. Rio de Janeiro, [s.n.], 1906.

SAINT-YVES, Isabelle. *Aperçu historique concernant l'éducation médico-pédagogique*: Itard, Séguin et Bourneville. Tese (Medicina) — Faculté de Médecine et de Pharmacie de Lyon, Lion, 1914. Disponível em: <http://web2.bium.univ-paris5.fr/livanc/?cote=TLYO1914x103&do=pages>. Acesso em: 28 jun. 2014.

SILVA, Renata P. da. *Medicina, educação e psiquiatria para a infância*: o Pavilhão-Escola Bourneville no início do século XX. Dissertação (mestrado em História das Ciências e da Saúde) — Casa de Oswaldo Cruz/Fiocruz, Rio de Janeiro, 2008.

_____. Medicina, educação e psiquiatria para a infância: o Pavilhão-Escola Bourneville no inicio do século. *Revista Latinoamericana de Psicopatologia Fundamental*, São Paulo, v. 12, n. 1, p. 195-208, 2009.

TEIXEIRA, Manoel Olavo. *Deus e a ciência na Terra do Sol*: o Hospício de Pedro II e a constituição da medicina mental no Brasil. Tese (doutorado em Psiquiatria) — Instituto de Psiquiatria, Universidade Federal do Rio de Janeiro, 1998.

VENANCIO, Ana Teresa A; CARVALHAL, Lázara. A classificação psiquiátrica de 1910: ciência e civilização para a sociedade brasileira. In: JACÓ-VILELA, Ana Maria et al. (Org.). *Clio-Psyché ontem*: fazeres e dizeres psi na história do Brasil. Rio de Janeiro: Relume Dumará, 2001. p. 151-160.

_____; _____. Juliano Moreira: a psiquiatria cientifica no processo civilizador brasileiro. In: DUARTE, Luiz Fernando, RUSSO, Jane; VENANCIO, Ana Teresa A. (Org.). *Psicologização no Brasil*: atores e autores. Rio de Janeiro: Contracapa, 2005. p. 65-83.

CAPÍTULO 12   **A filantropia "paulista"
que ficou "paulistana":**
a Liga Paulista contra a Tuberculose, 1904-1920

André Mota

> *Dez de julho de 1913 veio assinalar mais uma brilhante vitória para o glorioso apostolado do ilustre clínico Sr. Dr. Clemente Ferreira, que há anos tem movido um combate sem tréguas a uma das mais terríveis moléstias que flagelam a humanidade. Foi em agosto de 1900 que se fundou a Liga Paulista contra a Tuberculose, que desde 10 de julho de 1904 mantém o Dispensário "Clemente Ferreira". Ontem efetuou-se a inauguração oficial do novo prédio do Dispensário, situado na rua da Consolação, nº 117.*[1]

Este artigo traz como objetivo a compreensão da institucionalização da saúde pública em São Paulo, a partir de ações filantrópicas no combate à tuberculose na virada do século XX. Nesse sentido, pretende-se discutir como as estratégias adotadas no campo médico-filantrópico (Marinho e Mota 2013) ora foram consideradas convergentes, ora divergentes na voz de seus propugnadores, revelando uma intrincada teia de abordagens nas questões relativas à doença. A luta contra a peste branca ganhava urgência à medida que avançava sobre a população, havendo, porém, um adendo importante nesse processo. Se a primeira instituição voltada ao tema nasce da ação filantrópica, ou seja, de apoiadores que visariam a ações de "utilidade social", uma virtude laicizada, uma ação continuada, refletida e não isolada capaz de ajudar na modernização das tecnologias médico-sanitárias (Sanglard, 2010:127-147; Ferreira e Freire, 2011:74-100), tal movimento esbarrou nas contendas políticas e regionais envolvidas e nas tecnologias consideradas capazes de barrar o avanço da tuberculose.

---

[1] EDITORIAL. *Correio Paulistano*, 11 jul. 1913, p. 1.

Exemplarmente, festejada no ano de 1913 pelo jornal *Correio Paulistano*, a inauguração de um novo dispensário comporia, na visão de sua elite médica, a organização do aparelho sanitário estadual, simbolizando mais um ícone da prosperidade e do progresso. Não obstante, ao estudar as ações do médico Clemente Ferreira e de seus esforços para a constituição dessa instituição, será fundamental apontar como regionalmente essa dimensão interventora sobre o social poderia ser entendida e incorporada ao projeto sanitário independente que se tentava organizar em São Paulo.

A busca de apoio filantrópico na luta contra a tísica

Para assumir a coordenação de um projeto que impedisse a propagação da tísica em solo paulista, foi escolhido Clemente Ferreira, médico carioca, formado em 1880, que, apesar de sua inclinação pela pediatria, produzira, em 1882, uma tese sobre a tuberculose, intitulada *Ph thisica pulmonar*. Tinha escrito também um ensaio a respeito dos "bons climas" de Campos de Jordão para a terapêutica da tuberculose, que lhe valeu prestígio junto a seus pares paulistas e um convite do médico e diretor do Serviço Sanitário, Emílio Ribas, para desenvolver e dirigir um plano de domínio e possível erradicação da moléstia nas terras de Piratininga.

Nesse contexto, Clemente Ferreira assumiria, em 1896, o comando desse plano, tendo primeiramente ocupado

> a função de "médico de crianças" e, dois anos depois, o cargo de diretor do consultório de lactantes do Serviço Sanitário Estadual. Paralelamente, foi incumbido de sensibilizar seus pares e os principais representantes da elite regional paulista para a organização filantrópica de combate à peste consuntiva [Bertolli Filho, 1993:142-143].

Buscava-se firmar um elo entre os dois médicos, aliando a competência técnica e científica às leis e portarias necessárias à viabilização das ações a serem implementadas.

Algumas das primeiras estratégias adotadas pelo dr. Ferreira inspiravam-se na Liga Nacional contra a Tuberculose, sediada no Rio de Janeiro, que vinha se empenhando em denunciar a ameaça da moléstia no território brasileiro, expondo, por meio de números preocupantes, o perigo que avançava sobre toda a população:

a tuberculose não logrou tornar-se uma questão emergente para o Estado, que, naquele momento, ocupava-se com as doenças epidêmicas, como a febre amarela e a varíola, que resultavam em grande prejuízo para o país. Dessa forma, as elites médicas e intelectuais do Rio de Janeiro tomaram a si a responsabilidade da questão da tuberculose e criaram, em 04 de agosto de 1900, a Liga Brasileira Contra a Tuberculose, como instituição de caráter filantrópico [Nascimento, 2008:144].

Segundo seu relatório de 1902, tomando apenas as estatísticas da Capital Federal — porque desconheciam-se as dos Estados—,

[...] de 1860 a 1900, sucumbiriam, nesse período de 40 anos, 84.040 indivíduos da fatal enfermidade; e tendo sido a mortalidade, no ano de 1901, de 2.726, ficava aquela cifra elevada a 86.766. Assim, de 1860 a 1870, pereceram 17.000; de 1870 a 1880, 19.000; de 1880 a 1890, 20.000; de 1890 a 1900, 26.000, desprezadas as frações. Por esse raciocínio, se déssemos a cada um dos Estados a população apenas da Capital Federal, o que seria pouco, e a mesma mortalidade nos 40 anos, a cifra seria então mais assombrosa e atingiria 1.735.320 óbitos! [Peixoto, 1902:6-7].

Diante dessa realidade e a partir de uma concepção assistencial, a Liga Nacional buscava a ajuda e a participação de toda a sociedade, principalmente da classe médica e de grupos abastados da localidade atingida, acreditando que essa confluência de esforços seria capaz de dominar e erradicar a moléstia. O doente teria tratamento, remédios, alimentação e até o pagamento de suas contas. Sua família, igualmente assistida, aprenderia as principais formas de contágio e as medidas para evitá-lo. Além disso, a população receberia folhetos informativos, e os possíveis focos da doença seriam visitados. Enfim, a tuberculose estava com os dias contados.

Para a Liga Nacional, as dificuldades na formação de uma instituição dessa natureza ligavam-se muito mais ao empenho da coordenação do que ao dinheiro necessário. Afinal, questionavam seus membros diretores, investir o dinheiro indispensável ao combate da tuberculose não seria uma posição esperada de todo aquele que desejava a grandeza do país e a saúde da população? Dessa perspectiva, portanto, os grupos que constituíam o poder político e econômico deveriam protagonizar essa obra, não se restringindo à liga:

[...] um momento, pensando nos recursos precisos para ela: estes viriam da filantropia popular, de valiosos donativos, de favores de generosas companhias e da administração pública, pois com estes favores apenas a pia instituição iria encontrando paulatinamente os recursos para sua subsistência [Peixoto, 1902:23].

Em 1892, quando foi implementado o Serviço Sanitário do Estado de São Paulo, o número de vítimas tísicas na capital era de 153 pessoas, chegando, no ano seguinte, a 272. A *Revista Médica de São Paulo* publicou, no ano de seu lançamento, 1898, um boletim do Instituto Bacteriológico registrando 405 óbitos. O levantamento mais preciso desses números vinha com a revolução da microbiologia e as descobertas de Koch, levando à identificação dos tuberculosos por autópsias realizadas pelo instituto.[2]

Na explanação feita em 1897, Clemente Ferreira mostrou a apreensão da Repartição de Higiene de São Paulo ao constatar que "faleceram, em 1896, nesta capital, 534 pessoas por tuberculose, o que representa 7% da mortalidade geral" (Ferreira, 1902:43). Nesse contexto preocupante, mesmo que não de uma epidemia, em 1899 apresentou à Sociedade de Medicina e Cirurgia os delineamentos básicos para

[...] a organização de uma associação vazada nos moldes da Verein für Volkheilstätten de Munich [...] [que] uma vez organizada, levaria a Associação Paulista dos Sanatórios Populares a constituir subcomissões locais em diversos pontos do Estado, para que se enviassem, aos clínicos dos vários municípios, circulares expondo os fins da sociedade e incitando-os a formar núcleos locais constituídos por médicos e todas as pessoas gradas das diferentes cidades [Ferreira, 1909:305].

A composição de uma associação paulista contra a tuberculose, também sugerida, seria centralizada pelo governo estadual, com o patrocínio e a presidência honorária do senhor presidente do Estado, e sua organização exercida pela Sociedade de Medicina e Cirurgia. Do ponto de vista econômico, seria constituída uma "comissão de propaganda e aquisições de donativos e de uma comissão de administração e de execução" (Ferreira, 1899:275). Ambicionava-se mobilizar a opinião pública pela imprensa, pela circulação de cartas ou panfletos através das organizações pias, administrações hospitalares, filantropos e

---

[2] Cf.: Relatório dos trabalhos do Instituto Bacteriológico durante o ano de 1897... (1898:182).

capitalistas. Formando toda uma rede de adesão e participação para o cumprimento dos objetivos a serem alcançados, todos iriam, segundo essa posição, "prontamente prestigiar a associação, criando um sem-número de núcleos de reforço e ampliação" (Ferreira, 1899:275).

As posturas que seriam aplicadas, expostas num artigo de 1901, sob o título "O problema da tuberculose em Portugal e no Brasil", defendiam os trabalhos da Liga Nacional Portuguesa e da Liga Nacional do Rio de Janeiro e aprovavam os passos que São Paulo vinha dando nessa direção. Segundo suas ideias, o Brasil só tinha um elemento adverso a seu progresso contra a tuberculose: a distância do mundo civilizado europeu e estadunidense. Não obstante, haveria uma fagulha de vibração e entusiasmo na luta contra a peste tísica, podendo ser encontrada nas ações de Emílio Ribas, como diretor do Serviço Sanitário, em seus esforços na emissão de relatórios minuciosos, tentando abarcar os números de doentes, e na divulgação de instruções práticas e concisas a propósito da educação higiênica e sua prevenção.

Porém, logo no início da implementação de seu projeto, algumas medidas foram desconsideradas pelas autoridades e instâncias médicas do interior do Estado, não havendo registros, nessas cidades, do comprometimento esperado ou da adesão às resoluções que erigiriam uma liga antituberculosa. A falta de apoio financeiro por parte das empresas privadas e dos cidadãos interioranos impediu a efetivação do projeto filantrópico nessas municipalidades, levando a liga, em 1909, a pedir ajuda aos órgãos de imprensa e aos poderes constituídos para que pressionassem por esses investimentos:

> [...] nossa árdua e pesada tarefa bem longe está do seu ponto final, pois infelizmente falecem-nos as diversas armas de que não é possível prescindirmos na campanha complexa contra o terrível flagelo tuberculoso. O núcleo central está organizado, porém urge aparelhar os demais anéis da cadeia de instituições, que constituem o necessário e indispensável arsenal, capaz de nos assegurar a vitória, o completo e definitivo triunfo. [...] [E pede à imprensa paulista] poderoso elemento de orientação e impulsionador vigoroso das grandes causas sociais, a sua intervenção calorosa, tenaz, persuasiva, de modo a despertar a iniciativa privada e o concurso dos abastados, cuja interferência na magna [sic] tem sido até hoje das mais apagadas [Ferreira, 1909:257-258].

Evidentemente, a luta das autoridades locais contra a centralização dos órgãos estaduais de saúde pública criou impedimentos na execução desse projeto, principalmente pela dificuldade na obtenção do capital necessário para a construção e conservação de filiais, provavelmente pela desconfiança e franca aversão às ações do governo do estado, representado, no caso, na figura de Clemente Ferreira.

Sem esse retorno e frustrados os primeiros planos, restava aglutinar todo o aparato e os projetos a serem desenvolvidos na capital paulistana, confessando seu diretor que, por ter ficado sem resposta o apelo feito ao corpo clínico dos diversos municípios, toda a ação da liga se centralizaria ali (Ferreira, 1909). Mas, com a legislação ainda incerta a respeito da extensão dada aos poderes municipais e aos órgãos de saúde, os propósitos da liga esbarraram também na prefeitura de São Paulo, que advogou como sua a responsabilidade, segundo a lei, de cuidar da tuberculose na cidade. Ao tomar conhecimento do trabalho que seria desenvolvido, Clemente Ferreira adjetivou-o ironicamente de "benemerente", pois referendava-se apenas na lei de 1898, que obrigava ao uso da tuberculina[3] nas vacas lactígenas, ao controle das condições sanitárias dos estábulos e à proteção ao comércio do leite.[4]

Já os poderes municipais acreditavam que essa ação, mesmo isolada, teria um impacto social expressivo, especialmente sobre os altos índices de mortalidade infantil, que tinha no consumo de leite infectado e sem controle sanitário uma de suas principais causas.[5] O apoio a essas ações era reforçado pelos estudos médicos da época, que identificavam focos de contaminação nos animais:

> [...] ou porque esteja a doença localizada nas mamas (mastite tuberculosa), ou porque cheguem os micróbios ao leite, com as fezes do animal. É bom saber que quase todo o leite posto à venda contém fezes de vaca; ora, quando são tuberculosas, tossem, deglutem a expectoração, eliminando-se os bacilos com a mesma morfologia e as mesmas reações corantes do bacilo da tuberculose — os chamados *bacillos acido-resistentes* [Fontenelle, 1925:325].

Para a liga, a falta de legislação condizente com seus anseios e, além disso, as tímidas medidas municipais e a fisionomia mutante da cidade causariam a falta de controle e consequente proliferação do bacilo. Assim, ficava patente, pelo rumo inicial dos cuidados da tuberculose na pauliceia, que esse era um assunto

---

[3] "Líquido estéril em que estão presentes produtos de crescimento ou substâncias específicas provenientes de bacilo da tuberculose, e usado com o fim de diagnosticar essa infecção" (Ferreira, 1986:1723).
[4] Acompanhar essa discussão em: Mota (2005).
[5] Sobre a mortalidade infantil na capital nesse período, ver: Ribeiro (1994:115-124).

muito mais profundo e delicado do que se imaginava. De fato, essa atmosfera de procedimentos e embates institucionais abrigava outras dimensões, que devem ser levadas em conta para uma compreensão mais ampla do fenômeno: o alcance ainda limitado dos prognósticos da doença, as dificuldades em seu controle, principalmente nos novos polos urbanos que passaram pelo súbito adensamento populacional, e todas as alterações científicas que não tinham ainda estabelecido quaisquer certezas que pudessem configurar domínio absoluto sobre a doença.

Vozes médicas antagônicas e conclusões convergentes: a saúde pública na cidade de São Paulo

A liga tinha dificuldades em interferir nos assuntos que, se por um lado diziam respeito à tísica e à sua manifestação, por outro envolviam outras instâncias corporativas e de poder que tinham interpretações diferentes sobre quais seriam os mais eficazes métodos de prevenção e cuidados com os doentes. Não havia um modelo único de medicalização, principalmente nesse período de evidente transição do campanhismo para a educação médica e preventiva (Mendes-Gonçalves, 1994). Havia assim, entre Emílio Ribas e sua proposta de higiene moral e as posições de assistência médica que já vinham aparecendo nos discursos e algumas ações de Clemente Ferreira, rupturas irreparáveis.

Exemplarmente, em 1900, criou-se uma comissão da qual faziam parte o dr. Ferreira e nomes ligados ao Serviço Sanitário — Miranda Azevedo e Victor Godinho —, com a intenção de traçar as primeiras bases para as ações de combate à tuberculose. Segundo Clemente Ferreira, essa comissão nunca funcionou, pois os outros dois membros nunca estiveram presentes, impondo uma distância que evidenciava a posição do Serviço Sanitário com sua total centralização de poder somada às ações de cunho higienista e campanhista, enquanto Ferreira defendia uma perspectiva descentralizadora e assistencial.

Em 1902, o médico Arnaldo Vieira de Carvalho, partidário das ideias de Emílio Ribas, fez um pronunciamento em que já se pressentia a rivalidade com as posições do dr. Ferreira. Referindo-se aos trabalhos da liga, Arnaldo afirmava que, de seu ponto de vista, pouco se havia feito contra a tísica:

> Nesse período, o resultado positivo de nossos trabalhos foi nulo. Nada produzimos; nada de importante discutimos e, em nossas atas, nada arquivou-se que, com fruto, possa ser consultado por quem se interessar pelas ciências

médicas em São Paulo. [...] escorregamos rapidamente sobre a questão da tuberculose; fundamos uma liga antituberculosa e fixamos nossa atenção sobre a fundação dos sanatórios para tuberculosos. Quer isso dizer que empenhamos nosso pequeno esforço na realização do que, a meu ver, devia ser a última cousa a ventilar na questão da tuberculose [...] a tuberculose é um problema social e não uma questão médica. Encarando a questão como fazemos atualmente, não combatemos a moléstia; apenas perseguimos cruelmente os doentes [Carvalho, 1902:117-118].

Nesse sentido, em seu minucioso estudo sobre a história social da tuberculose, diz Bertolli Filho que "a Liga Paulista contra a Tuberculose rompeu relações com o Serviço Sanitário, colocando em campos opostos os diretores de ambos os órgãos" (Bertolli Filho, 1993:141-156). Essa dissensão foi firmada num compêndio redigido em 1899 por Victor Godinho e Guilherme Álvaro, sob a direção e aprovação do Serviço Sanitário. Marcavam uma posição diferente sobre a transmissibilidade e a curabilidade da tísica, que ia de encontro às postulações da liga. O trabalho, intitulado *Fonte para a educação popular*, declarava-se uma propaganda de interesse público, e "pedia-se a todos os jornais científicos ou noticiosos que o transcrevessem" (Godinho e Álvaro, 1899:5). Aos que não dispusessem de espaço, pediam ao menos a transcrição das conclusões finais.

Na verdade, não se tratava de simples propaganda popular. Ao contrário, trazia um debate entre os cientistas e médicos da área, consistindo numa vasta pesquisa desenvolvida em países europeus, relacionada à doença, confirmando as formas de contágio e propondo formas de tratamento contrárias às recomendadas pelos dispensários antituberculosos.

Prognosticavam ao doente ora a internação nos sanatórios, ora sua adequação ao próprio lar, desde que esse lugar e seus moradores recebessem as ações higiênicas necessárias:

A tísica pode ser curada em qualquer altitude, nos climas de montanhas como à beira do mar. Cura-se mais facilmente nos sanatórios onde o doente ouve, a cada instante, conselhos dos médicos, conselhos que é obrigado a seguir à risca, e onde ele aprende por disciplina, ou pela imitação de outros doentes, a só fazer o que convém ao seu tratamento. Entretanto, o tísico pode curar-se em sua casa, desde que a transforme em um pequeno sanatório, ou desde que faça e use nela tudo o que teria de fazer e usar no Sanatório [Godinho e Álvaro, 1899:98].

Nos manuais redigidos pelo Serviço Sanitário e distribuídos gratuitamente à população, não se recomendava o uso dos nosocômios, nem eram dados como alternativa em qualquer fase da doença:

> [...] a tuberculose existe em todos os climas, sendo entretanto mais comum nas grandes e velhas cidades do que nas pequenas e novas, e nestas mais do que no campo. As casas velhas, sem ar, sem luz e onde moraram ou faleceram tísicos são lugares onde muitas vezes se adquire a moléstia, cujos gérmens resistentes muito tempo vivem no pó das paredes, dos móveis, das cortinas, das frinchas dos assoalhos. Toda a casa cujo residente anterior se ignora deve ser, antes de habitada de novo, cuidadosamente desinfectada e lavada e, quando possível, completamente pintada [Tuberculose, 1900:5].

Defendendo pessoalmente essa tese, Emílio Ribas divorciou o Serviço Sanitário da liga, ao indicar a melhor fórmula para o controle da peste branca:

> Desinfecção sistemática dos domicílios em que se deram óbitos pela moléstia e das roupas e mais objetos em contato com os doentes, as instruções para evitar o contágio largamente distribuídas e a educação do público, que vai fazendo principalmente a Liga contra a Tuberculose.[6]

Não obstante, se a liga tinha um papel relativamente valorizado, entre todas as medidas, segundo o dr. Ribas, a ação efetiva no controle da tísica seria da diretoria do Serviço Sanitário: "julgamos medidas por excelência a reforma dos domicílios insalubres, no sentido de dar-lhes luz direta e franco arejamento, e a rigorosa observância dos preceitos de higiene domiciliar nas construções novas".[7]

As ruas, as instituições públicas, os cinemas, os bares e a alimentação estariam na mira dos fiscalizadores; era imprescindível uma

> [...] guerra de extermínio aos escarros e outros produtos de excreção do tísico; guerra às poeiras que podem conter e inocular os gérmens da moléstia; nunca varrer ruas nas horas de maior trânsito; fiscalização severa dos alimentos, sobretudo a carne e o leite, pelo emprego da tuberculina aos animais

---

[6] Cf.: Relatório apresentado ao Sr. Dr. Secretário dos Negócios do Interior e da Justiça... (1906:12).
[7] Ibid., p. 12.

que os forneçam; ensinar o doente a não ser nocivo ou perigoso aos que o cercam, na família ou fora dela, constituem as bases da profilaxia social da tísica.[8]

Analisando mais detidamente essa polêmica, Bertolli mostra que ela também envolvia conflitos gerados em torno da construção de um nosocômio fora da capital paulista, com melhores condições climáticas para o tratamento, tendo sido a cidade de Campos do Jordão o centro de todas as polêmicas. Para o autor,

> [...] apesar da pouca clareza dos motivos que alimentaram o conflito entre os dois esculápios, suspeita-se de que a continuidade de atritos deveu-se principalmente à pretensão personalista do "médico de crianças". Desde o surgimento da Associação, o clínico levantou a bandeira da campanha que visava construir um sanatório popular em Campos do Jordão, o que deveria ser financiado pelo governo estadual, mas ficar subordinado ao movimento filantrópico e não ao Serviço Sanitário [Bertolli Filho, 1993:145].

O Serviço Sanitário respondeu que a construção de um sanatório naquele momento era um despropósito econômico, pois o tratamento do tísico em seu domicílio lhe traria resultados benéficos. Sobre essa avaliação, escreveu Clemente Ferreira:

> E dispendiosos que fossem os sanatórios, não seria isso uma razão plausível para adiarmos indefinidamente sua construção; é um ato de justiça social, uma obra de solidariedade coletiva, um dever de assistência pública proporcionar aos indigentes tuberculosos os meios de se tratarem. Do mesmo modo que se despendem somas avultadas na instalação de hospitais para as demais moléstias infecciosas, assim como se consagram fortes quantias na construção de nosocômios para os leprosos, os cancerosos e os sifilíticos, de hospícios para os alienados e de asilos para os alcoolistas e degenerados, não é razoável que se abandonem os tuberculosos sem tratamento apropriado, sem refúgio confortável, atirados às enfermarias anti-higiênicas dos hospitais comuns [Ferreira, s.d.:2].

---

[8] Ibid., p. 10.

A contenda em torno do nosocômio de Campos do Jordão levou Clemente Ferreira a abrir mão dessa empreitada devido à força opositora do Serviço Sanitário, que via em sua construção um modelo que não ia ao encontro de seu modelo sanitário e um empreendimento econômico desarrazoado, pois, indo além dos prédios ou dos conceitos da terapêutica, seria preciso instalar também uma linha férrea da comarca de São Bento de Sapucaí à cidade de Pindamonhangaba, e desta à cidade serrana.

Anos depois, todavia, para grande surpresa de muitos, erguia-se o nosocômio e instalava-se a linha férrea[9] para condução dos doentes,

> [...] o Congresso Estadual aprovou o projeto, concedendo aos empreendedores o direito de explorar uma faixa de 15 quilômetros de cada lado do eixo da linha férrea, garantindo também os juros de 5% sobre o capital inicial da companhia, o qual era inicialmente de 3 mil contos, logo em seguida aumentado para 4 mil. Os concessionários da empresa organizaram então a Sociedade Anonyma Estrada de Ferro Campos do Jordão, aparecendo como principais acionistas os nomes de Emílio Ribas e Victor Godinho [Bertolli Filho, 1993:150].

Evidentemente, a complexidade dessa ação envolvia posições científicas e direcionamentos técnicos, mas igualmente interesses financeiros e políticos.

Na contraposição dos representantes do Serviço Sanitário, em relatórios anuais da Liga Paulista contra a Tuberculose eram registradas essas querelas, a partir das medidas assistenciais que julgavam mais acertadas para resolver as mazelas tuberculosas em solo paulistano. Apontavam onde e como a tísica deveria ser diagnosticada e quais os mecanismos para seu combate e tratamento, ressaltando suas ações, mas quase não citando os trabalhos que paralelamente realizava o Serviço Sanitário. Nesse sentido, não poupava críticas à concepção de cidade e às intervenções no espaço urbano, destacando as dificuldades que

---

[9] "Após várias tentativas para conseguir uma estrada de ferro, Ribas, sem nunca desanimar, obtém, através da Lei nº 1.265-A, de 28-10-1911, promulgada pelo Presidente do Estado, Manoel Joaquim Albuquerque Lins, seguida do Decreto nº 2.156, de 21-11-1911, o direito de construírem por si ou empresa que organizassem uma estrada de ferro ligando a cidade de Pindamonhangaba a Campos do Jordão. Os trabalhos de construção já se achavam à altura da Estação Eugênio Lefevre, atualmente Santo Antônio do Pinhal, quando eclodiu a Primeira Guerra Mundial, desencadeando uma série de dificuldades financeiras. Em 28 de maio de 1915, reunia-se a Sociedade em Assembleia Geral, presidida pelo Dr. Emílio Ribas, ocasião em que Victor Godinho expôs as dificuldades da Companhia em conseguir empréstimo externo, sendo assim foi solicitada ao Governo do Estado a encampação da ferrovia, que se oficializou em 15-12-1915" (*Emílio Marcondes Ribas*. Secretaria de Esportes e Turismo de Campos do Jordão, s.d.:2-3. [Mimeo.]).

São Paulo criava paulatinamente aos seus habitantes, bem como a necessidade de se retirar o doente de seu lugar de convívio e de sua miserabilidade:

> A elevação do preço de aluguéis, que tem sido vertiginosa nestes dois anos, a redução de prédios pelo alargamento de diversas ruas e a constituição de praças representam um fator de nefasta influência para o alojamento salubre do operariado, que hoje mais que nunca se amontoa e se condensa em cortiços infectos.[10]

Nessa perspectiva, os relatórios pretendiam indicar as causas da tísica a partir de um histórico dos doentes, de suas condições de trabalho e moradia. Em 1913, apresentaram-se 235 casos na capital, dos quais a maior parte desempenhava as seguintes atividades:

Quadro 1
Atividades dos doentes de tuberculose (1913)

Domésticas	44
Costureiras	26
Empregados do comércio	15
Operários	14
Cozinheiros	11
Total	110

Apoiado nesses dados, Clemente Ferreira alertava para o perigoso mundo das fábricas e oficinas, e para a necessidade de uma atitude mais eficaz no que dizia respeito às lidas trabalhadas e à falta de condições de saúde dos trabalhadores: "a inspeção sanitária dessas colmeias de trabalho [...] deve ser exercida com maior regularidade e rigor [...] [devendo-se] regulamentá-las no tocante ao número de horas, idade, o sexo dos operários e bem assim forçar a adoção de providências".[11]

As profissões assinaladas eram tidas como favoráveis à contaminação pelo bacilo, vindo acompanhadas de outros fatores que estariam articulados entre si, colaborando com as causas centrais de vulnerabilidade entre essa parcela da população. Apontavam-se também as condições insalubres de várias regiões da

---

[10] Cf.: Relatório apresentado à Assembleia Geral da Liga Paulista contra a Tuberculose... (1913:23).
[11] Cf.: Relatório apresentado à Assembleia Geral da Liga Paulista contra a Tuberculose... (1914:13).

cidade, precisando-lhes a localização e as más condições das moradias, dimensionando melhor a vida da população doente, conforme o quadro 2.

Quadro 2
Impressão geral da habitação

Casas boas	34	14,4%
Casas medíocres	153	65%
Casas más	28	11%

A reestruturação urbana e a legislação referente a ela deixavam patente a diferença de acesso às condições básicas de vida entre os moradores da cidade. A muralha invisível que separava os habitantes emergia sistematicamente à medida que se davam as alterações cotidianas, pois,

[...] um sistema de legislação urbana correspondia a esse modelo de gestão, com o objetivo de garantir níveis de qualidade e adequação aos padrões estabelecidos pelas companhias que forneciam serviços públicos, na construção e utilização da terra na zona central e em certas ruas ou bairros na zona urbana. No restante da cidade, destinado aos "assentamentos populares", aos usos insalubres, um sistema de absoluto *laissez-faire* predominava [Rolnic, 1997:149].

A liga identificava aí um substancial entrave ao combate à tísica: a relação entre a doença e as condições de moradia, veiculada pelos órgãos de imprensa:

[...] são acordes pois os depoimentos das mais culminantes autoridades em higiene e fisiologia no processo instaurado contra as casas insalubres, úmidas, mal ventiladas e iluminadas, contra os domicílios apinhados — tipo dos alojamentos insalubres, propícios e férteis meios para a cultuluxuriosa [sic] do gérmen da tuberculose. É nesses antros que se encastela o cruel flagelo; é aí que ele se avigora e se robustece, para em irradiações violentas e invasoras levar suas devastações a ruas e quarteirões inteiros, estendendo seus tentáculos empolgantes e poderosos a grandes distâncias e a pontos remotos de um país, a contaminação e o morticínio pela exportação de doentes, que, em busca de saúde e de vida, vão formar novos focos nas aldeias e nos campos até então indenes do bacilo ameaçador. E assim se realiza a tuberculose [Ferreira, 1914:4].

O esquadrinhamento dos locais abandonados onde a doença se difundia apontou o avanço sistemático da tuberculose sobre os moradores dos bairros periféricos, como mostram os quadros 3 e 4.

Quadro 3
Difusão da doença por bairros

Bairros	Nº de doentes
Brás	68
Norte e sul da Sé	62
Consolação	45
Sta. Efigênia	27
Sta. Cecília	15

Quadro 4
Ruas mais flageladas (julho de 1904-1913)

Ruas	Nº de doentes
Carneiro Leão	54
Caetano Pinto	37
Sto. Antônio	34
Avenida Rangel Pestana	33
Rua da Glória	27
Rua das Palmeiras	24

O movimento do dispensário trazia à tona o problema da habitação e a necessidade de construir novos espaços de moradia, para deixá-los de acordo com os preceitos de saúde pública. Enquanto isso fosse sendo efetivado, os doentes deveriam ser tirados dali e levados para os nosocômios que deveriam ser construídos. Para isso, a liga carecia dos braços da legalidade, que estavam sob as ordens do Serviço Sanitário, único poder habilitado para esse tipo de intervenção. Nessa pendência, convergiam as posições do dispensário, que avaliava como prioritária a melhoria radical da moradia dos tuberculosos, mesmo dos internados — que, ao fim de certo tempo, voltavam para casa —, e do Serviço Sanitário, que, se discordava das internações em sanatórios, concordava que a crise domiciliar era de difícil solução na concretização de suas teses de domínio na difusão da tísica.

O movimento mensal das atividades do dispensário revelava esse único elo entre a Liga Paulista contra a Tuberculose e o Serviço Sanitário, o que não acontecia sobre outros aspectos da doença:

> Profilaxia e assistência domiciliares: visitas de inspeção, inquérito higiênico e de educação sanitária feitos pelos inspetores, 139; visitas médicas em domicílios, 47; casas de enfermos contaminantes, desinfetadas e renovadas por intervenção do Serviço Sanitário, sob solicitação da diretoria do Dispensário, 15 [Ferreira, 1914:4].

Segundo a liga, em 1918, o número de vítimas da tuberculose foi de 614, tendo sido mais afetadas as localidades relacionadas no quadro 5 (Ferreira, 1914:26).

Quadro 5
Distribuição dos casos de vítimas da tuberculose (1918)

Ruas	N° de doentes
Carneiro Leão	69
Santo Antônio	58
Rua da Consolação	47
Rua da Glória	38
Visconde de Parnayba	37
Avenida Rangel Pestana	37

Não surpreende que, mais uma vez, a rua Carneiro Leão fosse a mais atingida pela tísica, uma vez diagnosticada sua existência anos antes. Não só o bairro, mas as mesmas ruas figuravam nos relatórios durante os anos 1920. Em 1923, a mortalidade permanecia estacionária — 737 óbitos, representando um coeficiente de 11,3 sobre 10 mil habitantes. Não obstante essa aparente estabilidade, havia um aumento significativo da doença, *camuflada* em outras doenças do pulmão:

[...] a taxa obituária permanece, pois, estacionária, na hipótese otimista de serem os dados demógrafo-sanitários a expressão real do tributo pago pela população à tremenda peste. Sabemos, porém, que nem todos os casos de tuberculose são devidamente classificados, e que numerosos diagnósticos de gripe, bronquite crônica, enfisema pulmonar e broncopneumonia rotulam óbitos por infeção bacilar de Koch e em pelo menos 20% deve ser majorada a percentagem, ou seja, 13,56 sobre 10.000.[12]

O relatório de 1929 confirma as mesmas ruas que durante anos foram as maiores portadoras do bacilo de Koch, e nem por isso conseguiam receber tratamento adequado para erradicar o mal. Seguiram sendo as ruas que mais vítimas fatais faziam.[13] A rua Carneiro Leão, no Brás, encabeçou a lista das mais flageladas pela tísica. Durante o período analisado, o número de infectados aumentou constantemente, sendo importante verificar que o alegado domínio sobre a tísica, se havia, não se referia aos lugares em que mais a doença grassou, o que se confirma pelos números do quadro 6.[14]

Quadro 6
Evolução no número de vítimas na rua Carneiro Leão (Brás) — 1912-1920

	1912	1913	1914	1915	1916	1917	1918	1919	1920
Número de vítimas da tuberculose	51	54	57	59	63	65	69	71	75

A todas questões aqui tratadas, acrescente-se que a tuberculose era incurável, e abordada pelos estudiosos apenas para controle de seu avanço. Segundo Afrânio Peixoto, as medidas tomadas deveriam fazer parte de um conjunto de regras, normas e ações, abrangendo os expedientes tanto da liga quanto do Serviço Sanitário, pois

[...] não existe ainda uma profilaxia específica da tuberculose. Embora conhecido o gérmen, não foi possível até agora obter meios de prevenção direta contra ele. O que existe são as regras gerais de profilaxia, modificadas pela universalidade da doença, o que torna impossível compreender todos os doentes numa campanha sanitária [Peixoto e Couto, 1914:594].

---

[12] Cf.: Relatório apresentado à Liga Paulista contra a Tuberculose... (1924:27).
[13] Cf.: Relatório apresentado à Liga Paulista contra a Tuberculose... (1930:17).
[14] Dados levantados pelos relatórios da Liga Paulista contra a Tuberculose entre 1912 e 1920.

O isolamento do doente nos chamados sanatórios, defendido por Clemente Ferreira, era tido como leviano pelo dr. Peixoto, "sem ter previamente o seguro operário, obrigatório, geral, capaz de provê-lo". Por outro lado, o tratamento domiciliar empreendido por Emílio Ribas só teria êxito, segundo o dr. Peixoto, quando "a notificação compulsória puder ser efetiva pela educação do povo [havendo ali] por meios relativamente simples, de restringir a propagação doméstica da tuberculose" (Peixoto e Couto, 1914:595-596).

Anos mais tarde, a cadeira de higiene da Faculdade de Medicina e Cirurgia de São Paulo receberia a tese do doutorando Jayme Candelaria, intitulada *Questões de Assistência — A visita domiciliar e o problema da organização da assistência em São Paulo* (Candelaria, 1921), em cujo prefácio se lê: "[...] pudemos observar que o Serviço Social em São Paulo, no que diz respeito à Medicina Pública, acha-se num estado de atraso simplesmente vergonhoso, se quisermos ter a generosidade de considerá-lo como existente entre nós" (Candelária, 1921:I).

Suas pesquisas mostravam as deficiências da saúde pública em pontos cruciais para a concretização de qualquer ação assistencial efetiva de combate e tratamento dos indigentes da cidade, pois

> [...] considerando que São Paulo contava uma população de cerca de 550 mil almas, vemos quão deficiente é a nossa assistência. A nossa população indigente, de fato, precisaria de, pelo menos, 2.500 leitos hospitalares, quando, em rigor, não dispõe de mais de 1.300. Não é só. Em geral, as instalações deixam muito a desejar quanto à higiene e ao conforto, nos hospitais como nos asilos, salvo raras exceções. Os serviços de toda a ordem obedecem a velhas rotinas, quase sempre morosos, tardos e incompletos [Candelária, 1921:40].

Considerações finais

Essas afirmações corroboraram as impressões que faziam presumir o quanto seria difícil a tarefa de pôr em prática a planificação de controle da peste branca não apenas pelas condições a que estava submetida a população, mas também pelas lutas que os modelos divergentes de saúde pública suscitavam entre seus pares. Aliás, no caso da tuberculose, a grande convergência, se havia alguma, era a de exatamente questionar que modelo sanitário estaria sendo executado. Nesse ponto, Clemente Ferreira concordava com Emílio Ribas ao dizer que as instituições de saúde de São Paulo seriam como peças desconjuntadas que funcionariam isoladamente, sem obedecer a um plano harmônico (Candelária, 1921).

Do ponto de vista historiográfico, busca-se, ao fim e ao cabo, questionar uma certa "história oficial da saúde pública em São Paulo", sempre exitosa entre imagens de grandes laboratórios e ações heroicas de seus agentes, criando mitos de origem para dificultar e ocultar a compreensão do passado (Glezer, 1992:9-14), inclusive, ao deixar ao largo esforços como os de dimensão filantrópica e/ou caritativa, muitas vezes confundidos nos discursos oficiais de Estado (Mott et al., 2011), sobretudo escondendo o fato de que essas ações mais revelaram o problema que o suplantaram, fazendo de São Paulo um lugar pouco salubre e democrático e muito mais um lugar da miséria e da exclusão.

Referências

BERTOLLI FILHO, Claudio. *História social da tuberculose e do tuberculoso*: 1900-1950, São Paulo. Tese (doutorado em História) — Faculdade de Filosofia, Letras e Ciências Humanas, Universidade de São Paulo, São Paulo, 1993.

CANDELÁRIA, Jayme. *Questões de assistência*: a visita domiciliar e o problema da organização da assistência em São Paulo. Tese (Medicina) — Faculdade de Medicina e Cirurgia de São Paulo, São Paulo, Typographia Levi, 1921.

CARVALHO, Arnaldo Vieira de. Relatório do Boletim da Sociedade de Medicina e Cirurgia de São Paulo. *Revista Médica de São Paulo*, ano V, n. 6, p. 117-118, 31 mar. 1902

FERREIRA, Aurélio B. de Holanda. *Novo dicionário Aurélio da língua portuguesa*. Rio de Janeiro: Nova Fronteira, 1986.

FERREIRA, Clemente. Carta de 14 de julho de 1899. *Revista Médica de São Paulo*, ano II, n. 9, p. 275, 15 set. 1899.

_____. O problema da tuberculose em Portugal e no Brasil. *Revista Médica de São Paulo*, São Paulo, ano V, n. 3, p. 43, 15 fev. 1902.

_____. Um caso de erythrodermia descamativa de lactantes. *Revista Médica de São Paulo*, ano XII, n. 15, 15 jan. p. 305-308, 1909.

_____. A luta antituberculosa pela guerra ao alcoolismo e à habitação malsã. *O Estado de S. Paulo*, São Paulo, p. 4, 3 abr. 1914.

_____. Tuberculose e armamento antituberculoso. In: _____. *Discursos e conferências (1892-1939)*. São Paulo: Typographia Rossolilo, [s.d.].

FERREIRA, Luiz Otávio; FREIRE, Maria Martha de Luna. Medicina, filantropia e infância na Bahia: um hospital para crianças (1920-1930) In: SOUZA, Christiane Maria Cruz de; BARRETO, Maria Renilda Nery (Org.) *História da saúde na Bahia*: instituições e patrimônio arquitetônico (1808-1958). Barueri: Minha Editora, 2011. p. 74-100.

FONTENELLE, J. P. *Compendio de hygiene alimentar*. Rio de Janeiro: Propriedade do Autor, 1925.

GLEZER, Raquel. O campo da história. *Cadernos de História de São Paulo*. São Paulo: Museu Paulista da Universidade de São Paulo, n. 1, p. 9-14, 1992.

GODINHO, Victor; ÁLVARO, Guilherme. *Tuberculose*: contágio, curabilidade, tratamento hygienico e prophylaxia. São Paulo: Escola Typographica Salesiana, 1899.

MARINHO, Maria Gabriela S. M. C.; MOTA, André (Org.). *Caminhos e trajetos da filantropia científica em São Paulo*: a Fundação Rockefeller e suas articulações no ensino, pesquisa e assistência para a medicina e saúde 1916-1952. São Paulo: Casa de Soluções e Editora, 2013. v. 3.

MENDES-GONÇALVES, Ricardo Bruno. *Tecnologia e organização social das práticas de saúde*: características tecnológicas de processo de trabalho na rede estadual de saúde de São Paulo. São Paulo: Hucitec, 1994.

MOTA, André. *Tropeços da medicina bandeirante*: medicina paulista 1892-1920. São Paulo: Edusp, 2005.

MOTT, Maria Lucia et al. Assistência à saúde, filantropia e gênero: as sociedades civis na cidade de São Paulo 1893-1929. In: MOTT, Maria Lucia; SANGLARD, Gisele (Org.) *História da saúde em São Paulo*: instituições e patrimônio arquitetônico 1808-1958. São Paulo: Manole; Rio de Janeiro: Editora Fiocruz, 2011. p. 93-132.

NASCIMENTO, Dilene Raimundo. Preventório Rainha Dona Amélia: um sanatório para crianças enfraquecidas. In: *Asclépio: Revista de Historia de la Medicina y de La Ciencia*, v. LX, n. 2, p. 143-166, 2008.

PEIXOTO, Afrânio; COUTO, Graça. *Noções de hygiene para uso das escolas*. Rio de Janeiro: [s.n.], 1914.

PEIXOTO, Manoel Rodrigues. *Conferência realizada na Liga Campista contra a Tuberculose, Filial da Liga Brasileira contra a Tuberculose*. Rio de Janeiro: Typographia do Jornal do Commercio, 1902.

RELATÓRIO dos trabalhos do Instituto Bacteriológico durante o ano de 1897, apresentado ao Dr. Diretor do Serviço Sanitário pelo Dr. Adolpho Lutz. *Revista Médica de São Paulo*, ano I, n. 10, p. 182, 15 nov. 1898.

RELATÓRIO apresentado ao Sr. Dr. Secretário dos Negócios do Interior e da Justiça pelo Dr. Emílio Ribas, Director do Serviço Sanitário. São Paulo: Typographia do Diario Official, 1906.

RELATÓRIO apresentado à Assembleia Geral da Liga Paulista contra a Tuberculose, exercício de 1912. São Paulo: Typographia Siqueira, Nagel & Cia., 19 fev. 1913.

RELATÓRIO apresentado à Assembleia Geral da Liga Paulista contra a Tuberculose, exercício de 1913. São Paulo: Typographia Levy, 28 fev. 1914.

RELATÓRIO apresentado à Liga Paulista contra a Tuberculose, exercício de 1923. São Paulo: Typographia Atlas, 1924.

RELATÓRIO apresentado à Liga Paulista contra a Tuberculose, exercício de 1929. São Paulo: Typographia Levy, 1930.

REVISTA Médica de São Paulo, ano V, n. 3, p. 43, 15 fev. 1902.

REVISTA Médica de São Paulo, ano V, n. 6, p. 117-118, 31 mar. 1902.

REVISTA Médica de São Paulo, ano XII, n. 15, p. 257-258, 15 jan. 1909.

RIBEIRO, Maria Alice Rosa. A capital e a morte de crianças. In: _____. *História sem fim*: inventário da saúde pública, São Paulo, 1880-1930. São Paulo: Editora Unesp, 1994. p. 115-124.

ROLNIC, Raquel. *A cidade e a lei*: legislação, política urbana e territórios na cidade de São Paulo. São Paulo: Studio Nobel 1997.

SANGLARD, Gisele. Laços de sociabilidade, filantropia e o Hospital do Câncer do Rio de Janeiro (1922-1936). *História, Ciencia Saúde — Manguinhos*, Rio de Janeiro, v. 17, n. 1, p. 127-147, 2010.

TUBERCULOSE. São Paulo: Escola Typographica Salesiana, 1900. (Publicação sob a direção do Serviço Sanitário do Estado de São Paulo.)

CAPÍTULO 13 | **Medicina e filantropia contra o abandono institucionalizado:**
transformações da assistência à infância na Bahia (1923-1935)*

Lidiane Monteiro Ribeiro
Luiz Otávio Ferreira

Introdução

O objetivo desse capítulo é analisar as transformações da assistência à infância na Bahia entre os anos de 1923 e 1935. Para isso estudaremos as relações entre a Liga Baiana contra a Mortalidade Infantil (LBCMI), entidade médico-filantrópica fundada em 1923, e a Santa Casa de Misericórdia da Bahia (SCMBA), responsável pelo mais antigo serviço de assistência infantil do país, o Asilo dos Expostos, instituição popularmente conhecida como a "roda dos expostos" em função do peculiar dispositivo de recebimento anônimo de crianças abandonadas. O que estava em jogo era a transformação do modelo assistencial baseado no abandono infantil que deveria ser substituído por serviços médicos e sociais especializados que, sob o comando de profissionais da saúde (médicos e enfermeiras), colocariam em prática os métodos preconizados pela higiene infantil. Essas mudanças estão inseridas no contexto nacional de institucionalização da assistência à infância durante a Primeira República e o Estado Novo, e são caracterizadas pela militância simultânea de médicos pediatras e puericultores no campo da filantropia social e das políticas públicas de saúde.[1]

---

* Capítulo originado da dissertação de mestrado *Filantropia e assistência à saúde da infância na Bahia: a Liga Baiana contra a Mortalidade Infantil, 1923-1935*, de autoria de Lidiane Monteiro Ribeiro, sob orientação de Luiz Otávio Ferreira, defendida em agosto de 2011 no Programa de Pós-Graduação em História das Ciências e da Saúde da Casa de Oswaldo Cruz/Fiocruz.
[1] Neste trabalho, seguimos a periodização proposta por Maria Luiza Marcílio (2006), que sugere a existência de três fases distintas na história da assistência à infância abandonada brasileira: a fase *caritativa*, a fase *filantrópica* e a fase do *bem-estar social*.

Institucionalizando o abandono

A "roda dos expostos" foi um sistema de acolhimento anônimo de crianças abandonadas idealizado na Europa em tempos medievais. O mecanismo consistia num cilindro de madeira com uma cavidade interna onde era colocada a criança; funcionava presa a um eixo que permitia que a roda girasse do exterior para o interior do asilo, onde a criança seria recolhida. Sua adoção no Brasil data do século XVIII, sendo pioneiramente implantada na Bahia em 1726, quando a junta deliberativa da Santa Casa de Misericórdia decidiu pela instalação de uma roda na portaria do Hospital São Cristóvão.[2] Ao garantir o anonimato às mulheres, que por motivos socioeconômicos ou morais, abdicavam dos filhos, o sistema da roda dos expostos também pretendia proteger as crianças da morte certa decorrente do abandono em locais inadequados ou perigosos, como as portas das igrejas, terrenos baldios ou ruas desertas. Previa-se que a institucionalização do abandono tivesse como efeito a contenção do infanticídio, prática que se tornava cada vez mais moralmente condenável nas sociedades do início da era moderna.[3]

Cada criança ingressa pelo sistema da roda tinha sua entrada registrada em livro próprio, o Livro de Registro de Entrada de Expostos, onde constavam informações sobre a data de sua chegada e sobre algum pertence deixado junto com ela, possivelmente com a expectativa de identificá-lo e resgatá-lo futuramente. As crianças eram batizadas e entregues aos cuidados de amas de leite externas à instituição, com quem permaneciam até os três anos de idade, sendo os custos de sua criação financiados pela SCMBA.

Por mais de um século (1726-1862), as crianças abandonadas na roda dos expostos da SCMBA foram acomodadas no Hospital São Cristóvão. Com a transferência do hospital para o Colégio dos Jesuítas, localizado no Terreiro de Jesus, ocorrida em 1833, foi improvisado um local para receber as crianças no Recolhimento do Santo Nome de Jesus (RSNJ),[4] que funcionava contíguo ao Hospital São Cristóvão, até que fossem enviadas à criação externa na casa da ama de leite.

---

[2] A instalação definitiva da Roda dos Expostos de Salvador ocorreu em 1734, quando a Santa Casa de Misericórdia obteve autorização da Coroa portuguesa para tal. No período colonial brasileiro, foram instaladas as rodas do Rio de Janeiro (1738) e do Recife (1789).

[3] Sobre a criminalização do infanticídio na Europa moderna, consultar: Prosperi (2010).

[4] O Recolhimento do Santo Nome de Jesus foi um abrigo criado pela Santa Casa de Misericórdia com a doação do sr. João de Mattos Aguiar. Foi inaugurado em 29 de junho de 1716 e tinha como objetivo receber moças cuja honra estivesse ameaçada, mulheres casadas cujos maridos se ausentassem da cidade e mulheres honradas que desejassem viver no recolhimento sob a condição de pagar uma espécie de aluguel (Costa, 2001).

Não raro os médicos e os administradores da Santa Casa criticavam a falta de espaço para acomodar os expostos e o mau estado de conservação do RSNJ. No ano de 1843, a instituição abrigou um total de 166 crianças apesar de o prédio ter capacidade de acolher apenas 58. De acordo com Antônio Joaquim Álvares do Amaral, escrivão da Mesa da Santa Casa, as crianças estavam "pessimamente acomodadas, dormindo 6 e 7 no mesmo cubículo, [...] sem refrigério, sem recreio, sem mesmo área ou pátio onde pudessem passear" (Costa, 2001:25). Para o mesmo período, o livro de atas da mesa (1834-1846) informa que não existia uma pessoa especificamente encarregada para retirar os expostos da roda e cuidar deles e, em muitos casos, as crianças abandonadas à noite permaneciam sem socorro até o dia seguinte, quando alguém os avistava e os levava para o recolhimento (Santa Casa da Misericórdia apud Venâncio, 1999:116). Nesse ínterim algumas crianças faleciam vítimas da fome, da sede ou do frio.

A precariedade dos serviços dirigidos aos expostos motivou a instalação, em 1844, de uma sala específica para recepção das crianças que chegavam à instituição, dotada de berços e um cubículo para a "rodeira" (pessoa responsável por retirar as crianças da roda), e a contratação de amas de leite internas. Isso possibilitou que as crianças recém-chegadas recebessem amamentação natural (leite materno) e também que sua permanência fosse mais longa no asilo, antes de serem enviadas para a criação externa. Em 1862, o serviço de recepção e criação de expostos ganhou um prédio exclusivo no terreno adquirido pela Santa Casa de Misericórdia, localizado no Campo da Pólvora,[5] onde o Asilo dos Expostos passou a funcionar em melhores condições de acomodação das crianças internas.

A partir de meados do século XIX, com a abolição do tráfico de escravos, emergiu entre as elites imperiais a preocupação com relação ao suprimento de mão de obra. Essa preocupação se converteu em uma proteção maior aos enjeitados que regressavam da criação externa para que os mesmos fossem direcionados ao mundo do trabalho. A alegação era que sem uma educação direcionada ao exercício de um ofício corria-se o risco de que, na vida adulta, os enjeitados se entregassem à vadiagem. Nesse período, introduziram-se no cenário assistencial instituições dedicadas à instrução elementar, à formação cívica e à capacitação

---

[5] A aquisição desse terreno, bem com a construção dos prédios, foi feita por meio dos recursos de legados testamentais e doações feitas à Santa Casa de Misericórdia pela sociedade baiana. A disposição da elite bahiana para a prática da filantropia social parece ser antiga. Segundo informa Russell-Wood (1981:128), "no século XVIII, a redistribuição da riqueza e a assunção de responsabilidades cívicas por uma burguesia urbana resultou em maior atenção para o bem-estar público", por esse motivo "os legados deixados à Misericórdia para fins de caridade constituem uma proporção constantemente crescente no número total de legados recebidos pela irmandade".

profissional (Marcílio, 2006:193). Na Bahia, a primeira medida tomada pela Irmandade da Misericórdia nesse sentido foi delegar, a partir de 1854, às irmãs de caridade São Vicente de Paula a administração do Recolhimento do Santo Nome de Jesus. Mais tarde, em 1914, as religiosas foram substituídas por professoras com formação pedagógica.

Segundo a historiografia sobre o abandono infantil, a principal causa para a renúncia de uma criança por sua mãe foi a ilegitimidade. Anne-Emanuelle Birn (2007:680) explica que enquanto na Europa cerca de 10% das crianças nascidas eram ilegítimas, ou seja, fruto de um relacionamento extraconjugal, nas Américas esse número chegava a atingir 50% dos nascimentos. A ilegitimidade gerava um problema moral e econômico para as mulheres, que acabavam tendo de custear sozinhas a criação dos seus filhos. Esse fenômeno influenciou diretamente os índices de infanticídio e contribuiu para a formalização do abandono em instituições como o Asilo dos Expostos.

Tornou-se comum que mulheres recorressem à roda dos expostos para que seus filhos fossem mantidos pela caridade da Santa Casa até que elas tivessem condições para resgatá-los. Elas buscavam desobrigar-se da criação por meio do abandono, porém não pretendiam que esse afastamento fosse definitivo. Por isso foi corriqueiro o abandono de crianças como uma forma de sustento. Nesses casos, após a entrega da criança, a mãe se tornava sua ama de leite, sendo, posteriormente, contratada pela Santa Casa para recebê-lo como filho de criação. Com isso podiam reaver seus filhos, criá-los e ainda usufruírem do valor pago pelo serviço. Recorrer à roda dos expostos foi parte da estratégia de sobrevivência de mulheres pobres. Um estudo realizado por Andrea da Rocha Rodrigues informa que, na Bahia, um grande percentual dos abandonos infantis realizados entre 1900 e 1940 estava relacionado ao estado de pobreza materna.[6]

Até o final do século XIX, as ações das Misericórdias por intermédio dos asilos de expostos se constituíram como a única forma institucionalizada de assistência às crianças abandonadas existente no Brasil. A obra caritativa executada pela irmandade fazia parte da cultura da infância. Segundo os valores sociais vigentes, a criança abandonada devia ser assistida e cabia à caridade a responsabilidade pela sua proteção.

Na primeira década do século XX, um grupo de médicos ligados à Faculdade de Medicina da Bahia e às então recém-criadas entidades de assistência à

---

[6] Segundo Andrea da Rocha Rodrigues (2010:135), para a grande maioria (81%) das 3.773 crianças abandonadas no Asilo dos Expostos da Bahia, entre 1900 e 1940, não se obteve informação sobre o motivo do abandono. No caso daquelas que foram abandonadas com alguma justificativa (19%), as causas mais comuns foram a pobreza ou a doença.

infância — o Instituto de Proteção e Assistência à Infância (Ipai)[7] e a Liga Baiana contra a Mortalidade Infantil — iriam se contrapor à cultura do abandono institucionalizado que constituía a própria essência do modelo assistencial praticado pela Santa Casa de Misericórdia. De acordo com os médicos, a separação do filho de sua mãe, formalizada pela entrega da criança ao Asilo dos Expostos, contribuía para o aumento das cifras de mortalidade infantil na Bahia. O procedimento de acolhimento anônimo de crianças deveria, depois de três séculos de funcionamento, ser extinto.

A campanha pela extinção da roda dos expostos na Bahia teve início em 1924 e estendeu-se por mais de uma década. Foi conduzida pelo médico e catedrático da Faculdade de Medicina da Bahia, Joaquim Martagão Gesteira,[8] fundador da Liga Baiana contra a Mortalidade Infantil. Para obter apoio à causa, os médicos publicaram sistematicamente em jornais da Bahia matérias que denunciavam os alarmantes índices de mortalidade infantil no Asilo dos Expostos. Segundo os dados apresentados, somente no ano de 1923 haviam falecido 83% das crianças asiladas.

A luta contra o abandono infantil

A Liga Baiana contra a Mortalidade Infantil (LBCMI) foi uma entidade médico-filantrópica fundada em Salvador, no ano de 1923, idealizada pelos médicos Joaquim Martagão Gesteira, catedrático de clínica médica e higiene infantil da Faculdade de Medicina da Bahia, e Álvaro Pontes Bahia, assistente da mesma cadeira. A entidade tinha como objetivo combater os altos índices de mortalidade infantil por meio de ações de profilaxia dos distúrbios alimentares da

---

[7] Sobre o modelo assistencial dos Ipais ver o capítulo "Quando a caridade encontra a ciência: um olhar sobre a trajetória do dr. Arthur Moncorvo Filho", neste livro.

[8] Nasceu no interior da Bahia em 1884. Acumulou os papéis de médico pediatra e puericultor, professor, filantropo e gestor público na área da saúde infantil. Foi o primeiro catedrático da cadeira de clínica médica pediátrica da Faculdade de Medicina da Bahia. Doutorou-se em medicina, no ano de 1908, na Faculdade de Medicina da Bahia (FMBA), especializando-se em bacteriologia. Ingressou no magistério universitário, em 1911, como livre-docente da recém-criada Clínica Médica Pediátrica e Higiene Infantil na FMBA. Em 1915, tornou-se regente da mesma cátedra. Atuou no Ipai-BA de 1911 a 1915 e fundou a Liga Baiana contra a Mortalidade Infantil em 1923. Como gestor, exerceu os cargos de inspetor do Serviço de Higiene Infantil (SHI) (1923 a 1930), diretor da Diretoria de Higiene Infantil e Escolar (1925 a 1930) e do Departamento Estadual da Criança (1935 a 1937), todos na Bahia. Foi membro honorário da Academia Nacional de Medicina; fundou e presidiu a Sociedade de Pediatria da Bahia (SPB) e criou a revista *Pediatria e Puericultura*.

infância e de propaganda intensiva da higiene infantil, destinadas em especial às mulheres. Seguindo o padrão das novas entidades de assistência à infância criadas no Rio de Janeiro na primeira década do século XX, a LBCMI pretendia funcionar como um espaço de assistência e de treinamento médico atendendo a dois públicos distintos: as mulheres pobres, oferecendo a elas atendimento médico materno-infantil e ações de educação maternal; e estudantes de medicina atraídos para a prática da pediatria e da puericultura.[9]

Em termos de política pública o novo padrão assistencial teve início em 1923, quando foi criado o primeiro órgão responsável pela saúde materno-infantil no Brasil, a Inspetoria de Higiene Infantil (IHI), vinculada ao Departamento Nacional de Saúde Pública (DNSP).[10] A inspetoria foi dirigida por Antonio Fernandes Figueira, médico pediatra carioca,[11] e tinha como objetivo atuar em parceria com as entidades filantrópicas de assistência materno-infantil. Importante frisar que o foco das ações da IHI era a proteção da primeira infância, entendida como a fase da vida que se estende de zero a 12 meses de idade.

A LBCMI atuou em parceria com o Serviço de Higiene Infantil (SHI) do estado da Bahia, órgão subordinado à IHI do governo federal. O SHI funcionou como um órgão normativo e fiscalizador dos serviços de assistência à infância, e a LBCMI, como um instituto de assistência modelar cuja atuação seguia os padrões estabelecidos pelas normas federais. Na prática, as ações de ambos misturavam-se, em virtude de Martagão Gesteira ocupar o cargo de inspetor (1923-1930) e o de diretor da LBCMI (1923-1935), concomitantemente.

Entre os anos de 1924 e 1930, Martagão Gesteira tentou várias vezes interferir no funcionamento do Asilo dos Expostos da SCMBA valendo-se de suas atribuições como inspetor de higiene infantil. Sua primeira tentativa foi designar o médico Álvaro Bahia para promover uma averiguação sobre o estado de conservação e sobre a rotina do Asilo dos Expostos. Com base no relatório dessa averiguação, encaminhou à provedoria da SCMBA um documento oficial da

---

[9] A prática da pediatria no espaço do Asilo dos Expostos, tendo como clientela os lactentes acolhidos, era uma antiga aspiração dos pediatras, que tinham isso em mente desde o início do processo de implantação da assistência à saúde da infância no país (Ferreira e Sanglard, 2010:437-459).

[10] A Inspetoria de Higiene Infantil foi criada pelo Decreto nº 16.300, de 31 de dezembro de 1923, que aprovou o regulamento do Departamento Nacional de Saúde Pública. Sediada no Rio de Janeiro, na época Distrito Federal, era responsável por fiscalizar e prestar serviços de higiene infantil na capital do país. Essas ações eram centralizadas no Abrigo Arthur Bernardes, em funcionamento desde 1924.

[11] Sobre a atuação de Fernandes Figueira, ver, nesta coletânea, os capítulos "Filantropia e política pública: Fernandes Figueira e a assistência à infância no Rio de Janeiro na Primeira República" e "Fernandes Figueira: ciência e assistência médico-psiquiátrica para a infância no início do século XX".

SHI solicitando a adequação do Asilo dos Expostos ao previsto pela legislação federal.[12]

As principais recomendações contidas no relatório do SHI relacionavam-se especificamente aos cuidados com a primeira infância (de zero a 12 meses de idade), faixa etária privilegiada nas ações da LBCMI em conformidade com a linha de ação estabelecida pelo órgão federal, a Inspetoria de Higiene Infantil. Entre as mudanças sugeridas estavam: a oferta de leite materno aos internos, a construção de uma cozinha de lactentes e de espaços de isolamento para as crianças ingressas pela roda e para as crianças com doenças infecciosas, a proteção contra moscas nos dormitórios, a esterilização das peças de vestuário, a construção de uma creche e a substituição da roda dos expostos por um "escritório aberto" de admissão de crianças no Asilo dos Expostos. Esta última recomendação tinha um forte significado simbólico, pois, caso fosse adotada, acarretaria o fim da prática de abandono anônimo. O objetivo do "escritório aberto" era a manutenção do vínculo entre a mãe e seu filho, buscando conhecer as causas que a levavam a optar pelo abandono. Nos casos em que os motivos fossem a extrema pobreza, o escritório comprometia-se a prestar amparo material à mãe. Se mesmo assim ela se decidisse pela entrega do filho, o sistema permitiria uma deposição temporária da criança, viabilizando visitas e a sua retirada quando isso fosse possível. Na prática, se tais indicações fossem adotadas, o antigo asilo deixaria de existir na sua forma tradicional.

Em resposta, o provedor da SCMBA, Isaías Santos, enviou um relatório listando as melhorias já efetuadas pela entidade nos anos de 1915 e 1916, e por meio de um ofício elaborado pela Junta Diretora divulgou as soluções encontradas para as inadequações apontadas pelo parecer do SHI. Apesar de não se oporem totalmente às reformas propostas, os dirigentes da Santa Casa não seguiram à risca as orientações técnicas do órgão fiscalizador.

A principal objeção dos irmãos da Misericórdia às recomendações da SHI foi com relação ao fechamento do mecanismo da roda, encerrando a prática

---

[12] De acordo com o art. 339, do Decreto nº 16.300, de 31 de dezembro de 1923, que aprovou o Regulamento do Departamento Nacional de Saúde Pública, uma das atribuições dos serviços de higiene infantil era fiscalizar o recolhimento de expostos. Esse artigo era complementado pelos arts. 336 e 337, do capítulo V, do mesmo regulamento. O primeiro previa que a criação e a manutenção de menores em recolhimentos de expostos obedeceriam às instruções técnicas do SHI. E o segundo determinava que a criação de lactentes só poderia ser realizada em prédios especiais e conforme os princípios prescritos no próprio regulamento do DNSP no capítulo destinado à regularização do funcionamento de creches e do serviço de amas de leite, capítulos III e IX, respectivamente.

do abandono anônimo. A extinção da roda estava fora de cogitação. Para a Junta Diretora, o abandono anônimo ainda tinha uma função social válida: preservar a reputação das mulheres. Além disso, o fechamento da roda exigiria da Santa Casa uma revisão do compromisso, o que poderia ocasionar despesas adicionais para a entidade caritativa. O mecanismo da roda limitava o número de ingressos porque, fisicamente, permitia somente a deposição de crianças recém-nascidas ou com poucos meses de idade (Gesteira, 1943:64-68). A resistência da junta da SCMBA à reorganização do Asilo dos Expostos e ao consequente fechamento da roda dos expostos indica que a prática do abandono anônimo ainda era culturalmente válida na sociedade baiana da década de 1930.

Pelo ofício de 28 de novembro de 1924, a SHI comunicou à SCMBA sua desaprovação às medidas tomadas pela irmandade que, segundo o órgão de fiscalização da higiene infantil, não seguiam suas orientações técnicas. Especificamente sobre a questão mais polêmica em discussão — a extinção do mecanismo da roda —, Martagão Gesteira explicava que a implantação de um escritório "aberto" de admissão não invalidaria o anonimato que preservava a identidade da mulher que decidia abandonar seu filho. O objetivo do novo sistema de ingresso no Asilo dos Expostos seria conservar o vínculo entre as mães e os filhos, oferecendo às mulheres uma alternativa ao abandono puro e simples: o acolhimento de ambos pelos serviços de assistência materno-infantil da LBCMI (Gesteira, 1943:71-73).

Não sabemos se durante os anos de atuação do SHI (1923-1930) foram realizadas inspeções periódicas no Asilo dos Expostos, mas os mesmos problemas identificados por Álvaro Bahia em 1924 continuavam a ser apontados no último relatório do órgão, datado de 1929. Tudo indicava que as resistências dos irmãos da Misericórdia à intervenção do SHI eram fortes. Todavia, uma mudança inesperada estava em curso. Uma simples formalidade já anunciava a transformação que viria a acontecer: o relatório de 1929 vinha assinado por Martagão Gesteira na qualidade de diretor da LBCMI, e não na de fiscal da saúde pública. A nova postura menos impositiva estava relacionada ao fato de o documento conter uma proposta de convênio entre a SCMBA e a LBCMI pelo qual a entidade filantrópica assumiria a direção dos serviços médicos do Asilo dos Expostos. A proposta foi aprovada pela Junta da Misericórdia em 29 de março de 1930, dando início a uma nova fase da assistência à infância desvalida na Bahia, na qual a SCMBA deixava de ser a principal protagonista.

A assistência cientificamente informada

Formalizado o acordo entre a LBCMI e a SCMBA, deu-se início à construção dos novos prédios onde funcionariam os serviços assistenciais propostos pela liga. Foram erguidas as seguintes instalações médicas: pavilhão de observação para os recolhidos, isolamento para os doentes, três enfermarias para meninos destinadas a faixas etárias distintas — que se somariam às outras três já existentes destinadas às meninas — e farmácia (Gesteira, 1943:84-86). Além de financiar essas obras com recursos obtidos por meio de doações, a SCMBA também se incumbiu das reformas dos antigos pavilhões do Asilo dos Expostos. À LBCMI coube a provisão de mobiliário, aparelhos para o equipamento dos serviços e a direção do serviço médico para as crianças asiladas que tivessem entre zero e 2 anos de idade.

A aprovação desse acordo alterou o funcionamento do Asilo dos Expostos e permitiu à LBCMI estabelecer as práticas de higiene infantil como padrão obrigatório para o cuidado das crianças. Mas a questão relacionada ao abandono de crianças pelo sistema anônimo, simbolizado no mecanismo da roda dos expostos, permaneceu em aberto nesse acordo entre a liga e a Santa Casa.

A implantação do complexo materno-infantil da LBCMI no terreno do Asilo dos Expostos teve início em 23 de novembro de 1930, com a inauguração da Policlínica Arnaldo Baptista Marques. Seguindo a tradição filantrópica da elite baiana, o edifício da policlínica foi construído com doações, com destaque para o grande donativo feito pela família Baptista Marques. No prédio da policlínica foi instalada a primeira enfermaria infantil da SCMBA. Até então, a enfermaria infantil funcionava precariamente no Hospital Santa Isabel, prestando-se simultaneamente ao atendimento das crianças de famílias pobres e ao ensino prático da cadeira de clínica médica pediátrica e higiene infantil da Faculdade de Medicina da Bahia, comandada por Martagão Gesteira. Com a transferência da enfermaria infantil para o novo espaço onde passou a funcionar a policlínica, finalmente foi possível separar definitivamente as enfermarias de adultos e de crianças, um procedimento considerado basilar pelos pediatras da época.

Em 1933, o convênio firmado entre a LBCMI e a SCMBA foi revisto. Na nova formulação do pacto institucional, a liga ampliou seu espaço de atuação obtendo o direito de construir no terreno do Asilo dos Expostos, sem ônus para a Santa Casa, quatro pavilhões destinados à instalação de novos serviços de assistência materno-infantil.[13] Os serviços a serem implantados eram: o abrigo maternal, o abrigo de meninos, o lactário, a "pupileira" e o museu de higiene. A construção foi financiada pelo governo estadual e pela filantropia local.

A escolha de serviços tão específicos para compor o complexo de assistência à saúde da infância da LBCMI não foi sem propósito. A implantação do lactário visava modificar os hábitos alimentares impostos às crianças, sobretudo daquelas acolhidas no Asilo dos Expostos, através da distribuição de leite materno doado por mulheres em fase de lactação — medida que eliminava a necessidade de amas de leite — e de outros alimentos preparados dentro dos padrões higiênicos. Ao museu de higiene caberia a missão de promover a educação e a propaganda da higiene infantil, com campanhas de educação maternal e de profilaxia dos distúrbios alimentares. O abrigo maternal era peça fundamental na estratégia de conquistar a adesão das mulheres pobres, pois se tratava de um serviço de assistência social que oferecia meios para que as parturientes pudessem dar à luz e cuidar de seus filhos recém-nascidos. Por fim, o abrigo de meninos e a pupileira desempenhariam o papel antes exclusivo do Asilo dos Expostos, cuidando das crianças abandonadas e fechando assim o amplo ciclo de serviços assistenciais oferecidos pela LBCMI.

O conjunto arquitetônico do complexo assistencial foi construído seguindo à risca os preceitos técnicos de higiene recomendados às construções hospitalares: o uso de pavilhões de isolamento para doenças infectocontagiosas, a separação de enfermarias por sexo e idade, o uso de janelas amplas para facilitar a iluminação dos ambientes com luz solar, a utilização de paredes ladrilhadas, a construção de varandas e o uso de pé direito alto para facilitar a circulação de ar nos cômodos (Costa, 2009:124-125).

Todos os serviços oferecidos pelo complexo assistencial da LBCMI funcionavam de forma articulada e tinham como objetivo atender às diferentes necessidades apresentadas pelas mulheres, da gravidez ao parto, e pelas crianças, dos primeiros momentos de vida até o término da fase da lactação. A lógica da assistência científica fundamentava-se no funcionamento interligado dos serviços que atuavam no combate às causas identificadas pelos pediatras como principais responsáveis pelos altos índices de mortalidade infantil, ou seja, a falta de instrução maternal, os distúrbios alimentares dos lactentes e o desamparo materno, sendo este último o mais relacionado como causa do abandono infantil. No quadro abaixo são descritos todos os serviços da LBCMI, os desti-

---

[13] Liga Baiana contra a Mortalidade Infantil. *Correspondências expedidas de 1930 a 1940*. Ofício expedido em 18 de maio de 1933.

nados especificamente às mães, como o abrigo maternal, os específicos para as crianças abandonadas — abrigo de meninos e a pupileira — e o lactário, que se dedicava a fornecer alimentação adequada, sobretudo leite materno, para crianças internas e externas.

Quadro 1

Serviço		Clientela/função	Médico	Recursos
Pavilhão Martagão Gesteira	Abrigo Maternal D. Úrsula Catharino	Assistência e educação maternal para parturientes pobres.	Álavaro Bahia	Público e filantropia
	Abrigo de Meninos D. Sophia Costa Pinto	Acolhimento de crianças abandonadas.	Bráulio Xavier	
Lactário Júlia de Carvalho		Fornecimento de leite humano e alimento infantil para os serviços da LBCMI.	Martagão Gesteira	Filantropia
Museu de Higiene Infantil área de Souza Simas		Divulgar a higiene infantil, especialmente entre as mulheres pobres assistidas pelas LBCMI.	—	Filantropia
Escritório Aberto de Admissão		Receber as crianças abandonadas.	—	Não informado

O Abrigo Maternal D. Úrsula Catharino possuía dupla função: uma pedagógica e outra social. A função pedagógica do abrigo correspondia à instrução, em noções de puericultura das mulheres abrigadas, por uma enfermeira capacitada. Sua função social era fornecer condições materiais às mulheres para que elas não abandonassem seus filhos. Por esse motivo o serviço foi considerado essencial para a profilaxia do abandono (Gesteira, 1943:447).

Essa faceta social foi a mais relevante para as mulheres pobres, que constituíam o público que recorria à assistência oferecida pela LBCMI. O abrigo maternal oferecia às mulheres acomodação, pagamento em troca do seu leite excedente e uma poupança acumulada durante o tempo de permanência no serviço. Podemos dizer que esse serviço tornou-se uma alternativa institucionalizada à prática comum entre as mães pobres de recorrerem ao abandono anônimo para se desobrigarem das despesas com a criação de uma criança. No abrigo maternal, elas obtinham um meio de sustento utilizando-se da própria situação de maternidade.

O Lactário Júlia de Carvalho era um serviço essencial para a manutenção do complexo assistencial, pois fornecia alimentos para todas as crianças assistidas pela liga e pelo Asilo dos Expostos. O leite fornecido pelo serviço era coletado das mães residentes no Abrigo Maternal e de nutrizes externas à entidade.

O lactário possuía uma arquitetura modelar concebida pelo próprio Martagão Gesteira. Internamente dividia-se em seis salas ordenadas de forma seguir uma lógica cientificamente elaborada.[14] Suas instalações foram aparelhadas com instrumentos então bastante modernos, como a bomba elétrica para ordenha asséptica de leite materno, tecnologia que no Brasil era adotada apenas pela LBCMI e pelo Hospital Abrigo Arthur Bernardes (Proteção à infância na Bahia, 1934:325), justamente as instituições modelares que obedeciam rigorosamente à legislação federal para a higiene infantil.

Mas o ingresso de crianças nos serviços assistenciais permanecia sendo feito de duas maneiras: através da tradicional roda dos expostos ou pelo recém-criado escritório de admissão. Depois do acolhimento, a criança era levada para a sala filtro do Abrigo de Meninos, onde recebia atendimento médico e era acomodada em um dos leitos de isolamento, no qual ficava por 21 dias aguardando a manifestação de alguma possível doença. Terminado o período de quarentena, as crianças que apresentavam alguma doença eram transferidas para a enfermaria Santa Teresinha, anexa ao Asilo dos Expostos, e as crianças sãs eram transferidas para o Asilo dos Expostos, e depois de 1935 para a Pupileira Juracy Magalhães (Proteção à infância na Bahia, 1934:327).

Apesar da permissão obtida pela liga para prestar assistência médica social às crianças entre zero e 2 anos de idade abrigadas no Asilo dos Expostos, a Santa Casa de Misericórdia limitou essa autorização somente aos chefes do serviço pediátrico, não permitindo a presença constante de uma equipe da entidade dentro das suas enfermarias. Desse modo, houve uma diminuição do quadro de morbidade infantil entre os internos; entretanto, a precária aplicação das regras de higiene infantil na assistência aos expostos por parte da equipe de auxiliares

---

[14] O lactário era composto por seis salas: sala do expediente, sala da ordenha de leite humano, sala de esterilização de vasilhame, sala de manipulação de alimentos, sala de preparo de alimentos, sala de dosagem e conservação. A sala do expediente e a sala de ordenha de leite humano eram as únicas às quais pessoas estranhas ao serviço tinham acesso. Na sala do expediente ficava a enfermeira-chefe do lactário, que dali mesmo podia vigiar as salas de manipulação de alimentos e a sala de dosagem e conservação, graças a um vidro que as isolava, mas que permitia a visualização de seus interiores. A sala de esterilização de vasilhame não tinha comunicação com a sala de preparo de alimentos para que não houvesse riscos de contaminação destes. As vasilhas esterilizadas eram passadas para a sala de manipulação dos alimentos por meio de um balcão de mármore que fazia a ligação entre elas. As salas de manipulação, de preparo, de dosagem e conservação de alimentos funcionavam em ambientes separados, porém com livre acesso entre eles (Proteção à infância na Bahia, 1934:325).

da SCMBA fez com que o auxílio prestado pela liga fosse insuficiente para conter os altos índices de mortalidade infantil.

Esse quadro começou a ser revertido a partir de dezembro de 1935, com a inauguração da Pupileira Juracy Magalhães. A partir de então as crianças recebidas pela roda dos expostos/escritório de admissão foram retiradas definitivamente do Asilo dos Expostos e transferidas para o novo asilo. As novas acomodações seguiam as normas higienistas, e o cuidado com as crianças, realizado por enfermeiras, passou a ser feito segundo as técnicas preconizadas pela puericultura. Exemplo disso foi o uso exclusivo do leite materno coletado no abrigo maternal na dieta dos lactentes internos.

Os serviços da pupileira foram administrados diretamente por Martagão Gesteira e executados com a supervisão de uma enfermeira formada pela Escola de Enfermeiras Ana Nery, escola oficial de enfermagem então vinculada ao Ministério da Educação e Saúde Pública, sediada no Rio de Janeiro. O quadro dos funcionários que atendiam diretamente as crianças internas era composto por enfermeiras treinadas pela LBCMI. Ao contrário do que ocorria em outras instituições de assistência à infância, na pupileira, como em quaisquer outros dos serviços mantidos pela liga, não era permitida a atuação de pessoas leigas, como amas de leite ou damas de caridade.

Dentro da lógica científica do modelo assistencial implantado pela LBCMI, a Pupileira Juracy Magalhães correspondia ao estágio final de assistência às crianças abandonadas. Após a inauguração de todos os serviços da LBCMI no terreno da SCMBA, não tardou para que o número de crianças recebidas pela roda dos expostos se tornasse escasso. A inoperância desse sistema foi decisiva para sua total extinção em 1937.

Considerações finais

A implantação do complexo de serviços de assistência à saúde materno-infantil iniciada em 1930 com a inauguração da Policlínica Arnaldo Baptista Marques e finalizada entre 1934 e 1935 com a inauguração do Abrigo de Meninos, do Abrigo Maternal, do Lactário, do Museu de Higiene e da Pupileira Juracy Magalhães consolidou o modelo científico de assistência proposto pela LBCMI. Fruto de uma longa negociação entre a liga e a Santa Casa, intermediada pelo governo da Bahia, o complexo assistencial simbolizou a superação da assistência em moldes caritativos baseada no abandono institucionalizado de crianças. O modelo médico-social preconizado pela LBCMI criou um paradigma que, se não foi reproduzido em sua plenitude, serviu ao menos como arquétipo a ser perseguido pelas políticas sociais para infância e maternidade dos anos 1930 no Brasil.

Referências

BIRN, Anne-Emanuelle. Child health in Latin America: historiograpic perspective and challenges. *História, Ciências, Saúde — Manguinhos*, Rio de Janeiro, v. 14, n. 3, p. 677-708, jul./set. 2007.

COSTA, Paulo Segundo. *Ações sociais da Santa Casa de Misericórdia da Bahia*. Salvador: Contexto e Arte, 2001.

COSTA, Renato da Gama-Rosa. Arquitetura e Saúde no Rio de Janeiro. In: PORTO, Ângela; FONSECA, Maria Rachel Fróes da; SANGLARD, Gisele Porto; COSTA, Renato Gama-Rosa (Org.). *História da saúde no Rio de Janeiro*: instituições e patrimônio arquitetônico (1808-1958). Rio de Janeiro: Editora Fiocruz, 2009. p. 117-136.

FERREIRA, Luiz Otávio; SANGLARD, Gisele. Médicos e filantropos: a institucionalização do ensino da pediatria e da assistência à infância no Rio de Janeiro da Primeira República. *Varia História*, Belo Horizonte, v. 26, n. 44, p. 437-459, jul./dez. 2010.

GESTEIRA, Martagão. *Puericultura*: higiene alimentar e social da criança. Rio de Janeiro: Pan-Americana, 1943.

MARCÍLIO, Maria Luiza. *História social da criança abandonada*. São Paulo: Hucitec, 2006.

PROSPERI, Adriano. *Dar a alma*: história de um infanticídio. São Paulo: Companhia das Letras, 2010.

PROTEÇÃO à infância na Bahia. *Pediatria & Puericultura*, Salvador, v. 3, n. 3-4, p. 325-337, mar./jun. 1934.

RIBEIRO, Lidiane Monteiro. *Filantropia e assistência à saúde da infância na Bahia*: a Liga Baiana contra a mortalidade infantil, 1923-1935. Dissertação (mestrado em História das Ciências e da Saúde) — Programa de Pós-Graduação em História das Ciências e da Saúde, Casa de Oswaldo Cruz/Fiocruz, Rio de Janeiro, 2011.

RODRIGUES, Andrea da Rocha. As Santas Casas de Misericórdia e a roda dos expostos. In: VENÂNCIO, Renato Pinto (Org.). *Uma história social do abandono de crianças*: de Portugal ao Brasil, séculos XVIII-XX. São Paulo: Alameda, 2010. p. 124-145.

RUSSELL-WOOD, A. J. R. *Fidalgos e filantropos*: a Santa Casa da Misericórdia da Bahia, 1550-1755. Brasília: Editora UnB, 1981.

VENÂNCIO, Renato Pinto. *Famílias abandonadas*: assistência à criança de camadas populares no Rio de Janeiro e em Salvador, séculos XVIII e XIX. São Paulo: Papirus, 1999.

CAPÍTULO 14   **Médicos e mulheres em ação:**
o controle do câncer na Bahia
(primeira metade do século XX)

Christiane Maria Cruz de Souza

O papel representado por médicos e mulheres da elite da Bahia no processo de constituição de bens de saúde privados, mas com função pública, é o ponto a ser desenvolvido neste texto. Para melhor dimensionar a atuação desses beneméritos, estreita-se o foco, dirigindo-o para as ações em prol do controle do câncer na Bahia em diferentes contextos históricos: a Primeira República (1889-1930), época em que a assistência à saúde era da responsabilidade de cada unidade federada, e a era Vargas (1930-1945), período de maior intervenção da União nesse setor.

Em Salvador, o aumento da população verificado na virada do século XIX para o XX não foi acompanhado por uma oferta proporcional de moradia, trabalho, serviço de saneamento e equipamentos urbanos.[1] O processo de crescimento desordenado dificultava o abastecimento de água e o saneamento da cidade. A carência de postos formais de trabalho fazia com que os indivíduos que integravam as camadas mais desfavorecidas da população vivessem de biscates ou trabalhassem em excesso em atividades mal remuneradas. A escassez e, por consequência, os altos preços dos imóveis, assim como a carestia dos gêneros de primeira necessidade, corroíam os ganhos dos trabalhadores e contribuíam para ampliar o espectro da pobreza na capital da Bahia.

Tais condições resultavam em uma série de privações e consequências funestas: esgotamento físico, alimentação pobre em nutrientes, péssimas condições de moradia. Doenças endêmicas, muitas, entre elas as relativas à má qualidade de vida, proliferavam entre os soteropolitanos. Esse quadro era agravado pelo assédio contínuo das epidemias.

Grande parte das ações assistencialistas desenvolvidas na Bahia até o início do século XX privilegiava a segregação dos indivíduos que representavam al-

---

[1] Cf.: Santos (1990:20-23).

gum tipo de risco social. Havia maior preocupação em impedir que os efeitos externos da pobreza afetassem os mais prósperos do que, propriamente, em sanar esses males. Os mecanismos de segregação dos despossuídos, entretanto, não impediam o consumo em comum das mazelas sociais: as doenças epidêmicas, por exemplo, atingiam, indiscriminadamente, pessoas de qualquer faixa etária, sexo ou condição socioeconômica.

Os momentos de crise desencadeados pelas epidemias despertaram, entre as elites, a consciência crescente de que não podiam se proteger individualmente das calamidades e incertezas. Os mais abastados começaram a perceber também que os encargos relativos à assistência à saúde eram assumidos de forma desigual, e passaram a reivindicar maior protagonismo dos poderes instituídos na oferta de bens de saúde.[2]

De outro lado, entre finais do século XIX e a primeira metade do século XX, observa-se importante mudança em relação aos cuidados com a saúde a partir do advento da bacteriologia e das especialidades médicas, como também da medicalização dos hospitais. A transformação dos hospitais de local de recolhimento de indigentes e isolamento de doentes contagiosos em espaços de cura vai demandar o aumento de oferta de leitos para atender também àqueles que até então eram tratados em casa, com assistência prestada pela própria família, sob supervisão de um médico particular.[3]

A ampliação da oferta de bens de saúde requeria a iniciativa e o esforço das elites locais. Os que governaram o estado, e mesmo os que lhes faziam oposição, reconheciam que faltavam recursos ao poder local para oferecer à população uma estrutura de saúde ampla, compulsória, permanente e eficaz.[4]

Em 1910, por exemplo, a despesa do estado era, em números absolutos, de 22.634 contos de réis, enquanto a arrecadação era da ordem de 18.961 contos de réis (IBGE, 1941). Na década seguinte, o desequilíbrio nas contas públicas se repete: o estado arrecada 30.182 contos de réis, mas tem uma despesa de 38.107 contos de réis (IBGE, 1941b). Em vista disso, o governo do estado concentrava seus esforços em minimizar os transtornos produzidos pelas epidemias — mais dramáticos e intensos que os provocados pelas doenças crônicas e silenciosas, que sorrateiramente minavam as energias e a vida da maior parte da população

---

[2] Veja o que De Swaan (1988) diz sobre o processo de coletivização de bens como educação e saúde.
[3] No período estudado, era comum que os doentes fossem tratados em casa, pela família. A hospitalização só era recomendada se o enfermo não tivesse condições de prover o próprio tratamento ou se houvesse risco de contágio.
[4] Cf.: Souza (2009).

baiana. Mesmo assim, grande parte desse investimento era incipiente, emergencial e localizado.

Esse quadro começa a mudar com a crise do liberalismo nos anos 1920, que resultou em uma intervenção maior da União no campo da saúde, através da criação do Departamento Nacional de Saúde. Parcerias recorrentes entre as instâncias federal e estadual permitiram maior intervenção da União nos estados, ainda que o pacto federalista garantido pela Constituição de 1891 continuasse preservado.[5]

A partir da década de 1930, especialmente depois da criação do Ministério da Educação e Saúde Pública, esse processo se intensificou, havendo crescente centralização, por parte da União, das ações em prol da saúde pública. Havia, entretanto, diferenças no processo de constituição da rede de assistência à saúde no Brasil. Os estados da Bahia, São Paulo, Minas Gerais, Rio Grande do Sul e Distrito Federal foram considerados representativos para ilustrar essa diversidade. Esses estados se destacavam dos demais, fosse por uma posição econômica privilegiada ou por protagonismo no cenário político na década de 1930. Observe o quadro a seguir.

Quadro 2
Número de estabelecimentos de saúde em quatro estados e no Distrito Federal em 1934

Unidades federadas	Habitantes	Total de estabelecimentos	Segundo a localização		Segundo a entidade mantenedora				
			Existentes na capital	Existentes no interior	Oficiais			Soma	Privados
					Federais	Estaduais	Municipais		
Distrito Federal	1.668.077	133	133	—	55	—	9	64	69
Bahia	4.141.661	38	19	19	3	10	—	13	25
Minas Gerais	7.462.094	186	14	172	8	58	1	67	119
São Paulo	6.476.596	212	35	177	10	41	2	53	159
Rio Grande do Sul	2.986.213	93	12	81	26	7	6	39	54

Fonte: IBGE (1936).

Ao comparar os números das unidades de saúde existentes no Distrito Federal e nos estados acima elencados, observa-se que a Bahia estava em desvanta-

---

[5] Cf.: Brasil (1891).

gem em relação aos demais. Apesar do seu vasto território e do grande número de habitantes, a Bahia possuía um total de 38 estabelecimentos, apenas três eram custeados pela União. O Distrito Federal, menor em tamanho e em população, possuía mais que o triplo de instituições de saúde, sendo que quase a metade delas de responsabilidade do governo federal, ali sediado. O Rio Grande do Sul, estado natal do então presidente Getúlio Vargas, com pouco mais que a metade dos habitantes da Bahia, possuía muito mais que o dobro de instituições, entre as quais 26 eram mantidas pelo governo federal. Esse número era superior, inclusive, ao de unidades de saúde custeadas pela União nos populosos estados de Minas Gerais e São Paulo: apenas oito, no caso de Minas, e 10, no caso de São Paulo. O quadro revela, portanto, que a intervenção da União nos estados ainda era tímida e que, até aquela data, a oferta de serviços de saúde no Brasil estava em grande parte na dependência da iniciativa privada.

Na Bahia, especialmente, as unidades de saúde mantidas por particulares eram quase o dobro das mantidas pelos poderes públicos. Muitas, entre as instituições de caráter privado, recebiam subsídios das instâncias públicas e, em contrapartida, ofereciam determinado número de leitos ou serviços aos doentes sem recursos pecuniários. Essa parceria entre a iniciativa privada e os órgãos governamentais era fundamental para ampliar a oferta de serviços de saúde no estado, visto que os recursos públicos destinados a esse fim não eram suficientes para atender à população, mesmo em um período em que as políticas sociais eram consideradas elementos importantes de penetração do poder público no território nacional.

Neste trabalho, merecerão destaque as iniciativas da elite local para oferecer serviços de assistência à saúde à população baiana. Denomina-se, aqui, "elite" o grupo de pessoas que tomou para si o direito de dirigir e negociar as demandas da sociedade. Essa prerrogativa foi assumida por esse grupo não apenas por sua origem e condição socioeconômica, ou porque seus membros exerciam função ou ocupavam cargos executivos, mas também porque dispunham de influência e/ou de privilégios, por terem formação acadêmica ou atribuírem a si algum tipo de mérito, aptidão ou capacidade intelectual distinta da maioria da população.[6]

No período estudado, assumiam essa posição na Bahia não só os que se encontravam no topo da pirâmide social — proprietários de terras, donos de grandes firmas comerciais e financeiras — como também a parcela mais alta da camada média, identificada com os mais abastados, com os quais tinha laços

---

[6] Essa questão é discutida por Flávio Heinz em "O historiador e as elites: à guisa de introdução" (Heinz, 2006:7-15).

de parentesco ou compadrio, mantinha relações de trabalho ou sociais. Nessa condição estavam os que ostentavam o título de "doutor" ou "bacharel", como médicos, advogados, engenheiros, dentistas e farmacêuticos; os que assumiam funções executivas na burocracia federal, estadual e municipal; e os que ocupavam altos postos em serviços, especialmente, os relacionados à indústria e ao agrocomércio de exportação.

Entre os integrantes da elite soteropolitana, merecerão destaque, no texto que se segue, médicos e mulheres que protagonizaram ações em prol do controle do câncer na Bahia na primeira metade do século XX. Esse é um período de progressiva expansão nos serviços de saúde, tanto estatais como beneficentes, resultado da intervenção do Estado e da atuação das sociedades de auxílio mútuo, do protagonismo dos médicos, assim como da participação das mulheres, não só como consumidoras de bens de saúde mas também como importantes agentes de diversas medidas nessa área.

A transformação do câncer de doença silenciosa em problema médico

O câncer não era uma doença totalmente desconhecida dos médicos baianos. Entre as décadas de 1860 e 1920, a *Gazeta Médica da Bahia* repercutiu as propostas de novas terapias e estudos experimentais sobre o câncer desenvolvidos no Brasil e no mundo. Ademais, desde a década de 1840, o assunto era discutido nas teses doutorais apresentadas no final do curso ou naquelas apresentadas por ocasião dos concursos para professor da Faculdade de Medicina da Bahia (FMB).[7]

Todavia, o processo de transformação do câncer de doença silenciosa, pouco conhecida pela sociedade, em problema médico e, depois, em uma questão de saúde pública demorou algum tempo e envolveu muitas personagens e instituições. Enquanto na Europa as instituições voltadas para o atendimento de doentes com câncer datavam de meados do século XIX, o projeto de construção do Instituto de Câncer da Bahia, idealizado pelo médico Aristides Maltez, levou décadas para se concretizar.

Aristides Maltez especializou-se em ginecologia e obstetrícia no New York Post-Graduate Medical School and Hospital e no Beth Israel Hospital de Nova York no ano de 1909, onde iniciou os estudos de patologia genital feminina,

---

[7] Cf.: Ozório (1843:6). Ver também: Meirelles (2004:9-101).

destacando-se em cancerologia da mulher.[8] De volta à Bahia, passou a conciliar o trabalho na clínica particular com a docência na Faculdade de Medicina, após ser nomeado assistente da cadeira de clínica ginecológica em 1911, mesmo ano em que essa cadeira foi instituída.[9]

Em 1919, foi aprovado no concurso de professor substituto da 14ª seção, cadeira de clínica ginecológica, permanecendo nessa função até 1925, quando, mediante concurso, tornou-se professor catedrático de ginecologia da Faculdade de Medicina da Bahia. Em contato com pacientes afetadas pelo câncer, em sua clínica particular ou mesmo na Santa Casa da Misericórdia, Maltez percebeu as dificuldades existentes para o tratamento da doença naquela conjuntura.

A ignorância da sociedade sobre os sinais da enfermidade e a aparente falta de sintomas contribuíam para retardar ou mesmo obstar a consulta ao médico. A doença se instalava silenciosamente no corpo de mulheres aparentemente saudáveis sem que estas se dessem conta de seus efeitos devastadores. Muitas doentes só recorriam ao médico quando o câncer já se encontrava em estágio avançado, não sendo mais possível sustar seu desenvolvimento com os recursos médicos disponíveis.

Aristides Maltez suspeitava que o número de casos fosse muito superior aos que atendia, visto que, até a década de 1910, o câncer não era uma doença de notificação obrigatória e sua incidência não era tratada como uma questão de saúde pública. Era uma doença silenciosa, que não chamava a atenção dos poderes públicos nem da sociedade, e não mobilizava, portanto, nem o governo, nem os médicos, nem a população. Preocupadas com as contínuas e graves epidemias de doenças infectocontagiosas, as autoridades sanitárias não exigiam precisão e regularidade nos registros, havendo períodos em que a doença nem aparecia nas estatísticas de morbi-mortalidade da Bahia.

Apesar de figurar na literatura e nos congressos médicos internacionais desde os primeiros anos do século XX, o câncer só ganharia visibilidade a partir da década de 1920.[10] A criação do Departamento Nacional de Saúde Pública, em 1919, pode ser considerada o ponto de partida para que a doença se tornasse alvo de ações de saúde pública no país, especialmente após a criação da Inspe-

---

[8] Cf.: Liga Bahiana Contra o Câncer. Resumo biográfico do prof. Aristides Maltez. Salvador: Hospital Aristides Maltez, Biblioteca Mario Kroeff, s.d., fl. 1.
[9] Cf.: Costa (2007:118-120).
[10] Os registros só foram retomados em 1936, ano em que foram computados 160 óbitos por câncer. No ano seguinte (1937), foram 168; em 1938, 166; e em 1939, registraram-se 190 mortes por câncer na capital do estado (IBGE, 1941a).

toria de Profilaxia da Lepra e das Doenças Venéreas, que estabeleceu a obrigatoriedade da notificação dos casos da doença.[11]

Apesar disso, na Bahia, os registros não eram feitos com a regularidade desejada. Sabe-se que, em 1924, foram registrados 97 óbitos por câncer em Salvador, e em 1925 esse número aumentou para 103 óbitos (Calmon, 1925, 1926). Os registros de 1926 não foram encontrados, mas o relatório do secretário de saúde informa que em 1927 ocorreram 98 mortes por câncer na capital do estado.[12]

Devido, provavelmente, à relativa visibilidade alcançada pela doença, tornou-se crescente o número de acometidas pelo câncer que acorriam à Santa Casa da Misericórdia da Bahia em busca de alívio para seus padecimentos.[13] Muitas pereciam à porta do hospital por falta de leitos para o internamento. Esse quadro justificava, aos olhos de Aristides Maltez, a criação de um espaço específico para a pesquisa e o tratamento gratuito do câncer.

Nesse período, surgiram espaços voltados para o tratamento da doença em outros estados do Brasil: em 1919, o Instituto de Radiologia, relacionado à expansão da dermatologia na Faculdade de Medicina do Rio de Janeiro, passou a oferecer um serviço de assistência aos acometidos do câncer cutâneo; em 1922, foi criado o Instituto do Radium de Belo Horizonte; em 1929, uma enfermaria especializada foi instalada na Santa Casa de São Paulo (Teixeira, 2010:15-19).

Ciente de que grande parte dos recursos do governo estadual destinava-se estritamente ao cumprimento das atribuições que lhe eram conferidas pela Constituição de 1891,[14] Aristides Maltez buscou o apoio dos seus pares para a execução de seu projeto. Todavia, os médicos que lecionavam na Faculdade de Medicina da Bahia planejavam desvincular-se da Santa Casa de Misericórdia e promoviam campanhas para arrecadar recursos pecuniários para a construção

---

[11] Diferentemente do que ocorreu na Bahia, o estudo do câncer no Rio de Janeiro, então capital federal, estava relacionado à cadeira de dermatologia e sifilografia (Teixeira, 2010:13-31). Ver também: Teixeira e Fonseca (2007:9-10).

[12] Não foram encontrados registros do número de acometidos e vítimas do câncer no interior da Bahia. Cf.: Barreto (1928, mapa 56).

[13] O Hospital da Santa Casa da Misericórdia, o Santa Izabel, era o de maior importância da Bahia, não só porque ali atuavam médicos e professores da Faculdade de Medicina da Bahia como também por sua capacidade de internar 600 doentes. Todavia, por ser um hospital geral e de caráter filantrópico, para lá convergiam os desvalidos, tanto da capital como do interior do estado. Era natural, portanto, que faltassem leitos para acomodar tanta gente, inclusive, para acolher o número crescente de mulheres atingidas pelo câncer.

[14] A Constituição de 1891 estabelecia, em seu art. 5º, que cada unidade federada deveria "prover, a expensas próprias, as necessidades de seu Governo e administração". O tratamento e a prevenção das doenças transmissíveis eram da responsabilidade do governo estadual.

de um hospital-escola, onde pudessem realizar as pesquisas de laboratório e ministrar as aulas práticas das diversas cadeiras do curso de medicina. Outro grupo havia se engajado no projeto de construção de ambulatório e hospital para o tratamento da tuberculose, mal que assolava a Bahia havia mais de um século,[15] além dos que se dedicavam a projetos de assistência materno-infantil, tema em destaque, naquela altura, nos congressos nacionais e internacionais.[16] Imersos em seus próprios interesses e preocupações, os médicos e autoridades sanitárias não abraçaram de imediato a causa de Maltez. O projeto do médico só começou a se concretizar a partir da década de 1930, em um contexto mais favorável.

Médicos e mulheres em ação pelo controle do câncer

Em 1933, foi criada em Paris a Union Internationale Contre Le Cancer (UICC), idealizada por Jacques Bandaline, com o objetivo de compartilhar, mundialmente, conhecimentos e competências entre médicos e pesquisadores da doença (Rowntree, 1934:742). Em 1935, no Brasil, no I Congresso Brasileiro de Câncer, foram discutidas propostas de combate à doença em todo o território nacional (Teixeira e Fonseca, 2007:48).

Favorecido por uma conjuntura internacional e nacional positiva, Aristides Maltez conseguiu, enfim, mobilizar as elites e as autoridades públicas em direção ao seu objetivo. Em 13 de dezembro de 1936, em uma sessão extraordinária da Sociedade de Ginecologia realizada nas dependências do Hospital Santa Izabel, médicos e outros membros da elite baiana criavam a Liga Bahiana Contra o Câncer (LBCC).[17]

A liga tinha por finalidade promover a qualificação de profissionais de saúde para atuarem naquele campo da medicina, informar a população sobre a doença e criar o Instituto de Câncer da Bahia. Para o presidente da Sociedade de Ginecologia e da LBCC, Ruy de Lima Maltez, ao mesmo tempo que a liga contribuiria para conferir projeção social aos trabalhos já realizados pela Sociedade de Ginecologia, ofereceria aos médicos baianos a oportunidade de pertencer a um novo campo de estudos de amplitude internacional (Maltez, 1957:7-8).

Como se pode observar, as demandas locais e os deveres caritativos próprios de uma sociedade de tradição católica não eram as únicas motivações do

---

[15] Para saber mais, consultar: Silveira (1994).
[16] Ver: Freire (2010:111-127); Ribeiro (2010).
[17] Cf.: Fundada uma sociedade para combater o câncer: importante reunião médica no H. Santa Izabel (1936).

engajamento dos médicos filantropos. Inserindo-se em campos de estudos de amplitude internacional, os envolvidos nessa luta poderiam acumular capital simbólico ao adquirir notoriedade e autoridade através do monopólio da competência científica em um campo específico da medicina.[18] Esses profissionais estavam lutando para solidificar posições no cenário acadêmico e profissional, em um contexto de crescente especialização da medicina e de desenvolvimento da ciência e das tecnologias biomédicas.

Nesse período, os médicos baianos já possuíam prestígio social e alguma influência política. O projeto da liga conseguiu mobilizar a sociedade — na ocasião da fundação da LBCC, 52 pessoas compareceram à reunião realizada ainda nas dependências do Hospital Santa Izabel. A maioria era composta por médicos, farmacêuticos, dentistas, juristas e outros representantes masculinos de elevada projeção social (HAM, 2011:1). A participação das mulheres foi modesta — apenas cinco estiveram presentes no momento de fundação da LBCC: a funcionária pública Aldiza de Oliveira Barros, as professoras Romilda Laert Maltez (esposa de Aristides Maltez) e Anfrísia Augusta Santiago, a médica Carmen Mesquita e a então estudante de medicina Cora de Moura Pedreira.

Aristides Maltez contava, também, angariar a simpatia do então governador do estado, Juracy Magalhães (Maltez, 1957:8). Entretanto, logo após a criação da LBCC, os baianos vivenciaram um período conturbado pela renúncia de Juracy Magalhães, que se mostrou contrário ao golpe de Estado perpetrado por Getúlio Vargas, e pela posterior ascensão do interventor Landulfo Alves ao governo da Bahia. Esses fatos desorientaram e desmobilizaram os integrantes da Liga, que só retomaram inteiramente o projeto depois de um hiato de mais de dois anos depois da sua fundação (Sampaio, 2006:28-30).

Os trabalhos foram reiniciados em julho 1939, e campanhas educativas foram empreendidas. Muitos médicos proferiram palestras sobre o assunto e especialistas de outros estados e países foram convidados a apresentar conferências sobre as causas, profilaxia e tratamento da doença (Maltez, 1957:16-17). Os médicos advogavam que o diagnóstico precoce possibilitava a cura da doença. A mídia (a impressa e o rádio) assumiu um papel importante na campanha de conscientização e mobilização da sociedade, veiculando informações importantes sobre o câncer e tentando despertar a solidariedade em relação ao problema da assistência aos enfermos na Bahia.

---

[18] Cf.: Bourdieu (1976:88-104).

Damas da elite, algumas delas, filhas e esposas dos integrantes da LBCC, foram convidadas a participar do projeto de criação de um espaço voltado para a pesquisa e o tratamento da doença — o Instituto de Câncer da Bahia. Atendendo à convocação, as mulheres baianas formaram, em 1939, o Comitê Central Feminino. Integrado inicialmente por Isaura e Zulmira Silvany, Romilda Laert Maltez (esposa de Aristides Maltez), Aldiza Barros, Amélia Fernandes Carneiro Ribeiro, Maria José Cavalcante Maltez, Zuleima Figueiredo, Yolanda Castelo Branco, Maria Rita Lopes Pontes (a irmã Dulce), Carmen Mesquita e Cora Pedreira, o comitê foi empossado como Conselho Feminino de Proteção, com regimento interno próprio, após ter sido promulgado o estatuto da liga, em 1940 (Maltez Filho, s.d.:12; Maltez, 1957:17).

Logo após sua formação, o conselho recebeu a adesão de mais de 40 mulheres pertencentes às camadas mais abastadas da sociedade soteropolitana. Sílvia Pedreira Freire de Carvalho Gonçalves Tourinho assumiu a presidência, tendo como vice Maria Elvira Farani Pedreira de Freitas, como secretária Zuleima Figueiredo e como tesoureira Maria Campos Barreto. Visando cumprir seu papel com eficiência, o Conselho Feminino de Proteção organizou comissões com diversas atribuições — comissão de honra, de festas, de recepção, de propaganda e de senhoras visitadoras. Para angariar fundos para a construção do Instituto de Câncer da Bahia, as senhoras e senhorinhas integrantes do conselho promoveram uma série de atividade — jantares, exibição de filmes, espetáculos teatrais, desfiles de moda etc. As ações empreendidas pelas mulheres contribuíram para elevar consideravelmente o patrimônio da liga.

As mulheres das camadas mais abastadas eram educadas dentro de forte tradição cultural cristã, que defendia o dever das camadas privilegiadas de oferecer auxílio material e conforto espiritual aos desvalidos. Assim, ao se engajarem na LBCC, essas mulheres, certamente, atendiam aos apelos da doutrina cristã e às demandas da sociedade seguindo o exemplo de suas predecessoras.

Sem escapar das marcas de representação que as colocava como as tradicionalmente responsáveis por educar, cuidar, confortar e acolher, as baianas organizaram-se em associações, fundaram ou ajudaram a criar entidades assistenciais que defendiam, principalmente, problemas relativos ao universo feminino, tais como a maternidade, a infância e as doenças de mulheres, desde a segunda metade do século XIX. Destacaram-se nesse campo a Associação das Senhoras de Caridade, criada em 1854 pelas senhoras da elite imperial da província, com o objetivo de socorrer os pobres e as órfãs desvalidas, e a Liga Cathólica das Senhoras Bahianas, fundada por Amélia Rodrigues em 1909, com a finalidade de aprofundar a fé e promover as práticas cristãs por meio das obras sociais. Com a Liga Cathólica das

Senhoras Bahianas, Amélia Rodrigues pretendia ampliar o campo de ação da mulher cristã das classes mais abastadas para fora do ambiente restrito dos lares, ao defender sua atuação junto à Igreja na assistência aos pobres, crianças e velhos.[19]

Durante o século XIX, poucas eram as mulheres alfabetizadas ou que exerciam funções fora do ambiente restrito do lar. Entre estas, algumas procuravam inserir-se na cena literária, escrevendo memórias ou ousando escrever para revistas e jornais. Raras eram as que desafiavam a ordem vigente e cursavam o ensino superior. O art. 24 do Decreto do Império nº 7.247, de 19 de abril de 1879, concedia às mulheres o direito de inscrever-se nos cursos de medicina existentes apenas em Salvador e no Rio de Janeiro, na época. As que se valeram de tal prerrogativa e ousaram adentrar em um espaço de domínio masculino causaram polêmica e não escaparam aos estereótipos, que as condicionaram a optar por especialidades médicas relacionadas à maternidade, à infância e ao sistema reprodutivo feminino.[20]

A partir da década de 1920, o espaço de atuação da mulher começou a ampliar-se *pari passu* a um maior acesso à educação e progressiva profissionalização. Mulheres das camadas médias urbanas passaram a exercer o magistério, fundaram educandários, assumiram a função de enfermeiras, datilógrafas, telefonistas, secretárias e outras profissões emergentes, que não conflitavam com o papel social atribuído ao sexo feminino. As da classe pobre, de maioria analfabeta, continuaram a exercer ofícios que envolviam atividades manuais: bordadeiras, floristas, costureiras, chapeleiras, quituteiras, empregadas domésticas. Apesar do incipiente parque industrial baiano, algumas sobreviviam como operárias da indústria do vestuário ou fumageira.

Todavia, o trabalho fora do lar não era bem-visto para as mulheres das classes mais abastadas.[21] A filantropia era uma atividade enobrecedora, portanto, considerava-se aceitável que as mulheres da elite roubassem algumas horas do tempo necessário à administração do lar para se dedicarem a outra atividade meritória — a assistência aos desvalidos.

Muitas moças e senhoras da elite baiana se engajavam em projetos assistencialistas motivadas por sentimentos humanitários, influenciadas por alguma doutrina religiosa. Não se pode descartar, também, a hipótese de que muitas buscavam na atividade assistencialista uma maneira de espantar o tédio ou alcançar prestígio ou satisfação pessoal. As ações assistencialistas davam acesso a

---

[19] Cf.: Alves (1998).
[20] Cf.: Meirelles (2004:9-101).
[21] Para saber mais sobre o universo feminino na Bahia do final do Oitocentos à década de 1930, ver: Leite (1997:110-113); Alves (1997); Vieira (2002).

um universo até então essencialmente masculino, visto que demandavam deliberação em questões que extrapolavam as da vida doméstica, além de revelarem uma realidade diferente da até então vivenciada por aquelas damas da alta sociedade — a vida dos pobres e desvalidos da Bahia.

O engajamento das mulheres da elite na Liga Bahiana Contra o Câncer certamente era uma resposta a esses e a outros anseios possíveis. Vale ressaltar que algumas das integrantes da LBCC já possuíam uma profissão, como era o caso das irmãs Isaura e Zulmira Silvany, ambas musicistas. Zulmira era compositora, maestrina, poetisa, professora e diretora do Conservatório de Música da Bahia até 1930. Em 1933, fundou seu próprio curso de música, devidamente reconhecido pelo governo estadual.[22] Cora Pedreira e Carmem Mesquita eram médicas. Esta última era assistente de clínica médica na Faculdade de Medicina da Bahia (Meirelles, 2004:9-101; Vanin, 2008).

A ala feminina da liga promoveu uma série de eventos para angariar os recursos financeiros necessários à construção do Instituto de Câncer da Bahia. A participação das mulheres na LBCC, entretanto, não se restringia apenas às atividades de arrecadação de recursos pecuniários promovidas pelo Conselho Feminino de Proteção. Cora Pedreira (médica) e Adilza Barros eram, respectivamente, primeira e segunda secretárias da Diretoria da LBCC, enquanto a médica Carmen Mesquita integrava o Conselho Deliberativo.

As atividades promovidas pelas Conselho Feminino de Proteção resultaram na arrecadação de 196,50 contos de réis. Todavia, a aquisição do terreno onde seria erguido o edifício do instituto só seria viabilizada mediante o apoio do governo estadual. Em 1941, Landulpho Alves, interventor do estado, emitiu um bônus do Tesouro Estadual no valor de 103,50 contos de réis, em favor da LBCC, o qual, somado à quantia arrecadada pelo conselho, permitiu a aquisição da Chácara Boa Sorte, no bairro de Brotas, local onde seria construído o Instituto de Câncer da Bahia (Barros, 1977:17-18). Havia, na chácara, uma casa de construção antiga onde foram instalados, provisoriamente, um pequeno ambulatório e a secretaria da LBCC (Barros, 1977:17-18).

Enquanto o projeto do Instituto de Câncer da Bahia não se materializava, o atendimento aos doentes continuava sendo realizado no Hospital Santa Izabel, que, para isso, criou uma enfermaria com 10 leitos, denominada Santa Úrsula (Maltez, 1957:17-18). Alguns médicos também disponibilizaram seus consultórios para o

---

[22] Cf.: Salvador: primórdios da música de piano. Disponível em: <www.pianistasdesalvador.com.br/arq_saulo/salvador_primordios.pdf>. Acesso em 24 jan. 2013; Personagens históricos de Itaberaba. Disponível em: <www.itaberabanoticias.com.br/sobre-itaberaba/personagens-historicos--de-itaberaba>. Acesso em 24 jan. 2013.

atendimento dos enfermos, enquanto os exames de anatomia patológica seriam realizados pelo Laboratório de Biologia Clínica Ltda. (Maltez, 1957:17-18). O serviço de radioterapia passou a ser realizado, gratuitamente, pelo médico Portela Lima, um dos fundadores da Liga Bahiana Contra o Câncer (Barros, 1977:13).

Domingos Portella Lima defendia o uso dos raios X e das substâncias radiativas na terapêutica do câncer (Lima, 1927a:571-574, 1927b:15-24, 1928:547-554.) Para ele, eram os únicos meios que tinham ação "electiva sobre a cellula cancerosa, privilegio magnífico que abre a therapeutica dessas moléstias horizontes novos e incomensuráveis" (Lima, 1928:547). Nesse período, a medicina já contava com tecnologia mais sofisticada. O desenvolvimento dos tubos de raios catódicos em 1913 e de potentes geradores em 1921 possibilitaram a utilização mais segura dessa medida terapêutica.[23]

A morte de Aristides Maltez, em janeiro de 1943, paralisou momentaneamente os trabalhos da LBCC, logo retomados, estimulados pela conjuntura favorável resultante da redemocratização do país e da prosperidade econômica experimentada pela Bahia, alavancada pela estabilidade na produção e exportação cacaueira. Contribuições financeiras significativas e a isenção dos direitos de importação e de taxas aduaneiras concedida pela Câmara dos Deputados para o cimento necessário à construção do edifício aceleraram a obra. O governador Otávio Mangabeira dotou a LBCC da quantia de um Cr$ 1 milhão a serem pagos em quatro parcelas a partir do ano de 1949; entretanto, os recursos só foram liberados no governo seguinte (Sampaio, 2006:48).

Em 1950, o governo Vargas destinou Cr$ 100 milhões do orçamento da União para o combate à doença no país, e desse total Cr$ 6 milhões foram destinados à liga. Na Bahia, o então governador Régis Pacheco também se mobilizou e liberou os recursos previstos por seu antecessor, na forma de apólices do Fomento Econômico (Sampaio, 2006:50). Com a injeção desses recursos, a Liga pôde, enfim, inaugurar o primeiro pavilhão do hospital, no dia 2 de fevereiro de 1952, que passou a se chamar Hospital Aristides Maltez (HAM), em homenagem ao seu idealizador. Sua construção estaria sempre condicionada aos recursos financeiros liberados pelos órgãos governamentais e, por isso, foi realizada em várias etapas.

Assim, começou a funcionar naquele ano com apenas 15 leitos. Até 1953, o edifício tinha apenas dois pavimentos: no térreo funcionavam os serviços de radioterapia e anatomopatologia; no segundo piso, funcionavam as enfermarias, com capacidade para 16 leitos gratuitos e nove destinados aos pensionistas,

---

[23] Cf.: Teixeira e Fonseca (2007:17).

além de uma sala de cirurgia. No ano seguinte, a construção avançou até o quarto pavimento. O número de leitos foi ampliado, subindo para 46, e concluiu-se o Centro Cirúrgico Antônio Maltez, que foi devidamente equipado com oxigênio canalizado e ar-condicionado (Maltez, 1957:23).

A construção da ala direita foi iniciada em 1956. Ali funcionaria o serviço de ambulatório, especialmente relacionado à ginecologia. Em 1957, o primeiro andar, reservado aos pensionistas, foi reformado com apartamentos, quartos e enfermarias com apenas quatro leitos. Nessa época, o hospital já comportava um laboratório de análises clínicas, oficina de *radium*, radioterapia cinética, centro de recuperação e aspiração central. A capacidade do hospital foi ampliada para 88 leitos (Maltez, 1957:23; Sampaio, 2006:62).

No quinquênio de 1952 a 1957, houve considerável esforço para qualificar profissionais na área de oncologia, capacitar técnicos e aparelhar o novo hospital com as inovações tecnológicas necessárias. Estágios, cursos e bolsas de estudo foram concedidos nos mais avançados centros de combate à doença, e vários especialistas foram convidados a vir à Bahia para discutir com os médicos locais diferentes aspectos da doença e da cancerologia (Sampaio, 2006:55).

Nesse período, 6.583 pessoas foram atendidas no hospital, sendo detectados, entre elas, mil casos de câncer (Maltez, 1957:23). Muitos dos que recorreram ao hospital já estavam com a doença em estágio avançado, e os médicos verificavam que a ignorância, a falta de recursos e de orientação médica e o medo, nessa ordem, eram os motivos que retardavam a procura dos doentes por assistência médica especializada.

Comentários finais

Doença insidiosa, o câncer não chamava a atenção dos médicos, dos poderes públicos, nem da sociedade, e não mobilizava, portanto, nem governantes, nem as autoridades sanitárias, nem a população. O silêncio em torno da doença começou a se romper a partir da década de 1920, depois que o Departamento Nacional de Saúde Pública determinou a notificação obrigatória dos casos de câncer.

Os registros da doença na Bahia não obedeciam à regularidade exigida, mas, mesmo com o sistema de notificação irregular, houve um aumento no número de enfermos que buscaram tratamento médico na década de 1930. A Bahia, entretanto, não dispunha de uma estrutura capaz de oferecer serviços de diagnóstico e tratamento do câncer que atendesse à crescente demanda.

Atentos às necessidades da sociedade e motivados pela possibilidade de inserção em campos de estudos de relevância nacional e internacional, os médicos baianos empreenderam uma série de ações para promover maior conhecimento sobre a doença e criar uma estrutura para viabilizar o diagnóstico e o tratamento do câncer na Bahia.

A fundação da Liga Bahiana Contra o Câncer (LBCC) foi um passo importante nessa direção. A instituição patrocinou a qualificação dos profissionais de saúde; divulgou informações sobre a doença, pregando a necessidade do diagnóstico precoce; arrecadou os recursos para a construção do hospital, entre outras ações.

Para tanto, os médicos contaram com a ajuda valiosa de mulheres da elite baiana. Ao ingressarem na LBCC, as mulheres constituíram o Conselho Feminino de Proteção, encarregado de angariar recursos para a construção e manutenção do Instituto de Câncer da Bahia. Tal como no caso dos médicos, múltiplas motivações levaram as mulheres à LBCC — as de caráter humanitário e religioso, a aceitação dos tradicionais papéis de coadjuvantes dos homens, como também o desejo de desempenhar novas funções e ocupar espaços até então de domínio masculino.

A despeito de qualquer motivação que possa ter conduzido os médicos e mulheres da elite baiana, não se pode negar que esses atores contribuíram significativamente para conferir visibilidade ao câncer, disseminando informações sobre esse mal, mobilizando as autoridades públicas e a sociedade em torno da necessidade de construção de um centro de pesquisa, de diagnose e tratamento da doença.

Todavia, apesar do empenho do Conselho Feminino de Proteção da LBCC, a construção do hospital esteve sempre condicionada aos recursos financeiros liberados pelos órgãos governamentais. Por isso, a obra foi realizada em várias etapas, e o Instituto de Câncer da Bahia, idealizado por Aristides Maltez na década de 1930, só pôde ter seu primeiro pavilhão inaugurado em 1952, depois de ultrapassadas as crises políticas e financeiras e os consequentes períodos de inatividade da Liga Bahiana Contra o Câncer.

Fica assim evidente a natureza complexa das relações das instituições filantrópicas da Bahia com os poderes instituídos. Apesar do seu caráter privado, as instituições dependiam dos subsídios públicos. Como contrapartida, ofereciam atendimento gratuito às camadas mais pobres da população, tornando-se, assim, permeáveis os limites entre o público e o privado.

Referências

ALVES, Ivia. Amélia Rodrigues: posições e estratégias. In: COSTA, Ana Alice Alcântara; ALVES, Ivia (Org.). *Ritos, mitos e fatos*: Mulher e gênero na Bahia. Salvador: Editora da UFBA, 1997.

_____. Amélia Rodrigues: itinerários percorridos. Salvador, Nicsa, 1998.

BARRETO, A. L. C. A. de Barros. *Secretaria de Saúde e Assistência Pública pelo Dr. Antonio Luís C. A. de Barros Barreto, Secretário de Saúde e Assistência Pública*. Salvador: Imprensa Official do Estado, 1928. Mapa 56.

BARROS, Aldiza de Oliveira. Memórias históricas da LBCC. *Arquivos de Oncologia*, Salvador, v. 18, n. 1, p. 9-57, 1977.

BOURDIEU, Pierre. O campo científico. Trad. Paula Montero. *Actes de la Recherche en Sciences Sociales*, n. 2-3, p. 88-104, jun. 1976. Disponível em: <http://uaiinformatica.net/luciana/campo_cientifico_bourdieu.pdf>. Acesso em: 11 dez. 2012.

BRASIL. Constituição da República dos Estados Unidos do Brasil (de 24 de fevereiro de 1891). Rio de Janeiro, DF: *Diário Oficial da União*, 24 fev. 1891. Disponível em: <www.planalto.gov.br/ccivil_03/Constituicao/Constituicao91.htm>. Acesso em: 29 jan. 2013.

CALMON, Francisco de Góes. *Mensagem apresentada pelo Exmo. Snr. Dr. Francisco de Góes Calmon governador do Estado da Bahia à Assembleia Geral Legislativa por ocasião da abertura da 1ª sessão ordinária da 18ª legislatura em 7 de abril de 1925*. Salvador: Imprensa Official do Estado, 1925.

_____. *Mensagem apresentada pelo Exmo. Snr. Dr. Francisco Marques de Góes Calmon governador do Estado da Bahia à Assembleia Geral Legislativa por ocasião da abertura da 2ª sessão ordinária da 18ª legislatura em 7 de abril de 1926*. Salvador: Imprensa Official do Estado, 1926.

DE SWAAN, Abram. *In care of the state*: health care, education and welfare in Europe and the USA in the modern era. Cambridge: Polity Press, 1988.

FREIRE, Maria Martha de Luna. Os filantropos da nação: Alfredo Magalhães e a assistência à infância na Bahia. *Gazeta Médica da Bahia*, v. 80, p. 111-127, 2010.

FUNDADA uma sociedade para combater o câncer. Importante reunião médica no H. Santa Izabel. *A Tarde*, p. 1. 15 dez. 1936.

HEINZ, Flávio M. (Org.). *Por outra história das elites*. Rio de Janeiro: Editora FGV, 2006.

HOSPITAL ARISTIDES MALTEZ (HAM). Fundadores. *Boletim Informativo do Hospital Aristides Maltez*, Salvador, p. 1, dez. 2011.

INSTITUTO BRASILEIRO DE GEOGRAFIA E ESTATÍSTICA (IBGE). *Annuario estatistico do Brasil 1936*. Rio de Janeiro: IBGE, 1936. v. 2.

_____. *Annuario estatístico do Brasil 1939-1940*, Rio de Janeiro, ano V, 1941a.

_____. *Repertório estatístico do Brasil*: quadros retrospectivos, n. 1. Separata de: *Annuario estatístico do Brasil 1939-1940*, Rio de Janeiro, ano V, 1941b. Disponível em: <http://biblioteca.ibge.gov.br/visualizacao/monografias/GEBIS%20-%20RJ/seriesestatisticasrestrospectivas/Volume%201_Repertorio%20estatistico%20do%20Brasil_Quadros%20retrospectivos%20n%201.pdf>. Acesso em: 29 jan. 2013.

LEITE, Márcia Maria da Silva Barreiros. *Educação, cultura e lazer das mulheres de elite em Salvador, 1890-1930*. Dissertação (mestrado em História) — Faculdade de Filosofia e Ciências Humanas, Universidade Federal da Bahia, Salvador, 1997.

LIMA, Domingos P. A cura do câncer pelo radium. *Gazeta Médica da Bahia*, Salvador, v. 57, n. 12, p. 571-574, 1927a.

_____. Sobre a cura do câncer pelo radium. *Gazeta Médica da Bahia*, Salvador, v. 58, n. 1, p. 15-24, 1927b.

_____. Sobre alguns casos da língua curados pelo radium. *Gazeta Médica da Bahia*, Salvador, v. 58, n. 12, p. 547-554, 1928.

MALTEZ, Ruy de Lima. Esboço histórico da campanha contra o câncer na Bahia. *Arquivos de Oncologia*, Salvador, p. 7-25, 1957.

MALTEZ FILHO, Aristides. *Manual do voluntário*. Salvador: [s.n.], [s.d.].

MEIRELLES, Nevolanda Sampaio et al. Teses doutorais de titulados pela Faculdade de Medicina da Bahia, de 1840 a 1928. *Gazeta Médica da Bahia*, Salvador, v. 74, n. 1, p. 9-101, jan./jun. 2004.

OZÓRIO, Antonio José. *Signaes pelos quaes se póde reconhecer o cancro do utero e o diagnostico differencial entre as ulcerações e o cancro do mesmo órgão*. Tese (substituto da seção cirúrgica) — Faculdade de Medicina da Bahia, Salvador, 1843.

RIBEIRO, Lidiane Monteiro. *Assistência à saúde da infância e filantropia na Bahia*: a Liga Baiana contra a mortalidade Infantil (1923-1937). Dissertação (mestrado em História das Ciências e da Saúde) — Casa de Oswaldo Cruz/Fiocruz, Rio de Janeiro, 2010.

ROWNTREE, Cecil. L'Union Internationale Contre Le Câncer. *The British Medical Journal*, v. 2, n. 3850, p. 742, 20 out. 1934. Disponível em: <www.uicc.org/index.php?option=com_content&task=view&id=15975&Itemid=339>. Acesso em: 12 jul. 2010.

SAMPAIO, Consuelo Novais. *70 Anos de lutas e conquistas*: Liga Bahiana contra o Câncer. Salvador: LBCC, 2006.

SANTOS, Mário Augusto Silva. Crescimento urbano e habitação em Salvador (1890-1940). *Revista de Arquitetura e Urbanismo*, Salvador, v. 3, n. 4-5, p. 20-29, 1990.

SILVEIRA, José. *Uma doença esquecida*: a história da tuberculose na Bahia. Salvador: Editora da UFBA, 1994.

SOUZA, Christiane Maria Cruz de. *A gripe espanhola na Bahia*: saúde, política e medicina em tempos de epidemia. Salvador: Editora UFBA; Rio de Janeiro: Editora Fiocruz, 2009.

TEIXEIRA, Luiz Antonio. O controle do câncer no Brasil na primeira metade do século XX. *História, Ciências, Saúde — Manguinhos*, Rio de Janeiro, v. 17, p. 13-31, jul. 2010. Supl. 1.

_____; FONSECA, Cristina Oliveira. *De doença desconhecida a problema de saúde pública*: o Inca e o controle do câncer no Brasil. Brasília: Ministério da Saúde, 2007.

VANIN, I. M. *As damas de branco na biomedicina baiana (1879-1949)*: médicas, farmacêuticas e odontólogas. Tese (doutorado em História) — Programa de Pós-Graduação em História, Universidade Federal da Bahia, Salvador, 2008.

VIEIRA, Claudia Andrade. Mulheres de elite em movimento por direitos políticos: o caso de Edith Mendes da Gama e Abreu. Dissertação (mestrado em História Social) — Pontifícia Universidade Católica de São Paulo, São Paulo, 2002.

FILANTROPIA NA
LITERATURA FEMININA

CAPÍTULO 15 **Da caridade à assistência:**
a proteção à criança e à mulher nas páginas
e ações de Júlia Lopes de Almeida

Ana Maria Bandeira de Mello Magaldi

Neste capítulo, a intenção é lançar luz sobre a atuação da escritora Júlia Lopes de Almeida (1862-1934) no quadro de debates e ações políticas conduzidos na sociedade brasileira, na virada do século XIX para o XX, em torno dos temas da proteção à criança e à mulher. Mais conhecida no ambiente intelectual carioca pelo tratamento respeitoso de *d. Júlia*, a escritora conheceu projeção no mundo das letras de seu tempo, obtendo sucesso de público e crítica com sua obra literária, de gêneros diversos, que compôs um rico e vasto conjunto.[1] Será conferida atenção tanto ao tratamento dado pela escritora em seus romances, contos e crônicas aos temas em questão quanto à sua participação em campanhas e entidades associativas dotadas do mesmo foco.

Os dois trechos que se seguem, extraídos, respectivamente, do romance *Memórias de Marta* e do conto "Os porcos", apresentam aos leitores duas situações que, embora ficcionais, trazem à tona questões que tocavam a sensibilidade da romancista Julia Lopes de Almeida, e que motivaram importantes debates e ações políticas em seu tempo, nos quais a mesma se engajou de formas diversas.

---

[1] Júlia Lopes de Almeida nasceu no Rio de Janeiro, em 24 de setembro de 1862, e morreu na mesma cidade, em 30 de maio de 1934. O sucesso obtido em sua carreira literária, verificado graças à boa vendagem de seus livros e ao reconhecimento entre seus pares, pode ser considerado admirável, tendo em vista a feição masculina do mundo das letras de seu tempo. Essa marca pode ser percebida, por exemplo, no episódio em que a escritora, tendo estado próxima das articulações em torno da criação da Academia Brasileira de Letras, e tendo sido cogitada para integrá-la, terminou não sendo chamada para compor seus quadros. Em seu lugar, foi convidado seu marido, o poeta português Filinto de Almeida, cuja expressão não se aproximava do sucesso literário de sua esposa, o que confere significativa carga simbólica ao convite. Em entrevista a João do Rio, Filinto de Almeida chegaria a dizer: "Nunca disse isso a ninguém, mas há muito que penso. Não era eu quem deveria estar na Academia, era ela" (Rio, 1994:33). A vasta obra da escritora incluiu romances, contos, crônicas, novelas, teatro, manuais para moças, conferências, livros infantis e escolares. Cf.: Fanini (2009).

O Maneco tinha dez anos, era magro, orelhudo e pálido; cheirava sempre a cachaça e vivia fumando as pontas de cigarro encontradas no chão. [...]. Quando ria mostrava as gengivas arroxeadas, como se estivessem cozidas pelo álcool, e os dentes grandes, desiguais, ainda muito novos. Era alto para a idade, mas magérrimo, com o peito fundo, e os braços e as pernas moles (Almeida, 2007:54).

Quando a cabocla Umbelina apareceu grávida, o pai moeu-a de surras, afirmando que daria o neto aos porcos para que o comessem.
[...]
Umbelina [...] ia pensando no modo de acabar com o filho duma maneira menos degradante e menos cruel.
Guardar a criança... mas como?
[...]
A criança tremia-lhe no ventre, como se pressentisse que entraria na vida para entrar no túmulo [...]
Ela estava perdida. Em casa não a queriam, a mãe renegava-a, o pai batia-lhe, o amante fechava-lhe as portas... [Almeida, 193?:17-22].

Em romances e contos da escritora, aparecem, em meio a cenas e personagens inscritas no universo das camadas mais favorecidas, comumente privilegiados, outras situações passadas em ambientes marcados pela miséria, com frequência associada à degradação, à insalubridade, à ausência de luz. Esse é o caso de *Memórias de Marta*, em que um cortiço figura como um ambiente de importância central no romance, representado no registro da negatividade, e no qual vivem diversas personagens marcadas pela pobreza, entre as quais as duas principais, ambas de nome Marta, mãe e filha, que, oriundas das camadas médias da sociedade, lá se encontravam em razão da ruína da família, após a morte do pai e das dívidas que deixara. No espaço do cortiço, vivia o menino Maneco, mostrado em seu vício em álcool, provocado pela irresponsabilidade e crueldade de um vendeiro que vivia também naquele espaço, onde tinha seu negócio, e que dava cachaça para as crianças do lugar, embebedando-as para se divertir com seu comportamento alterado. O menino era filho de uma lavadeira, mãe de diversas crianças, a qual não apresentava, segundo se depreende do texto, condições de cuidar delas de forma apropriada, assim como seu pai, também trabalhador, mostrado como um indivíduo sempre ausente, sendo sugerido que a falta de apoio dos pais talvez tivesse representado uma contribuição involuntária para os maus-tratos a que era submetido o menino.

Já no conto "Os porcos", a personagem principal se vê, como aparece no trecho transcrito, em uma situação de desespero frente à impossibilidade de criar o filho que estava prestes a ter, resultado de uma relação com o filho do patrão, que a abandonara.

Ambas as situações narradas têm desfechos trágicos. No caso do menino Maneco, com sua morte, causada por complicações de saúde geradas pelo alcoolismo precoce, a que se segue o desespero da mãe e seu ataque dirigido ao vendeiro, culpado da morte do filho, incidente que a conduz à prisão. Já no caso da moça Umbelina, o final do conto apresenta a morte de seu filho recém-nascido, atacado por uma porca. Neste último caso, embora a personagem, mostrada no fim da gravidez, tenha aventado a hipótese de pôr fim à vida do filho, em função da situação de impossibilidade de criá-lo, ela é representada, durante o parto, em uma sugestiva mudança de sentimentos: "Uma onda de poesia invadiu-a toda, eram os primeiros enleios da maternidade [...]. Umbelina sentia uma grande ternura tomar-lhe o coração [...]" (Almeida, 193?:23-24). Após o nascimento da criança, é assinalado no texto o temor da mãe de olhar para o filho, por "medo de o amar". No entanto, a resistência da personagem se mostra vã, quando, alguns momentos depois, no "seu coração de selvagem desabrochava timidamente a flor da maternidade" (Almeida, 193?:25). Apesar dessa mudança emocional, expressão do que era apresentado na narrativa como manifestação da "natureza", e que poderia sugerir a possibilidade de a mãe abandonar a intenção de pôr fim à vida da criança e de passar a cuidar dela, o estado físico debilitado em que se encontrava e que a levara a desmaiar após o parto, realizado de forma espontânea, sem cuidados, em meio à mata, não lhe deu condições de proteger o filho diante dos perigos da vida, representados, nesse caso, ambientado numa fazenda, pela porca que o atacou. Desse modo, concretizava-se, ironicamente, ao final da narrativa, a ameaça feita pelo pai, na abertura do conto, à personagem Umbelina, traduzindo-se em uma condenação a seu filho da qual não fora possível escapar, o que dá ao texto uma marca de tragicidade extrema.

Há indicações de que ambas as situações narradas tenham-se baseado em vivências da escritora que haviam lhe causado sentimentos de mal-estar. Em entrevista a João do Rio, publicada na coletânea Momento Literário, d. Júlia faz menção a um dos episódios: "O caso dos Porcos eu ouvi contar numa fazenda, quando ainda era solteira. [...] A narração era feita com indiferença, como se fosse um fato comum. Horrorizou-me" (Rio, 1994:32). Já no outro caso, a autora, em anotação manuscrita reproduzida na introdução à reedição do romance *Memórias de Marta*,[2] faz referência ao fato de ter vivido, no passado, na vizinhança de um cortiço que teria inspirado a personagem mencionada: "As cenas brutas do livro, o pequeno alcoólico, foram pressentidas através do muro que dividia o meu colégio de um movimentado cortiço de S. Cristóvão. Aquele ambiente inspirou à minha sensibilidade de menina muita melancolia [...]" [Salomoni, 2007:14].

Nas obras de Júlia Lopes de Almeida, cenários como os descritos, um construído em um ambiente urbano, em um bairro central do Rio de Janeiro, no final do século XIX, outro em um ambiente rural não especificado, mas ambos trazendo à tona situações de miséria e abandono, parecem aproximar os leitores, e principalmente as leitoras, de problemas sociais que passaram a motivar, de modo crescente, debates nos círculos intelectuais daquele tempo. Debates e preocupações em torno do tema da infância desvalida já se encontravam em curso no século XIX, tornando-se ainda mais intensos no contexto dos primeiros tempos republicanos. Tendo a República sido implantada no Brasil, e tendo o novo regime mobilizado esperanças de mudança entre setores expressivos da intelectualidade, cedo se vê, entre esses grupos, o surgimento de sentimentos de frustração, motivados pela consciência do não enfrentamento dos problemas sociais — e também políticos — pelo novo regime, tema que vem sendo tratado em diversos estudos sobre a questão dos intelectuais na Primeira República. Entre os inúmeros problemas com que se deparava a sociedade brasileira da época, marcada por desigualdades sociais acentuadas, situava-se o da infância abandonada, ou o dos maus-tratos que cercavam, com frequência, a vida das crianças das camadas desfavorecidas, aspecto sentido de forma mais aguda nas cidades, cujos índices populacionais mostravam-se crescentes.

Nesses primeiros tempos da República, em um quadro de preocupação com a organização da nação em bases modernas, em que a infância é vista como futuro da nação, se as situações que indicam de modos diversos a infância ameaçada geram atenção e mobilização, tais atitudes também são alimentadas, por outro lado, por temores provocados pela situação social ameaçadora, em que grupos de crianças abandonadas, maltratadas, esfomeadas, doentes e sem controle com frequência se mostravam presentes nos espaços das cidades. Também tendo como foco principal a preocupação com a infância, críticas eram dirigidas ao quadro de desproteção de mulheres pobres diante da maternidade, em situações que envolviam a ausência de condições materiais e emocionais duran-

---

[2] Inicialmente publicada em folhetim na *Tribuna Liberal do Rio de Janeiro*, entre dezembro de 1888 e janeiro de 1889, a obra seria editada em livro pela primeira vez em 1899. A reedição mencionada é de 2007. Cf.: Salomoni (2007:10).

te a gestação, no ato de dar à luz e no cuidado com os filhos. Quanto às crianças nascidas nesse quadro, temia-se que, em caso de não serem alvo de intervenção protetora, viessem a ocupar, como "errantes", no futuro, os espaços das cidades.[3] Debates em torno desses temas, assim como ações conduzidas a partir da sociedade, na direção do enfrentamento dos problemas, eram, portanto, observados à época, envolvendo atores individuais e coletivos, em um tempo em que políticas públicas de proteção à infância e à maternidade desamparadas ainda não se apresentavam como regra.

Sobre o contexto em meio ao qual são produzidas as obras de Júlia Lopes de Almeida,[4] assume interesse para este estudo o diálogo com a tese de Jussara Parada Amed, que aborda, entre outros aspectos, as relações da escritora com a política (Amed, 2010). De acordo com esse trabalho, d. Júlia teria, em um primeiro momento, defendido o novo regime republicano, com o qual, no entanto, do mesmo modo que outros intelectuais contemporâneos seus, teria se desiludido algum tempo depois.

No caso dos outros cenários que pontuam as obras de d. Júlia, inclusive com maior frequência, aproximando seus leitores dos círculos elegantes da cidade do Rio de Janeiro da *belle époque*, também se observa um posicionamento crítico da autora, na forma de caracterizar personagens e tramas aí ambientados. Um elemento comumente observado nas situações narradas é a crítica ao mundanismo, à frivolidade, ao arrivismo, atitudes mostradas com frequência nesses círculos e associadas, nos seus resultados, à desagregação familiar, apresentada de maneiras diversas. A partir do foco nesses comportamentos inapropriados, apoiados em valores decaídos, é sugerida a importância de sua superação no nível familiar, sendo os efeitos positivos de ações situadas nessa direção observados no próprio núcleo familiar, mas também projetados para a sociedade em termos mais amplos, que, segundo sua abordagem, requeria mudanças.

Ainda que se considere que a desilusão com os encaminhamentos dados pela República aos problemas brasileiros tenha atingido d. Júlia, a autora, nos muitos livros de diversos gêneros que escreve, assim como em publicações na imprensa, enfatiza de modo repetido sua crença na superação dos males sociais,

---

[3] Sobre esse tema, e sobre as diferentes representações em torno da infância pobre e abandonada e as preocupações acerca de sua circulação nos espaços da capital da República, ver: Câmara (2010, cap. 1).

[4] Suas obras literárias são, quase todas, publicadas já no contexto posterior à implantação da República. Entre os romances, apenas *Memórias de Marta* foi publicado, inicialmente, como folhetim, a partir de dezembro de 1888. Entre seus livros de contos, observam-se *Contos infantis*, escrito em parceria com sua irmã Adelina Lopes Vieira Lisboa, publicado em 1886, e *Traços e iluminuras*, em1887.

na regeneração da sociedade e no fortalecimento da nação, através da ação privilegiada da mulher. Em suas obras, dotadas explicitamente, ou não, de um viés educativo, a autora enfatiza a importância de uma ação moralizadora da mulher junto à sociedade, como uma projeção de seu papel central na família, sendo ela apresentada por meio de caminhos individuais e coletivos. Cabe assinalar que se a escritora estimula o exercício dessa ação moralizadora, redentora, da mulher frente à sociedade, em um registro de verdadeira missão, é essa mesma marca que parece estar presente na ação que ela própria conduz, através de seus escritos, na direção de outras mulheres, com vistas, entre outros aspectos, a conscientizá-las da relevância de seu papel social.

De forma marcante, uma das lições assinaladas pela escritora como uma atitude a ser incorporada pelas mulheres, principalmente aquelas das camadas abastadas, em seu dia a dia, era a da caridade. Nos romances, muitas situações narradas envolvem práticas caritativas de mulheres, ou referências à sua importância, sendo, a partir da forma valorizada como essa presença se evidencia na trama, encaminhadas as lições da escritora na direção de suas leitoras, de estímulo a essa atitude. Além dos romances, em que as orientações dadas às leitoras não se evidenciam de forma explícita, há outro tipo de obra, assumidamente prescritiva, a que Júlia Lopes de Almeida se dedica e que adquire relevância para este estudo: os manuais educativos dirigidos a mulheres e moças. Nessas obras, que incluem *Livro das noivas*, *Livro das donas e donzelas* e *Maternidade*,[5] e particularmente na primeira delas, a questão da caridade é tratada com destaque.

O primeiro capítulo do *Livro das noivas*, intitulado "Os pobres", tem início com a seguinte frase: "Nenhum assunto pode ser mais próprio para a pena de uma mulher que a pobreza" (Almeida, 1905a:67). A partir da menção a seu interesse de escritora pelo tema, indica que a preocupação com a questão era algo próprio à condição feminina, aspecto assinalado em passagem na qual, como em muitas outras, coloca-se ao lado da leitora, em uma posição de compartilhamento de experiências: "A nossa organização impressionável, sentimental, nervosa, esta pobre organização que tantas injustiças e tantos louvores tem provocado, faz-nos estremecer de piedade diante da miséria dos outros" (Almeida, 1905a:67). Nesse capítulo, a autora apresenta a questão em uma perspectiva que valoriza, em particular, os benefícios propiciados por essa prática em um plano individual considerado tanto para a mulher que a promove, pelo enriquecimento moral obtido, quanto para os sujeitos que se veem aliviados em sua miséria, em suas dores, pela ação daquela.

---

[5] Sobre esses manuais, cf.: Magaldi (2007, cap. 1).

A ação estimulada, apesar de beneficiar, em um primeiro momento, os sujeitos diretamente envolvidos, gerava, segundo a autora, rebatimentos de grande alcance na sociedade. Tal impacto seria tão maior quanto mais disseminado fosse esse tipo de ação, envolvendo um número cada vez mais significativo de mulheres. Graças a esses efeitos, nos quais a escritora demonstrava uma crença expressiva, é que se pode compreender a importância atribuída a uma educação da caridade, como parte da educação feminina, que as mães eram estimuladas a desenvolver com suas filhas, questão também focalizada nesse capítulo, tal como se observa na seguinte passagem: "As mães devem sempre dar a esmola pelas mãos das filhas, fazendo-as compreender dores alheias, respeitar a velhice, serem afáveis para com os inferiores, formando-lhes assim no coração uma fonte de inesgotável doçura" (Almeida, 1905a:68). É interessante observar que, embora a caridade fosse apresentada como uma ação a que a natureza feminina era afeita, era considerado importante que a mulher fosse educada nessa direção, de modo a serem reforçadas suas aptidões naturais, o que se verifica também no tratamento da educação da mulher, em um sentido mais amplo. Nesse mesmo viés da educação da caridade é que se observa também a própria ação conduzida por d. Júlia na direção da conscientização das mulheres e das mães, em especial, por meio das páginas desses manuais. O valor das ações caritativas é sublinhado nesse trecho, assim como em muitas outras passagens de seus textos ficcionais: "É tão bom concorrer a gente para aliviar um pouco da muita miséria que vai por esse mundo!" (Almeida, 1905a:71).

Entre as ações narradas nos textos ficcionais da autora e que resultam no "alívio da miséria" de outros indivíduos, em uma perspectiva circunscrita àqueles diretamente envolvidos, figuram aquelas expressas em *Memórias de Marta*. Nesse romance, dotado de uma marca naturalista, as condições em que a personagem Marta (filha) vivia no cortiço são mostradas em tons dramáticos, em um ambiente em que convivem sujeira, doença, vícios, caracterizado por meio das impressões da personagem e narradora do romance, como a que se segue:

Quando abria os olhos via-me coberta por uma manta e com um véu sobre o rosto para que não me importunassem as moscas. Quantas moscas! O matadouro nas vizinhanças infeccionava o bairro enchendo-o ao mesmo tempo de mau cheiro, de insetos e de urubus [Almeida, 2007:46-47].

O ambiente, caracterizado como insalubre, repercutia na saúde e no comportamento das personagens, habitantes do local, entre as quais se situava a própria protagonista:

Enfraqueci; mirrei, encheu-se-me o pescoço de caroços linfáticos. [...].
Chamavam-me lesma! mole, palerma! E riam-se das minhas quedas, da minha magreza e da minha timidez. Eu em começo estranhava aquela moradia, com tanta gente, tanto barulho, num corredor tão comprido e infecto, onde o ar entrava contrafeito, e a água das barrelas se empoçava entre pedras desiguais da calçada negra [Almeida, 2007:47].

A superação da situação de doença e infelicidade em que Marta se via, ao lado de sua mãe, também caracterizada pela má saúde e pelo fardo do trabalho penoso como engomadeira, é conduzida pela filha, apresentando-se a partir do momento em que esta é matriculada na escola pública, após a intervenção de uma freguesa de sua mãe, e tendo continuidade com a atuação da professora de Marta, d. Aninha, que sugere a ela o caminho do magistério, aceito, então, pela moça. Esse caminho representa a porta de saída do cortiço para as duas mulheres e a regeneração da vida da filha.[6] Nesse caso, ainda que não diretamente pela via formal da caridade, mas da sensibilidade pessoal de duas mulheres, estas intervêm na vida de uma criança, depois jovem, mudando os rumos da mesma, em uma direção de progresso. É digno de nota o fato de uma dessas personagens ser uma professora, representada ocupando um lugar central nesse processo narrado no romance, já que a função do magistério é compreendida, à época, em um registro de forte identificação com um sentido de "missão", na direção da redenção da sociedade, contendo, ainda, aproximações de conteúdos religiosos.

Também em outro romance, *A intrusa*, o tema da caridade assume relevo, inclusive na composição da personagem principal, uma governanta de nome Alice, que conduzia ações caritativas na direção de um casal de antigos criados de sua família que, no passado, havia tido fortuna, mas o fazia de forma sigilosa. A descoberta desse segredo por outras personagens termina por definir, ao final da narrativa, a caracterização dessa personagem envolta em mistério ao longo do texto e alvo da desconfiança dos que com ela conviviam como uma moça extremamente virtuosa. Na mesma obra, outra personagem feminina, a mãe de um padre, é mostrada em sua atividade central: "O que lhe valia agora era a pobreza. [...]. Toda a sua atividade empregava-a a bem dos outros. Chamou para casa duas crianças órfãs e entretinha-se a ensiná-las e a vesti-las" (Almeida,

---

[6] A escola é repetidamente identificada, no romance, à luz, iluminação e progresso, em contraposição à escuridão, insalubridade e atraso do cortiço. Durante suas primeiras férias escolares, Marta descreve: "O sol não entrava arrojado e luminoso pela janela do ensombrado quarto do cortiço, como pelas de moldura envernizada da aula [...]" (Almeida 2007:59-60).

1994:66). Também a partir de uma crônica publicada pela escritora em O Paiz, as mulheres eram estimuladas a ter uma atuação em benefício da infância, ainda que de forma pontual e individual: "[...] as senhoras da nossa sociedade rica têm muitas crianças com que se ocupem, se quiserem, ao menos uma vez por outra, visitar asilos, hospitais e creches [...]" (Almeida, 1912:1).

Um ponto interessante a destacar envolve o fato de os textos de Júlia Lopes de Almeida fazerem, comumente, referência à noção de caridade. Em suas obras, apesar dessa menção repetida e, por vezes, da associação da palavra a um viés religioso, nas situações narradas que remetem a ações de solidariedade social, e em especial de assistência aos pobres, desempenhadas por mulheres, evidenciam-se também outros conteúdos. As ações caritativas apresentadas identificam-se ainda, por outro lado, a uma dimensão laica, a objetivos patrióticos e a uma perspectiva de progresso social, aspectos que vêm sendo compreendidos, nos estudos sobre o tema, mais no registro da filantropia.[7] Tal constatação pode nos estimular a compreender as aproximações entre esses múltiplos significados que ainda conviviam, nos discursos e nas práticas desenvolvidas à época, em torno do tema da assistência.

Se, nos trechos das obras da escritora até aqui assinalados, assumem relevo atitudes individuais conduzidas na direção do "alívio da miséria" do outro, em outro romance, Correio da roça, apresenta-se uma situação diferente, em que já se observam ações sociais empreendidas por mulheres, com repercussões diretas no ambiente social, dotadas, por vezes também, de um caráter coletivo, associativo. Esse romance epistolar narra a vida de uma mulher e de suas quatro filhas, vindas do Rio de Janeiro, capital da República, em uma propriedade rural em que passam a residir após a morte do marido e pai, e a consequente ruína da situação financeira da família. Após sentimentos iniciais de rejeição dirigidos à sua nova situação, as cinco mulheres passam a empreender ações voltadas a promover o progresso da localidade em que vivem, atingindo resultados importantes para a região. Tais ações, qualificadas como redentoras, haviam sido, em grande medida, estimuladas pelas cartas escritas por uma amiga da mãe, que continuava a viver no Rio de Janeiro, mas criticava as frivolidades próprias da vida dos círculos elegantes e valorizava, como contraponto, a vida no campo, sendo claro o viés educativo assumido por essa personagem, que parece se confundir com a escritora.[8]

---

[7] Cf., a esse respeito: Freire (2009:67-68) em subitem no qual aborda "A filantropia como trabalho feminino".
[8] Segundo Jussara Amed, Fernanda, essa personagem, seria "o alter ego de Júlia Lopes" (Amed, 2010:161).

A atividade de uma das filhas é narrada pela mãe à sua amiga: "Cordélia [...] resolveu ensinar o a b c à criançada da colônia! E é encantador, afirmo-te, ver todos esses garotos italianos e espanhóis aprendendo o português com uma mestra cheia de paciência e de bondade [...]" (Almeida, 1913:53). Era sublinhado, em outra carta, o valor da dedicação de moças da cidade à instrução "das gentes ignorantes" (Almeida, 1913:62), atividade por meio da qual espalhavam qualidades e benefícios para todos e se ensinava o amor ao Brasil. Em comentário sobre essa obra social, a amiga da cidade assinalava, em sintonia com os debates em curso na sociedade brasileira entre fins do século XIX e inícios do XX, que o "maior contingente de delinquentes é justamente fornecido pelos analfabetos". E completava, exaltando os objetivos e o valor da obra: "Cada espírito que vocês tiram das trevas da ignorância é a probabilidade de um criminoso a menos" (Almeida, 1913:166).

Desse modo, compreendia-se que, ao mesmo tempo que atendiam ao objetivo de "fortalecerem a alma" (Almeida, 1913:73), promovendo seu próprio enriquecimento moral, as moças, em sua missão social, promoviam o que era compreendido como a salvação da vida no interior, processo conduzido com razoável facilidade, já que, segundo sublinhado no romance, essa ação respondia a um atributo natural feminino (Almeida, 1913:131). Ao lado dessa escola, foi ainda fundado por uma das moças e pelo marido de outra delas, com a participação de médicos e outros profissionais, um hospital na região, completando assim a obra social vista como mais essencial ao lugar, ao abranger educação e saúde. Nesse hospital, para cujo apoio foram buscadas doações dos lavradores do local, aparece logo no dia da inauguração "uma caboclinha opilada, em vésperas de ter o seu primeiro bebê". A forma como a paciente foi tratada no hospital é assim descrita: "Foi recolhida à seção da maternidade, onde já está sendo tonificada, ao mesmo tempo que será esclarecida pelos conselhos da higiene que deve usar depois consigo e com o seu filho" (Almeida, 1913:174-175).

Se as ações caritativas de cunho individual, narradas e estimuladas pela escritora em suas obras, eram destacadas em sua importância em termos de atuação social da mulher, as situações apresentadas nas páginas de *Correio da roça* são sublinhadas em sua extrema positividade para o ambiente social em termos mais amplos que, nesse caso, representava o horizonte propriamente visado. A partir, especificamente, da experiência do hospital narrada no romance, pode-se refletir sobre as diversas iniciativas que vinham sendo constituídas na sociedade brasileira e, em especial, na cidade do Rio de Janeiro associando particulares e dotadas, portanto, de uma perspectiva coletiva, de modo a promover o enfrentamento de questões sociais graves.

Na direção indicada, a própria biografia da escritora lança luz sobre o papel de relevo desempenhado por mulheres brasileiras em associações diversas, de cunho social e político. Entre essas iniciativas associativas se situam, com destaque, como espaços de atuação social da mulher, aquelas voltadas para temas como os da proteção à infância e da proteção à maternidade, considerados, de modo particular, afeitos à sensibilidade feminina, os quais, como vimos, foram tratados de forma crítica em romances e contos de d. Júlia. Fora das páginas de suas obras, Júlia Lopes de Almeida envolveu-se, ainda, em instituições com o viés de assistência social, tendo integrado, por exemplo, desde sua fundação em 1908, o Patronato de Menores, no Rio de Janeiro. Compôs, ao lado de sua irmã, Adelina Lopes Vieira, o primeiro conselho diretor dessa instituição "de beneficência privada, destinada a amparar e proteger a infância necessitada, os menores criminosos e abandonados e a orfandade desvalida em geral" (Lima,1943:40). Ainda que se propusesse objetivos bem amplos, o patronato, num primeiro momento — ao menos até 1912 —, teve sua atuação circunscrita à fundação de uma creche, conhecida como Creche Central, destinada ao atendimento de necessidades de crianças com menos de 3 anos e de suas respectivas mães, que contou com a participação destacada da irmã da escritora.[9] Segundo estudo de Moisés Kuhlmann Jr.:

> A inauguração da Creche Central — denominada assim para ser matriz de outros institutos semelhantes a serem abertos nos bairros afastados do centro da cidade — aconteceu também em 1908, no edifício cedido pelo chefe de polícia, Dr. Alfredo Pinto, onde funcionava o Asilo de Menores Desamparados. Tinha por finalidade "abrigar as criancinhas cujas mães busquem trabalho fora do lar" [Kuhlmann Jr., 1991:23].

Em mais uma forma de intervenção no cenário em questão, além de sua participação direta em associações de cunho assistencial e ainda em campanhas públicas referidas a temas diversos, Júlia Lopes de Almeida colaborou com jornais e revistas, publicando textos em que assumia mais claramente um posicionamento político em prol do enfrentamento de questões sociais, e por meio dos quais, com frequência, pôde contribuir com as campanhas em que se engajou. Como um exemplo desse tipo de ação, a escritora, em crônica publicada em *O Paiz* datada de 4 de junho de 1912, chama a atenção dos leitores para o tema

---

[9] Há registro de Adelina Lopes Vieira ter sido presidente da Associação de Crianças Brasileiras, cujo patrimônio foi doado para a fundação do Patronato de Menores. Cf.: Lima (1943:40).

da tuberculose: "É terrível a certeza de que de 2 em 2 ½ horas morre um tísico no Rio de Janeiro por descuido dos serviços sanitários da União, que em face de tão dolorosa contingência deveria ter de há muito fundado os hospitais e os sanatórios necessários". Ainda que se leia, em outra parte do mesmo texto, a conclamação da autora à participação dos leitores por meio da doação de recursos para a Liga contra a Tuberculose, campanha a que já havia se dedicado em outros momentos, d. Júlia enfatiza nesse artigo que, embora importante, essa ação associativa não seria suficiente, e que o problema a ser enfrentado requeria o comprometimento e a atuação efetiva do Estado.

Retornando a um dos temas que mais ocuparam a pena da escritora em sua ação de mobilização da sociedade, Júlia Lopes de Almeida tratou com muito empenho da questão da maternidade, defendendo com vigor a proteção a mães desamparadas. Já em 1905, em uma crônica publicada também em *O Paiz*, a escritora narra uma situação em que se vê socorrendo uma conhecida, uma mulher pobre, que iria se internar em uma maternidade para uma cirurgia e lhe pediu para tomar conta de seu filho enquanto não retornasse. A autora confere destaque ao pavor da mulher diante da situação que enfrentaria, acentuado pela certeza da morte, sentimentos assim traduzidos pela autora e narradora:

> [...] sabia que da Maternidade só sairia para o cemitério, nem me vinha pedir ilusões, mas só um lugarzinho para o filho... [...] Ia para a Maternidade empurrada pela mão impiedosa da pobreza. Assim, como tinha que fechar os olhos, mais valia fazê-lo onde a enterrassem de graça!

O temor vivido pela mulher passa a ser compartilhado pela autora, somente se desfazendo e dando lugar a uma impressão oposta sobre o local quando d. Júlia se dirige para lá em uma visita à paciente que se torna uma visita à própria maternidade, assim registrada:

> A alma da casa já eu a tinha penetrado: e era radiante! Observando-a na parte material pareceu-me perfeita.
> Tudo nela foi pensado e executado com amoroso desvelo.
> O médico interno veio ao encontro da minha curiosidade e, guiando-me através de salas e de enfermarias, explicava, delicada e pacientemente, as vantagens de todos os aparelhos, bem montados, reluzentes de apuradíssimo asseio, no consultório, na sala das operações, abundantemente iluminada; [...] a balança para a pesagem das crianças, afofada como num bercinho; o seu registro metódico, todas as prevenções de futuro, todos os rigores para o

bom êxito dos empreendimentos, desde a incubadora, para os nascidos antes da hora, os impacientes da vida [...] Não há cuidados mínimos ali; todos são máximos, na certeza de que a cura ou a perda de um doente depende muitas vezes de bem pouca coisa...

Na casa ampla, aberta, polida, não se via um átomo de pó.

A higiene, considerada modernamente como a melhor parte da medicina, mostrava-se ali, rigorosamente, em todos os seus preceitos. [...] O médico e o ajudante, vestidos com longas blusas de linho branco, resplandeciam na auréola de simpatia com que todos os doentes olhavam para eles.

Parando aqui e ali, fomos até o fundo do parque, ao pavilhão de isolamento, então, como quase sempre, vazio, vendo no caminho algumas mulheres, que respiravam o ar do jardim, pascendo a vista num quadro suave, a que por certo não estavam afeitas, nas suas tristes moradas de cortiço...

Eram as mulheres fracas, que precisavam de ser tonificadas enquanto esperavam...

A natureza exigirá delas tamanho dispêndio de vitalidade, que é justo que se fortifiquem! [Almeida, 1905b:1].

Ainda que não haja indicações precisas nesse sentido, pode-se pensar que, talvez, a autora estivesse se referindo, em seu longo relato, à Maternidade de Laranjeiras, criada em 1904, ano anterior àquele em que publica a crônica, a partir da iniciativa de médicos ligados à Escola de Medicina do Rio de Janeiro, com apoio do poder público e de representantes femininas da sociedade carioca.[10] De qualquer modo, o foco da crônica, intitulada "Maternidade", situa-se na importância social assumida por uma instituição de saúde bem estruturada e acessível a mulheres pobres, carentes de proteção, de modo particular no momento de ter seu filho. O tema da maternidade assumiria grande relevo em sua obra, o que pode ser observado, por exemplo, através da personagem Umbelina. No caso desta, segundo apresentado no conto "Os porcos", a natureza feminina falou mais alto quando a personagem, antes revoltada contra o filho que ia nascer, no momento em que deu à luz conheceu, imediatamente, o amor pela criança. Apesar disso, o que é sublinhado é que, diante da situação desfavorável em que se encontrava, sua natureza protetora não foi suficiente para salvar seu filho. Nesse caso, como em tantos outros, reais, que suscitaram debates e ações à época, faltou proteção à mãe, não tendo sido disponibilizadas condições a ela para

---

[10] Sobre essa instituição, cf.: Barreto (2011:296).

que exercesse o que era compreendido como sua "natureza" e, assim, tivesse condições de proteger sua criança.

Também a esse tema a autora dedica um livro que motiva, inclusive, seu próprio título — *Maternidade*, mesmo título da crônica citada —, publicado inicialmente como folhetim em 1924 e editado no ano seguinte. Nesse livro, que tem como foco principal a questão da guerra abordada na perspectiva das mães que perdem seus filhos nos campos de batalha, a partir de um claro engajamento da escritora na luta pacifista, o tema da maternidade é tratado com destaque. Demonstrando sua preocupação, a autora sublinha os problemas enfrentados pelas mulheres na hora do parto:

> Desde Eva, que num estremecimento de maravilhosa surpresa olhou para o seu primeiro filho acabado de nascer sobre urzes bravas, até a mulher que ainda hoje em casas, palácios ou palhoças, dá com a mesma dor mais um homem ao mundo e mais uma alma à imortalidade, quantas têm morrido ou visto morrer os filhos recém-nascidos, por falta de carinho e de elucidação cuidadosa! [Almeida, 1925:101-102].

Em seguida, a autora apresenta a importância das "casas de maternidade", tanto para as mães quanto para a sociedade:

> Na sociedade moderna, essa instituição desempenha dois papéis admiráveis: tratar ao mesmo tempo do físico e do moral das mães. É uma enfermaria e uma escola, um albergue de caridade e um hino de patriotismo, um conforto para o presente e uma promessa para o futuro! [Almeida, 1925:102-103].

Assinalando que essas instituições ainda não se constituíam em regra nas sociedades ocidentais, faz menção ao papel central do poder público na disponibilização de seus serviços às mulheres pobres: "Organizadas quase sempre por particulares, de tal modo são essas casas indispensáveis às classes pobres que deveriam fazer parte das obrigações de todos os governos para com os seus respectivos municípios" (Almeida, 1925:104). Por fim, no mesmo texto, a escritora dá a dimensão da importância da instituição em questão:

> Das suas práticas de higiene, dos hábitos que aconselha, dos males sociais que transforma em fontes de prosperidade, elas garantem a robustez da gente de amanhã e com isso a felicidade da pátria que repousa na boa saúde e no bom senso de sua população [Almeida, 1925:104-105].

Em sintonia com as posições que defendeu, ao longo dos anos, nas páginas de livros e de jornais, Júlia Lopes de Almeida envolveu-se na fundação, em 1918, de mais uma instituição de cunho assistencial, no caso, destinada a "dispensar proteção à mulher desvalida sem distinção de credos religiosos ou posição social":[11] a Associação Pro Matre. Sobre essa instituição, que também surgiu, como outras daquele tempo, a partir da ação de médicos e de mulheres da sociedade, contando ainda com o apoio do poder público, Renilda Barreto sublinha: "a assistência maternal englobava cuidados médicos, amparo e recolhimento para a parturiente, bem como a educação dessas mulheres visando à formação física e moral das crianças" (Barreto, 2011:297). A aproximação evidente entre a proposta dessa associação e as lições encaminhadas por d. Júlia, em seus livros podem nos auxiliar a compreender a participação da escritora como membro da instituição, sendo digno de nota o fato de ter feito parte, inclusive, de sua primeira diretoria (Pro Matre, 1918:6).

Seja através de sua ação como associada de entidades filantrópicas, seja por meio das situações em que as personagens de seus livros atuam nessa direção, Júlia Lopes de Almeida sinaliza para a importância central assumida por esse papel feminino e para o sentido patriótico de que este se revestiria. Essa dimensão da filantropia feminina tem sido analisada em diversos estudos sobre o tema, entre os quais se situam os de Maria Lúcia Mott, como o que focaliza a trajetória da educadora e médica belga Maria Rennotte (1852-1942). A partir da trajetória dessa figura feminina, a autora, refletindo sobre o "significado da participação feminina nas entidades assistenciais", convida os leitores a "repensar o papel que essas associações tiveram na transformação da consciência de mulheres e na organização do movimento feminista brasileiro". Sublinha, ainda, que "pela atuação nas associações as mulheres participaram da vida nacional", inclusive por meio da contribuição dada aos "serviços prestados à população mais pobre" e, de modo mais amplo, "nos projetos de reconstrução da nação elaborados após a proclamação da República [...]" (Mott, 2005:67).

Ainda sobre a intervenção de Júlia Lopes de Almeida em favor da mulher, e, por projeção, da sociedade, não se pode deixar de mencionar sua participação em uma associação de caráter político, de viés feminista: a Federação Brasileira pelo Progresso Feminino, fundada em 1922, na qual ocupou o lugar de presidente de honra. Nessa condição, teve participação relevante na I Conferência pelo Progresso Feminino, realizada no Rio de Janeiro no mesmo ano, a

---

[11] Cf.: Estatutos da Associação Pro Matre (1918:3-4 apud Barreto, 2011:296).

qual debateu, entre outros temas, a questão da assistência à infância e à mulher. A importância atribuída a essa questão pode ser aferida pelo fato de a mesma ter sido tema de uma das sete comissões de trabalho definidas pelo encontro.[12] Nessa comissão, foram apresentados trabalhos que alimentaram importantes discussões e que envolveram a cobrança de ações por parte do poder público, dirigida aos temas da proteção à mulher e à criança.[13]

Considerações finais

Por caminhos diversos, que incluíram as páginas de seus livros, os artigos de jornais, as associações políticas e assistenciais em que se envolveu, d. Júlia mostrou, ela própria, sensibilidade em relação às ações de proteção à criança e à mãe, e, por outro lado, estimulou a sensibilidade de suas leitoras e demais mulheres de seu tempo que tiveram contato com suas ideias e gestos no sentido de atuarem na mesma direção. Cobrando, ainda, que o Estado se fizesse presente por meio de políticas públicas destinadas a esses temas, contribuiu para a afirmação da consciência acerca do papel fundamental do poder público nas políticas sociais em geral, e, em especial, no caso daquelas dirigidas para os sujeitos em destaque. Ainda que d. Júlia não tivesse chegado a ver a ação do Estado consolidada no que se refere à assistência materno-infantil,[14] pôde testemunhar passos importantes sendo dados nessa direção.

Em palavras ditas em uma de suas crônicas, de 1906, Júlia Lopes de Almeida apresenta a ideia central que norteou as lições presentes em seus livros e ações conduzidas ao longo de sua vida: "Proteger a mulher e proteger a criança são os principais atributos das sociedades civilizadas" (Almeida, 1906:1). Segundo ensinou a suas leitoras, numa sociedade civilizada, não haveria desfechos trágicos para a vida de crianças, como foi o de Maneco, e nem para a vida de mães, como

---

[12] Foram as seguintes as comissões de trabalho da Conferência pelo Progresso Feminino: 1. Educação e Ensino; 2. Carreiras Apropriadas à Mulher; 3. Trabalho Feminino (indústria, comércio e funcionalismo); 4. Direitos da Mulher; 5. Assistência às Mães e à Infância; 6. Métodos de Organização e Liderança; 7. Relações Internacionais e a Paz. A escritora integrou esta última comissão.
[13] Entre eles, pode ser situado o trabalho intitulado "Proteção à mulher grávida: a Pro Matre", de autoria de d. Stella Duval, fundadora dessa instituição, em que, entre outros aspectos, é cobrado dos poderes públicos o apoio devido à Pro Matre, inclusive por meio de subvenções não pagas, "votadas no orçamento municipal e federal deste ano" (I Conferência pelo Progresso Feminino, 1922, v. 1. Fundo Federação Brasileira para o Progresso Feminino. Arquivo Nacional).
[14] A afirmação da ação estatal no que se refere a esses temas se dará com maior força a partir do primeiro governo Vargas. A escritora, no entanto, falecida em 1934, não chega a ver esse quadro definido.

foi o de Umbelina. Ainda segundo ensinou, a mulher deveria se empenhar, por caminhos diversos, em fazer sua parte para mudar situações como essas, assumindo, assim, seu papel patriótico. O provérbio inglês traduzido, que apresenta como epígrafe de sua obra *Maternidade*, pode dar a dimensão da relevância atribuída por d. Júlia ao papel feminino: "A mão que embala o berço governa o mundo".

Referências

ALMEIDA, Júlia Lopes de. *Livro das noivas*. 2. ed. Rio de Janeiro: Francisco Alves, 1905a.
_____. Maternidade. *O Paiz*, Rio de Janeiro, p. 1, 22 dez. 1905b.
_____. Um bom momento. *O Paiz*, Rio de Janeiro, p. 1, 2 dez. 1906.
_____. Dois dedos de prosa. *O Paiz*, Rio de Janeiro, p. 1, 4 jun. 1912.
_____. *Correio da roça*. Rio de Janeiro: Francisco Alves; Paris: Aillaud, Alves & Cia., 1913. Disponível em: <www.archive.org/stream/3199066#page/n7/mode/2up>. Acesso em: 4 mar. 2013.
_____. *Maternidade*. Rio de Janeiro: Olívia H. C. Peixoto, 1925.
_____. Os porcos. In: _____. *Ânsia eterna*. Rio de Janeiro: A Noite, [193-?]:17-22.
_____. *A intrusa*. Rio de Janeiro: Fundação Biblioteca Nacional/Departamento Nacional do Livro, 1994. Disponível em: <www.dominiopublico.gov.br/download/texto/bn000114.pdf>. Acesso em: 4 mar. 2013.
_____. *Memórias de Marta*. Florianópolis: Mulheres; Santa Cruz do Sul: Edunisc, 2007.
AMED, Jussara Parada. *Escrita e experiência na obra de Júlia Lopes de Almeida (1862-1934)*. Tese (doutorado em História Social) — Programa de Pós-Graduação em História Social, Faculdade de Filosofia, Letras e Ciências Humanas, Universidade de São Paulo, São Paulo, 2010.
BARRETO, Maria Renilda N. Pro Matre: arquivo e fontes para a história da maternidade no Rio de Janeiro. *História, Ciências, Saúde — Manguinhos*, Rio de Janeiro, v. 18, p. 295-301, dez. 2011. Supl. 1. Disponível em: <www.scielo.br/pdf/hcsm/v18s1/16.pdf>. Acesso em: 10 mar. 2013.
CÂMARA, Sônia. *Sob a guarda da República*: a infância menorizada no Rio de Janeiro da década de 1920. Rio de Janeiro: Quartet, 2010.
FANINI, Michele Asmar. *Fardos e fardões*: mulheres na Academia Brasileira de Letras (1817-2003). Tese (doutorado em Sociologia) — Programa de Pós-Graduação em Sociologia, Faculdade de Filosofia, Letras e Ciências Humanas, Universidade de São Paulo, São Paulo, 2009.
FREIRE, Martha Maria de Luna. *Mulheres, mães e médicos*: discurso maternalista no Brasil. Rio de Janeiro: Editora FGV, 2009.
KUHLMANN JR., Moysés. Instituições pré-escolares assistencialistas no Brasil (1899-1922). *Cadernos de Pesquisa*, São Paulo, n. 77, p. 17-26, ago. 1991. Disponível em: <http://educa.fcc.org.br/pdf/cp/n78/n78a02.pdf>. Acesso em: 4 mar. 2013.
LIMA, Saboia. *Patronato de menores*: o que significa e o que se realiza. Rio de Janeiro: Henrique Velho, 1943.

MAGALDI, Ana Maria Bandeira de Mello. *Lições de casa*: discursos pedagógicos destinados à família no Brasil. Belo Horizonte: Argumentum, 2007.

MOTT, Maria Lúcia. Gênero, medicina e filantropia: Maria Rennotte e as mulheres na construção da nação. *Cadernos Pagu*, Campinas, n. 24, p. 41-67, jan./jun. 2005. Disponível em: <www.scielo.br/pdf/cpa/n24/n24a04.pdf>. Acesso em: 4 abr. 2013.

PRO MATRE. *Estatutos da Associação Pro Matre*. Rio de Janeiro: A Noite, 1918.

RIO, João do. *O momento literário*. Rio de Janeiro: Fundação Biblioteca Nacional/Departamento Nacional do Livro, 1994.

SALOMONI, Rosane Saint-Denis. Introdução. In: ALMEIDA, Júlia Lopes de. *Memórias de Marta*. Florianópolis: Mulheres; Santa Cruz do Sul: Edunisc, 2007. p. 7-20.

CAPÍTULO 16 **Reinações filantrópicas no diário de Alice Dayrell Caldeira Brandt**

Suely Gomes Costa

Minha vida de menina, livro feito do diário de Alice Dayrell Caldeira Brandt, sob o pseudônimo de Helena Morley, oferece, a cada releitura, muitas novidades (Morley, 1997).[1] Dona Teodora, sua avó, protagoniza muitas reinações filantrópicas e é figura central dessa narrativa.[2] Observo que até agora, apesar de muitas releituras do diário, o nome de família de dona Teodora me é desconhecido. Ele não consta do texto de Drummond, presente na 15ª edição, de 1979, nem dos dados biográficos da autora, ou do texto de Alexandre Eulálio que, a título de prefaciador, tem estado nas várias edições do livro (Morley, 1997:viii-ix; Eulálio, 1997:x-xiv). A linhagem familiar paterna de origem inglesa tem ganhado destaque. Eulálio chama a autora de "inglesinha", assim mesmo, entre aspas. Talvez a razão dessa ausência esteja no registro desse autor que atribui essa "grande versatilidade psicológica da protagonista aos ecos de uma formação britânica, protestante, liberal, ressoando num ambiente de corte ibérico e católico, mal saído do regime de trabalho escravo" (Eulálio, 1997:xii). Na internet, um texto sobre o filme de 2004 com base nesse livro traz, enfim, o nome dessa avó: dona Teodora Maria de Sá, bastante emblemático de outra origem familiar e desse ambiente. A trajetória de seus avós maternos nada tem de comum com a dos ingleses. Nos anos 40 do século XIX, dona Teodora e o marido, com apenas dois escravos, começaram a vida garimpando em Itaipava e, como era comum, escondiam dos Dragões o que obtinham.[3] Ambos transgrediam medidas de controle de jazidas vindas do século XVIII, ainda vigentes à época. Logo que autorizada a cata de diamantes, seu avô achou um "caldeirão vivo", ficou rico e nunca mais saiu de Diamantina. Do avô paterno, médico inglês, não há sinais de riqueza. As duas famílias nem pertenceram à nobreza,

---

[1] Foi ainda traduzido e editado na Inglaterra, nos Estados Unidos, na França, em Portugal e na Itália. Só foi publicado em 1942, 47 anos depois de escrito, e reeditado, sucessivamente, até os dias de hoje. De novo retomo essas anotações para pensar agora significados das práticas filantrópicas de dona Teodora.
[2] Esse texto reformula e amplia um artigo antes publicado. Trata-se de: Costa (1999:123-130).
[3] Dragões eram destacamentos de oficiais e soldado de vigilância da exploração de terras diamantinas, instituídos no século XVIII.

nem a grupos enriquecidos na opulência do século XVIII. A trajetória de seu pai, Alexandre, minerador, é cercada de instabilidades por seus descontínuos ganhos com minúsculos diamantes.

Sobre a saga de sua família inglesa, Alice registra: "A vida de meu pai pequeno, da família dele e dos irmãos ingleses que vinham visitar vovô, eu já estou enjoadíssima de ouvir" (Morley, 1997:34). Mas como faz o quase prefácio de Eulálio, na nota à 1ª edição, de autoria de Alice, repetida nas demais edições, está a deferência ao lado inglês da família, quando destaca:

> Relendo esses escritos, esquecidos por tanto tempo, vieram-me lágrimas de saudades de meus bons pais, minha boa avó e minha admirável tia Madge, a mulher mais extraordinária que já conheci até hoje e que mais influência exerceu sobre mim por seu conselhos e exemplo [Morley, 1997:3].

A ode a essa tia de origem inglesa é uma manifestação da Alice adulta. Na narrativa do diário, a tia Madge atua no seu preparo intelectual: seleciona suas leituras, ensina-lhe etiqueta e economia doméstica. Mas a convivência com as duas tias inglesas não parece estimulá-la quando criança: ela informa ir lá, sempre depois da escola, quando "tomo café e demoro um pouco, às vezes meia hora no máximo. Não me demoro mais porque lá não se tem com quem brincar, e eu não sou capaz de ficar muito tempo sentada na sala, só ouvindo conversa de gente grande" (ibid., p. 12). Dona Teodora, sua avó materna, aplaude a presença de Madge na vida da neta. Alice, porém, reclama que a tia só acha bom o que é inglês (ibid., p. 38) ao indicar-lhe livros como *O poder da vontade* e *O carácter*, concluindo serem os dois a mesma coisa: economia, correção, força de vontade. E conclui: "Tenho certeza de que esses livros não me valeram de nada". Reconhece, porém, ter aprendido com eles "a ser poupada e a guardar tudo que tem" (ibid., p. 39). Também indica sobre essa tia: "Tudo que uma pessoa pode fazer por outra, tia Madge faz por mim. Eu posso dizer que quase todos os aborrecimentos que tenho tido na vida são causados por ela, com essa mania de se interessar tanto por mim". E conclui: "Eu seria muito mais feliz se ela fosse como as outras tias que nem olham o que eu faço. Mas ela, coitada, tudo que faz de bom é para me dar um aborrecimento" (ibid., p. 132). Seu avó paterno, inglês, médico, teve uma botica, e seu filho Alexandre, pai de Alice, foi caixeiro dela. Mas o diário, em poucas referências, expõe preconceitos locais, mesmo quanto a essa origem. Alice (ibid., p. 77) diz ter sofrido muito quando pequena "por causa de meu avô e não quero agora sofrer também por causa de meu pai". E explica-se: "Na escola [...] eu não podia ter a menor briguinha com uma menina, que ela não dissesse logo: 'Meu avô não é como o seu que foi para o céu dos ingleses'". Alice conta que não foi enterrado em terra sagrada só porque era protestante.

Quando perto de morrer, padres, irmãs de caridade e mesmo o bispo, que gostavam muito dele, chamaram-no a batizar-se e a fazer a confissão. Mas ele se negou dizendo: "Toda a terra que Deus fez é sagrada". Estimado por sua caridade, os sinos dobraram por sua morte durante todo o dia, um amplo séquito acompanhou seu féretro, mas ele acabou enterrado num chão não sagrado. Alice descreve a generosidade desse avô: "se o doente não podia, ele mandava os remédios, a galinha e ainda dinheiro. A cidade toda acompanhou o enterro". E ainda hoje se fala na "caridade do doutor inglês, como todos o chamavam. Helena confessa que sofria muito quando as meninas diziam que ele estava no céu dos ingleses". Seu pai a aconselhava a responder-lhes: "é para lá que você também vai, que é o céu dos brancos e não dos africanos".

Na escrita do diário, a avó materna é quem dissemina a religiosidade e as práticas filantrópicas. Faz isso junto a sua família e a diferentes pessoas da cidade. Na íntima convivência de avó e neta, é visível a reciprocidade de afetos entre ambas. Ela sente o amor que a avó lhe dedica quando observa "que não pode deixar de dar razão à Dindinha — sua tia — da raiva que ela tem de vovó já tão velhinha ficar se afligindo por minha causa. Mas que culpa tenho eu?". Sua avó mostra gostar mais dela que de Luisinha, irmã de Alice e afilhada dela (ibid., p. 63): "Desde pequenina me fazia uns agrados que mamãe nunca fez e prestava atenção a tudo que eu falava. Ela me diferencia tanto das outras que, sem sentir, fica me parecendo que ela é a mãe e mamãe é a avó"(ibid., p. 63). Ela fala da mútua afinidade que marca essa relação: "Se penso uma coisa falo a vovó, se tenho alegria digo a vovó, se tenho raiva queixo a vovó. Ela depois de mais velha, me faz de menino pequeno". E prossegue: "Se come uma coisa me dá o resto; se vai na horta, me chama; se quer apanhar fruta sou eu que tenho que ir; na hora da reza, de noite, eu é que tenho de tirar o terço" (ibid. p. 63).

A avó a protege o tempo todo: "A sala de visitas estava vazia e eu tranquei lá e fiquei estudando alto. Passeando de um lado para outro. Vovó abriu a porta umas duas vezes durante esse tempo para me dizer: "Chega minha filha, isto cansa, Você está tão magrinha!". Ela diz, em outro momento: "Vovó é a criatura melhor do mundo" (ibid., p. 39). No caso, refere-se ao abrigo que avó concede à Fifina, alguém que teve algum dinheiro e agora nada mais possui. Sua avó a hospeda num dia de tempestade e ela vai ficando por lá. Fifina é descrita como alguém que explora a generosidade dessa hospedagem; ela nada faz, nem mesmo seu próprio abastecimento de água: "É tão preguiçosa que não é capaz de apanhar um jarro". Isso desagrada as demais serviçais da casa. Alice registra: " As negras estiveram conversando na cozinha que se soubessem fazer feitiço poriam feitiço em Fifina. Eu lhes dei razão, e hoje tomei mais raiva dela que as negras". Alice começa a escrita do diário aos 13 anos. Ela descreve a avó como uma mulher de grande sabedoria: "Vovó é muito inteligente. Ela nunca estudou e nunca a vi abrir um livro; só de orações. Depois de velha é que ela veio para a cidade e hoje como ela compreende tudo muito bem". Ela mal sabe ler e escrever: "Ela fica pensando que é uma coisa do outro mundo contar as coisas com a pena. Engraçado é que ela não se admira de eu contar com a boca. *É que ela pensa que escrever é mais custoso*" (ibid., p. 86).

Práticas de ajuda ao próximo de dona Teodora estão replicadas na experiência de Alice. O diário traduz, para seu leitor, uma forma de narrativa humanitária, daquela de que se ocupa Laqueur. Mas não apenas por referir-se a corpos em sofrimento ou sob ameaça de morte, mas porque de muitas passagens narradas emerge a compaixão, como registra Primo Levi na epígrafe que abre o texto de Laqueur (1992:239).[4] As reinações filantrópicas de dona Teodora e as da própria Alice, narradas no diário, enviam ao seu leitor uma mensagem que emociona, porque reparte com ele a compaixão.

Dona Teodora já era viúva quando Alice inicia o diário. A neta a descreve como mulher comedida em seus gastos pessoais; seus bens eram administrados por Geraldo, seu filho mais próximo. Alice, nessa ambiência e na convivência com a avó, exercita a solidariedade, um traço seu. Ela descreve a compaixão que sente: "Eu acho que se fosse má seria mais feliz do que sou. Pelo menos não teria tanta pena de tudo como tenho, nem sofreria como sofro de ver os outros fazerem tanta maldade" (Morley, 1997:21). Dona Carolina, sua mãe, confirma isso: ela "é assim mesmo, tem pena de tudo" (ibid., p. 22). Laqueur, no exame das narrativas humanitárias, pretende entender como os detalhes sobre "os corpos sofredores suscitam compaixão, e de que modo essa compaixão passa a ser entendida como um imperativo de ações mitigatórias" (Laqueur, 1992:239). No caso europeu, observa que

---

[4] Refere-se à publicação *The drowned and the saved*: "A compaixão em si esquiva-se da lógica. Não existe relação entre piedade que sentimos e a dor pela qual a compaixão é provocada... É necessário, talvez, que assim seja. Se tivermos e fôssemos capazes de sentir os sofrimentos de todos, não conseguiríamos viver. Talvez o terrível dom da piedade por muitos seja concedido somente aos santos... e para nós todos reste apenas, na melhor das hipóteses, a piedade esporádica dirigida ao indivíduo isolado, o Mitmensch, o co-homem: o ser humano de carne e osso à nossa frente, ao alcance de nossos sentidos providencialmente míopes" (Laqueur, 1992:239).

[...] no século XVIII um novo corpo de narrativas passou a abordar, de forma extraordinariamente minuciosa, os sofrimentos e a morte de pessoas comuns, de modo a tornar evidentes as cadeias causais que poderiam estabelecer uma ligação entre as ações de seus leitores e o sofrimento de seus sujeitos [Laqueur, 1992:239].

Expresso de diversas formas, ele nomeia esse empreendimento estético de "narrativa humanitária" (Laqueur, 1992:240), caracterizando-a, "em primeiro lugar, por sua confiança no detalhe enquanto signo de verdade", registrado, como indica, no romance realista, na autópsia, no boletim médico e na pesquisa social, "todos descendentes diretos da revolução empírica do século XVII". O diário de Alice, quando trata de fatos cotidianos da experiência escravista pós-abolição dessa região mineira, em fins do século XIX, em muitos momentos, expõe de "forma extraordinariamente minuciosa, os sofrimentos e a morte de pessoas comuns". De uma forma própria, também evidencia "as cadeias causais que poderiam estabelecer uma ligação entre as ações de seus leitores e o sofrimento de seus sujeitos". Trata-se de uma narrativa que expõe a formação da pobreza associada a práticas escravistas em diferentes situações de vida. Percebe-as em ações reiteradas e de muitas continuidades de ex-senhores e de ex-escravos, mas também de homens e mulheres, pessoas comuns, mais e menos ricas, negras e brancas, de diferentes gerações. Sua narrativa transmite ao leitor a compaixão que move os atos de dona Teodora e os dela, em momentos de transição das relações escravistas para as de assalariamento.

Este artigo dá destaque a alguns episódios entre muitos. Cinco anos depois da promulgação da Lei Áurea, muitos dos antigos escravos(as) de dona Teodora estão de volta à senzala: eles não tinham o que fazer, nem para onde ir, regularidade histórica que expõe as dificuldades de sobrevivência dos libertos. Chácaras como a de dona Teodora, no pós-abolição, guardam traços dos modos de vida do antigo complexo da casa-grande e senzala. Isso foi diferente no caso da cidade do Rio de Janeiro, então um grande centro urbano, como mostra o caso de Cristiano Otoni.[5] No caso, seu casarão deslocara para um terreno ao lado os cavalos, imprescindíveis meios de transporte, e o lugar de morada de uns poucos empregados. No Rio, um crescente número de tarefas domésticas está sendo eliminado e mesmo substituído pela aquisição de produtos obtidos no mercado. Há ainda novidades técnicas que favorecem mudanças de ritmos e tempo de trabalho de uma grande criadagem. O comércio

---

[5] Ver: Costa (2008:183-203).

carioca favorece mudanças de ritmos domésticos e ganhos de tempo, quando oferece o consumo de bens que engendra a simplificação de tarefas e de etapas de muitos fazeres, reduzindo encargos e muitas canseiras. Ele promove e amplia os deslocamentos de pessoas para o mercado, inaugurando novas formas de trabalho e de sociabilidade. Nada isso se verifica em Diamantina, entre 1893 e 1895. Gilberto Freyre, numa precisa observação de novos padrões de moradia, indica que a casa-grande, "em contato com a rua, com as outras casas, com a matriz, com o mercado foi diminuindo" (Freyre, 1990:160). Ele capta bem a diáspora e o processo de transferência de atividades das casas para o mercado, indicando que na formação da cidade [...] "as senzalas diminuíram de tamanho, engrossavam as aldeias de mucambos e palhoças, perto dos sobrados e das chácaras". Para ele, porém, o processo de fragmentação do sistema casa-grande associa-se à ideia de uma dada "compressão do patriarcado rural que, por um conjunto poderoso de circunstâncias desfavoráveis, fez com que ele se esparramasse; que o sistema casa-grande/senzala se partisse quase ao meio, os elementos soltos, espalhando-se um pouco por toda a parte".

Comparando plantas de casas-grandes e sobrados de Vauthier (1840-1846) com as desenhadas por Debret (1816-1831), Freyre concorda com as diferenças nas concepções de morar, segundo época e região, do Nordeste e do Sul do país, mas encontra nelas fortes semelhanças, em códigos arquitetônicos que, para ele, estão associados a um mesmo tipo de patriarcado, no caso de um modo de morar pós-escravista (Costa, 2008:87, 101, 102). Muito mais que a continuidade desse modelo, o exemplo de Cristiano Otoni, na cidade do Rio de Janeiro, mostra fundas mudanças das relações econômicas tradicionais e novos modos de exercício de poder (Costa, 2008). A chácara de dona Teodora, nessa cidade mineira, entre 1893-1895, continua espaçosa e ainda mantém a senzala: tem pomar com frutas para todas as estações, tem horta com verduras, repolhos, abóboras etc., tudo de que precisa para as refeições diárias, mas, ao contrário da cidade do Rio de Janeiro, tem um comércio feito de lojas muito pobres em artigos de subsistência, como a de Manuel Arrã: "com uma vendinha que só tem rapadura, polvilho e pé-de-moleque (Morley,1997:47)". O abastecimento doméstico depende, pois, de plantios e de colheitas feitos em terras da morada, seguido de muitas trocas de produtos por produtos, sem ou com poucas moedas em circulação. Após a abolição, vê-se dona Teodora diante da necessidade de importar do Rio alguns de seus produtos de consumo, e da contingência de abrigar alguns de seus ex-escravos. Eles esperam na senzala novas condições de sobrevivência, tanto que, diante da notícia da Lei Áurea, Alice registra a comemoração por parte de seus escravos (ibid., p. 167): "Os negros todos largaram o serviço e se juntaram no terreiro: dançando e cantando que estavam livres e não queriam mais trabalhar". Essa manifestação irá irritar a velha senhora, a ponto de ameaçá-los de expulsão: "Pisem já de minha casa para fora, seus tratantes! A liberdade veio não foi para vocês não, foi para mim! Saiam já!". Muitos deles, certamente, avaliando a chance de contarem com o antigo abrigo e a proteção de dona Teodora, retornarão: "Daqui a pouco veio Joaquim Angola em nome dos outros pedir perdão e dizer que todos queriam ficar". Dona Teodora, então, reforma a senzala, torna-a um abrigo e um lugar de festas de negros e negras, agora seus hóspedes, não mais escravos. Registra Alice: "Vovó sustenta todos" (ibid., p. 33). E mais, incentiva casamentos de negros, dando-lhes "enxoval e uma mesa de doces"; por algum tempo, cede o quarto da senzala reservado para casais até que tenham um destino (ibid., p. 33). Apenas Tomé, ex-escravo, não teve qualquer cobertura de dona Teodora, porque foi pego preparando feitiço para que a negra Andresa se fizesse sua mulher. Tem ainda nesse grupo três escravos vindos da África e vários(as) outros(as) aplicados(as) em antigas tarefas. Eles são livres, mas agora se veem obrigados a uma forma de trabalho compulsório em pagamento a esse abrigo. Tudo indica que era oportuno ficar por lá até que encontrassem o que fazer. Longe dali, porém, num bairro próprio, escravos libertos estavam construindo suas habitações. Vez por outra, os que haviam saído da chácara apareciam por lá em visita. A Lei de Treze de Maio, queixava-se a velha matriarca, servira para "dar liberdade a todo mundo menos a ela, que ficou com a casa cheia de negros velhos, negras e negrinhos" (ibid., p. 95). Mas ela também usava, se necessário, seus serviços, mostra um registro de Alice sobre o dia em que a encontrara na chácara "assistindo às negras fazerem velas de sebo" (ibid., p. 16). Quando a negra Magna casou-se com o africano de nome Mainarte, dona Teodora buscou para eles um rancho no Arraial dos Forros. Magna pretendera, segundo Alice, impedir que o marido lá na chácara "ficasse no fundo da horta na preguiça". Ela cozinhava em casas diversas. Já Mainarte fazia muitas coisas diferentes (ibid., p. 31): apanhava estrume para vender, "dava barris de água de manhã e de tarde, ia buscar areia na Almotolia para as pessoas quando lavam as casas, buscava palha no rancho dos tropeiros para desfiar colchão. E assim iam vivendo". Ambos construíam suas formas de autonomia em relação às antigas dependências. Há outra experiência de autonomia: no caso do negro Salomão, trabalhador autônomo da cidade, dispõe de renda própria, pois "minera sozinho e tira seus diamantinhos" (ibid., p. 267-268). De família constituída, ele e Margarida, sua mulher, vivem com independência, numa experiência bem diversa daquela dos negros retornados à chácara. Têm uma casa "limpa que faz gosto", de quintal com frutas, e uma "hortinha muito bem tratada, com verduras de toda a espécie, um galinheiro cheio de galinhas", e colhem muitos ovos. Esse modo de viver faz Alice concluir: "Uma gente preta melhor e mais bem-educada do que muitos brancos que eu conheço", dirá, numa expressão usual de comparação de negros e brancos. Esse mesmo negro pode contratar Renato, irmão de Alice, para ensinar seus filhos, recebendo 10 mil réis por mês. Por dispor de moeda, esse antigo escravo assegurava à família acesso à educação. Mas nem todos os ex-escravos de Diamantina conseguiram o que fazer logo após a abolição.

As trocas *in-natura* predominavam, pois havia pouca moeda em circulação e o comércio era insignificante. Indica Helena: "Mamãe nunca deixa de ter vintém separado para dar ao homem que passa toda a sexta-feira de opa vermelha gritando nas portas: 'Para a missa das almas'". E observa: "Eu sou uma que tem horror de passar sem ter o vintém das almas". Um dia, porém, não havia moeda em casa e a mãe lhe disse: "Dê-lhe um ovo, ele vende. Entreguei-lhe um e vi que na sacola já havia muitos ovos e gostei de ter dado também o meu". Formas ancestrais de sobrevivência serão mantidas nesse meio com poucas moedas em circulação. Mesmo quando a vida se urbanizava, esse lugar, amplamente desmonetizado, vai desvalorizar o trabalho livre; as remunerações, sempre irrisórias, dificilmente permitem que ex-escravos rompam laços de dependência com seus antigos senhores. Isso nada tem em comum com os processos de assalariamento da Europa. A velha senhora dá continuidade a antigos costumes, esses que exigem dela ações de proteção social.

Tradicionais modos de proteção da escravaria, mesmo de negros mais afastados dela, caso de Mainarte e Magna, persistem. Um dia, por terem brigado, Magna quase causara a morte do marido e, por isso, foi presa. Ela será solta por intervenção de dona Teodora. As relações de solidariedade e de dependência entre ex-senhores e ex-escravos são cercadas de mútuas doações e benefícios. Registra Alice: "as negras, as que não bebem são muito boas e para terem seus cobres fazem pastéis de angu, sonhos e carajés para as festas da Igreja e para a porta do teatro. Vovó compra delas muito dessas coisas e nós comemos a noite inteira" (ibid., p. 33). A vida dos ex-escravos conta com a presença significativa de sua ex-proprietária. Regras de manutenção da escravaria prosseguem, apoiadas em usos e costumes próprios aos agricultores de floresta.[6] Daí também acertos quanto a usos de terras não ocupadas economicamente, antes lugares de sobrevivência. As decisões de assalariamento irão compor um modelo capi-

---

[6] Sobre o assunto, ver: Sahlins (1970). Observe-se que a lenta transição para o sistema fabril terá essas referências na conformação da cesta básica de consumo dos trabalhadores e, ainda, nas de fixação de níveis de assalariamento que se seguirão. Ver: Costa (1988).

talista de muitas singularidades.[7] A imigração europeia do século XIX, onde se instalou, atuará de modo oposto, negando esses costumes e modos de assalariamento precário; exigirá outros.

É nesse quadro que dona Teodora dá continuidade às suas reinações filantrópicas. Além de abrigar os ex-escravos, dá esmola aos "pobres dela" todos os sábados, recebendo-os em sua própria casa. A crônica escassez de moeda em circulação mantém certas tradições, até no modo de dar esmolas. Na ocasião narrada por Alice, dona Teodora manda trocar com o bispo uma nota em borrusquês, moeda local, ou seja, vales emitidos por comerciantes, industriais e instituições de beneficência. Essa operação era "para suprir, diziam, a falta de trocos" (Morley, 1997:14). Esses papéis circulavam como dinheiro. Uma nota de rodapé explica esse uso: "Os borrusquês do Bispo eram emitidos pela Caixa Pia da Diocese e assinados por ele". O nome desses vales vem do comerciante francês, Barrsuque, que foi seu introdutor em Diamantina. Esse ritual filantrópico se dá quando dona Teodora coloca os borrusquês "numa caixa de papelão e fica sentada na sala de jantar à espera do pobres dela. A cada um dá um borrusquê novo de 200 réis" (ibid., p. 14). Distinguem-se hierarquias entre as pessoas que entram na casa e as que ficam no "corredor e na porta da rua". As que entram são todas mulheres nominadas por Alice: "Chichi Bombom, Frutuosa Pau-de-Sebo, Teresa Doida, Aninha Tico-Tico, Carlota Pistola, Carlota Bostadanta, Teresa Busca-Pé, Eufrásia Boaventura, Maria Pipoca e Siá Fortunata". Ela as qualifica: "Essas são as que entram, sentam com vovó na sala de jantar e contam suas misérias". Dona Teodora as ouve, observa as disputas em torno de um borrusquê a mais e decide como contentá-las, caso a caso. Ela também atende a outros chamados beneficentes, como o de Bambães, pessoa que organiza sempre uma passeata, tendo no "andor um sino todo enfeitado que sai pelas ruas repicando, pedindo esmolas para a igrejinha que está fazendo no Rio Grande. É muito engraçado. Os meninos vão atrás acompanhando, e eu acho muito engraçado". Embora as pessoas descreiam desse projeto por acharem que Bambães embolsa as esmolas, dona Teodora sempre lhe dá o solicitado: segundo Alice, ela acha que é preciso ter uma igreja nesse lugar (ibid., p. 150).

A igreja católica local organiza muitas festas; dona Teodora está sempre presente. As relações dela com a igreja são cultivadas e, também, seguem rituais próprios. Alice registra que o bispo a autoriza a assistir à missa de domingo pela janela do seu quarto, pois, sendo ela muito gorda, tem dificuldades de locomoção, daí receber a comunhão em casa levada pelo padre, sem que ela esteja doente, saindo

---

[7] Ver: Wallerstein (1985).

ele da igreja do Rosário, perto da chácara. Certo dia, Alice, diante da aproximação de um padre da chácara da avó, comenta: "Como sei do gosto que vovó tem por padre, fui correndo recebê-lo e beijar-lhe a mão". E acrescenta: "Chamo vovó; ela toda inchada com a visita, pega na bengala, segura no meu braço e vamos para a sala". Dona Teodora atua nas atividades religiosas, como nas das festas locais, com destaque para a de Santa Cruz, ocasião em que movimenta a família e os amigos no preparo do evento, observa Alice: "Todos recebem o Santíssimo sem arrumação, como já vi noutras casas; vovó fez como procissão. Mandou pôr pela rua afora montinhos de areia com folhas de café. Preparou o altar, acendeu velas e ficou radiante de ver o Santíssimo entrar em casa" (ibid., p. 22-23). Dessa vez, observa, o Santíssimo saiu da Sé, onde fica o bispo. Na festa do Divino, a música é levada a todas as casas, por nove dias, e dona Teodora tem presença nela cumprindo a "promessa todo ano. Na sacristia da Igreja do Amparo, as paredes estão cheias de milagres: cabeças, braços e pernas, e até meninos inteiros de cera, tão bem-feitos e cheios de feridas que parecem de verdade" (ibid., p. 37). Na descrição desse ritual, há muito dos códigos que conformam deveres de reconhecimento e de agradecimento por benefícios recebidos nas relações cotidianas. Alice descreve também a festa da Igreja do Rosário (ibid., p. 37-38), "quase pegada à chácara", aquela de que mais gosta dentre todas as de Diamantina. Conta que Júlia, uma ex-escrava de dona Teodora, foi a pessoa sorteada para ser rainha do Rosário, e para rei "um negro muito entusiasmado que ela não conhecia". Narra: "Coitada de Júlia! Ela vinha há muito tempo ajuntando dinheiro para comprar um rancho. Gastou tudo na festa e ainda ficou devendo". E mostra compaixão: "Agora que eu vi como fica caro para os pobres dos negros serem reis por um dia. Júlia com o vestido e a coroa gastou muito. Além disso, teve que dar um jantar para a corte toda". Mas esse jantar, pronto para servir, fora furtado por um bando de jovens da cidade. Ela comenta: "Eu acho graça é no entusiasmo dos pretos nesse reinado tão curto. Nenhum rejeita o cargo, mesmo sabendo a despesa que dá". E, com pena, registra: "Julia só faltou chorar, coitada!".

Dona Teodora sempre junta a família nos feriados, como no caso da Semana Santa (ibid., p. 23): "como não há escola para nós, a família toda aproveita para ficarmos reunidos na Chácara". Ela efetiva ajuda a seus familiares: por suas rendas, oferece socorro a amigos e parentes. Num momento de dificuldades, depois de perguntar a Alice, em presença de uma prima, o que havia comido naquele dia, diante da resposta da prima, dona Teodora explica só ter endereçado a pergunta a Alice porque o pai dela "está sem nada" (ibid., p. 50). Depois vovó me deu, sem Glorinha ver, um papel dobrado para entregar a mamãe. Quando ela abriu, era uma nota de cinquenta réis.

Alice, nessa sua vida de menina, registra valores civilizatórios que aprende com sua família materna e paterna em muitas experiências, transmitindo sua emoção a seus leitores nessa forma peculiar de narrativa humanitária. Percebo que as práticas filantrópicas de sua avó a inspiram em muitos atos. Mesmo tão jovem, ela protege dois meninos, filhos de uma lenheira, que recebem dela, regularmente, alimentos e livros usados. Ela passa por eles a caminho da escola e, em geral, lhes dá sua merenda. A lenheira, em troca, narra Alice, "só queria me servir e arranjar coisas para me trazer de presente. Trazia-me cocos, araçás e toda a fruta do mato que achava" (ibid., p. 253). Essas crianças morreram no incêndio do casebre, enquanto a mãe colhia lenha. Para as providências do enterro, a lenheira conduz os corpos de suas crianças até a casa de Alice e parte. Alice, então, descreve a cena: "Estava na mesa da sala uma gamela com dois meninos torrados como torresmo (ibid., p. 139)". Dona Carolina, mãe de Alice, informa-lhe o que a lenheira espera dela: as providências para o enterro. É certo que a lenheira não dispunha de acessos a pessoas e serviços para assegurar o enterro de seus mortos; no caso, as hierarquias sociais da região se expressam. Isso tudo está muito bem regrado em práticas as mais banais, como certos gestos e condutas intransferíveis de um segmento social para outro, marcando o lugar de cada um nessa Diamantina de fins do século XIX.

Carregar feixe de lenha na cabeça, observaria alguém, não era coisa para qualquer um (ibid., p. 67): "Que isso, Zezé? Você de feixe na cabeça como negrinho da senzala? Larga isso já!". Proibições de convivência entre pessoas da mesma casa, se transgredidas, informavam a hora de lembrar o lugar de cada um. Um espaço interditado às crianças era o da cozinha, sempre de muitas novidades (ibid., p. 149): "Vovó fica furiosa de eu andar na cozinha. Mas eu já disse que na chácara a cozinha é muito mais engraçada que a sala".

Sob a cruz e apesar dela, proteções de muitos tipos não eliminam a violência do *apartheid* de regras de convivência, como essas, com as camadas subalternas e com os negros, em especial. Mesmo em momentos cordiais, elas reafirmam distinções de cor de pele e de classe de modo muito natural. O diário registra que um escravo mensageiro de um recado, ao voltar da rua de cabeça quebrada, explica o incidente (ibid., p. 78): "Foi o doido do Pedro Mata que me deu um pescoção e eu rolei escada abaixo". O pobre negro apanhara de Pedro Mata por ter se aventurado a chamá-lo por seu primeiro nome. Narrado o incidente, o tio de Alice lhe perguntou: "Quem sabe você lhe falou como está me falando, chamando-o de Pedro Mata?", ao que teria retrucado: "Como é que o senhor gostaria que eu falasse? Não sou livre e tão bom quanto ele?". De fato, nas tradições diamantinas e noutros rincões brasileiros, ele ainda não era tão bom.

Alice, por sua vez, em consonância com os hábitos locais, considerou o castigo "bem merecido", avaliando esse negro como "muito intrometido". As distinções se faziam sentir, também, na criação de negrinhos cheia de mimos. Pequenos negros criados por membros adultos das famílias, desde muitos séculos atrás, como de hábito, eram dados às crianças brancas como brinquedos. Sobre um deles a seus cuidados, observa Alice (ibid., p. 138): "[...] acho muita graça no Joaquim que Dindinha está criando agora. Ela o manda fazer gracinhas para nós e ele é engraçadinho. Mas gostar de negrão eu acho coisa esquisita". Cuidar dos negrinhos da chácara da avó, como faziam Alice e Luizinha, sua irmã, era como brincar de bonecas. Mas essas práticas serviam à liberação do tempo das mulheres que, sendo mães e empregadas no trabalho doméstico diário, precisavam desses cuidados para aplicarem um tempo maior de trabalho em favor do conforto da casa de suas patroas. Padrões de sociabilidade estruturavam essas relações sociais, em meio a muitas contradições (ibid., p. 26): "[...] Maria Flora é boa; ela nos entrega o menino o dia inteiro e podemos tratá-lo como se fosse nosso filho". As duas irmãs definiam, num faz de conta, responsabilidades maternas nos cuidados da criança: "Nós duas combinamos; eu lhe dou o banho de manhã cedo; Luizinha dá de tarde, eu dou o mingau de manhã, ela dá o almoço; eu dou a merenda, ela o jantar. De noite, nós cantamos com ele para adormecer e o levamos e o pomos na caminha". Esse menino, tão mimado, aos poucos, com seu crescimento, permanecerá distante, em um lugar separado, basta que se transforme num "negrão", submetido a outras regras de convivência.

Alice se indaga por que dar presente aos ricos, quando "aos pobres é que se deve dar" (ibid., p. 108). Lembra, então, a história que as negras da chácara lhe contavam quando pequena sobre "um moço que gostava da princesa, mas o rei não queria que eles casassem e proibiu que ele entrasse no palácio. Uma fada madrinha lhe deu uma carapuça que ele punha na cabeça e ficava invisível". Assim, ele entrou no palácio e casou-se com a princesa. Alice conta que, ao dormir, "ficava fazendo castelo de ter uma carapuça dessas, que me fizesse invisível para entrar nas casas dos ricos e roubar o seu dinheiro para repartir com os pobres". E conclui: "A pena que eu tinha dos meninos pobres era tanta, que até hoje me lembro de um caso daquela época".

Práticas cristãs da vida cotidiana, como essas das reinações filantrópicas de dona Teodora, acompanhadas por Alice, revelam momentos de compaixão. Presente em experiências brasileiras e nas do resto do mundo, a compaixão semeia, além de ações mitigatórias, lutas por direitos, e formatará as políticas sociais essas que irão definindo rumos civilizatórios, que chegam aos nossos dias. Esses rumos não puderam, porém, impedir a atualização desse sempre mal dissimulado *apartheid* social, esse que será evidenciado tanto na esfera privada como na pública, com todo o seu arsenal de violência, explícita e simbólica. Regras societárias de convivência dos dias que correm nos levam a perguntar: quantos sujeitos terão sido aprisionados nessas tramas de longa duração histórica e que sistemas protecionistas foram forjados nessas e noutras muitas reinações filantrópicas transformadas ao longo dos séculos XIX e XX? O *apartheid* social, tão presente no cotidiano de Alice, permanecerá; está aí, nas muitas desigualdades sociais desses nossos tempos, quando enunciam conceitos sobre diferenças de homens e mulheres, de pobres e ricos, de negros, brancos e mestiços, de jovens e velhos, hetero e homossexuais, em relações sociais de muitas interseções. Os apontamentos de Alice ajudam-nos a avaliar a relevância de conhecer modos de vida e, neles, a abrangência das práticas filantrópicas da esfera privada nos rumos de processos civilizatórios no Brasil. É possível retirar dessas experiências indicações preciosas para reconhecimentos sobre modos de vida e processos sociais presentes na marcha lenta do alcance de plenos direitos sociais para todos nessa nossa vida comum de cada dia, ainda nesses tempos que correm.

Referências

COSTA, S. G. *Pau para toda obra*. Dissertação (mestrado em História) — Programa de Pós-Graduação em História, Universidade Federal Fluminense, Niterói, 1988.

_____. Proteção social e exclusão: farinhas do mesmo saco. *Debates Sociais*, Rio de Janeiro, ano XXXI, n. 57, p. 123-130, 1999.

_____. Tornando à simpleza antiga. *Tempo*, Niterói, v. 12, n. 124, p. 183-203, 2008.

EULÁLIO, Alexandre. Livro que já nasceu clássico. In: MORLEY, H. *Minha vida de menina*: cadernos de uma menina provinciana nos fins do século XIX. 18. ed. Rio de Janeiro: José Olympio, 1997. p. x-xiv.

FREYRE, Gilberto. *Sobrados e mucambos*: introdução à história da sociedade patriarcal brasileira. 8. ed. Rio de Janeiro: Record. 1990.

LAQUEUR, T. Corpos, detalhes e a narrativa humanitária. In: HUNT, Lynn. A nova história cultural. Trad. G. L. Camargo. São Paulo: Martins Fontes, 1992. p. 239-277.

MORLEY, H. *Minha vida de menina*: cadernos de uma menina provinciana nos fins do século XIX. 18. ed. Rio de Janeiro: José Olympio, 1997.

SAHLINS, M. *Sociedades tribais*. Trad. Y. M. A. Velho. Rio de Janeiro: Zahar, 1970.

WALLERSTEIN, I. *O capitalismo histórico*. São Paulo: Brasiliense, 1985

Sobre os autores

ANA MARIA BANDEIRA DE MELLO MAGALDI
Doutora em História pela Universidade Federal Fluminense (UFF). É professora de História da Educação da Faculdade de Educação da Universidade do Estado do Rio de Janeiro (Uerj).

ANA PAULA VOSNE MARTINS
Doutora em História pela Universidade Estadual de Campinas e pós-doutora pela Casa de Oswaldo Cruz (COC/Fiocruz). Professora do Departamento de História da Universidade Federal do Paraná. Bolsista de produtividade em pesquisa do Conselho Nacional de Desenvolvimento Científico e Tecnológico (CNPq).

ANA TERESA A. VENANCIO
Doutora em Antropologia Social pelo Museu Nacional/Universidade Federal do Rio de Janeiro (UFRJ). Pesquisadora e professora do Programa de Pós-Graduação em História das Ciências e da Saúde (COC/Fiocruz).

ANDRÉ MOTA
Doutor em História Econômica pela Universidade de São Paulo (USP). Coordenador do Museu Histórico da Faculdade de Medicina da Universidade de São Paulo (USP) e professor da mesma instituição.

CHRISTIANE MARIA CRUZ DE SOUZA
Doutora em História das Ciências e da Saúde pela Casa de Oswaldo Cruz (COC/Fiocruz). Professora e pesquisadora do Instituto Federal de Educação, Ciência e Tecnologia da Bahia (IFBA).

CLÁUDIA TOMASCHEWSKI
Doutora em História pela Pontifícia Universidade Católica do Rio Grande do Sul.

CLEIDE DE LIMA CHAVES
Doutora em História Social pela Universidade Federal do Rio de Janeiro (UFRJ). Professora do Departamento de História da Universidade Estadual do Sudoeste da Bahia (Uesb).

CRISTIANA BASTOS
Doutora em Antropologia pela Cuny Graduate School. Professora do Instituto de Ciências Sociais da Universidade de Lisboa (Portugal).

ELIZABETE VIANNA DELAMARQUE
Mestre em História das Ciências pela Casa de Oswaldo Cruz (COC/Fiocruz).

GISELE SANGLARD
Doutora em História das Ciências e da Saúde pela Casa de Oswaldo Cruz (COC/Fiocruz). Pesquisadora e professora do Programa de Pós-Graduação em História das Ciências e da Saúde na mesma instituição.

Laurinda Abreu
Doutora em História Moderna pela Universidade de Coimbra. Professora da Universidade de Évora (Portugal).

Lidiane Monteiro Ribeiro
Mestre em História das Ciências e da Saúde pela Casa de Oswaldo Cruz (COC/Fiocruz).

Luiz Otávio Ferreira
Doutor em História Social pela Universidade de São Paulo (USP). Professor da Faculdade de Educação da Universidade do Estado do Rio de Janeiro (Uerj) e pesquisador e professor do Programa de Pós-Graduação em História das Ciências e da Saúde (COC/Fiocruz).

Maria Martha de Luna Freire
Doutora em História das Ciências e da Saúde pela Casa de Oswaldo Cruz (COC/Fiocruz). Professora e pesquisadora do Instituto de Saúde Coletiva da Universidade Federal Fluminense (UFF).

Maria Renilda Nery Barreto
Doutora em História das Ciências e da Saúde pela Casa de Oswaldo Cruz (COC/Fiocruz). Professora e pesquisadora do Centro Federal de Educação Tecnológica Celso Suckow da Fonseca (Cefet-RJ).

Michele Tupich Barbosa
Doutoranda no Programa de Pós-Graduação em História da Universidade Federal do Paraná (UFPR) e professora do Curso de Ciências Sociais das Faculdades Guarapuava.

Renata Prudencio da Silva
Doutoranda em História das Ciências e da Saúde pela Casa de Oswaldo Cruz (COC/Fiocruz).

Renato Franco
Doutor em História pela Universidade de São Paulo (USP). Professor do Departamento de História da Universidade Federal Fluminense (UFF).

Tânia Salgado Pimenta
Doutora em História Social pela Universidade Estadual de Campinas. Pesquisadora e professora do Programa de Pós-Graduação em História das Ciências e da Saúde (COC/Fiocruz).

Sandra Xavier
Doutora em Antropologia pelo Instituto Superior das Ciências do Trabalho e da Empresa (ISCTE). Professora do Departamento de Ciências da Vida da Faculdade de Ciências e Tecnologia da Universidade de Coimbra.

Suely Gomes Costa
Doutora em História pela Universidade Federal Fluminense (UFF). Professora do Programa de Estudos Pós-Graduados em Política Social da mesma instituição.